U0457209

本系列由澳门大学法学院策划并资助出版

澳门特别行政区法律丛书

葡萄牙法律经典译丛

澳门特别行政区法律丛书
葡萄牙法律经典译丛

行政法教程

第二卷

Curso de Direito Administrativo
Volume II

〔葡〕迪奥戈·弗雷塔斯·亚玛勒 / 著
(Diogo Freitas do Amaral)

本书由Pedro Machete和Lino Torgal协助完成

黄显辉　黄淑禧　黄景禧 / 译

社会科学文献出版社
SOCIAL SCIENCES ACADEMIC PRESS (CHINA)

澳門大學
UNIVERSIDADE DE MACAU
UNIVERSITY OF MACAU

《葡萄牙法律经典译丛》编辑委员会

总　序

“葡萄牙法律经典译丛”是澳门大学法学院在累积超过二十年教学科研成果的基础上，充分发挥自身优势，组织院内院外中葡双语精英（包括法律和法律翻译方面的专家）倾力打造的一套大型丛书。随着这套书的陆续出版，中国读者将有机会全方位接触在大陆法系内颇有特色，而且与中华人民共和国澳门特别行政区现行法律秩序关系密切的葡萄牙法学。

实际上，这套丛书的出版一开始就肩负着众多任务。首先，它当然是一个学术研究项目：系统地将一个国家或地区的代表性法学著作翻译成中文，对乐于博采众长的汉语法学家群体而言，肯定有比较法意涵。这些法学论著不仅深刻影响了葡萄牙本国的立法和司法活动，而且直接影响了继受葡萄牙法的非洲、拉美和亚洲法域（包括澳门）。深入研究相关著作既有助于他山攻玉、前车引鉴之事，又有利于中国与有关国家的交流与理解。其次，由于澳门是中华人民共和国的一个特别行政区，而澳门现行法体系主要是继受葡萄牙法而来，系统地研究葡萄牙法学相当于是对葡萄牙多元法制中一个组成部分的一次内省。最后，这套丛书本身也是对澳门社会内部一些要求的响应。自 20 世纪 80 年代末澳门开始在本地进行法学教育以来，就一直有声音指出，既能以中文出版又能深刻揭示澳门现行法体系的法学文献奇缺。虽然经过二十多年的努力，状况有所改善，可是仍然难言足够。在一个双语（中、葡）运作的实证法体系中，以葡萄牙语为母语的法律职业者只参考葡语著作，而以汉语为母语的同行则难以接触同样的材料，这会使这个社会的法律职业人渐渐走向信息不对称（甚至割裂）的状况。这对于澳门法律和社会的长远发展不是好事。因此，这套译著的推出对于澳门的法学教育和法律实务都大有裨益。

尽管翻译葡萄牙法学著作的意义非同一般，然而在比较法的语境下，援引法国法、德国法或英美法和援引葡萄牙法的分量肯定是不一样的。法学界一般认为，古代的罗马法、近现代的法国法和英国法以及自 19 世纪末到 20 世纪的德国法和美国法是法律概念和法学知识的输出者。因而，在实践论辩中援引上述法域的理论或立法实践在某种意义上是诉诸权威（有时被冠以“先进”之名）。当然，权威论证一直是法律修辞的一个重要组成部分。可是在比较法这幅色彩斑斓的画卷中，权威肯定不是唯一的颜色。不论学者也好，社会行动者也好，也许只有在历史的特定时刻和特殊的主观状态下才会频繁地诉诸权威。当自身已经累积了一定的自信而再将目光投向外界时，可能就不再是寻找庇荫与垂怜，而是对同一天空下的不同经验、体验或生活方式的旁观与尊重，偶尔也可能灵光一闪而备受启发。果真如此，葡萄牙法就是一个非常值得关注的对象。早在其律令时代，葡萄牙法就一直与西方法学史上著名的西班牙《七章法》有着千丝万缕的关系。到法典化时期，葡萄牙法虽然算不上时代的弄潮儿，但是其跟随欧洲法学主流的步伐一点不慢。1867 年的《塞亚布拉法典》以《法国民法典》的新框架和新思维重整了律令时代的旧规则，并保留了旧法的很多传统内容；1966 年的《民法典》则追随《德国民法典》的步伐，将原本充满法国法和旧律令印记的《民法典》改成五编制，同时又吸收了 20 世纪上半叶制定的《意大利民法典》和《希腊民法典》的一些元素。这样曲折的发展过程注定了葡萄牙法学的面貌是丰富多彩的（真实地展示了大陆法系法、德两大流派如何融为一体），而且值得比较法学者关注。

最后，感谢社会科学文献出版社谢寿光社长、杨群总编辑、祝得彬分社长等人的大力支持，他们的辛勤劳动是本丛书能在中国与读者见面的重要原因。

项目委员会主任

唐晓晴教授

Contents

目　录

序　言

本人之行政法教程第一卷第一版出版已有十五年，本次出版之教程第二卷，其内容包括行政法之一般原则，以及行政权之三个最重要之行使方式——规章、行政行为及行政合同。

这些内容多年来一直被印刷在大量复印的文本（行政法，第二卷及第三卷）中，但本著作并未包括关于行政当局责任之章节，因为即将就此方面订定新法。

此外，关于对私人之保障的部分，以及，尤其是关于行政上司法争讼的部分，其即将进行的改革将会令其内容于不久后过时，因此，上述部分将会被放在本教程第三卷中。

尽管存有上述局限，本次出版的内容本质上是与行政法总论之核心部分相一致的——有关内容本身足以证明本次出版之价值。

然而，不要认为第二卷之内容只是本质上重新出版载于上述经大量复印之两卷教程中之内容。事实上，有关内容是逐点经过重新思考、审查及大幅改编的。当中改良了相当多内容，不仅是书目之著录或对法例及司法见解的更新，亦有新的概念、学说上重要的辩论、（从前并不存在的）有关共同体法的大量参照，尤其在合同方面的内容，以及总体上对传统中出现重大分歧的里斯本学派与科英布拉学派的各观点的尝试。

本人之行政法概念一直以马尔塞罗·卡埃塔诺（Marcello Caetano）教授所创立的理论为基础。此外，本人亦因作为其学生而感到荣幸。另一方面，在不妨碍此基础之影响下，不得不提及同一学术领域中其他的杰出人士，特别是科英布拉学派的学者所作出的不同贡献——很多时候皆为有理据的。

当中我认为有可能成为综合理论的，且我已毫不犹豫地去验证的有关命题及反命题，留待读者自行评价本人所做的研究是否以适当的学术方式作出。

至少目前，如果得不到优秀、称职及能干的本人助教及合作者——里路·托高（Lino Torgal，他亦是本人在天主教大学的硕士班学生且正准备在本人的指导下在里期本新大学攻读博士学位）的协助，则不能成功出版本卷。

在此，我对他表示衷心的感谢。

迪奥戈·弗雷塔斯·亚玛勒

（Diogo Freitas do Amaral）

2001 年 5 月于里斯本

第二部分　行政权及私人之权利

第一章

基本概念

一　行政权

1. 权力分立

现在先研究*行政权*（poder administrativo），而通常我们从若干基本概念开始。

先研究行政权中第一个概念，即*权力分立*（separação dos poderes）。[1] 它

1　有关此内容的葡萄牙及葡萄牙以外的其他国家的书是非常多的。请参见葡萄牙的，例如，Rogério Soares，《行政法》，多次复印版本，波尔图，s/d，1980 年，第 21—35 页；同一作者，《立法职能在现代国家的意义及制约》，载于《法律的制定》，第二卷，国家行政学院，1986 年，第 433 页及续后数页；Gomes Canotilho，《宪法及宪法理论》，科英布拉，1998 年，第 242 页及续后数页；Jorge Miranda，《政治学》，多次复印版本，里斯本，1992 年，第 91 页及续后数页；Sérvulo Correia，《行政合同中的缔约合法性及独立性》，科英布拉，《公法及政治学研究》，1987 年，第 25 页及续后数页；Rui Machete，《行政上的司法争讼》，载于《公法及政治学研究》，里斯本，1991 年，第 185 页及续后数页；Nuno Piçarra，《宪法原则及学说中之权力分立》，科英布拉，1988 年；同一作者，《1976 年宪法中之权力分立，若干问题之探讨》，载于 Jorge Miranda 主编的《宪法的过往十年》，里斯本，（转下页注）

的意思是什么?

*权力分立*这一表述在*政治学说*(doutrina política)中表现为一项*宪法原则*(princípio constitucional)。

这一表述恰恰与过去及现在均以*国家政治权力架构*(estruturação do poder políticodo Estado)[2] 为目标的*政治学说相符*,正如大家所知的,该学说先由洛克提出,及后由孟德斯鸠弘扬。[3] 长期以来,该学说基本上由两个部分组成:国家职能之*理性分类*(distinção intelectual),及须承担该等职能之机关之*政治分类*(distinção política)——这理解为,每项职能必然对应一个本身机关,而这一机关又不同于其他机关或不同于整组的机关。基于此,自由主义学者们(尤其是洛克)最早追求,并非"单纯(……)达成行使主权的最佳结构组织,反而(……)创造尊重个人领域的建制条件"。[4]

权力分立正是象征代议制民主及西方多元政体下的*宪法原则*,它不同于共产主义下的人民民主的政体,后者与权力分立相反,主张国家权力的单一性及等级性原则。[5] 该原则载于 1787 年费城议会通过的美利坚合众国

(接上页注 1) 1987 年,第 143 页及续后数页;同一作者,《宪法原则及学说中之权力分立》,载于 *Polis*,第五册,里斯本 - 圣保罗,第 682—714 页;Jorge Reis Novais,《对一个法治国理论的贡献》,科英布拉,1987 年,第 82 页及续后数页;同一作者,《权力分立及共和国议会立法权限之制约》,里斯本,1997 年;Maria da Glória Dias Garcia,《葡萄牙之行政公正——其起源及演变》,里斯本,1994 年,第 280 页及续后数页;Manuel Afonso Vaz,《法律及法律保留——1976 年葡萄牙宪法之法律理由》,波尔图,1992 年,第 85—173 页;Paulo Otero,《宪政民主的"破坏"》,载于 Jorge Miranda (org.) 的《宪制展望及 1976 年宪法的过往二十年》,第 2 卷,科英布拉,1997 年,第 610—628 页。

葡萄牙以外的其他国家学说中,可参照 E. García de Enterría,T. R. Fernández,*Curso de Derecho Administrativo*,第一卷,第八版,马德里,1977 年,第 26—30 页;Jean Rivero,Jean Waline,*Droit administratif*,第十五版,巴黎,1994 年,第 18 页及续后数页;Wolff,Bachof,Stober,*Verwaltungsrecht*,第一卷,第十一版,慕尼黑,1999 年,第 213 页及续后数页;Stanley de Smith,Rodney Brazier,《宪法及行政法》,第八版,伦敦,1999 年,第 17 页及续后数页。

2 在自由主义学者出现之前,有关权力分立的课题研究都集中于权力拥有者的问题上,即"由任何政治组织开始时,了解有关管理权的原始中心的(所在)问题"。参见 Rogério Soares,《行政法》,第 22 页。关于该内容,更为详细的参见 Nuno Piçarra,《宪法原则及学说中之权力分立》,第 31 页及续后数页。亦参见 Freitas do Amaral,《政治概念的历史》,第一卷,科英布拉,1997 年,第 180—181 页。

3 参见,更新的有 Nuno Piçarra,《宪法原则及学说中之权力分立》,第 63—139 页。其他学理概念的概述,参见 Jorge Miranda,《政治学》,第 102 页及续后数页。

4 参见 Sérvulo Correia,《行政合同中的缔约合法性及独立性》,第 25 页。

5 参见 Nuno Piçarra,《宪法原则及学说中之权力分立》,*在上述引文中*,第 683 页。

的宪法中，而不久后，它亦被显著载入大革命时期之法国宪制立法中。此外，1789 年 8 月 26 日的《人权和公民权利宣言》第 16 条郑重强调“凡权利无保障和分权未确立的社会，就没有宪法”。[6] 基本权利及分权之原则构成了现代宪法的基本标准及内容。[7]

现深入探讨权力分立的第二个方面。

权力分立原则如何体现在西方世界普遍的宪法当中？

权力分立原则的精华是很难提炼出来的。[8] 另一方面，所有 18 世纪及 19 世纪的宪法中所制定的权力分立原则并非“具有相同内容或同一严谨性”。[9]

就教学而言，可以指出的是，该原则在宪法层面上以及在行政法领域中有不同的含义。

宪法层面上，权力分立原则旨在向国王及其内阁收回立法的职权，而仅留给他们政治及行政的职权。换言之，该原则旨在*立法权和执行权*（o legislativo e o executivo）的分立。[10] 最终而言，为了防止国家当局的滥权及专制，此原则确保了对人民权利之尊重——此内容只能够被议会的一般及抽象法律所动摇，因此公共当局应只局限于执行法律。正如 Nuno Piçarra 强调的，“基于法律确切性及安定性，法律主张其本身是解决争议的法律准绳中的唯一载体，法律主张其具有绝对确定性，从而负责执法的机关将其所履行的职务缩减为自动的或传声的活动”。[11] 因此，“两种权力（立法权及行政权）分立的原因是要把立法的权力交予社会本身以保护自由的人们：这最终意味着交予一个专属的议会”。[12] 另一方面，权力分立被主张为确保议会立法者的绝对主导。[13]

行政法领域中，权力分立权原则的目的在于*行政*及*司法*（a administração e

6　在美国和法国革命之前，该原则已出现在克伦威尔护国公时期宪法及新英格兰众多殖民地在 18 世纪的宪法中，如 1780 年《马萨诸塞州宪法》。

7　参见 Nuno Piçarra，《宪法原则及学说中之权力分立》，*在上述引文中*，第 695 页。

8　这是 Stanley de Smith，Rodney Brazier，《宪法及行政法》，第 18 页中的表述。

9　参见 Jorge Miranda，《政治学》，第 107 页。

10　此为宪法教学的深入内容。这当中，尤其是关于现代从自由法治国到福利法治国的立法权和执行权之间关系的复杂演变，参见 Rogério Soares，《行政法》，第 21—35 页；及 Nuno Piçarra，《宪法原则及学说中之权力分立》，第 143 页及续后数页。

11　参见 Nuno Piçarra，《1976 年宪法中之权力分立，若干问题之探讨》，*在上述引文中*，第 151 页。

12　参见 Rogério Soares，《合法性原则及创设性行政》，载于 *BFDC*，科英布拉，1981 年，第 171 页。

13　参见 Nuno Piçarra，《1976 年宪法中之权力分立，若干问题之探讨》，*在上述引文中*，第 152 页。

a justiça）的分立，即收回公共行政当局的司法职权及收回法院的行政职权——因为直至当时，这两个职权及相应的机关之间一直存在着明显的混乱。[14]

因此，这正是法国1790年8月16—24日的法律所载的目的，建立了法官与行政当局人员之间的完整职能自主。[15] 事实上，正如本*教程*（curso）第一卷中所提及的，该法律指出“司法职能有别于行政职能并与之保持分立。法官不能以任何方式干扰行政机构的操作，亦不能基于与行政当局人员职能有关的原因而要求行政当局人员到法官面前，否则便构成叛国”。同一意义上，1790年10月7日至14日的法律规定，就有关行政机构的无权限的声明有异议，不得由法院审理，而必须向作为一般行政当局首长的君主提出。另外，1791年9月3日之宪法第3条肯定了法院不可审理行政职能或基于行政当局人员的职能而传唤这些人员到法院。

上述情况源自革命力量对仍然代表“旧制”延续的法院的不信任，因为法院仍由贵族操控。诚然，法国革命者意识到《议会》在旧制时期所担当的反对派角色，因此致力于制止类似情况再次出现，从而剥夺法院对行政事宜上的争讼作出审判的权限。[16] 因而可以说，“在此形势下，权力分立原则被构思为一个对抗司法法院的战争机器，因为担心法院对行政运作作出轻率的介入”。[17]

然而，须注意的是，正如Vasco Pereira da Silva所观察到的，法国革命者立法所制定的“行政与司法的职能分立，不仅阻止了法院的行政工作及行政实体审判工作，亦使法院不能审理行政当局与私人之间的争讼”。[18] 换句话说，由该立法衍生出对国家行为的司法豁免原则。[19]

在葡萄牙，透过1832年5月16日之第22号、第23号及第24号的命令引入行政当局与司法当局之间的分立。[20] Mouzinho da Silveira在该等命令

---

14 参见 Vasco Pereira da Silva，《对于私人在行政上的司法争讼》，科英布拉，1988年，第20页及续后数页。

15 参见 Rui Machete，《行政上的司法争讼》，*在上述引文中*，第189页。

16 参见 Vasco Pereira da Silva，《对于私人在行政上的司法争讼》，第22页。

17 参见 Prosper Weil，《行政法》，科英布拉，1977年，第127页。

18 参见 Vasco Pereira da Silva，《对于私人在行政上的司法争讼》，第18—19页。

19 参见 Maria da Glória Dias Garcia，《葡萄牙之行政公正——其起源及演变》，第306页。

20 关于葡萄牙在自由法治国时期的行政诉讼，详细请参见 Maria da Glória Dias Garcia，《葡萄牙之行政公正——其起源及演变》，第379页及续后数页。

主文部分之前所作的报告中指出：“（……）上世纪最美丽及有用的道德上的发现，毫无疑问是行政与审判之间的分立。”

在行政法教程中值得深入探讨的通常是权力分立原则的上述第二个方面。[21]

既然如此，1976 年葡萄牙宪法纳入了权力分立原则（参见第 2 条及第 111 条），那么，此原则在行政当局及司法当局之间的关系方面，带来了什么*现存*的必然结果？[22]

总的来说，有以下各点。

i）行政机关及司法机关的分立（a separação dos órgãos administrativos e judiciais）——这意味着必须存在专责行使行政职能的行政机关，以及专责行使审判职能的司法机关。

职能上的分立必然体现为机关上的分立。

ii）司法官团的不得兼任性（a incompatibilidade das magistraturas）——然而，存在不同的机关是不足够的：除此之外，必须规定任何人都不能同时在行政机关及司法机关担任职务（参见《葡萄牙共和国宪法》第 216 条第 2 款）。正如 Mouzinho da Silveira 在其报告中指出，“行政司法官团不得兼任法院司法官团，以及在任何情况下均不能兼任法院司法官团的职务”。[23]

iii）行政当局及司法当局的互相独立（a independência recíproca da administração e da justiça）——Mouzinho 同样肯定此处为基础原则。在上述提及的报告中，他指出“行政当局是独立于司法当局的：其中一方不得凌驾于另一方的行为，亦不得向另一方设置妨碍或限制”。

这个行政当局及司法当局互相独立的第三个结果，其本身延伸至两个

21　毫无疑问，有关立法权与执行权之间的关系的课题可引发学术上很有价值的讨论。例如，在葡萄牙，关于宪法中是否存在为行政当局保留一个免被议会干预的领域的问题，参见 Nuno Piçarra，《行政保留》，载于《法律》杂志，第 122 号，1991 年，第二卷，第 325 页及续后数页，以及第三至四卷，第 571 页及续后数页；Bernardo Ayala，《对行政自由决定的边缘的司法监督（的逆差）》，里斯本，1995 年，第 39 页及续后数页；Jorge Reis Novais，《权力分立及共和国议会立法权限之制约》，里斯本，1997 年；Gomes Canotilho，《宪法及宪法理论》，第 646 页及续后数页。关于此问题，在司法见解上，尤其要参见宪法法院第 1/97 号及第 24/98 号的判决。

22　历史观点可整体参见 Maria da Glória Dias Garcia，《葡萄牙之行政公正——其起源及演变》，下同。

23　然而，此规定并不适用于司法的本身行政机关。例如，司法官团高等委员会是司法的行政机关，履行实质上的行政职能，该委员会的据位人包括若干名司法官。

方面：行政当局面前的司法独立；司法当局面前的行政独立。以下将对上述作出探讨。

司法当局在行政当局面前的独立性（a independência da justiça perante a administração）意味着行政当局不得向司法当局施发命令，亦不得侵越司法当局的管辖范围，对属法院权限的问题作出决定。保障此基本原则，主要存有两个方面的法律机制：其一为*司法官团独立的保障*（参见《葡萄牙共和国宪法》第 203 条及第 216 条）[24]；其二为法律规定所有由公共行政当局作出涉及司法法院管辖权的行为，基于*越权*（*usurpação de poder*）而属无效及不产生任何效力，参见《行政程序法典》第 133 条第 2 款 a）项。

行政当局在司法当局面前的独立（a independência da administração perante a justiça）现今所指的，并非绝对禁止法官向行政当局判处、命令、指引或强制其作出行为（参见《葡萄牙共和国宪法》第 268 条第 4 款，当中亦预定法院命令行政当局作出依法应作的行政行为的可能性）；而与此相反，仅是“*职能上*（funcional）禁止法官损害*行政执行系统的本质*（essência do sistema de administração executiva）——不得损害行政权的*自主性*（autonomia）［此为自由裁量权的*本质核心内容*（o núcleo essencial），当中法律赋予行政当局机关审查或决定的*专属权限*（poderes próprios）］，以及不得触犯行政行为的特有*权威*（autoridade）［特别是*既决案*（caso decidido）在争讼期限已过后的效力］”。[25]

另一方面，上述独立性亦意味着对于涉及公共行政当局在进行公共管理活动时所作出的行政活动的争讼，一般法院不具有管辖权审理。事实上，《葡萄牙共和国宪法》第 212 条第 3 款规定，行政法院“负责审理以解决行政法律关系中产生之争议作为目标之诉讼及司法上诉”。然而，该规定有例外情况，例如，当今对罚款的司法争执是在司法法院作出的；基于公用征收而应作出之损害赔偿亦是由司法法院裁定的。

2. 行政权：特征

因此，从上述论述中得出，在今天公共行政当局是一个*权力*（poder），作为一个公权力，是习惯上被称为*公共权力*（poderes públicos）的组成部分。

---

24 参见 Gomes Canotilho，《宪法及宪法理论》，第 579 页及续后数页。

25 参见 Vieira de Andrade，《*行政公正（课堂讲义）*》，第二版，科英布拉，1999 年，第 94 页。

然而，公共行政当局究竟是什么权力？是*执行权*（poder executivo）吗？

倘若仅存在国家性的公共行政当局，又或倘若所有行政当局都是国家的行政当局，则可以将行政权称为*执行权*（poder executivo）。然而，正如以上所述，事实不是如此。除了国家性的公共行政当局，还存有其他公共行政当局：地方自治团体、自治区、公共团体。该等公共行政当局并非源自国家，亦不属于国家，因此不是国家性的行政当局。

那么，在谈及执行权时，亦将地方自治团体及上述其他实体包含在执行权之内，则是不恰当的。因此，相反地采用*行政权*（poder administrativo）的表述是更可取的，行政权一方面包含国家的执行权，另一方面亦包含其他非国家性的行政公共实体的执行权。

某些学者，例如 Marcello Caetano，在这方面指出“形式意义的公共行政”的概念，应是增添在我们一开始所论述的两种意义之上的第三种意义。我们曾谈及组织或主体意义的公共行政，以及实体或客体意义的公共行政。[26] 现在出现第三种意义的公共行政，就是形式意义的公共行政——作为*权力*的公共行政。

Marcello Caetano 指出：“当今大部分国家的公共行政并非以国家*活动*（actividade）的典型方式出现，反而以体现国家*权威*（autoridade）的其中一种方式出现。公共行政的特征已不会体现在*职能*（função）方面，而是*权力*（poder）。”接着指出：“行政机关系统从法律中取得权能，有权为实现其被赋予的宗旨而确定其本身行为，以及有权强制一般市民规范该等行为。行政当局是真正的*权力*（poder），因为行政当局得依法确定其本身行为，及使用必要的手段以强制他人遵守该行为，以及在与行政当局有关的事宜上决定他人的行为。”[27]

我们同意上述概念。公共行政当局确实是一种权威，一种公权力——行政权力。

然而，行政权究竟由什么构成？其体现及主要影响究竟是什么？

3. 行政权的体现

行政权的主要体现基本上有四类：

26　参见本教程第一卷，第 32 页及续后数页。

27　参见 Marcello Caetano，《*手册*》，第一卷，第 15—16 页。

制定规章权；

单方决定权；

预先执行特权；

行政合同的特别制度。

分析上述各类体现如下。

a) *制定规章权*（O poder regulamentar）——在法式行政架构中，如同葡萄牙的系统一样，公共行政当局具有制定规章的权力（参见《葡萄牙共和国宪法》第199条c）项，第227条第1款d）项及第241条）——我们称之为“制定规章权”，而其他学者将之命名为*制定规章之权能*（faculdade regulamentária）。

不同的，在英式行政架构中，公共行政当局不具有*一般*的制定规章权：只有当立法权——议会或国会——明确地赋予行政当局该权限时，方可以制定规章，而由此制定的规章被视为*授权立法*（delegated legislation）。[28]

在法式架构中，尤其是葡萄牙，并非这样的，因为根据宪法本身的效力，公共行政当局具有制定规章权。

反过来，行政当局有权制定的规章，则被视为一类法律渊源：尽管规章是独立的法律渊源，但从法律渊源的位阶角度看，规章位于法律之下。

在不认为公共行政当局是权力的英式架构中，行政当局在特别情况下有权制定的规章，被视为授权立法的一种，尽管是透过议会授权，亦具有立法的性质；在葡萄牙规章中并不具有立法性质——而是一个独特性质，*自成一派*（sui generis），即意味着它是一类有别于法律渊源。

为什么公共行政当局享有制定规章权？

稍后我们会深入探讨这一问题。[29] 如今需要强调的是，总体而言，上述情况是合理发生的，因为既然行政当局是一权力机关，它享有特权，从而单方及预先地以概括及抽象的方式订定行政当局在解释及适用现行法律时的理解：行政当局正是透过制定规章达成此目的。

b) 行政权的第二类主要体现是*单方决定权*（o poder de decisão unilater-

---

28 有关*授权立法*（delegated legislation）的历史来源及功能，参见 Stanley de Smith，Rodney Brazier，《宪法及行政法》，第338页及续后数页。

29 参见续后，第2章，2.°。

al）。

在我们看来，公共行政当局透过规章制定一般及抽象的规范（尽管它位于法律之下），而在单方决定权方面，公共行政当局似乎是对个别及具体的个案作出决定。

面对一个具体个案，更具体说，面对甲先生或乙企业的问题，公共行政当局具有单方确定适用于该具体个案的法律权力。

该权力是一单方权力，即是说，公共行政当局得透过其专属权威以行使该权力，且无须取得利害关系人的同意［不论预先的或*事后的*（a posterori）］。

在此，我们将分析行政当局最具代表性及最特别的特征：行政当局可以订定自身的行为。用 Marcello Caetano 的话说，行政当局具有*订定其自身行为或他人行为的能力，而无须诉诸法院*。

将上述情况与私人想令某人接受其认为有权的某项行为的情况作比较。例如，债权人面对债务人：如果债务人不支付，债权人为确定其针对该名债务人的债权，则债权人必须诉诸法院，以及必须取得承认其债权的判决。

行政当局并非如此：面对一个具体个案，行政当局依法具有单方确定所适用法律的权力。该单方确定对私人是具有*强制性的*（obrigatória）。因此，行政当局是一权力机关。

例如，行政当局单方订定每位纳税人需要缴纳的税款。虽然行政当局作出上述行为时明显受到适用于该具体个案的税法所限制，但行政当局宣告必须缴纳的数额，而并非透过其与私人的协议为之，否则必定难以进行……正是基于上述困难及不可能，为了集体利益，行政当局从法律中获得单方界定适用法律的权力。由行政当局结算向纳税人征收的确定税款；向私人发出或拒绝发出其从事特定私人活动时依法所需的许可或准照；当认为公务人员作出违纪行为时，单方地向他们科处纪律处分等情况。

因此，这与私人的情况相反，私人在私人关系中不可单方及权威地界定权利，而行政当局在具体个案中宣告私人的权利，而该宣告不仅对其属下的公务人员而且对所有私人均具有法律效力及强制力。

私人必须遵守公共行政当局在具体个案中用以界定权利的行政行为。法律可规定，且一般原则规定（参见《行政程序法典》第 100 条及续后条文），利害关系人于行政当局的最终决定作出前陈述意见：例如，在纪律程序中，嫌疑人有权于行政当局确定向其科处处分前陈述意见。然而，行政当局的决定是单方决定：行政当局听取嫌疑人陈述意见，但之后行政当局按其理解作出决定。

法律得允许，且在现实中亦允许（参见《行政程序法典》第158条及续后条文），私人对公共行政当局的决定提出声明异议或诉愿。然而在定义上，这些*申诉性行政保障*（garantias administrativas impugnatórias）只在行政当局的决定存在后才出现，而该决定是以单方决定存在的；另外，对上述声明异议及诉愿的审理是再次透过行政当局的单方决定作出的。

最后，法律容许利害关系人向行政法院对公共行政当局的单方决定提出申诉，以便当上述决定属违法及损害当事人的法律地位时，获得对上述决定的撤销或宣告无效。但事实是，该司法上诉仅能够在行政当局单方作出决定后方可提出。换言之：仅在行政当局作出决定后，私人才可对该决定提出上诉。而并非由行政当局必须请求法院确认其已作的决定的才具正当理由，是由私人必须向法院提出针对行政当局所作决定的申诉。

须注意的是，预先行政决定原则——“按照该原则，行政当局仅在被要求就争议中的某事宜表明立场后，方可在行政法院被起诉，但法律有明确的不同规定者除外”[30]——并不构成葡萄牙行政上司法争讼整体中的主要轮廓。

撇开本义的司法上诉，需要司法保护的私人，无须等待或诱使行政*行为的作出*（actos），[31] 这样才能够得到行政公正。一方面，宪法立法者不仅（于第268条第4款）规定了透过上诉或诉讼的方式*诉诸*（acesso）行政法院的基本权利，而且（于第212条第3款）亦以*法律关系*（relação jurídica）来设定行政诉讼的管辖范围，并非仅如传统上的做法，从行政当局的活动种类出发，而是具体地从行政行为出发。[32] 另一方面，现今“将行政行为归纳为唯一的可表现所有行政当局与私人之间、国家与社会之间的关系衍生的变化的传说已不复存在”。[33]

有关问题会在行政上的司法争讼的学科中作深入探讨。

上述是行政权中一类最重要的体现（或许是最重要的一类体现）。我们

---

30 参见 Vieira de Andrade，《*行政公正（课堂讲义）*》，第91页。

31 参见 Vieira de Andrade，《*行政公正（课堂讲义）*》，第91页。

32 参见 Vieira de Andrade，《*行政公正（课堂讲义）*》，第67页。

33 参见 Rui Medeiros，《*承认受法律保护的权利或利益之诉的结构及范围*》，载于 *RDES*，1989年，第70页。

称之为*单方决定权*（poder de decisão unilateral），其他学者称之为“宣告性的自力救济”。因为从字面上可见，公共行政当局在其权限内的个案中，有权透过对权利的宣告（宣告性的自力救济），以自己的方法（自力教济）实现公正。

c）*预先执行特权*（o privilégio da execução prévia）——除了上述内容，法律亦赋予公共行政当局权能，以便强行地把那些已被作出但没有被私人自愿履行的设定义务或负担的单方决定。事实上，根据《行政程序法典》第 149 条第 1 款的规定，“对于因一行政行为而产生之义务及限制，行政当局得强制要求履行该等义务及遵守该等限制而无须事先求助于法院，但该要求必须以法律容许之方式及方法为之”。

再次与民法中的规定作对比。债权人自取得法院的给付判决后可出现两种情况：债务人履行或不履行；如果债务人不履行，尽管债权人已得到宣告其权利的判决，然而债权人不能强迫债务人履行该判决，而必须先以该判决作为执行名义提起执行之诉，以及再一次向法院提起诉讼，以便法院强迫执行宣告之诉中的权利（参见《民法典》第 817 条及续后条文，及《民事诉讼法典》第 801 条及续后条文。）

然而，原则上，正如以上所述，公共行政当局无须在第二阶段（运行时间）向法院提起诉讼。理论上，可以将这一制度设计为行政当局虽具有单方确定权利的权力，但在其后的运行时间，在绝大部分个案中，行政当局必须诉诸法院，才可强迫不服从的私人执行。现今仍有一些葡萄牙行政法学者采用此说法。[34]

然而并非如此，正如我们所见：行政当局不仅具有单方确定权利的权力，而且除了在某些情况下，[35] 在私人并不自愿同意行政当局所作出的决定时，行政当局亦具有权力自行促进有关权力的强制执行。

事情是这样进行的：公共行政当局单方作出决定，从此阶段起，行政当局得要求私人履行被有效确定的义务或负担；根据法律，私人有义务遵守由行政当局作出的决定，如不遵守，行政当局有权*强制*执行由其自己作出的宣告（无须事先诉诸法院），尽管这必须按照《行政程序法典》及法律（参见第 149 条第 2 款）规定的*形式*及*条件*作出。

34　同上 Cap. II，3.°，VII。

35　参见《行政程序法典》第 155 条。

然而，私人随后有权向法院提起诉讼以争议行政当局已作出的决定，及请求撤销该行政行为。但是，此诉讼一般不具有中止效力，即是说，在争辩该行政行为是否合法的司法争讼进行期间，私人必须遵守该行政行为，若不遵守，公共行政当局得强制执行。

因此，亦即是说，按前述，行政当局拥有两项特权：其一，在宣告阶段中，在无须司法宣告下对具体个案作出单方决定的特权；其二，在运行时间中，无须法院的任何事先介入而原则上具有透过行政途径执行法律的特权。这就是最大优势的行政权：*完全权力*(plenitudo potestatis)。

在税法领域，习惯上称之为 solve et repete 原则，或者“先缴税后争议”，正如其他人所说的：“出示账单，阁下须服从”。

d）行政权的第四类主要体现为*行政合同的特别制度* ——现今公共行政当局行事的典型方式仍为行政行为，这是在*权威地*宣告权利及强加义务或负担的单方决定，其后可以透过行政途径予以强制执行。这是行政权的典型体现，亦是行政法中最具特色的内容。

然而，法律有时候且目前日益频繁地认为，公共行政当局在若干事宜上，透过单方及权威的途径作出行为是不可能或不适当的。[36] 有些行为，仅能透过利害关系人同意才可进行。所以，法律规定在这些情况中，行政当局须采用合同的形式。简单而言，为了一定的效力，当时认为公共行政当局采用民事或商事合同的形式是不适当的——所以建立*行政合同*的典型形式。同样我们将稍后研究探讨之。

什么是行政合同？正如法律所述及的，“行政合同为一个合意，基于此合意而设定、变更或消灭一个行政法律关系”（参见《行政程序法典》第178条第1款）。[37]

在此事宜上，正如这是行政法所独有的，此制度*或多或少*不同于私法制度。之所以“或多”，是因为公共行政当局为了保障公共利益的实现，享有作为民事合同当事人所没有的特权（例如，单方变更他方立约人的给付内容的权力；或因公共利益而解除合同的权力）；之所以“或少”，是因为公共行政当局受民事合同中不存在的特别限制及义务所约束（例如，合同订立前必须先透过行政程序选择他方立约人）。

---

36 参见《行政程序法典》第179条第1款（澳门《行政程序法典》第165条第1款）。

37 参见《行政程序法典》第179条第1款（澳门《行政程序法典》第165条第1款）。

在此，我们再次发现了行政权的一系列特征：因为，即使行政当局透过合同作出行为，行政当局仍掌管一定数量的特权，并体现在合同的范围内。

上述就是行政权的主要体现。

4. 行政权的推论

a）第一个推论是我们已在前面述及有关范围的*行政当局在司法当局面前的独立性*。为确保遵从上述推论，存在若干法律机制。

首先，一般法院（tribunal comum）没有管辖权对有关行政的问题作出*终局*[38]的裁判（法律例外规定之情况除外）。

其次，*审判权冲突*的制度允许不适当及错误地将在一般法院进行的行政案件抽走（参见《民事诉讼法典》第115条及续后条文）。

b）行政权的第二个推论是*行政管辖法院*，即审理行政争议的司法管辖权并不属于一般法院，而是属于行政法院。行政管辖法院的存在是公共行政当局作为权力机关的其中一个基本特征。

历史上，行政管辖法院作为行政当局的特权产生。正如上述所见，它旨在"向执行权确保在面对其他权力（特别是司法权力）时的一个操作空间。为使法官在监控行政当局时，不会披着行政管理人的外衣及作为第二个行政当局——考虑到权力分立原则——必须注意只把对行政行为合法性的审查权交给法官"。[39]

然而，现今行政管辖基于职能的专门化而继续存在——因为明白到存在有专职审理行政法问题的法官的法院是较为可取的——而并非给予公共行政当局特权。然而，现实是行政上司法争讼的现行法律制度中仍然存在若干规定，当中意味着向公共行政当局赋予特权的概念，而并非加入按事宜确定的专属审判秩序的概念。[40]

38　参见《民事诉讼法典》第97条第1款："如对诉讼目标之审理取决于对某一问题之裁判，而此裁判由刑事法院或行政法院管辖，法官*得*在该管辖法院作出裁判前，中止诉讼程序，不作出裁判。"

39　参见 Rogério Soares，《*公共行政及司法监察*》，载于《立法及司法见解》杂志（*RLJ*），第3845号，第227页。

40　参见 Freitas do Amaral，《*行政法*》，第四卷，里斯本，1988年，第128页及续后数页。

c）第三个推论是*冲突法院*（Tribunal de Conflitos）的存在，该法院出现于法国及葡萄牙（参见《葡萄牙共和国宪法》第209条第3款），但并不出现于任何英式或司法行政的系统中。

什么是冲突法院？

它是一个上级法院，间歇性运作（只当冲突出现时才运作），混合组成的，一般由偶数成员组成，旨在对出现在行政法院及一般法院[41]之间的审判权冲突作出终审裁决。

任何涉及司法法院或行政法院管辖权的界限问题，仅可以由混合及偶数成员组成的法院作出裁决，该法院中有很多司法法院以及行政法院的代表，以便该裁决以对司法法院及行政法院在同等权威下具有约束力。[42]

这就是被称为冲突法院的机关。

二 有关行政权的宪法原则

5. 列举

正如Vital Moreira所忆述，“宪法并不限于狭义上的‘政治宪法’或本义上的‘国家宪法’。现今宪法不仅是国家法人的架构章程，以确定其职责、组织、国家法人机关的权限。再进一步，宪法加载了其他法律部门的‘章节标题’。在实质的观点下——或者，有关其客体——宪法，除了（……）狭义上的（……）国家法律，还包括宪法以下的其他法律部门的主要原则。或多或少的，不同的法律部门中有（……）公法以及私法，都是以宪法为基础”。[1]

上述学者继续忆述，“在宪法中具有重要意义的公法法律部门就是——

---

41 或者是葡萄牙最高行政法院和税法法院之间的审判权冲突——参见8月26日第98/97号法律第1条第3款。

42 有关内容参见Marcello Caetano，《*手册*》，第一卷，第37—38页；Vieira de Andrade，《*行政公正（课堂讲义）*》，第106页及续后数页；António Damasceno Correia，《*冲突法院*》，科英布拉，1988年。

1 参见Vital Morreira，《*宪法及行政法*》（*葡萄牙的《行政宪法》*），载于*AB UNO AD OMNES*，科英布拉，1998年，第1141页。

除了刑法之外——行政法”。“行政宪法”是行政宪法或宪法性的行政法。行政法的基础就在宪法中。作为形式的宪法（以及实质的宪法）的行政宪法规范是实质的行政法。”[2]

多部葡萄牙宪法均或多或少地是行政法的渊源：1976 年的宪法亦不例外，且在此范式中有深入的规范。[3]/[4]同样，可以说，该宪法代表着“一个真正的‘行政革命’”，因为“行政从未受到宪法那么多的重视”。[5] 事实上，“除了一个特别地针对该主题的章节外（第 266—272 条），宪法载有很多与公共行政有直接关系的规定”。[6]

现在我们分析这些规定，当中涉及实质行政活动的*宪法原则*的规定——第 266 条的规定。[7]

在继续探讨之前，应该牢记法学绪论及宪法学科中所认识的“规定”和“原则”之间的区分。记得有以下基本的区别：“*规定*”（regras）［是一种规范，当特定的前提成立时，毫无例外地，以确定的方式要求、禁止或准许某些事宜（*确定的权利* direito definitivo），而“*原则*”（princípios）是一种规范，按事实上及法律上的可能性，要求以可能最好的方式实现某些事宜。“原则”并不以“是或非”的方式禁止、准许或要求若干事宜；考虑到事实上及法律上“可能性的保留”，“原则”要求充分利用一项权利或一

---

2 参见 Vital Morreira，《*宪法及行政法*》（*葡萄牙的《行政宪法》*），*在上述引文中*，第 1141—1142 页。

3 参见 Freitas do Amaral，《*行政人员的基本权利*》，载于（Jorge Miranda 主编的）《*宪法的十二年*》，里斯本，1987 年，第 11 页。

4 有关内容参见 Jorge Miranda，《*在葡萄牙宪法的公共行政*》，载于《法律》杂志（*OD*），第 120 号，1988 年，II/IV，第 607—617 页。

5 参见 Vital Morreira，《*宪法及行政法*》（*葡萄牙的《行政宪法》*），*在上述引文中*，第 1145 页。

6 参见 Vital Morreira，《*宪法及行政法*》（*葡萄牙的《行政宪法》*），*在上述引文中*，第 1145 页。

7 有关内容参见葡萄牙的 Sérvulo Correia，《*行政法概念*》，第一卷，里斯本，1982 年，第 227 页及续后数页；同一作者，《*公共行政的宪法原则*》，载于《*有关宪法的教程*》，第三卷，里斯本，1979 年；Esteves de Oliveira，《行政法》，第一卷，科英布拉，1980 年，第 287 页及续后数页；Gomes Canotilho 及 Vital Moreira，《葡萄牙共和国宪法注释》，第三版，科英布拉，1993 年，第 266 条；Marcelo Rebelo de Sousa，《*行政法教程*》，第一卷，第二版，里斯本，1999 年，第 81 页及续后数页；Fausto de Quadros，《*一般原则*》，《*行政程序*》集合教程第一部分，载于 *DJAP*，第六卷，第 502—508 页；João Caupers，《*行政法绪论*》，里斯本，2000 年，第 61 页及续后数页；Freitas do Amaral 及其他著者，《行政程序法典之注释》，第 3 条及续后条文；Paulo Otero，《*行政法*》（*里斯本大学法学院的助理教授的开考中所提交的学科报告*），里斯本，1998 年，第 379 页及续后数页；Maria João Estorinho，《*私法的漏洞*》，科英布拉，1996 年，第 167—187 页；参见 L. S. Cabral de Moncada，《*法律的一般原则及法律*》，载于《*公法教程*》，2001 年，第 367 页及续后数页（尤其是第 375—377 页）。

个法益]。[8] 另一方面，若“众原则的共存是互相冲突（……），则众规定的共存是矛盾”——“原则是可以共同存在的，而互相矛盾的规定是不兼容的”。[9]

《葡萄牙共和国宪法》第266条所指的第一个原则是*谋求公共利益原则*（o princípio de prossecução do interesse público）。

这是公共行政当局的原动性原则。行政当局为了谋求公共利益而作出行为、活动、运作。公共利益是其唯一的目标。

然而，行政当局不得以任何方式谋求公共利益；必须在一定限制内，对特定价值的尊重内，在以现有标准所确定的框架下谋求公共利益。因此衍生出两个原则：*合法性原则*（o princípio da legalidade），要求行政当局遵守法律；*尊重私人之权利及受法律保护之利益之原则*（o princípio do respeito pelos direitos e interesses legalmente protegidos dos particulares），强制行政当局不侵犯私人在法律上受保护的状况。

在为行政当局的活动所设定的限制内，很多时候公共行政当局被法律赋予一个*自治*的空间，而此空间被称为*自由裁量权*（poder discricionário）。这并不是一个任意的权力，而是一个合法的、法律的、受法律规范及限制的权力。

事实上，自由裁量权的行使是受法律秩序限制的。它应该如何被行使呢？《葡萄牙共和国宪法》第266条第2款告诉我们，应以平等、适度、公正、无私及善意去行使此权力。因此，由此衍生*平等*（igualdade）原则、*适度*（proporcionalidade）原则、*公正*（justiça）原则、*无私*（imparcialidade）原则，以及*善意*（*boa fé*）原则。

这就是我们将探讨的研究关键，当中以行政法的所有总论的最重要部分为目标。

我们将分析以下各点：

谋求公共利益原则；

合法性原则；

尊重私人之权利及受法律保护之利益原则；

---

8 参见 Gomes Canotilho，《*宪法及宪法理论*》，第1123页。

9 参见 Gomes Canotilho，《*宪法及宪法理论*》，第1035页。

行政当局之自由裁量权；

（广义上的）公正原则；

平等原则；

适度原则；

善意原则；

（狭义上的）公正原则；

无私原则。

6. 谋求公共利益原则[10]

基本概念（Noção）——我们研究的第一个原则是*谋求公共利益原则*（princípio da prossecução do interesse público）。

《葡萄牙共和国宪法》第266条第1款对上述原则作出响应，该条文有如下表述："公共行政当局之目的，系在尊重公民受法律保护之权益下，谋求公共利益。"

我们先不理会上述规定的与另一原则有关的后半部分，而集中研究该规定的前半部分的内容。

什么是"公共利益"？

毫无疑问，这是一个"其显著可以靠直觉得知且非常不容易被下定义的"概念。[11]

然而，必须尽可能地尝试确定其定义。

在第一个层面，可以把公共利益定义为集体利益、*特定社群的一般利益*、*共同利益*——从São Tomás de Aquino引申出来的表述当中把共同利益定义为"不仅对人类生存，而且使人类很好地生存所必需的东西"（quod homines non solum vivant，sed bene vivant）。[12]

在较狭义的意义上，按Jean Rivero的见解，可以把公共利益界定为私

10　参见Rogério Soares，《*公共利益、合法性及价值*》，科英布拉，1955年，*下同*。最后参见，Vieira de Andrade，《*公共利益*》，载于*DJAP*，V，第275页及续后数页。

11　参见Sérvulo Correia，《*公共行政当局的宪法原则*》，*在上述引文中*，第662页。

12　有关这一概念，参见更详细的，Freitas do Amaral，《*政治概念的历史*》，第一卷，第175—176页。

人活动不能响应的需求，且该需求对整体社群及当中每位成员都是十分重要的。[13]

因此，这个公共利益概念体现出一个要求——满足集体需要的要求。

根据 Rogério Soares 的见解，可以对*首要*公共利益与*次级*公共利益作出区分：首要公共利益当中的界定及满足，均由国家政府机关在履行其政治及立法职能时负责，是国家的共同利益；次级公共利益当中的定义是由立法者作出的，但其满足则由公共行政当局在履行其行政职能时负责。例如，公共安全、教育、公共卫生、文化、集体运输等。[14]

推论 ——谋求公共利益原则在行政法中带来大量实际结果，在此引述最重要的结果如下。

1）由法律界定行政当局所负责的公共利益：不得由行政当局界定公共利益，除非法律就此事宜向行政当局赋予权力，批准行政当局落实某些不确定概念的权限。[15]

2）公共利益的概念是一个内容可变更的概念：在昨天被认为是符合公共利益的，在今天可以被认为是违反公共利益的；而在今天被认为是不适当的，在明天可以被认为是有利的。不可能以一个僵化及不变的方式（ne varietur）定义公共利益。

3）透过法律界定的公共利益，行政当局对公共利益的谋求是具强制性的。[16]

4）公共利益为公法人的行为能力以及相关机关的权限设定限制：这被称为*专门原则*（princípio da especialidade），亦同时适用于公法人。[17]

5）只有法律界定的公共利益方可构成行政当局任一行为的*决定性理由*（motivo principalmente determinante）。即倘若行政当局的一个机关

---

13 参见 Jean Rivero，《*行政法*》，科英布拉，1983 年，第 14 页。

14 参见 Rogério Soares，《*公共利益、合法性及价值*》，第 99 页及续后数页。就相同含义，参见 Vieira de Andrade，《*公共利益*》，在上述引文中，第 277 页。对照比较法的，参见 Sérvulo Correia，《行政法概念》，第一卷，第 228—231 页。

15 正如我们在前面讲述的，不确定概念的具体化，反映着在具体化组成法定前提的要件中，行政机关的一个真正的创设性介入，以及显示出行政当局可以透过特定的方式，共同界定其负责实现的公共利益。

16 参见 Rogério Soares，《行政法》，第 53—55 页；Maria João Estorinho，《私法的漏洞》，第 171 页。

17 有关此原则，参见 Maria João Estorinho，《私法的漏洞》，第 199—202 页。

实施一个行为，而当中不以法律对其职务设定的公共利益为其决定的主要理由，则这一行为沾有*权力偏差*（desvio de poder）的瑕疵，因此这是一个违法行为，可透过司法上诉予以撤销。[18]

6）任何在行使职权期间谋求私人利益而非公共利益的行政机关或行政人员，均构成*贪污*（corrupção），该等行为人须承担行政或刑事上的一系列处罚。

7）谋求公共利益的义务要求公共行政当局在具体个案中，采取行政（技术及财政上）角度上尽可能最好的解决方法：这被称为*良好的行政管理义务*。

7. 同上："良好行政管理义务"

宪法所规定的谋求公共利益原则，除上述外，还引申出良好行政管理的义务，亦即是说，行政当局以尽可能最具效率的方式谋求共同利益的义务。

《葡萄牙共和国宪法》第 81 条 c）项明确地规定公营企业的良好行政管理义务或效率原则。然而，《行政程序法典》第 10 条的最后部分，将其延伸至所有公共行政当局的活动中。[19] 因此，行政活动必须以最简便及合理的方式满足宪法上及法定的公共利益，而这又反映在从中作出的行为中。[20]

讨论良好行政管理义务的法律上的重要性。按照我们的见解，这是一个法律义务，然而却是一个不完全的法律义务，因为它不具备任何司法上的制裁。不能够诉诸法院以宣告某特定解决方案在技术、行政或财政上并非最具效率或合理的解决方案，而因此应被撤销：法院只能对行政决定的合法性表明立场，而不能对行政决定的实质问题表明立场。因此，良好的

---

18 参见 Maria João Estorinho，《私法的漏洞》，第 171—172 页。

19 按《行政程序法典》第 10 条所述——公共行政当局应以使部门亲民为目的，且以非官僚化之方式，建立架构及运作，借此确保其能以快捷、经济及有效率之方式作出决定。

20 有关公共行政当局层面的效率原则，参见 Paulo Otero，《行政法中之代任权力》，第二卷，里斯本，1995 年，第 638 页及续后数页。亦参见 Esteves de Oliveira/Pedro Gonçalves/Pacheco de Amorim，《行政程序法典》，第 132 页；Marcelo Rebelo de Sousa，《*行政法教程*》，第一卷，第 114—115 页；L. S. Cabral de Moncada，《公法及效率》，载于《*公法研究*》，科英布拉，2001 年，第 164 页及续后数页。

行政管理义务是不完全的义务。尽管如此，它却如法律义务般存在。事实上，该义务在不同方面上承担着一定的法律作用：1）存有*行政诉愿*（recursos graciosos），此为对私人的保障，且得以行政行为的实质瑕疵为诉愿之依据；2）任何公务员违反*热心及勤奋义务*时，会构成纪律违反，而对须负责的公务人员可处以纪律处分；3）当行政机关或行政人员作出一个引致第三人受损的不法及过错事实时，该机关或人员的注意及热心程度，除可用以确定其过错程度，亦可用以确定其责任的范围及内容。因此，上述三个方面意味着良好行政管理义务是存在的，且其违反会有若干法律后果——虽然该等后果并非违反完全法律义务所固有的所有后果。

然而，必须承认的是，在以前被认为及指为构成良好行政管理的一般义务中的某些特定义务，现今已被视为真正的法律义务，且该等义务来自行政活动一般原则，尤其是适度及无私原则。例如，行政当局必须作出平衡的决定（该决定满足公共利益而不对相互冲突的私人利益构成无法忍受的牺牲），这并非一个没有制裁的单纯义务——而是作为由适度原则衍生的法律义务，不遵守该法律义务则构成违法，可被法院宣告无效。[21] 另外，行政当局在处理具体个案时必须权衡所有重要利益的义务，并不等同于一个不完全的义务——这是对无私原则的要求，不遵守该原则便构成违法。[22]

值得注意的是，以上的承认并不意味着法院可以操控行政诉讼的实质问题——正如以上所述，法院不得这样做。[23] 而仅仅意味着，过往被认为处于法律世界以外的某些准则，现今已进入其中了。葡萄牙行政法的现今趋势是把某些实体上的标准转化为法律上的标准。[24]

8. 合法性原则

正如上述，公共行政当局为了谋求公共利益而存在，公共利益是行政当局的方向、指引、目标。然而，行政当局不得以任何方式谋求公共利益，更不能以任意方式为之：它必须遵守一定数目的原则及规则来谋求公共

21 参见*下述*（*infra*）。

22 参见*下述*（*infra*）。

23 参见*下述*（*infra*）。

24 参见 Vieira de Andrade，《行政行为的明示说明理由义务》，科英布拉，1991 年，第 383 页，em nota。亦参见 João Caupers，《*行政法绪论*》，第 65—66 页。

利益。

特别是，公共行政当局必须遵照法律谋求公共利益，这被称为*合法性原则*（princípio da legalidade）。[25]

毫无疑问，此原则是其中一个适用于公共行政当局的最重要的一般法律原则，而且，甚至在宪法明确地提及此原则之前，已被奉为行政法的一般原则。

今天，此原则在我们的宪法文本中被规定出来，在第 266 条第 2 款中述及如下："行政机关及行政服务人员受宪法及法律约束（……）。"

传统上，如 Marcello Caetano，将合法性原则定义如下："任何公共行政机关或人员都不具备作出与他人的利益冲突的行为之权能，除非这是基于预先存在的一般性规定。"[26]

若仔细观察该定义，将发现它基本上包含了一项*禁止*：禁止公共行政当局损害私人的权利或利益，但依据法律作出者除外。或者，换句话说，合法性原则在此情况中被视为对行政活动的*限制*，该限制是为了保障私人的利益。因此，合法性原则一方面是一个限制，另一方面是为了私人的利益而定的。

较近期的学说对于合法性原则有另一番见解。在此，我们得依据较现代的概念，对该学说分析如下：*公共行政当局的机关及人员只得以法律为基础及在法律规定的限制下办事*。

这个定义合法性原则的见解和以往定义之间，有什么主要差异？

主要有三个方面。第一个方面，现今以一个积极的方式，而非以一个消极的方式对合法性原则作出界定。该原则指出什么是公共行政当局必须或可以作出的，而并不仅仅指出行政当局被禁止作出的行为。

25　第 8—12 栏目文本是尾随葡萄牙的*合法性原则*条文，载于 *Pólis*，3，第 976—995 栏。为了进一步深入内容，参见在文献目录所引述的作者及著作。在这条文公布以后引起重视的基础著作有 Sérvulo Correia，《行政合同中的缔约合法性及独立性》，里斯本，1987 年，第 15—340 页，以及综合了 Vieira de Andrade，《行政法律体制》，载于 Braga，《*行政上的司法争讼*》，1986 年，第 35—48 页。亦参见 Manuel Afonso Vaz，《法律及法律保留——1976 年葡萄牙宪法之法律理由》，第 387 页及续后数页和第 473 页及续后数页；Marcelo Rebelo de Sousa，《*行政法教程*》，第一卷，第 81—89 页；David Duarte，《程序化、参与化及说明理由化：旨在落实作为决定准绳的行政无私原则》，科英布拉，1997 年，第 337—344 页；Rui Machete，《有关推定行政行为合法性的数点探讨》，载于《*纪念 Pedro Soares Martínez 教授的研究*》，第一卷，科英布拉，2000 年，第 37 页及续后数页。

26　Marcello Caetano，《手册》，第一卷，第 30 页。

第二个方面，可见合法性原则以这一定义方式覆盖及包含了行政活动的各个方面，而不仅仅是那些可能损害私人权利或利益的行政活动。尤其是合法性原则亦旨在保护公共利益，而不仅仅是私人利益。

第三个方面，在较近期的学说中，法律并不仅是对行政当局活动的一个限制，亦同时是行政活动的基础。意思是说，今时今日，除非法律禁止之，否则行政当局可为所欲为之*自由权力*（poder livre）不复存在。相反，适用行政当局只得作出那些法律容许其作出的行为的规则。

换句话说，在行政活动的意义上——自由原则并非一般规则，权限原则才是。根据作为私法准则的*自由原则*（princípio da liberdade），得作出所有法律没有禁止的行为；根据*权限原则*（princípio da competência），仅得作出法律容许的行为。有两个拉丁文表述用以表达这两项原则。自由原则的是，permissum videtur in omne quod non prohibitum，即“无禁止即容许”。权限原则的是，quae non sunt permissa prohibita intelliguntur，即“无容许即禁止”。总之，按 Orlando de Carvalho 的解释，可以指出的是，今天的行政活动“永远不再作为被允许的权力、licere、Dürfen 的产物；然而永远或只是作为被给予的权力、posse、Können 的产物”。[27]

为什么会出现传统定义（甚至得到 Marcello Caetano 在其*行政法手册*中附和）与较近期的定义之间的差异？这个差异是，从 18 世纪直至现今，欧洲公法及政治制度长期历史演变的结果。

9. 同上：历史演变[28]

第一阶段，我们正处于绝对君权的时代，该时代亦被称为*警察国家*（Estado de Polícia）。权力机关是绝对的，不受法律所限制，亦不受私人的权利所限制，因此，这象征着一个专权的状况。权力机关的专权表现为，既可以侵害私人的权利而对于该侵害不设任何充足的法律救助措施，又可以豁免某些私人（而并不豁免其他人）遵守若干法定义务，亦可以是王子或国王有权任意地向某些特定的私人赋予特权。

在法国大革命之前，随着当时学说对*国家*和*税务*进行区分（或者更确

---

27 参见 Orlando de Carvalho，《行政合同及公共法律行为》，第 2 版，载于《*法律篇章的作品*》，第一卷，科英布拉，1998 年，第 185 页。

28 有关内容参见，尤其是 Rogério Soares，《公法及技术社会》，科英布拉，1969 年，下同。

切地说，对*专权国家*和*税务国家*进行区分)，上述专权的状况亦遭到一定的减轻：专权国家获豁免服从法律，但税务国家为财产效力，应当遵守法律，以及其采取之不法决定得被司法裁断。

经过法国大革命，开始进入第二个时期——*自由法治国*时期（19世纪）。在该时期确立了依法原则：公共行政当局处于法律之下。因此，法律作为行政活动的限制：行政当局不得作出任何违反法律规范的行为。合法性原则的最初轮廓出现在该时期，亦即该原则的消极形态（亦称为*法律优先原则*）：（议会的）法律是行政活动的限制。

另外，且在遵循自由学说下，合法性原则出现在主张保障私人权利的时期，正是为了保障私人而确立公共行政当局服从法律的原则。

为什么在该时期，合法性原则仅仅是对行政活动的限制，而并非作为行政活动的固有基础？因为这整个时期均被*君主立宪政体*(monarquia limitada）思想影响，该思想也是该时期最初期的思想。

这个君主政体，其正当性是历史上、传统上、习惯上的正当性。然而，在特定的历史时刻却必须接受一个由议会代表的人民主权对其作出的限制。

因此，有两个独立的国家权力，每一个权力都有其独有的正当性：一方面行政管理权，由国王及其内阁所行使，具有来自君主制传统的世袭正当性；另一方面，议会具有来自民众选举的民主正当性。

在这种概念中，行政当局受君权命令，且分阶级地隶属于君权，因此，除了那些经议会投票通过的法律所禁止的行为，行政当局得遵从君权对其作出的所有命令。

在*警察国家*(Estado de Polícia)（绝对君权)，公共行政当局隶属于国王，行政活动以君权的意志及权力为基础，没有法定的限制。在*自由国家*(Estado liberal)（君主立宪政体)，公共行政当局仍然隶属于国王，以及以君权的真实意志及权力作为基础，然而，在私人的利益上遇到法律的消极限制。只要没有侵害私人的权利，行政当局才得遵从国王对其作出的所有命令；若侵犯私人的权利，必须根据先前的法律作出。

其后，随着时间的演变以及欧洲19世纪的自由君主政体下，形成了三个不同的制度：其一，出现右派极权制度，20世纪法西斯式的独裁制度；其二，共产主义制度；其三，西方多元的现代民主制度。

合法性原则在每一个制度中将呈现不同的内涵。

在右派*极权制度*(regimes autoritários）中，*法治国家*(estado de legalidade）理念取代了*法治国*（estado de direito）理念，当中的理念为，公共行政当局必须服从法律，但是法律不再作为国家的代表议会中经票选的集体意志的体现，而是转变为由权力机关（包括行政管理权）所颁布的所有及任何概括及抽象的规范。政府取得立法的权能，在法律术语中为法令。因此，合法性原则在此已经不一定是行政管理权隶属于议会，而是主要地体现为公共行政当局隶属于政府。

另外，合法性原则表现为根本上以对国家的保护为特征；是一个旨在保障国家及公共行政当局的客观利益的原则；而保障私人仅属反射或次要性。因此，有某些学者——例如，在意大利法西斯政体的行政法学家 Enrico Guicciardi——曾将整个保障私人以对抗行政当局的不法行为的系统，建基于这一理念：当私人到行政法院针对一不法行为提起上诉时，该私人不是为了保障其个人利益，而是俨如集体利益的看管人，来保障该利益。

在这类制度中，对我们来说，合法性似乎仍然作为行政活动的限制，然而它仅仅是作为一个相对的限制，而非作为一个绝对的限制。

关于*共产主义制度*，他们给予合法性原则一个十分独特的解释。共产主义制度保留该原则，即以要求公共行政当局服从于法律作为原则，然而，认为在单一政党（或领导权政党）领导下的社会主义建设目标，必须主导法律的解释及适用。为了社会主义的建设，法律应按照由党作出的指令及指引被解释及适用。

因此，所得出的*社会主义合法性*概念，当中的合法性并不一定是由对现行法例的纯粹法律解释所构成的，而是由以社会主义建设目标所活化及指引的解释所构成的，即被共产党所理解及适用的。从此观点看，社会主义合法性原则不再是对行政当局行为的绝对或相对的限制，而是行政当局行为的一个工具，即行政权为实现由相关国家宪法所确定且由（每一时期的）单一政党所定义的政治性质目标的一个工具。

最后，在*西方民主制度*下的*法治社会国家*（estado social de direito）中，合法性原则的内容与自由国家对合法性原则的理解有显著差异，诚然，它与随着法国大革命在自由制度中被构思出来的合法性原则的内容近似，但也有一些改变。

第一个改变是，*服从法律*（subordinação à lei）的理念被*服从法*（subordinação ao direito）的理念所补充，这是因为不仅存在服从法律（一般法）的义务，相反主要存在服从比一般法更高的法的义务。毫无疑问，公共行政当局必须遵守一般法，但是亦要遵守：宪法、被葡萄牙秩序所接受的国际法、实际上有别于实在法及一般法的法律一般原则、现行的规章，还有公共行政当局已作出的创设权利的行政行为，以及公共行政当局已订定的行政合同及私法合同。这些均可与合法性原则相提并论并可作为约束公共行政当局的一种方式。因此，Maurice Hauriou 说已经不是以合法性，而是以*法律组合*（blóc legal）界定所有这些渊源整体，这已超越了单纯的一般实在法。在现代，一些学者透过*依法原则*（princípio da juridicidade）[29] 的方式来表述行政上受法律约束的这个理念。

另外，在这个制度及这个历史时期中，合法性原则并不仅旨在保护私人的权利及受法律保护的利益，亦不仅仅旨在保护行政当局及国家的客观利益，而是旨在确保对可适用的规范的遵守，从而同时保障行政当局的利益及私人的利益。

最后，合法性在此不仅以作为行政活动的*限制*（limite）出现，而是作为行政活动的真正*根据*（fundamento）出现。在这些制度及这历史时期中，公共行政当局仅在或随着法律规范许可方才作出行为。这是因为行政管理权不再如同君权时期般被视为具有独特正当性的权力，而转变为一个单纯的*法定权力*（poder constituído），其权力派生自宪法及法律，因此，必须服从法律及法。

今时今日，行政管理权既不得援引以历史正当性为基础且早于法律之前的君权权力，亦不得援引法律以外的任何其他独立专门的正当性名义，作为其活动的依据。行政管理权亦不属于独裁者［德国纳粹元首（Führer）或意大利纳粹元首（Duce）］，亦不属于单一政党。行政管理权的存在及正当性源自宪法及法律，因此，归根结底，它源自人民主权。所以，法律亦成为行政活动的依据，而不仅是行政活动的限制。

根据上述所有结论，在葡萄牙的现状及法律中，合法性原则具有两个功能：一方面，它具有*确保立法权优于行政权*的功能，因为前者来自人民主权且代表之，而后者纯粹是作为一个派生及次要权力的持有人；另一方面，亦担当*保障私人的权利及受法律保护的利益*的功能，因为它们是法治

---

[29] 参见，葡萄牙，Vieira de Andrade，《行政法律体制》，*在上述引文中*，第 41 页。就相同内容，参考 Gomes Canotilho 及 Vital Moreira，《葡萄牙共和国宪法注释》，第 895 页，“合法性原则所指的是一个范围较广的原则：*行政依法原则*。因此，所有法律——葡萄牙宪法法律秩序的所有规定及原则——均作为行政当局活动的依据及前提”。

社会国家必须完全尊重及保护的。[30]

10. 同上：内容、目标及模式

a）*内容*

根据以上我们所理解的，在当今历史时期及民主制度的框架下，即，在*法治社会国家*的范围内，合法性原则的内容不仅包括遵守形式意义或实质意义的法律，而且包括公共行政当局服从于所有*法律组合*（Hauriou），包括宪法、一般法、规章、行政合同及私法合同所衍生的权利，又或创设权利的行政行为所衍生的权利，以及在适当时所适用的法律一般原则及在葡萄牙秩序生效的国际法。

公共行政当局对上述七个类别的规范或行为的违反，意味着对合法性的违反，而因此构成违法性。

b）*目标*

另外，合法性原则以公共行政当局的所有行为类型为目标，包括规章、行政行为、行政合同、单纯法律事实。

上述行政活动的任何形式均必须遵守合法性原则。上述活动任一类型对合法性的违反，均产生违法性以及由此产生的所有法律后果（如非有效或不法性、民事责任等）。

c）*模式*

合法性原则有两个模式：法律优先及法律保留。

法律优先（preferência de lei）［或合*法性限制*（legalidade-limite）］是指任何位阶低于法律的行为均不得抵触合法性组合，否则构成违法。

法律保留（reserva de lei）［或合*法性依据*（legalidade-fundamento）］是指任何位阶低于法律的行为，倘没有以合法性组合为依据，则不得被作出。

关于法律保留，仍必须补充以下内容。[31] 与自由时期所传承的相反，今

---

30 换句话说，就是给它一个二重功能：保障性（维护私人的主观法律地位）、使正当性［作为行政当局政策*方向*（indirizzo）工具的合法性］、合理化（界定行政决定的利益及观点）。Sérvulo Correia，《行政合同中的缔约合法性及独立性》，第 17 页及续后数页和第 188 页及续后数页。相同的见解参见 Bernardo Ayala，《对行政自由决定的边缘的司法监督（的逆差）》，第 78 页及续后数页，及较近期的，Paulo Otero，《行政法》，第 379 页。

31 这是在宪法学科中传统上会作出深入研究的内容。

时今日，依照20世纪两次世界大战后所看到的转变，当中达至无论在行政当局所进行的活动类别方面（不再是单纯“进取性”而亦转变为“创设性”），还是在法律宗旨方面（不再仅仅作为市民的自由及财产的保障），法律保留均是一个主要处于宪法框架而并非行政领域的问题——对议会及政府的立法权划定界限。[32]

另外，与自由国家时期所发生的相反，法律不再是一个实质概念，这意味着，牵涉到私人自由的地位，从而可以划定立法职能和行政职能之间的界限。[33]

即使这样，法律保留在行政领域内仍然具有重要地位，即，在立法者及行政当局之间的关系内，宪法禁止政府对某些事宜进行立法（参见《葡萄牙共和国宪法》第161条及162条），因此，行政当局不能透过独立规章对保留事宜作出规范（仅能制定执行性规章）并“规定这些保留事宜的核心规范必须由立法者制定作出。因此，法律保留意味着法律作出较完整*规范*”。[34]

另外，“倘若不能在法定保留的基础上确定法律的实质概念（……），仍然可以肯定，至少界定构成行政活动*宗旨*（*fim*）的公共利益，以及由行政当局的实体及机关对职责及权限的分配——主要是当涉及作出与行使当局的权力行使相应的法律行为——均仅专属于法律”。[35]

综合而言，如同Vieira de Andrade所述，可以说，法律保留原则除了指出行政当局的活动必须要以法律为前提，其作用亦“有如调整立法规范的强度的准绳：由功能上的保留（权限及目标）所请求的最低强度至议会上的保留（特别是内容的约束）所要求的最大强度”。[36]

11. 同上：合法性原则的例外

大部分行政学说传统上认为，合法性原则有三个例外：紧急避险理论、政治行为理论、行政当局的自由裁量权。

32　参见Vieira de Andrade，《行政法律体制》，*在上述引文中*，第38页。

33　参见Vieira de Andrade，《行政法律体制》，*在上述引文中*，第38页。

34　参见Vieira de Andrade，《行政法律体制》，*在上述引文中*，第39页。

35　参见Vieira de Andrade，《行政法律体制》，*在上述引文中*，第39页。

36　参见Vieira de Andrade，《行政法律体制》，*在上述引文中*，第40页。

然而，我们认为上述合法性原则的三个例外并非真正的例外，因为：

a）*紧急避险*（estado de necessidade）理论[37]告诉我们，在例外情况和公共需求的真正情况下——例如，战争状态、戒严或重大自然灾害的情况，倘若情况需要，公共行政当局可免于遵从为一般情况所制定的法定程序，且得在没有程序形式下行事，即使这样会引致私人的权利或利益牺牲亦然。当然，在其后必须赔偿那些权利已被牺牲的私人：但是行政当局得在没有遵守程序的一般形式、*正当法律程序*（o due process of law）下牺牲私人的权利及利益。[38]

紧急避险理论被所有民主制国家的学说及司法见解所接受，且亦往往由立法规范，葡萄牙自《行政程序法典》公布后便是如此，该法典第 3 条第 2 款规定，“在紧急避险时未依本法典所定之规则而作出之行政行为，只要其结果不能以他法达致，均为有效；但受害人有权依据有关行政当局责任之一般规定获损害赔偿”。这样便对因紧急避险而*不遵守《行政程序法典》的规定*的情况赋予法定保护。毫无疑问，上述情况并不构成合法性原则的例外：如法律自身规定紧急避险的。然而，在上述情况以外呢？

尽管该规定的字面表述，正如 Marcelo Rebelo de Sousa 所言及的，我们认为，《行政程序法典》订定的这个极广的制度“旨在将紧急避险视为统一的整体，并把有关制度转换为一个例外法律制度，换言之，它亦构成合法性原则”的一部分。[39]

因此，应理解《行政程序法典》第 3 条第 2 款是将在紧急避险下作出的任何行政活动正当化，即使那些没有被遵守的法律规定在《行政程序法典》之外亦然。

b）严格上说，政治行为理论亦不是合法性原则的例外。根据该理论，不能对内容主要为政治的行为、实质上与行使政治职能相一致的行为——它们被称为*政治行为*（actos políticos）或*政府行为*（actos de governo），向行政法院提起司法上诉。

然而，就我们而言，作出政治行为时无须遵守宪法及法律的说法是不正确的。所发生的是，对于上述情况并没有司法制裁；当中可以有其他制裁，但不是司法制裁。例如，不可能诉诸法院以获得对一个违法的政治行

---

37 我们以后再探讨这一事宜。

38 参见 Marcello Caetano，《手册》，第二卷，第 1281 页及续后数页。

39 参见 Marcelo Rebelo de Sousa，《行政法教程》，第一卷，第 88 页。

为的撤销，因为行政上的司法争讼只针对行政行为，而不是针对政治行为。[40] 但是，倘若政治行为属违法，可能有其他制裁（如民事责任），因此，政治行为理论并不是合法性原则的例外。

c）最后，有关*行政当局的自由裁量权*（poder discricionário da administração）方面，我们认为它并不构成合法性原则的例外，然而——相反地——是构成行政合法性的一个特别模式。

事实上，自由裁量权只有被法律赋予时才出现。而当中一般至少有两个法律规定的要素——权限及目的。除此之外，现今有若干从规范上对自由裁量权的行使设定界限及订定条件的重要法律规则——例如，说明理由义务、公正原则、无私原则、平等原则、适度原则等。

因此，行政当局的自由裁量权并不构成合法性原则的任何例外。

12. 同上：合法性原则的性质及范围

在我们当今所处的历史时期及所生活的制度类型中，关于合法性原则的性质之较为复杂及具有意义的其中一个问题是：在所有行政权的情况及典型表现中，行政当局必须遵守我们以上所述的广义上的法律，又或相反地，只在有损私人的权利或利益时，行政当局才必须遵从合法性？

这使我们面对德国学理时强烈坚持区分的是*干涉性行政*（administração agressiva）和*创设性行政*（administração constitutiva）［或*给付性行政*（administração prestadora de serviços）］。

事实上，公共行政当局有时候表现为权威及权力当局，使私人遭受牺牲。德国学理把这种行政称为*干涉性行政*（administração agressiva），因为这种行政“侵犯”私人的权利及利益。在禁止、征收、收归国有、命令、废止执照、拒绝许可等情况中，公共行政当局实际上是在侵犯私人的权利义务，凌驾于私人权利及利益之上，使他们遭受牺牲。

相反，在其他情况下，公共行政当局似乎是作为提供服务者或提供财产者的角色尤其是作为提供公共服务的部门般运作：为确保市民的教育而提供公共教育服务；在社会保障服务的范围内，令市民享用福利局或国家卫生局提供的服务；公共行政当局批给出口津贴或批给补贴，以减少风暴

---

[40] 参见《葡萄牙行政及税务法院章程》（*ETAF*）第4条第1款a）项。

的影响等。在此，行政当局并没有侵犯私人的权利义务，相反，行政当局保护、优化、扩大私人的权利义务范围。[41]

因此，某一类在德国主要由 Jesch 代表的当代见解，认为合法性原则涵盖行政活动的所有表现，既包括干涉性行政，亦包括创设性或给付性行政。在该两种情况下，行政当局只可以作出法律容许其作出的事宜。

另一类主要由 Wolff 代表的当代见解，认为现代意义的合法性原则仅适用于干涉性行政。至于给付性行政，它在经济及社会发展中尤其重要，在此，对其适用的是传统及单纯消极意义的合法性原则。即如属侵犯私人的权利义务的事宜，仅得在法律容许的情况下，公共行政当局方可作出；如属在经济发展及社会公义的领域中作出给付的事宜，公共行政当局可以在其认为合适下作出任何事宜，只要它没有违反法定禁止事项（Rogério Soares 指出，对该学说而言，向私人作出给付无须以合法性为依据，即采取“对礼物不要挑剔”的原则）。[42]

那么，葡萄牙的法律对该问题有什么见解？

我们认为，在葡萄牙法律层面上，合法性原则涵盖公共行政当局的所有活动表现，包括创设性行政或给付性行政的活动，而并非仅包括干涉性行政的活动。

a）一方面，这是基于《葡萄牙共和国宪法》第 266 条第 2 款所清楚指出的，在没有区分行政活动的种类下，规定“行政机关及行政服务人员受宪法及法律约束”；

b）另一方面，这是基于除摘录自宪法本身的字面论据，一般原则亦引证有关见解。

事实上，我们必须谨记在被称为“创设性行政或给付性行政”的范围中，公共行政当局亦可能会侵犯私人的权利或其受法律保护之利益，并不仅当行政当局从一开始作为权力当局时才会侵犯权利或受法律保护之利益；此情况亦可能会发生在给付性行政中。例如，行政当局可能错误理解法律而侵犯某私人或某公司的经济社会方面的权利；在同一领域，其可能拒绝

41 就现今在德国学说中，被普遍采纳的对其他分类的概述及解释，参见 Maria João Estorinho，*《私法的漏洞》*，第 97 页及续后数页。

42 参见 Rogério Soares，*《合法性原则及创设性行政》*，*在上述引文中*，第 175 页。

承认法律要求其承认的一项权利或正当利益；其可能剥夺某人的既得权利等。因此，即使所谓的“创设性行政或给付性行政”的本身范围中，亦可能会发生侵犯私人的权利或受法律保护的利益的情况，而有必要在该范围内全部适用合法性原则。

从另一个角度看，创设性行政或给付性行政并不总是使所有私人受益或平均地使所有私人受益：扶助措施、发放优惠信贷、津贴等，必须根据有选择性的准则去授予，因为在总会出现的财政限制下，有必要挑选那些理应得到批给的人，而不可能给予所有人津贴或发放贷款。这样，当选择某些人时，便淘汰另一些人，那些被淘汰的人有权求助于法律以保护其权利或受法律保护之利益。法律必须设定准则，以及作为行政当局在该等范围作出行为时的依据。在此范围内，除不能容许法律禁止的情况外，行政当局便可为所欲为。

况且，为了担当财产及服务的给付者，公共行政当局在很多时候会损害私人的权利或利益。[43] 作为现代行政当局、提供服务者且积极致力于发展经济及社会正义，公共行政当局可能需要——或可认为需要——强制调动某些个人、命令征用土地、命令将企业国有化、订定财产或权利的征用、设立垄断权、专营权、特别专属权；或最后，使若干经济活动的经营保留于公共领域中（众所周知，在葡萄牙，这是以划分众领域的法律所制定的）。

在这些上述情况中，公共行政当局一方面在创造条件或采取对促进经济发展或实现社会公义属必要的措施，另一方面亦牺牲了私人的若干权利：在征用中牺牲财产权；在国有化中牺牲特定公司的股东的权利；在设定垄断权或专营权中牺牲商业及工业的自由；如此类推。

因此，在发展经济及社会公义的过程中，创设性行政或给付行政的概念与牺牲私人的权利及法律保护之利益的概念是分不开的。[44]

此外，为了实现创设性行政或给付性行政，行政当局几乎总是需要运用国家预算中的公款。但是运用公款以作出公共开支，必然是以公共收入为代价。然而，除了透过借贷之情况，公共收入是通过强制方式向市民强加经济牺牲来征收的。税项和收费是公共行政当局为了集体的总体利益而强行地向私人征收的经济给付。正因为如此收费，在所有国家，除了相关

43　参见 Esteves de Oliveira，《行政法》，第一卷，第 298 页。

44　参见 Esteves de Oliveira，《行政法》，第一卷，第 298—300 页。

预算中的预留款项，所有的公共开支必须经法律允许该项开支或至少经法律允许运用该项开支进行有关行政活动，方可被作出。即是说，公共行政当局为了可以作出活动，从而作出开支，必须先存在许可其作出有关行为的行政法规定，以及同样许可其作出开支的财政法方面的规定；合法性原则包含必须遵从行政合法性及财政合法性的意义。因此，不能设想一个不以（行政及财政的）合法性作为基础及依据的创设性行政或给付性行政。

综合以上所言，我们认为，在创设性行政或给付性行政活动的领域，如不适用现代意义的合法性原则，等同抛弃行政法中一个最重要及最古老的金科玉律：仅法律有权界定由行政当局负责的公共利益。必须由法律界定行政当局所谋求的公共利益，而并非由行政当局本身界定；即使在创设性行政或给付性行政的范围内，即使涉及赋予一项权利，或提供一项服务，或向私人供给财货，行政当局之所以得以作出该等行为，仅因为行政当局正在谋求由法律界定的一项公共利益。

一言简述之：在现代意义下，合法性原则不仅涵盖干涉性行政的领域，同时亦涵盖创设性行政或给付性行政的领域。

这亦是葡萄牙主流学说实质所主张的。[45]

13. 尊重私人之权利及受法律保护之利益原则

在此将分析尊重私人之权利及受法律保护之利益原则。

我们先从两个初步观点开始。

一方面，我们认为《葡萄牙共和国宪法》第 266 条第 1 款最后部分所指的“受法律保护之利益”的表述并不恰当。该表述是一个用以表述在大多数国家中被称为*正当利益*（interesses legítimos）的新术语。尽管如此，必须承认的是，该表述不论在一般法（尤其在《行政程序法典》）抑或在宪法层面都非常普及——此外，1997 年的宪法修订亦把该表述延伸至第 266 条

45 参见 Esteves de Oliveira，《行政法》，第一卷，第 292 页及续后数页；Vieira de Andrade，《行政法律体制》，*在上述引文中*，第 40—41 页；Marcelo Rebelo de Sousa，*《行政法教程》*，第一卷，第 85—86 页。同时在 Sérvulo Correia，《行政合同中的缔约合法性及独立性》，第 298 页（值得留意的是同时参见第 208—290 页），“在葡萄牙法律中，即使在给付性行政的范围内，行政行为亦不可能*超越法律*。所有行政行为均属法律规范保留之范围”。

及第 268 条以外的其他条文规定中（参见第 20 条第 1 款）。因此，我们采纳该表述，亦在此不将该表述与正当利益作出区分。

另一方面，宪法所指的公共行政当局必须尊重公民（cidadãos）的权利及利益，“公民”这一术语表述亦不恰当——因为所涉及的不仅是葡萄牙公民的权利，而是所有个人（葡萄牙公民、外国人或无国籍人[46]）的权利，亦因为所涉及的不仅是个人之权利及受法律保护之利益，还有法人之权利及受法律保护之利益。[47] 即这是涉及所有法律主体之权利及受法律保护之利益。因此，我们以“私人”之表述取代“公民”之表述，因为“私人”之表述不但涵盖个人，而且亦涵盖法人。

那么，《葡萄牙共和国宪法》第 266 条第 1 款有什么意思呢？

它基本上指出了谋求公共利益并非行政活动的唯一准则，亦不是一个毫无限制的价值或范围。毫无疑问，我们必须谋求公共利益，但同时须尊重私人之权利及受法律保护之利益。在此所描述的正是行政法的核心：必须持续协调谋求公共利益的需要及对私人的保障。

昔日长期以来，一直认为确保尊重私人之权利及受法律保护之利益之唯一方式应该是宣告及保证合法性原则。当公共行政当局尊重合法性原则时，亦应该自动地尊重私人的权利及利益。因此，正如以上所见，合法性原则体现为公共行政当局活动的限制，其作用是保护私人的权利及利益。

然而，今日更跨进一大步。尽管合法性原则仍继续发挥该作用，然而肯定的是，即使公共行政当局小心谨慎地遵守法律，亦不足以同时实现对私人之权利及受法律保护之利益之完全尊重。因此，20 世纪至今，除了对合法性的违反同时侵犯私人之权利及受法律保护之利益的情况，还构思及实行（合法性原则以外）其他法律机制，以对私人之权利及受法律保护之利益赋予一个独立保护。

这些在合法性原则以外的其他保护方式中为数众多。在此，我们列举一些较为重要的方式：

a）当执行有关行政行为可能对私人造成难以弥补之损失时，规定

46　参见《葡萄牙共和国宪法》第 15 条。

47　参见《葡萄牙共和国宪法》第 12 条第 2 款。

得透过法院中止行政行为的效力（参见《行政法院诉讼法》，第 76 条及续后条文）；

b）扩大了行政当局因其故意作出的不法行为的责任范围，当中不仅包括违反法律的行为引起损害的情况，亦包括由违反技术规则及公共行政当局应具有的一般谨慎的实务事实引起损害的情况（参见第 48051 号法令第 6 条）；

c）将行政当局的责任扩大至偶然事实及那些令私人承受特别及非正常的负担或损害的合法行为所引起的损害（参见第 48051 号法令第 9 条）；

d）在作出最终决定前，赋予私人在行政程序中的参与权及信息权（参见《行政程序法典》第 100 条及续后条文）；

e）对直接影响私人之受法律保护之利益之行政行为，设定强制说明理由之义务（参见《行政程序法典》第 124 条）；

f）向私人开设一个无须以合法性作为依据的争讼途径，以确认一项权利或正当利益（参见《行政法院诉讼法》第 69 条）；

g）明示规定警察活动必须以对市民的权利、自由及保障的尊重作为限制，涉及预防危害国家安全犯罪之情况亦然（《葡萄牙共和国宪法》第 272 条第 3 款）；

h）在补偿行政当局侵犯市民的权利、自由或保障时所引起的损害中，透过宪法扩大行政当局的民事责任（《葡萄牙共和国宪法》第 22 条）；

i）赋予私人诉诸申诉专员的权利，旨在防止及弥补不公正的发生，尤其是该等不公平并不构成违法性的情况（《葡萄牙共和国宪法》第 21 条）。

这就是，在保护私人的权利及法定保护之利益方面，除了仅采用合法性原则作为对这些权利和利益保障的唯一方法，先后被宪法及行政法所制定的其他不同方法的若干列举，但并非尽数列举。

因此，可以得见，除了由合法性原则对公共行政当局设定的限制，尊重私人的权利及法律保护之利益原则亦很大程度地对公共行政当局予以限制及使其附属于该原则之下。

14. 同上：权利及受法律保护之利益的区分[48]

在行政法中，“权利”和“法律保护利益”之概念有什么不同呢？

a）根据传统上的概念，我们认为：不论权利还是正当利益，均存在一项获法律确认及保护的利益。

然而，在权利中这是一个*直接及实时*的保护，从而使私人有权要求行政当局作出一个或多个完全满足私人利益的行为，以及当出现侵犯或不遵守私人利益时，私人有权在法庭完全实现其利益。相反地，在正当利益中，虽然是*实时的*法定保护，然而不是*直接的而是次要的*法定保护——公共利益才是直接被保护的利益——私人不得要求行政当局满足其利益，而是得要求行政当局不损害之——以及在违法性的情况下，私人不得在法院完全实现其利益，而仅仅在于消除在违法情况下损害其利益的违法行为。

换言之，在权利中存在一*项要求满足本身利益的权利*；在正当利益中仅存在一*项要求与本身利益有关的决定属合法性的权利*。在前者情况中，私人有权取得一个有利于其利益的最终决定；在后者情况中，私人仅可要求倘有的不利于其利益的决定不是以违法方式作出的。[49]

权利的例子：如法律规定工作满五年的公务员有权收取一份长期服务金，这意味着公务员得依法要求支付该份长期服务金，且国家依法有义务向公务员作出有关支付。即意味着，如国家不向公务员支付有关长期服务金，则公务员得依法利用适当的方法以实现应有的支付。

正当利益的例子：假设法律规定必须透过公开开考以填补讲座教授一缺，具备法定条件者都得参加开考；假设有三人参加开考，然而其中一人并不具备参加开考的法定条件，但被典试委员会明确地挑选担任该职务。由于任命一名不符合法定条件的投考人的决定是违法的，因此，其余两名

48　在葡萄牙学说中，参见 Marcelo Rebelo de Sousa，《*行政法教程*》，第一卷，第 91—101 页；Vieira de Andrade，《*行政诉讼（课堂讲义）*》，第 72 页及续后数页；Rui Machete，《*就取得确认一项权利或法定保护利益的司法保障*》，载于《*公法及政治学的研究*》，里斯本，1991 年，第 423 页及续后数页；Rui Medeiros，《*承认受法律保护的权利或利益之诉的结构及范围*》，如上所述，第 11—26 页。亦参见 L. F. Colaço Antunes，《*分散利益的司法保护*》，载于 *BFDUC*，1984 年，第 191 页及续后数页。否定区分的学说，参见 Vasco Pereira da Silva，《*对于私人在行政上的司法争讼*》，第 84—121 页。

49　例如，参见《*行政法*》，第二卷，里斯本，1988 年，第 86—98 页。

投考人受到违法的损害。该两名投考人得针对该决定提出上诉，以及有权获得法院撤销该决定之裁决。但这意味着他们任一人会取得该职位吗？当然不是。这一方面意味着他们得移除一个满足其利益的阻碍，且另一方面意味着有一个新的机会以尝试实现该利益。然而，作为评审委员会的行政当局，没有法律义务去任命他们；重新对情况作出审视，必须排除不具备法定条件的投考人（如不如此为之，则重蹈第一次所犯的违法性），但是可能会在其余投考人中挑选最适合者以担任该职务；他们均没有权利要求被挑选，而是仅仅有权不被违法地排除。

b）在不妨碍以上所指的区分下，我们认为现时有必要对上述论点引入一些修正。

正如 Vieira de Andrade 所述，基于行政活动领域（扩展及多样化）及对合法性原则之理解（被转换成法制化原则）近期所发生的变化，尽管一些主体的法律地位*没有一个完整保障以抗衡行政当局，又或因其内容依赖行政上的细化或落实而不具有实时可诉性*，[50]但仍应被评定为权利（而并非作为正当或被间接保护的利益）。第一种情况的例子有*附条件的*权利，上述作者在该分类中引入了*被削弱的*权利——根据法律或合法的行政行为，“透过行政当局正当行使的权力得牺牲*被削弱的*权利（例如，当所有权力面对征用权力或规划权力时，公务员自身薪俸权利面对中止职务的纪律惩戒权时，又或承批人面对批给赎回权力时，有关权利均须牺牲）”，以及引入了*压缩的*权利，即该项权利“受法律限制并取决于行政当局的介入才得以被行使”。例如，车辆通行自由取决于驾驶执照的取得，又或执业自由取决于在专业团体中的注册。[51] 同时，上述作者命名的“*初步的*”*权利*阐述了第二个现实，该项权利（被一项规范直接保护的个人利益）的内容，为了转变成明确的权利，需要在行政上落实（例如，要求作出在种类或金额方面均不确定的给付的概括性权利）或细致化（例如，警方保护的固有权利方面，在各项措施中有待作出行政选择）。

即正如在正当利益形态中所发生的，今日越来越多权利的权利人在面对行政当局时并不具有完整的保障，亦越来越多权利在内容方面并未被预先明确地确定下来。因此，似乎应认同在权利的形态和正当利益或被法律

50 参见 Vieira de Andrade，《*行政诉讼（课堂讲义）*》，第 76 页。

51 参见 Vieira de Andrade，《*行政诉讼（课堂讲义）*》，第 76—77 页。

保护的利益的形态之间存有“区别”，特别是有关内容的可确定性及个别化，以及规范保障的意向及强度，该区别如今不再是一个类别上的区别，而是等级上的区别——“在每一种情况中透过解释所适用的规范予以确定”。[52]

c）另外，除权利及正当利益，当私人面对行政当局时，如今仍存在另一些（好处方面的）公法法律地位，并被统称为*简单利益*。

首先包括某些学说所称的*偶然特别利益*（Vieira de Andrade）或*间接保护利益*（Marcelo Rebelo de Sousa）。该等利益有别于以上述及的正当利益，因为该等利益不是任何法律规范保障的客体——间接保障亦谈不上。换言之，现行的合法性并不用于保护该等利益，不论第一线还是第二线。[53]“典型的例子为，某产品的进口商，在适用维护公共卫生的法例时，可能因禁止其竞争对手入口而得益。如果法律的目的是保障竞争，这是在第一线保护一项总体利益，然而亦以实时的方式间接地保护竞争者们的私人利益。但是，如果*主要被保护的利益为公共卫生*（及每位市民在卫生中的次要利益），*则竞争进口商的利益并不会以实时的方式被法律保护*。然而，禁止或准许入口将使他们受益或有损失。”[54]

正如Marcelo Rebelo de Sousa认为的，在这些情况中，“获确认的唯一司法追究权在于*争议倘有的他人行为的违法性*，为此，须主张确认该违法性及废止不法行为的利益”。[55] 然而，与正当利益相反，并不存在针对违法者的*民事责任之诉*，因为没有任何一部法律旨在实时保障仅间接被保护的利益。[56]

接着，同样亦有需要论述那些并不属于获个别考虑人士的利益：*不完全区别的利益*[57]及大众利益。

前者包括“集体利益”——以维护社员一般利益为宗旨之团体的利益——以及“一般地方利益”——居住区域内之居民有关公产之财产的普遍利益［《行政程序法典》第53条第1款的最后部分及第2款b）项，以及第160条］。[58]

52　参见Vieira de Andrade，《*行政诉讼（课堂讲义）*》，第79页。

53　参见Marcelo Rebelo de Sousa，《*行政法教程*》，第一卷，第98页。

54　参见Marcelo Rebelo de Sousa，《*行政法教程*》，第一卷，第98页。

55　参见Marcelo Rebelo de Sousa，《*行政法教程*》，第一卷，第99页。

56　参见Marcelo Rebelo de Sousa，《*行政法教程*》，第一卷，第99页。

57　此表述出自Vieira de Andrade，《*行政诉讼（课堂讲义）*》，第77—78页。

58　参见Vieira de Andrade，《*行政诉讼（课堂讲义）*》，第78页。以及同时参见Esteves de Oliveira，Pedro Gonçalves，Pacheco de Amorim，《*行政程序法典*》，第53条的注释VIII及续后内容。

最后，大众利益是没有特定主体的利益，即涉及广泛人群的利益，而并非与特定主体不可分割的利益。[59] 另外，大众利益是一定群体的利益，是涉及普遍人群的利益，但并非狭义上的公共利益，这是因为大众利益缺少了组织形式化。[60] 如今其实质重要性获《葡萄牙共和国宪法》（第 60 条、第 66 条及第 78 条）以及法律（《行政程序法典》第 60 条、第 66 条及第 78 条）所确认。

15. 同上：有关区分的所及范围

综合而言，今时今日权利和正当利益之间在法律制度上并不存在十分明显的区别。

然而，这并不意味着在此领域中，权利绝对等于正当利益。例如，一方面，禁止限制性法律具有追溯效力，又或对警察活动的若干限制，仅在权利、自由及保障以及性质类似的权利方面有效（参见《葡萄牙共和国宪法》第 17、18、272 条）；另一方面，亦显然地，在“传统”权利中（例如，公务人员对薪俸或取得长期服务金的权利），相关权利人在面对行政当局时享有一个完全的保护，而在正当利益中，相反地，私人仅可期待行政当局在谋求特定公共利益时并不会非法地损害他们。

这仅仅意味着，并不存在使权利和正当利益在科学层面得以绝对区分的关于*所有*权利或*所有*正当利益的*特定*（充分）法律制度轮廓。

亦值得注意的是，一方面，现今《行政程序法典》把明确地设定受法律保护利益之行政行为之废止制度与设定权利之行政行为的废止制度并列起来［《行政程序法典》第 140 条第 1 款第 b）项］；另一方面，学说及司法见解均认同《葡萄牙共和国宪法》第 22 条规定的国家及其他公法人的民事责任，既适用于侵犯权利的情况，亦适用于侵犯受法律保护之利益的情况。[61]

在这方面，Vieira de Andrade 亦提出将权利和正当利益科学地集合为一

---

59 参见 Colaço Antunes，《*行政法中分散利益的司法保护*》，科英布拉，1988 年，下同；以及 Rui Medeiros，《*承认受法律保护的权利或利益之诉的结构及范围*》，如上所述，第 278 页。

60 Vieira de Andrade，《*公共利益*》，如上所述，第 278 页。

61 参见 Rui Medeiros，《*有关透过立法行为制订的国家民事责任随笔*》，科英布拉，1992 年，第 110—120 页（*尤其是*第 113 页）。

个单一主体法律地位类别，并与一单纯利益类别相对。这样作出区分时，两者的法律制度在私人（利益方面）的公共法律状况面对行政当局时会出现有趣的差异。[62] 事实上，此区别显示出以下例如，

1）规定了行政行为须说明理由之义务（《行政程序法典》第 124 条第 1 款 a）项），该义务仅针对以任何方式否认、限制或损害权利或受法律保护之利益的行政行为；

2）规定了废止行政行为之正当性，该废止并不是自由作出的，而是有条件的，因为针对设定权利或设定受法律保护之利益的行政行为（《行政程序法典》第 140—141 条）；

3）《行政法院诉讼法》第 69—70 条所规定的提起依法确认之诉的正当性，仅限于拥有相关权利或受法律保护之利益之人；

4）提起民事责任损害赔偿之诉的正当性，不论针对公共管理之行为，抑或针对公共行政当局的私法管理行为，亦仅限于拥有相关权利或受法律保护之利益之人。

这是一个明显可行的建议，尽管我们认为有关内容仍须作出更多的教理上的深入研究。

传统上认为权利与正当利益之区分在实际利益方面具重要作用的国家是意大利，因此，在意大利学说中可找到有关该区分的更深入、更详细的见解。[63] 在意大利，该区分与诉讼管辖权有关。那么，在意大利法律中，当面对的是对一项私人权利的侵犯，则必须诉诸*司法法院*（tribunais judiciais），（在该国）司法法院有管辖权来审理任何由行政当局作出的对私人权利的侵犯；相反，当面对的是对一个正当利益的侵犯，则管辖权属于行政法院（tribunais administrativos），因此，这些法院有管辖权审查对正当利益的侵犯。在实务上意味着，当私人被公共行政当局的行为侵犯时，第一件要认

---

62 参见 Rui Medeiros，《*有关透过立法行为制订的国家民事责任随笔*》，科英布拉，1992 年，第 110—120 页（*尤其是*第 113 页）。

63 关于权利与法定利益之区分，参见意大利的 Zanobini，《*行政法教程*》，第一卷，第八版，1958 年，第 181 页及续后数页；Landi 及 Potenza，《*行政法手册*》，第七版，1983 年，第 142 页及续后数页；M. S. Giannini，《*行政法*》，第一卷，米兰，1970 年，第 506 页及续后数页。

知的事情是，该侵犯是对权利的侵犯还是对正当利益的侵犯。因此，在意大利对权利与正当利益之区分必须有一个非常明确的概念，因为如未正确地作出区分，则会出现一个向不具管辖权的法院提起诉讼的风险，以及有时候会出现丧失对私人法律状况的司法保护。[64] 幸好葡萄牙并没有继受上述内容。

16. 行政当局之自由裁量权：前言

我们已得知在合法性原则下行政当局须服从法律。

然而，事实上法律并非经常以同一方式规范公共行政当局作出的行为；在一些情况下，详细地作出规范；在另一些情况下，针对某法律状况，并非由法律订定唯一的法律后果，相反地，法律赋予行政当局权力以便由行政当局定出有关法律后果。换言之：在一些情况下对行政活动的法律规范是确切的，而在另一些情况下则是不确切的。

让我们透过两个例子看看在这方面可能遇到的一些极端情况。

第一个例子：我们分析所谓课税行为，在该行为中，税务行政当局对直接税作出结算，以及就某确定税项向纳税人宣告其必须支付的数额。

在税务方面，正如我们所认知的，法律订定了课征对象、计税依据、应缴税率等。税务行政当局应作出的，仅仅是核实该名纳税人的收益，作出法定扣除以及对所得出的数额适用相应税率的百分比等。

实际上这是一份可以由计算机进行的工作：这是一份机械式的、逻辑的、数理的工作。一方面，这是实质上的审查活动——收益多少、扣税多少等。另一方面，这是数理上的活动——加法运算、减法运算、计算百分比等。

在上述情况中，法律规范了行政活动的所有事宜。行政当局负责纯机械式的工作，*直至达至依法可能得出的唯一结果*。

在某年向某人依法结算某税项，通常得出一个确定数额、一个确定金额：不可多一毫，亦不可少一毫。可能出现误差，然而该误差应被更正。只存在一个法定可能结果，一个在数理上正确的结果。再没其他结果。

---

64 参见葡萄牙，L. Mazzarolli，《*行政诉讼*》，载于 org. L. Mazzarolli，G. Pericu，A. Romano，F. A. Roversi Monaco，F. G. Scoca，《*行政法*》第二卷，第二版，Bolonha，1998 年，第 1796—1819 页。

我们认为法律在此完全地*约束*行政当局。行政当局不能够作出任何选择。该行政行为是一个受约束的行为。

毫无疑问，这是一个当局行为，是行政权力的一个表现，因为这是一个在具体情况中订定权利的单方决定。不论对行政当局，还是对私人（尤其是对其相对人），有关订定都是强制的，然而，这是一个受约束的行为。法律规定了行政当局须作出的所有方面。

第二个例子：这是一个完全相反的例子，根据十一月十九日第252/92号法令第三条对民事总督的任命，经内政部的建议，政府可透过部长会议挑选民事总督，正如我们所认知的，即是*行政执行官*。根据该法律规定，政府事实上可以挑选任何葡萄牙公民（只要该人是成年人）以担任民事总督的职务。亦即，任命在各方面都是一个自由裁量行为。此行为并不是完全自由裁量的，因为政府不得任命外国人、未成年人、精神失常的无行为能力人，然而，得任命任何成年及完全享有其权利的葡萄牙人。

在此，我们见到与前者相反的状况。法律实际上并没有任何说明、规范，并且向公共行政当局赋予了一个明显的自主权界限。这就是公共行政当局须按照在每一个案中认为最合适谋求公共利益的标准作出决定。应挑选军人还是民众作为民事总督？一个老年人还是年轻人？一个政党人士还是独立人士？应任命一个当地出生的人还是外来人？之前具有行政经验还是没有经验的人？

政府应权衡这些因素，但不受任何法律预先订立的特定准则所约束。在此，法律并没有对公共行政当局的行为作出详细规范。

因此，一方面我们有*受约束行为*的情况，另一方面我们有*自由裁量行为*的情况。

因此，约束及自由裁量是法律勾画公共行政当局活动的两个典型方式。

为对上述各个概念下定义，得采纳（一直被学理所采纳的）两个不同的观点：行政当局权力的观点或行政当局行为的观点。在此，我们再次遇到组织理论与活动理论的区分。若我们采用组织理论，则分析权力；若我们采用活动理论，则分析行为。

首先分析第一个观点——权力观点（现今我们认为这是较合适的观点）——当法律没有把最适当的具体解决方法的选择权交给相关据位人判断处理时，则为受约束权力；当有关权力之行使由相关据位人判断，使他有权亦有义务在每一个案中，选择最符合受赋予自由裁量权的规范所保护的公共利益的方法时，[65] 则为自由裁量权。

如果采纳第二个观点——行为观点——我们以一个更简化的方式阐述：行政当局行使受约束的权力而作出的行为就是受约束行为，行政当局行使自由裁量权而作出的行为就是自由裁量行为。

然而，在此须作出一重要提醒，其实并不存在完全受约束的行为，亦不存在完全自由裁量权的行为，行政行为通常是同时行使受约束权力及自由裁量权所产生的一个混合行为或组合行为，只是在每个行为中行使约束权力及自由裁量权多寡而已。

换言之，这即是说明，几乎所有行政行为是同时受约束及自由裁量的行为。在某一方面是受约束的，而在另一方面是自由裁量的。

因此，若在每一具体权力的层面，提问是受约束权力还是自由裁量权，则是有意义的。那么在行政行为的层面，就没有太大意义，提问是受约束行为还是自由裁量行为。了解在哪方面是受约束的行为，在哪方面是自由裁量的行为，这才有意义。

例如，在课税行为中（结算税项），几乎所有方面是受约束的，然而，同样地，仍有一小部分范围具有自由裁量性：法律一般会给予公共行政当局一个期限以作出该等行为，而在该期限内行政当局得自由地挑选一个时刻，以作出行为。这是一个自由裁量性的最小幅度，然而这是存在的。

在上述第二个例子（对民事总督的任命）中，赋予政府的自主权是相对广泛的。然而，法律亦设立了若干起制约作用的条件，例如，在内政部的建议后，任命民事总督的权限是属于部长会议的。作出行为的*权限*事宜是一个受约束的事宜：倘若由总理任命民事总督或由国防部长罢免民事总督，因作出行为的实体无权限，所以该行为是违法的。在此事宜上该行为是受约束的。*即使为自由裁量行为，权限永远都是受约束的*。另外，仅年满 18 岁的葡萄牙成年人得被任命为民事总督，如果政府任命一名外国人，或任命一名未成年人，则此行为是违法的，因为该事宜亦是受约束的。第三方面，*行政行为的目的永远都是受约束的*。赋予自由裁量权的规范亦赋予行政行为某一目的：倘若行使自由裁量权时作出的行为，旨在谋求有关规范所追求的目的，则该行为是合法的；倘若作出该行为所旨在达成之目的有别于法律赋予自由裁量权之目的，则该行为是违法的，因为在自由裁

---

65 参见 Marcello Caetano，《*手册*》，第一卷，第 214 页。

量权中，目的通常是受约束的。最后，相关的行政决定必须遵守源自若干约束行政当局活动的一般法律原则（适度、公平、无私等）的指令——例如，在两名适合该职位的人选之间，政府不得因其中一人是耶和华见证人而不接纳（这是对公平原则的侵犯）。

因此，自由裁量并非完全的。

所以我们认为，严格上，并不存在完全受约束的行为，亦不存在完全自由裁量的行为。所有行政行为都是部分受约束及部分是自由裁量的。因此，当在日常用语中称某行为是*受约束的行为*，实质上是指*主要受约束之行为*（或指该等行为受约束的有关事宜）；称某行为是*自由裁量行为*时，实质上是*主要的自由裁量的行为*（或指该等行为中自由裁量的事宜）。[66]

17. 同上：性质

正如前述见解的结果，必须存在法律赋予行政当局在各个不同决定的抉择之间作出选择之权力，才存在自由裁量性，不论选择的空间仅由两个对立的相反决定所组成（例如，批给或不批给许可），抑或选择的空间由若干个选择的决定所组成，以便在一个竞争名单中作出选择（例如，在五人中任命一名公务人员担任一个具体职位）。[67]

但是，现在需要查明的是，该选择是*自由*的吗。更好的说法是（有权限的）机关可以自由地在符合法律宗旨之若干个解决方法中选择任何一个吗。

在之前的著作中我们认为的确如此，正如 Afonso Queiró 般，即“自由裁量权（……）包含了（……）一个由立法者向行政当局授予的自由，亦包含了一项选择权的有意许可，在该项许可下行政当局具有正当性作出合法及符合现行法（de lege lata）的所有决定，而这些决定都在立法者赋予的行政活动自由之或宽或窄的范围内”。[68]

然而，今天重新思考该问题后，我们认为应否定地响应上述问题。

66　出自本书所述学说，与司法见解长期见解相反：同一个行为可能同时存在*违反法律*及*权力偏差*两个瑕疵（参见下述，行政行为瑕疵理论）。

67　参见 Karl Engisch，《*法律思想绪论*》，J. Baptista Machado 译，第六版，s/d，里斯本，第218页。

68　参见 Afonso Queiró，《*行政当局自由裁量权的限制*》，科英布拉，1966年，第8页。

事实上，挑选行政机关职位的程序并不仅受法定目的的制约——可以肯定所有符合该目的之解决方法，均无差别地在法律面前获接纳。相反，我们今天的现实显示了，有关程序仍然及*尤其地*被源自约束公共行政当局的一般原则及规则的教义所制约及指引（特别是公平、适度及无私）。因此，行政机关*有义务*为公共利益寻找*最好的解决方法*——另外，显示了自由裁量权在法律的限制下并非一项自由的权力，而是一项*法律上的权力*。

又或者，在自由裁量方面，正如 Engisch 所强调的，尽管法规向行政当局开放了在若干个可能的事实抉择之间作出选择的权能，但“在严格按照所有值得注意的法律上（尤其系法定）的指令下，选择权之行使须旨在达成一个作为‘唯一合适结果’的结果，当中须谨慎地研究及衡量“具体个案的多种情况”。[69]

葡萄牙学者 Vieira de Andrade 亦有类似见解，按照 Rogério Soares[70] 的理论，“自由裁量并不是一项*自由*（……），而是一项*权限*，一项特定工作，与一项*法律职能*相应。行政当局不获托付一项判断，尽管是谨慎的，不得把其作出的决定建基于其意志上。行政决定必须要符合情理，因为行政决定不得成为冲动或任意的结果，此外，行政决定必须符合更好地服务由法律确定的公共利益之解决方法。因此，自由裁量并没有免除公务人员对个案寻求单一解决方法：这正是其有根据地认为在公共利益的角度上*最好的*解决方法”。[71]

因此，法律在向某个机关赋予一项自由裁量权时，并不会顺从该机关所作出的符合该法律目的任何选择，相反地，法律刻意地希望并期待该机关寻求及采纳在衡量具体情况后才发现的所有事实及情节，以及遵守源自适度原则、平等原则、善意原则及无私原则的指令后，行政机关才作出其认为合适的选择。[72]

---

69 参见 Karl Engisch，《*法律思想绪论*》，第 219—220 页。

70 参见 Rogério Soares，《*行政法*》，第 64 页。

71 Vieira de Andrade，《*行政法律体制*》，如上所述，第 46—47 页；同时参见《*行政行为的明示说明理由义务*》，第 367 页及续后数页，在书中该名作者补充：最后的或因果的想法“在认为自由裁量权在法律的限制下是自由的是有道理的，即认为，鉴于倾向于法定目的，因此在此目的限定的组别之间选择一个解决方法。然而，当自由裁量权的行使遵从另一些法律标准时则失去意义，当中有一些标准直至今日仍被认为是善良行政的纯正原则：合理性、公正、无私以及适度”（第 382—383 页）。

72 参见 Karl Engisch，《*法律思想绪论*》，第 220 页。

"正如 Vieira de Andrade 所强调的，明显地，在行为人角度下最好的解决方法，并非必然地在法律中*抽象*得出的*唯一一个可能决定*：对于行政当局，一定存在一个予以考虑及决定的空间，否则便不存在自由裁量权。"[73]

然而，这并没有除去自由裁量的法律性质，现今，法律的执行（不论由行政当局的公务人员作出抑或由法官作出）明显地涉及法律适用者在确定适用于具体案件的规定时作出某一"创造"。[74] 事实上，具体案件的法律执行机关是"在具体案件中寻找什么是法定，什么是合适以及什么是合理措施的代理人，并以履行其责任及其'最好的技术及观念'的方式作出，然而，在同一时间亦要以创造的方式以及也许以发明的方式作出"。[75] 执行法律的机关的决定无疑是根据法律订定的标准作出的，然而，仍须考虑具体个案的有关情况，以便在衡量各种情况后作出决定。[76]

简而言之，在自由裁量中，法律并没有给予行政机关选择与有关规范之目的相符之任何解决方法的自由，相反地，强逼行政机关寻求最好的解决方法，以便按照适用于行政活动的法律原则满足公共利益。

自由裁量不是一项自由，而是一项法律权利义务。

上述得出，之前我们认为的是*非本义自由裁量*的某些情况——一般而言，在行使法律赋予行政当局的一项法律权力的情况中，据位人不应被认为其获赋予权力以便在不同的解决方法中自由地作出选择；相反地，据位人应被认为其被强制要求去寻求与个案最吻合的一个解决方法——体现了行政当局真正自治的例子。上述情况为以下三种情况：举证自由、技术上的自由裁量及官僚公正。[77]

为了明确我们现时立场的含义，我们分析技术上的自由裁量的情况。

众所周知，在该情况中，行政当局的决定仅以技术性质的事先研究为基础并遵从技术规定得出的准则。例如，某一市政厅决定对某一河流兴建供水设施以供应给居民：将透过承揽还是批给兴建？在右岸还是左岸兴建？透过技术程序 a 还是 b？所有这些都是市政服务的工程师及经济师按其研究及意见予以回答的技术问题；而市政厅所采取的最终决定必须为一个技术

73 Vieira de Andrade，《*行政法律体制*》，如上所述，第 47 页。

74 Vieira de Andrade，《*行政法律体制*》，如上所述，第 47 页。

75 Karl Engisch，《*法律思想绪论*》，第 252 页。

76 Baptista Machado，《*法律及合法化推理绪论*》，科英布拉，1983 年，第 119—120 页。

77 参见《行政法》，第二卷，第 168 页及续后数页。

内容的决定。那么，我们正面对一个真正的自由裁量的个案吗?

以前我们认为不是，因为实际上，行政当局在不同的解决方法之间并不具有选择的自由：在左岸或右岸兴建供水设施。例如，在考虑有关用处以及困难时，并不是两个一样的技术解决方法；在既定的地点以及既定的时间，只有其中一个是*好的解决方法*，而该解决方法正是行政当局被强制去寻求的。可能会弄错，但是必须寻求一个正确的解决方法，因为良好的*行政管理义务*要求它这样做。

综上所述，今天我们认为是的，因为自由裁量并不等于可在法律应许的解决方法中作出自由选择，相反，必须选择最正确的解决方法。

明显的，行政当局所采用的技术上的决定不可以由其他人（假设在技术角度上是更正确的）或由法院作出变更或替代。正如我们所分析的那样，法院（包括行政法院）不得基于一个行政决定在技术上不是最正确的而*宣告*该决定*无效*，亦不得以其他似乎对公共利益更适合的决定*取代*该技术上的决定。因此，如果在供水设施工程的承揽人招标中有两间公司参与竞投，其中一间建议供水设施在右岸兴建，而另一间则主张在左岸兴建，则针对市政厅作出倾向前者或后者河岸的选择，落选的竞投人不得基于在对岸兴建的选择在技术上是更正确的而以司法途径对该选择作出申诉。未中标的竞投人得针对涉及行政当局在决定的程序中作出任何违法性的决定提起上诉（技术意见的欠缺、市政厅决议的形式瑕疵、说明理由的欠缺、选择较高价格的竞投人、事实上的错误、权力偏差），但法院不可评审作为该行政决定背后原因的技术上的选择是正确的还是出现差错。除了一种情况：一个基于*明显错误*，或按照*明显不能接受*的准则，又或按照*明显不正确*的准则而作出的行政决定。[78] 在这些情况中，行政当局被认为是超越了其自身权力，以及明显地离开了自由裁量的范围，而进入了纯粹的违法性范围，因此行政法院得*宣告*由行政当局作出的决定*无效*——然而，绝不可能*作出另一个*被认为更适合的*决定以取代该决定*。今天我们认为评定上述明显错误的情况，在学理上与在适当方面违反适度原则的情况相一致。[79]

---

78 参见最高行政法院——于 1977 年 7 月 28 日作出的合议庭裁判，Dr. Sá Couto 的案件，载于 AD.，196，第 421 页，以及在第 436 页提出的司法见解。关于该事宜的完整理论，参见 Dominique Lagasse，《*在行政法中评定上的明显错误——行政当局自由裁量权的限制随笔*》，布鲁塞尔，1986 年。

79 参见下述。

18. 同上：依据及含义

如今，让我们问一问行政当局自由裁量权的依据及含义。为什么在某些情况下法律很仔细及细致地规范了行政权力的行使，而在另一些情况下，法律把决定交托给如“具体情况的立法者”的行政机关？[80]

合法性原则的逻辑不足以要求一切由法律仔细进行规范以及对行政当局机关不留下任何自由裁量空间吗？

a）实情是，在实务上是不可行及不适合的。在一些情况中，法律得规范所有事宜——如税务方面——在这些情况中，公共行政当局的活动是一个机械式的演绎活动。该活动表现为，以逻辑活动（包括计算活动）的方式在具体情况中单纯适用抽象法律的活动。然而，在大部分情况中，立法者承认不可能预先规定行政当局将须作出活动的所有情况：同样亦不可能推论地设定有关谋求公共利益的各个较好的解决方法。

Rogério Soares 谈及有关行政活动的新领域时，以一种恰当的综合方式表达上述见解，当中注意到，如今法律“不可能以详细至‘毫米’的方式作为每一个行政行为作出的抽象描述，而认为行政行为仅仅订定时间、地点及具体相对人而已；不可能是‘在云雾中作出之行政行为之法律’，留待行政人员把这些云雾推到全球。在这些新领域中，法律条文的角色是为作出决定的第二权力订定方向及标准”。[81]

回到刚刚的例子，法律不可能在葡萄牙的历史中指出谁是每个地区各时刻中最好的民事总督。这是一个法律不能规范的问题，因此，该问题必须留给公共行政当局判断。另一个例子，同样亦是之前引述的：一个市政厅决定在某一河流兴建一座供水设施，以更好地向当地议会的居民保障供水系统。采用什么技术工序？应采纳什么解决方法：在河的右岸还是左岸兴建设施？供水应如何输送：透过地下隧道或内管道，还是透过户外运河？一切都是法律不能预见的问题，由于相信主管机关具有必要的技术知识，城市在各情况中选择对公共利益最好的解决方法，因此，这些问题必须留给公共行政当局作选择。

---

80 参见 Karl Engisch，《*法律思想绪论*》，第 242 页。

81 参见 Rogério Soares，《*公共行政及司法监察*》，如上所述，第 226 页及续后数页，第229 页。

而要在上述的实务理由中加上法律理由。自由裁量权最首要的任务就是确保个别情况的公平处理。[82] Vieira de Andrade 指出："自由裁量权并不是须减至最低限度的'坏事'，相反地，它对公共利益的实现以及私人利益的适当保护发挥着积极和必要的作用。"[83] 又或正如 Engisch 所强调的："当针对具体个案的有关公正（正确、适合、适度）的最后决定被赋予个人作出时，法律才赋予真正的自由裁量权，而这并不仅仅因为即使以最详细的方式作出规范亦不能排除一切的不确定因素，而是因为赋予尽责的人在一定限制内以其个人角度作出之决定才是更好的解决方法。"[84]

法律上，自由裁量权最终以分权原则或以社会法治国为基础，在后者中行政当局须承担积极义务，为此须有一个法律自治范围。[85]

基于上述两个理由，法律规范在其密度方面存有一定的开放性是合理的，借此赋予行政当局权限以确保作出一个对各种具体情况更适当的决定。[86]

b）而什么是自由裁量权的含义呢？这体现为合法性原则的一个例外。自由裁量权是否意味着任意的权力？

当然不是。正如我们之前所指出的，仅当法律赋予自由裁量权时才存在自由裁量权。

在*警察国家*时期，自由裁量权是一项固有的权力，派生自绝对的国王的君主正当性，或也许按照国王们神圣权利的某些概念而固有。

如今，自由裁量权，正如所有行政权力一般，并不是一项固有的权力，而是*一项派生自法律的权力*：仅当法律赋予以及透过法律确定时才存在。

然而补充道：除了仅以法律作为基础自由裁量权仅得由法律赋权的主体行使，仅得为了法律赋予的目的而被行使，以及应根据某些活动的法律原则被行使。

最后，自由裁量权在司法上是可受监督的：存在监督自由裁量权行使

---

82 参见 Hartmut Maurer，《*德国行政法*》，第 130 页。

83 参见 Vieira de Andrade，《*行政行为的明示说明理由义务*》，第 377 页。

84 参见 Karl Engisch，《*法律思想绪论*》，第 242 页。而该作者补充："'正确的主观概念'并不是（……）不幸地不能（至少当必须作出评价时）被完全排除的东西——相反，是一个法律文化的积极的元素，而同样地亦应被确认（第 252 页）——为了阻止'个人公正'这一概念不被歪曲，因此在一个法治国中，必须存在一个先进的法律思想，以及存在被教导无私、客观以及廉洁的公务人员（……）（第 254 页）。"

85 参见 Sérvulo Correia，《*行政合同中的缔约合法性及独立性*》，第 488 页。

86 参见 Sérvulo Correia，《*行政合同中的缔约合法性及独立性*》，第 488 页。

的监督方法。也许此监督并不如那些受约束权力行使的监督般严谨，然而，在对自由裁量权行使的司法监督中亦具有足够的严谨及坚固。

基于这些理由，自由裁量权并不是合法性原则的一个例外，而是一个确立行政当局服从于法律的一个可能方式。

19. 同上：历史演变

一言以蔽之，历史演变过程中的特点是，行政当局的自由裁量权越来越受法律限制，而其是否遵守法律限制也受司法监督。

让我们阐述如下。

我们得知，在警察国家的第一个时期，行政权力完全是自由裁量的：行政权力并非以法律为基础，亦并非由法律对行政权力的行使确立任何限制。当时的权力机关是专断王国。

在*警察国家*的第二个时期，君主权力与所有那些作为固有权力的合作者共存，且不以法律为依据，相反地以历史正当性推论，然而，这与合法性原则对立，而合法性原则被设计为对皇室权力之限制。

在第二个时期，可区分两个行政形态（实质或客观意义上的）：*单纯行政及司法行政*。

一般规则为行政活动符合单纯行政模式，其在于根据专制国王至高无上的意志谋求公共利益。相反地，行政随着必须尊重私人的财产权利成为司法行政。

单纯行政和司法行政之区分与我们较早前论述之王权国家和税务国家之区分相应：单纯行政在王权国家中开展；司法行政在税务国家中开展。

基于此，单纯行政的事宜由行政权力机关自由地作出决定，相关决定并不受任何司法监督，而仅仅得被上级行使的监督权予以监管。相反地，司法行政的事宜由行政权力机关在法律规定的范围内作出决定，相关决定受法院监督（行政法院或司法法院）。从私人角度而言，仅就侵犯私人财产性质的既得权利的事情受司法保障：仅当私人主张其一项财产性质的既得权利被侵犯时，方可到法院请求保障私人的主体地位以对付行政当局。

因此，单纯行政的范围是巨大的——而司法行政的范围是十分有限的。

在葡萄牙，在 Mouzinho da Silveira 的改革后，打破上述系统的第一个“斧劈”为 1842 年的《Costa Cabral 行政法典》，当中第 280 条首次开创了私人对违反*法律或行政规章*的行政行为不服者向行政法院上诉的可能性。因此，开始认为一个违反法律或行政规章的行为得由私人提出司法申诉，即使该行为没有侵犯一项财产性质的权利。这是对直至当时为止之单纯行政范围的首个干预。

在 1850 年发生了新的变化：在《国务院规章》中确立了国务院不仅有权限审理司法行政事宜，而且有权限审理那些争议行政权力机关在*无权限*或*越权*情况下作出的行为的个案。

更进一步——同样明显重要的——对自由裁量权的法定限制变得越来越强，而对这些限制的遵守受司法监督。更深入的是，当允许对行政当局之无权限或越权瑕疵的行为提起司法上诉时，葡萄牙法律在 1850 年确认了权限和目的在行政行为中一般为受约束的范围——正如我们之前所述。

新的发展随着《1896 年行政法典》而出现。在该法典中，单纯行政和司法行政之间的区分被撤销了。确立了私人向行政法院提出上诉须具有下列其中一个依据：

> *侵犯既得权利*：然而，现今在此并不仅包括财产权利，相反地，亦包括所有以法律或行政规章为基础的权利；
>
> *无权限*；
>
> *越权*；
>
> *违反法律*。

然而，还剩下什么予以自由裁量？还剩下什么予以自由裁量权的领域呢？在上述《1896 年行政法典》第 326 条中，规定了行政法院绝不得审理“行政决议是适当的还是不适当的”。亦在此确立了一个十分重要的在行政行为的合法性和其适当性之间的区分。行为的合法性得被法院监督，但其适当性不得被监督。

《1896 年行政法典》在增加公共行政当局的约束方面向前迈出了一大步，以及相应地减少了自由裁量的范围及使自由裁量权受到司法监督。

正如 Afonso Queiró 所言，“由在谋求公共利益方面完全自由的自由裁量行政，转变为在法律限制下行使的衡量行政行为是否适当的单纯权力”。[87]

---

87 参见 Afonso Queiró，《*行政当局自由裁量权的限制*》，科英布拉，1944 年，第 219 页。

上述发展并没有在此停止，而且在20世纪仍然继续。在1930年，公布了一个重要的法律文件——二月二十八日第18017号命令，当中第1条第2附段第2款明确地表示*越权*一词包括了“权力偏差”的瑕疵，而后者被定义为“自由裁量权能的行使超出了其目标及目的”。

上述者同样是重要的一步，因为学说及司法见解过去一直对越权的概念是否包括权力偏差（为一个与法定不同的目的行使自由裁量权）方面出现犹豫，而上述的法律表明了越权的概念包括权力偏差。权力偏差是违法自由裁量行为（更好的表述为，违法行使自由裁量权）的一个典型形态——因此，权力偏差最终在葡萄牙法律中成形。

后来的法律完善了上述机制，但基本制度已确立：在19世纪下半叶和20世纪上半叶之间，自由裁量权逐渐被“合法化”：首先，自由裁量权不再是行政当局固有的权力，而是转变成由法律赋予的权力；然后，特别是在权限及目的方面，自由裁量权受到法定限制；而最终，自由裁量权的行使受行政法院的司法监督。

最后，《1976年葡萄牙共和国宪法》订定自由裁量权的行使必须符合我们已述及的各项一般原则，从而加强了自由裁量权对法律的服从（第266条）。

因此，这就是自由裁量权在葡萄牙的历史演变，其明显一致地随着欧洲其他国家出现而演变。

20. 同上：范围

现在分析自由裁量在公共行政当局的活动中可包括哪些方面。

我们亦已知道在行政行为中权限及目的是受约束的。然而，在行政当局的行为中什么得为自由裁量呢？

让我们论述*得为*自由裁量的各个方面，这并不意味所有这些方面*必定属于*自由裁量（同样可受法律约束）。

那么，下述者乃得为自由裁量的各个方面。

1）*作出行为的时间——在该情况中，行政当局具有按照其最好的理解决定现在或之后才作出行为的权能。*

2）*是否作出*某一行政行为的决定[88]——很多时候该方面是受约束的，然而亦得是自由裁量的。

3）*对所作决定具重要性的事实及利益*予以确定——在越来越多的情况中，尤其在“社会及经济参与的现代领域”，法律规范“展示出一个*开放的*结构”，即立法者没有以抽象方式订定或编制（因为不可能如此为止）行政活动所依赖的各项前提（用以检定某一公共利益是否存在的索引[89]）。[90] 因此，在每一种情况中必须由公务人员对法定前提予以具体化，一般透过公务人员自身评估，以便确定事实前提是否成立以适用所设定的措施（或选择适当的解决方法）。[91]

4）对将作出的决定之具体*内容予以确定*——这体现在各个可行的积极行为之间作出“选择的自由裁量”，“而不论有关规范是以择一的方式订定有关可行的行为（《*挑选的自由裁量*》），还是由立法者就可采取措施的种类订定一个最基本的核心范围，从而把有关行为的整体内容留给执行者予以创造（《*创造性的自由裁量*》）”。[92]

5）作出行政行为的*方式*。

6）在预备或作出行政行为时所遵守的*手续*。

7）是否为所作之决定*说明理由*——在很多情况中，法律强制规定必须为行政行为说明理由，然而有些情况并没作出强制规定（参见《行政程序法典》第124条）。那么，在法律没有强制规定说明理由义务的情况中，是否为所作出的行为说明理由是自由裁量的。

8）最后，在行政行为中是否增加*条件*、*期限*、*负担及其他附加条款*的权能（参见《行政程序法典》第121条），以及相关内容的订定。

---

88 在 Sérvulo Correia，《*行政合同中的缔约合法性及独立性*》，第479页，该现象被论述为“作出决定的自由裁量”，即“把决定是否在具体情况中产生法规所确定效果的权力留给据位机关”。

89 参见 Rogério Soares，《*行政法*》，第50页。

90 关于这方面参见 Virira de Andrade，《*行政法律体制*》，如上所述，第44页；同一作者，《*行政行为的明示说明理由义务*》，第367页。同时参见 Paulo Otero，《*行政等级的概念及依据*》，里斯本，1992年，第199页。

91 参见 Vieira de Andrade，《*行政行为的明示说明理由义务*》，第367页。

92 参见 Sérvulo Correia，《*行政合同中的缔约合法性及独立性*》，第479页。同样参见 Paulo Otero，《*行政等级的概念及依据*》，第201页；Bernardo Ayala，《*对行政自由决定的边缘的司法监督（的逆差）*》，第134—135页。

以上就是在行政行为中体现自由裁量权的若干基本方面。[93]

21. 同上：限制

行政当局的自由裁量权在法律上得受两个各异的方式所限制：透过法定限制或透过所谓的自我约束。

a）一方面，*法定限制*为那些源自法律自身的限制。在刚才所提及的情况中，法律可以赋予行政当局自由裁量权，又或不赋予自由裁量权并以约束取代之。因此，法律按其理解订立了或多或少的限制。除此之外，关于从事行政活动的宪法原则（《葡萄牙共和国宪法》第266条第1款）亦限制以自由裁量权作出的任何行政决定。

b）另一方面，得存在源自*自我约束*的限制。事实上，在法律赋予行政当局的自由裁量范围中，行政当局得以两种不同的方式去行使其权力。

> 可逐个按个案的情况行使权力，而在每一个案中采用其认为最符合公共利益的解决方法。在这种情况下，行政当局保留衡量每个具体个体的情况及条件的权利——而行政当局则根据这些情况及条件作出其决定；
>
> 然而行政当局得以另一种方式行事：基于预计可能会出现的情况，或基于多年行使其权力的经验，行政当局得制订概括性规范并借此订定其自身审批每类个案时须遵守的标准。

这些概括性规范可以具有规章的性质，也可以是其他种类的概括性规范，然而，它们均符合行政当局根据其预先订定的标准去行使其自由裁量权的概念，并因此遵守了平等待遇原则。

在这些情况中，学说及司法见解一直认为，尽管行政当局依法具有自由裁量权，但行政当局决定自我约束，而其遵从的自我约束亦对其有强制效力。在此得出的结论是，倘若行政当局在自我约束后作出一个与其自身订定及决定遵从的规范相反的行为，则该行为是违法的，因为该行为违反

---

93 参见 Marcello Caetano，《*手册*》，第一卷，第490—491页，以及 André Gonçalves Pereira，*ob. Cit.*，第264页及续后数页。

了由行政当局订定的、作为一个对其自由裁量权自我约束的规范。[94] 如行政当局没有义务制定规范，但它却订立了，则必须遵守那些规范，如行政当局违反了这些规范，则出现违法性——这就是*规章不可被单独废止原则*。[95]

然而要注意：虽然事实上行政当局受对其自身订立的规范所约束，但是行政当局在相同情况的处理中并非绝对被禁止*有依据地改变观点*。公共利益具高度可变性，今天基于公共利益而采取的方案，明天可以是完全不同的，甚至与之前订定的规范相反。当之前被确定的用以作出决定的一般标准已转变成过时的标准时，基于合法性及平等性的名义，要求行政当局永远捆住手脚，必须受上述标准所约束是不合理的。因此，《行政程序法典》（第 124 条第 1 款 d）项）没有强加“以相同的做法解决类似情况”的义务予行政当局，甚至没有“在解释或适用相同之原则或法律规定时要以相同的做法解决”的义务。原则上，行政当局在这些情况中应依从“惯常采取之做法”，但法典准许行政当局“以不同的方式”作出决定，*然而在该情况中必须说明改变标准的理由*。“在解决类似情况时，或在解释或适用相同之原则或法律规定时，倘以有别于惯常采取之做法作出全部或部分决定，则该行政行为须*说明理由*。

另外，应注意以下内容：公共行政当局的自我约束并不是无限制的。首先，行政当局不得在违反《葡萄牙共和国宪法》第 112 条第 5 款下作出自我约束，即透过自我约束的法律手段不得以产生对外效力的方式，对赋予自由裁量权的法律规定作出解释、填补、变更、中止或废止。[96] 其次，在一些个案中，法律可能希望行政当局保留对*逐个个案*的实际情况作出有效审理的权力。因此，如透过法律解释所得出的结论是法律希望行政当局按每个独立个案的情况及条件逐一作出处理，那么行政当局的自我约束是不合法的：在这些个案中，仅就每个个案行使自由裁量权作出处理是合法的。

基于此，我们的结论是，在存在自由裁量权的情况中，仅得在法律设定的限制下行使该权力，又或在行政当局有效设定的限制下行使该权力。[97]

---

94 正如葡萄牙诗人 António Ferreira，在 *Castro* 中，十分启迪地说：“对法律要遵守。”

95 参见*下述*。

96 有关这方面，参见 Bernardo Ayala，《*对行政自由决定的边缘的司法监督（的逆差）*》，第 175 页，以及 329 注释。

97 关于行政的自我约束，最后参见葡萄牙，David Duarte，《*与行政自我约束有关的一些问题*》，载于 *CJA*，1997 年 11—12 月第 6 期，第 3—12 页。

然而，如何确保对自由裁量权的限制的遵守和服从？这是对行使自由裁量权的监督问题。

22. 同上：对行使自由裁量的监督

类别

行政当局的活动受不同种类的监督，上述监督一方面得被分类为合法性监督及实质性监督，而另一方面得被分类为司法监督及行政监督。

*合法性监督*旨在确定行政当局是遵守法律还是违反法律。

*实质性监督*旨在评估行政当局决定的好坏，与合法性无关（因此，查明该决定在财政上是恰当的还是不恰当的，在社会上是适时的还是不适时的，在技术上是正确的还是不正确的，等等）。

*司法监督*为透过法院作出的监督。

*行政监督*为由行政当局机关作出的监督。

这些分类如何相互交织在一起呢？以下列方式：

> 原则上合法性监督得由法院作出，亦得由行政当局自身作出，然而，最终还是由法院负责作出；
>
> 实质性监督在葡萄牙仅得由行政当局作出。

事实上，在葡萄牙，行政法院不审理任一行政决定的实质内容。法院仅得作出合法性监督。相反地，原则上行政当局得作出关于其自身行为的合法性监督及实质性监督。

而严格来说什么是行政行为的*实质*内容呢？

通常认为，行政行为的实质内容包含两个概念：公正及适当的概念。[98]

什么是行政行为的*公正*呢？就是该行为在其应谋求的特定公共利益与受行为影响的私人权利和受法律保护的利益之间取得必要的和谐。[99]

关于行为的*适当性*方面，该行为符合其所谋求的特定公共利益，或在

---

[98] 这就是今日已废止的*LOSTA*第21条内文得出来的结果。参见Freitas do Amaral*以及其他著者*，《*行政程序法典之注释*》，第288页。

[99] Freitas do Amaral，《*诉愿的概念及性质*》，第一卷，里斯本，1981年，第199—201页。

该特定公共利益与受该行为影响的其他公共利益之间存在必要的和谐。[100]

值得一提的是，由于《葡萄牙共和国宪法》第266条第2款把*公正原则*视为法律的一般原则，之前属于实质内容领域的行政行为的公正已转移到合法性领域，对此原则的违反亦已转为构成一项违法性。[101]

有关这方面，1976年的《葡萄牙共和国宪法》在葡萄牙法律中作出了一个不小的革新（尤其是在行政法中）。这是我们的法学院（同样整个欧洲）在过去几十年间所学习到的适用在公共行政当局活动中的唯一基本原则，就是合法性原则。倘若行政当局违反法律，其作出的行为是违法的；倘若行政当局没有违反法律，即使作出不公正行为，该行为亦是合法的，因此不得作为向行政法院作出争议的目标。

这个法学院所授予的理论，在实证主义的明确标示下（所有法都在法律中），在整个新国家时期，对20世纪的葡萄牙行政法的基础法规产生影响：这就是1956年的《最高行政法院组织法》，其第21条订定了以下内容："凡法律容许针对同一行为向最高行政法院及其他实体提起上诉，认为法院被赋予对被上诉行为合法性审查的专属权限，而对于其他实体，则仅存在对行为的公平及适当作出审理。"

这意味着在行政法院面前，仅得讨论被上诉行为是合法还是不合法，但绝不能讨论该行为是公正还是不公正。亦即对一个行政行为是公正还是不公正的评价——法律将之等同于对相关行为是适当还是不适当的评价——是专属于公共行政当局的，在这方面不存在任何司法监督。其后果是，行政当局可废止不公正的行为，即使该行为是合法作出的（例如，在行使自由裁量权时作出的行为），但不可借司法争讼对该行为提出异议，法院不得因不公正而撤销该行为。由权力机关所制定的合法性优于公正性。而理论上肩负着实现公正的法院，仅得监督对合法性的遵守。这是国家权威概念服务的法律实证主义。*法治国*被代替为*合法性国家*。

然而，从1976年的《葡萄牙共和国宪法》起，这个观点在葡萄牙法律秩序及葡萄牙的法律中发生完全改变。

根据第266条第2款，当公共行政当局必须遵守公正原则，且该原则作

---

100 *同上*。

101 关于这点进一步参见，Freitas do Amaral，*《最近十年行政法在葡萄牙的演变》*，载于*《行政上的司法争讼》——由Minho 在大学作出的教程所组成的最近课程*，Braga，1986年，第10—12页。

为不同于合法性原则的东西出现时，我们必然推论出在法院面前，不仅得因违反合法性原则而对不法的行为提出异议，而且亦得因违反公正原则而对不公正行为提出异议。因此，针对公共行政当局所作决定的公正性的审理，改由葡萄牙的行政法院负责，而公民的权利亦得到更大的保障，因为不仅有由权力机关制定的法律保障，亦有高于权力机关且在其外的组成公正概念的不同价值的保障。因此大多数学者认为，《葡萄牙共和国宪法》第266条第2款废除了《最高行政法院组织法》第21条：事实上，这是完全终结了一个常年的传统，开始了一个新的时代。

尽管如此，实情是从1984年起，最高行政法院在一个有重要意义的案件中，已确认了一个违反公正原则的行政行为得被司法上诉及被撤销。而实际上最高行政法院曾撤销了一名部长的行为，并不是因为认为该行为*不合法*，而是认为行为*不公正*。该案件是：Antónia de Jesus Aurélio公务员认为其受到一个不公正的部长的决定的影响并提起上诉，且成功在最高行政法院获得胜诉，因为法院认为在该案件中政府事实上违反了善意原则。[102]

另外，正如上面所述，[103]之前包含在适当行政行为范围内的一些指示在现今亦为行政活动的法律标准。这些包括适当及无私原则的某些反映，被规定于《葡萄牙共和国宪法》第266条第2款中。对该规定的违反同样转变为构成一项违法性。

范围

这些不同的监督如何落实到行政当局的自由裁量权？

透过法律赋予行政当局的权力或是被约束的，或是自由裁量的，或（正如一般地出现的）部分是被约束的，部分是自由裁量的。

在行使被约束权力时违反法律，则该行使受合法性监督。

如以不适当方式行使自由裁量权，则该行使受实质监督。

当被使用的权力部分为被约束而部分为自由裁量时，则其不合法的行使（即在其受约束的所有方面违反法律）属于合法性监督；而其差劣的行

102　参见最高行政法院——于1984年6月6日作出的合议庭裁判（Cons.º António da Costa Mesquita），载于*AD*，289，第62页。葡萄牙最高行政法院认为：“许可一名公务员（……）缺勤，其后，因许可不合法而从缺勤中引申出对被许可人不利的后果，并不是一个公正的行为。在一个普通相对人的谨慎的（……）心证下，行政当局必须对‘良善的人’作出响应。如没有作出，则违反善意，违反公正，则法院宣告该不公正地作出的行为无效。”

103　参见上述，第7点。

使（即在其自由裁量的所有方面采取不适当的措施）属于实质监督。

行政行为的*合法性*（即该行为的被约束方面与所适用的法律相符）得被行政法院及行政当局监督。行政行为的实质（又或，该行为的自由裁量方面与公共利益的适切性相符）仅得由行政当局监督。

对自由裁量行为的争执——自由裁量的行政行为得以什么作为依据而被争议？

《最高行政法院组织法》第 19 条规定如下："自由裁量权的行使仅得以权力偏差作为依据而被争议（……）。"

在 1956 年公布《最高行政法院组织法》后，葡萄牙行政法出现很大变化。而现今在学者之间以及司法见解中存在共识，认为上述第 19 条的规定已经过时了。

事实上，当今一致认为，由于自由裁量行为通常在一定程度上亦是在行使被约束权力时作出的，因此自由裁量行为得以任何行政行为的瑕疵作为依据而被争议。例如：

> 得以*无权限*作为依据而被争议，因为正如我们所见，机关的权限通常是受约束的；
>
> 得以*形式瑕疵*作为依据而被争议，尤其是对于在作出决定之前应被注意的必要形式的忽略，特别是说明理由的欠缺；
>
> 得以*违反法律*作为依据而被争议，尤其是对任何由法律或行政当局的自我约束向自由裁量权所施加的限制，又或在特殊情况中，以对平等、适当、善意、公正及无私等宪法原则的违反作为依据（参见下述）；
>
> 得以任何意思瑕疵作为依据而被争议，尤其是*事实上的错误*，这是最经常出现的。

当论述上述时，必须意识到我们正在叙述另外一些行政权的*约束*范围，而并非*自由裁量*的范围。然而，现今我们认为更加明确的是，根据所显示的，又或之前所确定的，又或者说，并不存在严格意义的对自由裁量权的行使的司法监督，但：

> 一方面，*有关自由裁量权的行使是好是坏*的实质上的行政监督；

> 另一方面，在行使行政权力时有否遵守*法律规定* 的对合法性的司法监督，*而该行政权力除这些被约束的范围外，亦为自由裁量权* 。

因此，正如一般所述，“权力偏差”并不是在自由裁量权的行使中唯一可能的非法性——而仅是自由裁量权超出其宗旨的典型非法性。然而仍存在其他的非法性。

因此，我们认为，学说尝试从扩大“权力偏差”的范围或使更易提供证据方面，去优化及加强对自由裁量权行使的监督是无用的。对我们而言，这个方向是无效果的，以及无可避免地显示了这是徒劳的：事实上，权力偏差经常为行政当局实际所谋求的宗旨与法定宗旨有差异的瑕疵；实际宗旨和法定宗旨之间出现分歧的状况必然是极少数的。

为有效监督行政当局自由裁量权的行使创设条件的唯一广泛及有效的方法，相反地，是增加法定约束，即在行政权力行使中增加约束事项的范围。

在我们的国家中，正如葡萄牙以外的其他国家般，在立法演变及司法见解中逐渐在自由裁量权的减少及司法监督对行政当局的制约中许可以下演变：

> 接纳*事实上的错误* 作为司法上诉的依据；
> 针对权限中*事实前提的存在与否* 设立司法监督；
> 法律规定行政行为的*说明理由义务* ；
> 行政权力的行使受到某些*法律一般原则* 制约，一部分为*形式或程序特征的原则*（例如，预先听证原则或效率原则），而另外一部分为*实体性质的原则*（例如，我们不久之前述及的平等原则、适度原则、公正原则、无私原则及善意原则）。

针对上述内容，我们可以总结出，对行政当局自由裁量权的司法监督从来没有以*权力偏差* 的方法而大幅加强，然而，相反地，透过在自由裁量权中增加*无权限* 、*形式瑕疵* 及*违反法律*（扩张至宪法原则）的情况加强了司法监督。

需要做的，并不是准许法院对行政活动的实质内容进行监督，而是，除了加强实质行政监督，亦让约束行政当局的法律原则及标准逐渐地对其活动的新领域进行制约，从而使法院（在没有任何违反权力分立原则下）在对合法性的一般司法监督的范围内亦能对这些新领域进行监督。

23. 同上：相似形态：a）对不确定概念的解释

现在我们将探讨一个在葡萄牙及其以外的其他国家[104]中一直被讨论的复杂问题，即，自由裁量与不确定法律概念的解释之间的关系。正如 Maurer 所述："自由裁量权及不确定概念无疑是行政法中最具争议的范围。"[105]

不确定概念为那些"内容及范围大多为不确定的"，[106] 又或另一种说法是"不能对其内容作出明确的表述"，因为它是"多义、不清晰、模棱两可、多面性或空泛的"。[107] 立法者对不确定概念的使用是十分普遍的，这是因为法律有必要面对社会观念的改变以及技术社会带来的生活上的变更，即有必要使其自身的社会道德的价值依据具有可塑性及适应性。[108]

---

104 参见葡萄牙，Sérvulo Correia，*《行政合同中的缔约合法性及独立性》*，第 469 页及续后数页；F. Azevedo Moreira，*《不确定概念：司法诉讼的调查》*，载于*《公法期刊》*，第一卷，1985 年 11 月，第一册；Rogério Soares，《公共行政及司法监察》，如上所述，第 361—378 页；Vieira de Andrade，*《行政行为的明示说明理由义务》*，第 361—378 页；Paulo Otero，*《行政等级的概念及依据》*，第 196 页及续后数页；António Francisco de Sousa，*《行政自由裁量权》*，里斯本，1987 年；同上，*《行政法的不确定概念》*，科英布拉，1994 年；Miguel Nogueira de Brito，*《关于技术自由裁量权的事宜》*，载于 *RDES*，1994 年 1—9 月，第 13 期，第 33 页及续后数页；Bernardo Ayala，*《对行政自由决定的边缘的司法监督（的逆差）》*，第 121 页及续后数页以及第 150 页及续后数页；David Duarte，*《程序化、参与化及说明理由化：旨在落实作为决定准绳的行政无私原则》*，第 349 页及续后数页；Maria Francisca Portto-carrero，*《关于自由裁量权方面多样性之笔记》。关于葡萄牙学理及最高行政法院的一些术语上之新事物及教条上结构之输入*，载于 Juris et de Jure，《波尔图天主教大学法学院 20 年——波尔图》，1999 年，第 643—715 页；同上，*《自由裁量权及不确定概念：仍具有区分意义吗？——最高行政法院于1997 年11 月20 日作出之合议庭裁判》，第39512 页*，载于 *CJA*，第 10 册，1998 年 7—8 月，第 26—46 页。

在葡萄牙以外的其他国家的学理中，参见的例子有：除了已引述多次的 Engisch 作品之第六章，Hartmut Maurer，*《一般行政》*，第十版，慕尼黑，1995 年，第 118 页及续后数页。法国版，*《德国行政法》*，巴黎，1994 年，第 124 页及续后数页；E. García de Enterría，T. R. Fernández，*《行政法课程》*，第一册，第 433 页及续后数页；Jean Riveiro，Jean Waline，*《行政法》*，第 72 页及续后数页；Ernst Forsthoff，*《德国行政法论著》*，第 146 页及续后数页。

105 Hartmut Maurer，*《德国行政法》*，第 145 页。

106 参见 Karl Engisch，*《法律思想绪论》*，第 208 页。

107 参见 Menezes Cordeiro，*《民法中的善意》*，第二册，科英布拉，1985 年，第 1176—1177 页；Gomes Canotilho，*《统治之宪法及立法者之羁束》*，科英布拉，1982 年，第 430 页及续后数页。

108 参见 Baptista Machado，*《法律及正当论题导论》*，第 113 页。

要弄清楚的是，对不确定概念的解释是受约束的活动还是自由裁量的活动，并因而会受法院的审查。

a）在之前的著作中，我们认为，不确定法律概念为与自由裁量相似的形态，即一个在概念及制度上与自由裁量不同的东西。

概念上是不同的，因为在不确定法律概念的范畴内，须在法律规范本身所提供的线索辅助下，找出法律的“唯一”可能意思，而不考虑行政当局的意愿。我们前述的整个法律解释为一个找出立法者意愿或法律意愿的尝试，因此，行政当局在此是被约束的，必须找出什么是法律的意思，它没有自由裁量权。[109]

而制度上是不同的，因为与自由裁量相反，既存在约束，亦存在司法监督——法院亦得嗣后对有关概念予以确定。

然而，我们认为这论点并不是绝对的。正如我们所述，把对“不确定概念”的解释视为约束行为，不排除在一些例外情况中，法律“透过一个空泛及不确定的概念，赋予行政当局自由裁量权或一定程度的自由调查权”。[110]

b）对不确定概念不一致的了解使我们今天可更成熟地认为，并不是所有不确定概念都是同一个样子的，例如，某一些不确定概念明显地就是法律借此把自由裁量赋予行政当局的工具。[111]

事实上，必须区分不同的情况。

i）一方面，有些不确定概念的具体化仅包含法律解释及归纳活动。[112] 事实上，法定概念的不确定性仅因“语言的不确定性而生，因此可透过逻辑推论而解决”。[113] 因此，订定不确定概念的法律并不赋予决策者意思自主权。例如，当法律规定不应许可在“夜间”进行公共示威，又或当法律规定“公务员”在交谈中应有礼貌，又或甚至规定在“结婚”时享有十天特别休假——行政当局具体化这些概念在行政上的履行明显只需法律解释（不论是适用一般经验法则，还是运用法律的知识）。在此，法院之后亦可

109　参见《*行政法*》，第二卷，第 129 页及续后数页。

110　参见《*行政法*》，第二卷，第 166 页。

111　有关向行政当局赋予自由裁量权之规范技术之事宜，最后参见葡萄牙 David Duarte，《*程序化、参与化及说明理由化：旨在落实作为决定准绳的行政无私原则*》，第 349—371 页。

112　这些概念被 Engisch 命名为*叙述的概念*（conceitos descritivos），Rogério Soares 有不同的观点，命名为*分类化概念*（conceitos-classificatórios）。

113　参见 Sérvulo Correia，《*行政合同中的缔约合法性及独立性*》，第 474 页。

重新作出行政决定，即使只是为了撤销某一行政决定亦然，因为该决定与法院倘有权限作出或命令作出之行为不一致。[114]

ii）另一方面，另一些不确定概念的具体化，须由作为法律适用者的行政机关作出“有价值取向的解释”。[115]

然而，在此问题上，必须区分两种情况。

第一，有些概念的具体化并不取决于行政机关的个人价值取向，而是一个客观的价值取向。想说的是，行政机关“必须在一个‘领导的’‘重要的’社会领域找出及确定既存的价值”。[116] 例如，在室外空地进行拳击比赛是否与“善良风俗”兼容的问题，是法律不希望行政机关根据明显属个人的价值取向而对此作出答复的，法律认为行政机关应遵循处于领导地位的道德观念去作决定。“Engisch 说，具决定性的是在相应利益群中有关个案的具体情况”，[117] 又或“那些人口阶层中被国家及法律接受为合法的道德判断”。[118]“同一学者不认为——适用法律的机关必须‘查明’哪些是实际有效且适用的道德观念。其本身对个案的评价只不过是在一系列众多与那些必须去核对的及按照那些应去改正的一样正当的评价中的一个连接。”[119] 因此：正如 Engisch 所指的，“借以‘具体化’这些须被填补的客观规范概念的单一决定，具有对这些概念作出解释的作用；同时，在具体情况中对价值的确定亦对‘归纳’有某些类似性”。[120] 因此，对那些客观的法律性的不确定概念进行具体化的行政活动亦可受司法监督。

---

114 参见 Vieira de Andrade，《*行政法律体制*》，如上所述，第 45 页。

115 “这一特别的字词，是在 Engisch，《*法律思想绪论*》，第 213 页中直接说出的，其想表达的是，这些概念的规范容量应按每一案件，透过评价行为去填满。”

116 参见 Karl Engisch，《*法律思想绪论*》，第 236 页。

117 参见 Karl Engish，《*法律思想绪论*》，第 237 页。

118 参见 Karl Engisch，《*法律思想绪论*》，第 237 页。

119 参见 Karl Engisch，《*法律思想绪论*》，第 239 页。

120 参见 Karl Engisch，《*法律思想绪论*》，第 239 页及第 240 页。正如这些作者所述：“客观的规范性概念保留了一项（……）的优势（……），这往往是叙述性概念缺乏的：透过他们所提及的衡平，得被灵活地采纳在具体案件情况的特别外形中，以及在衡平概念的任何变化中。因此必然地，他们为‘公平法’的支撑点及传播工具，以及为现今所热爱（……）。那么，必须把具体案件引述及归纳至客观规范性概念之法官或行政公务人员，必须作出特别的具体化。”这个具体化“透过根据时代精神而作出对价值的研究，在没有价值填补下确定了基本概念，但是没有如这样般收回该概念的确定”（第 240—241 页）。

> 第二，在另一些情况中，立法者明显地赋予行政当局“根据其经验及信念作出价值判断的权限，而该判断并非确定的，而是须限于法定的标准内”。[121] 即行政当局须考虑到公共利益的情况，按照其观点找出更适合的解决方法。[122]

例如，第252/92号法令第8条的规定：“基于公共利益的例外及紧急情况的要求，民事总督得作出所有行为或采取所有必需的行政措施，并在可能时立即寻求平时有权限机关的追认。”明显的，在这里，法律并不以明确的方式订定作出行政活动所依赖的事实要件。什么是*公共利益的例外及紧急*情况？当在某村庄的主要广场上50人的动乱失去控制时，该地方民事总督可否行使来自第252/92号法令第8条规定的权力？现今我们认为，仅行政当局有能力判断这个具体情况，是否为一个公共利益的例外及紧急情况，并因而认定这些情况是否需要采取第252/92号法令第8条规定的例外措施。[123] 因此，在这里行政当局的*执法空间*并不局限于对其决定*效力*的确定（“采取所有必需的行政措施”），相反乃包含对其决定本身的前提*条件*的确定（“*公共利益的例外及紧急*情况”），即亦延伸至“相关事实及利益的确定，在公共利益角度下被重视的事实及利益的认定及权衡”。[124]

我们现在分析博彩法第13条（经一月十九日第10/95号法令修改的十二月二日第422/89号法令）。该条规定：“考虑到公共利益，政府可主动或应有履行其义务的特许人有依据地请求延长批给期限，而延长的条件订定于法令中”。延长批给期限的基本条件是延长本身符合*公共利益*。然而，这是一个不确定概念。规定博彩区的批给期限的延长取决于其是否符合公共利益，立法者原则上是希望行政当局透过估量一个具体特许人的之前及现时的活动，即特许人在特定博彩区对该项利益之前及现时作出贡献的状况，评估延长博彩专营的批给期限，在将来是否能更好地维护同一公共利益。如该评估，预测，对“未来活动的判断”是正面时，则可延长批给期限而

121　参见Sérvulo Correia，《*行政合同中的缔约合法性及独立性*》，第474页。

122　参见Rogério Soares，《*行政法*》，第61页。

123　就我们所写的本教程第一卷第342页之内容，我们修改了我方的意见。

124　参见Vieira de Andrade，《*行政法律体制*》，如上所述，第44页。

无须进行公开竞投——对现时的特许人给予批给期限的延长。[125]

让我们看看由 Rogério Soares 指出的另一个例子。假设特定法律规范订定："在严重水灾的情况下，行政当局得使用以下方法……"在此，"判断是否存在水灾为受约束的内容。然而对水灾严重性的评估仅得由一名与事件有特别联系的特别人员作出，这即为自由裁量的内容。按照当时行政当局所谋求的基本利益，可有不同的解决方法：影响人身安全公共利益的属严重的水灾，在保护卫生或牲畜的公共利益方面就不一定是严重水灾等"。[126]

这类不确定概念——Engisch 观察到——"许可适用法律的机关将其自身认为是公正的价值定性为受约束及'公正的'。基于此，在认知上存在数类含义。在众多含义中，须采取个人立场，并相信坦诚地遵从个人指引，远较寻找'客观'观点更能保证作出更好的决定"。[127]

然而，正如 Vieira de Andrade 所强调的，这个"确定"活动不得必然地"被认为是纯粹逻辑的归纳，从而认为存在一个已包含在规范中及仅得由适用者找出来的唯一法定解决方法：概念的主要核心之外，[128] 仅通过*重建*及*创造*的力量才可重新引导事实状况至抽象规范性前提要件，在此通常存在执法者的独立性（补充性）价值判断，类似于在众多选项中作出*抉择*（尽管是被引导的）。"[129]

因此，由于"并不是要求一个归纳的工作，一项与提出的框架相符的宣告工作"，而是要求"一个对具体情况的法律进行创新的工作"。[130] 因此，按照立法者的意愿，自然地应认为这个经受行政人员意思的独立启示的活动，应摆脱法官的监督，尽管法官*有义务审查所采取的解决方法是否遵守由法律秩序所设置的外部要求*。[131]

c）仅在具体情况下，透过对法律的解释，才可确定其特定不确定概念

---

125 关于对不确定概念价值的固有预测判断，参见 Sérvulo Correia，《*行政合同中的缔约合法性及独立性*》，第 474 页。

126 参见 Rogério Soares，《*行政法*》，第 60 页。

127 参见 Karl Engisch，《*法律思想绪论*》，第 241—242 页。

128 关于不确定概念的"区域"，参见葡萄牙，Sêrvulo Correia，《*行政法概念*》，第一卷，第 182 页。

129 参见 Vieira de Andrade，《*行政行为的明示说明理由义务*》，第 367 页；Rogério Soares，《*行政法*》，第 60 页。

130 参见 Rogério Soares，《*行政法*》，第 64 页。

131 参见 Rogério Soares，《*行政法*》，第 64 页。

的种类。[132]

d）一言以蔽之：倘若对不确定概念的行政具体化在很多时候反映了一项对法律解释活动的履行——不与自由裁量权的履行相混淆——在其他学者中（在 Engisch 的分类中为*自由裁量概念*，而在 Rogério Soares 的术语中为*类型概念*），然而，当出现这情况，亦反映了真正自由裁量权的履行，法院不得重新评审行政当局的行为以便透过其他行为取代之。[133] 如果这样做，则是正在履行行政职能，而并非履行司法职能：存在*双重行政*（Doppelverwaltung），这是违反分权原则的，因此是违宪的。

24. 同上：相似形态：b）法律援引法律以外的规则

通常的，法律在其规定中以明示方式援引法律以外的规则。

在这些情况中，理应认为我们并非处于自由裁量的领域，而是处于受约束的范围，因为援引法律以外的规则是由法律自行作出的，法律把这些规则并入法律秩序中，从而把它们在法律上改变成强制性规则，因此，对这些规则的违反，在所有的效力下亦为违反援引它们的法律。这些对行政当局重要及强制性的规则，*因为*是由法律自行作出的，所以被并入在法律秩序中，而强迫行政当局遵守这些规则，因此存在一个*对法律以外的规则的法律约束*。

例如，1967 年 11 月 21 日第 48051 号法令，该法令规范行政当局的公共管理行为对私人所产生的损失的非合同民事责任。该法规第 6 条订定不法行为概念如下："为了本法规的效力，违反法律规则、规章规则或所适用的一般原则的法律行为，以及违反这些规则及原则又或应予考虑的技术规则或一般谨慎规则的事实行为，皆被认为是不法的"。

即是说，这个法规表明了行政当局在违反应予考虑的*技术规则*或*一般谨慎规则下*作出的实务行动，是不法的行为。

法律规定行政当局应遵从技术规范及道德规范。尽管它们不是法律规范，然而法律援引这些规范，并在法律上改变它们，使之成为重要的及强制的规范。

132　关于一项在疑问情况中采取之对不同单纯陈述性标准的综述，例如，参见 Bernardo Ayala，《*对行政自由决定的边缘的司法监督（的逆差）*》，第 126—129 页。

133　参见 Rogério Soares，《*行政法*》，第 64 页。

有人认为这是一种自由裁量的情况，但不是如此，这是一种受约束的情况。行政当局依法须遵守法律援引的技术规范，因为法律本身准用这些规范，因此，倘若行政当局不遵守这些规范，会受法律制裁，类似于直接违反一项法律规定的制裁。

因此，这不属自由裁量的情况，但属受约束的情况。当然，这种约束只是间接的法律约束，因为它首先受技术或道德规范约束，但不会因此而不受法律的约束，这绝不是一种自由裁量的情况。

25.（广义上的）公正原则：概述[134]

谈及公正原则时牵涉到对公正概念或理念的讨论，这亦是其中一个最难去确定及学习的概念。然而，同一时间亦是人类意识中一个既重要又自然的概念或理念，而在几个世纪人类一直寻求公正的意义为何者或应为何者。

不幸地，在法律课程第二年的行政法科目中，我们不能作出一个有关公正概念的深入及详尽的调查研究，而该研究更好地预留给法哲学学科。谦卑地讲，我们在此必须确定的是了解《葡萄牙共和国宪法》第 266 条第 2 款中“公正”一词的意思的问题。然而，为此，我们必须有一个关于公正的专门概念的见解，即使是一个扼要的见解，因而我们须沿着与公正有关的西方思想历史进行简洁的分析。

这个并非传统上在行政法科目中被教授的内容（甚至不是被评论的内容），然而，目前行政法学家肩负着有关学习公正的概念的繁重责任，否则不了解亦不可能适用《葡萄牙共和国宪法》第 266 条第 2 款的规定，当中订定行政机关及人员在履行其职责时要遵守公正原则。[135]

让我们按照以下计划进行我们的研究：首先，我们作出一个关于公正概念历史演变的概述；然后，我们寻求确定该概念在现在的意思及其衍生的标准；之后，我们尝试从《葡萄牙共和国宪法》第 266 条第 2 款所规定

---

134 随后的解释可参考一项我们草拟之向 Rogério Ehrhardt Soares 教授致敬之研究（将会在不久后公布）。最后，关于行政法中的公正原则，参见 David Duarte，《*程序化、参与化及说明理由化：旨在落实作为决定准绳的行政无私原则*》，第 327—333 页。

135 同一规定今天重复规定在《行政程序法典》（1991 年）第 6 条中，然而，并没有任何关于公正的概念的线索。

的、适用于行政当局的公正原则出发，研究公正原则的意义及范围；最后，我们独立地研究从公正原则推论出的多个次原则。

历史演变——概括而言，[136] 可以说，透过对有关公正的历史所提出及保护的多个概念的一个简短分析，可得出以下主题。

> 自从人类开始思考及深思自己、世界及生命，公正的理念一直出现在人类的思考中。公正是一个自从人类对世界开始思考就一直伴随着人类历史的概念。
>
> 首先，公正出现在对恶的禁止的概念中，尤其是对犯罪的惩罚，因为所有及任何社会，当开始初步形成时，必须保障其成员的平安及安全，因此，理所当然地会关注对已作出的犯罪的遏制问题。
>
> 其后，公正作为国家及法律的一项职能呈现，它们有责任确定什么是公正，什么不是公正。因此，公正的表现形式为法律公正、载于法律的公正，而公正的活动就是指法律认为是公正的活动。
>
> 然而，亚里士多德跳出法律的限制，向我们展示了一个概念，认为为了公正，除应遵守法律，还必须遵守公平。自亚里士多德起，除了法律本身得解释公正及不公正，公平亦作为公正的重要标准出现。[137]
>
> 柏拉图放弃了个人公正的概念，又或个人行为方面的公正概念，而致力于作为国家及社会的一般组织的公正概念，并转变为论述公正国家、公正社会，又或正如现代所说的公正宪法。
>
> S. Tomás de Aquino 建立了超法律公正的概念，这是一个指引法律制订的公正，以及当其不被法律遵守时，准许市民批评之，争议之，寻求改变之，以及在更极端的情况下，不遵守之。
>
> 这样公正的概念可能的三个层面被应用：
>
> a）包括法律内的价值或整体价值之公正——法律公正；
>
> b）除了法律之外人类有义务遵守的标准或整体标准之公正——法律外公正；
>
> c）以及，最后，作为先于及优于法律的、指引法律制订的及准许市民批评法律的，甚至有时违反法律的价值或整体价值之公正——*超*

136　对这点有兴趣的读者，我们介绍上面所述的研究。

137　最后，参见 José Allen S. M. Fontes，《*仔细研究〈尼各马可伦理学〉第五卷之“公正概念”的摘要*》，载于 *AB VNO AD OMNES*，第 1443 页及续后数页。

法律公正。

目前意思[138]——然而当今公正的意思是什么呢?

找出一个定义通常是理论的创立中最难的部分。我们不会逃避困难,即使明白该定义并非完美且有可能被多方面批评。

在我们的理解中,"公正"得被定义为,*向国家及所有市民施加义务以给予每一人取决于人类尊严的东西之整体价值*。

我们解释此定义的多个要件。

a)公正为*一项整体价值*。对于价值是否由神圣法律确定,又或是否由自然法确定,又或是否由人类理性确定,又或是否由普遍意识确定,又或是否由集体法律意识确定,又或是否由任何其他最终规范性渊源确定,并不适宜选择任何立场。这取决于每个人的哲学及理性选择。我们主张的公正概念,必须是一个广阔的概念,以便能作为解释及批评成文法的工具。在哲学深入思考中有必要走得更深,且尝试确定产生组成公正的价值的最终渊源。

b)对组成公正概念的价值施加一项义务,且向国家及公民施加这一义务:这是为了每一位公民,国家应遵行的义务,而为了其他公民,每一位公民应遵行的义务。

c)第三点,源自公正的义务为*给予每一个人其应得的东西之*义务。希腊人及罗马人都使用和上述差不多的表述:给予每一个人属于他的东西(suum cuique tribuere)。我们认为此概念是正确的,然而其表述并非完全成功。因为,倘若某东西已经以别人的——已是"某人的"——"给予"的义务存在,且亦符合公正,然而公正的概念不仅限于此。比给予每一个人属于他的东西更重要的是给予每一个人按照公正观念*理应属于*他的东西。因此我们使用更正确的另一表述:给予每一个人他*应得*的东西——该表述不仅包含已经*属于他*的东西,而且包含按公正要求应*给予他*的东西。这个表述对于涵盖现代意义的公正是十分重要的,尤其是社会公正:当国家确保公民享有更多不甚渴求的社会福利时,正如卫生的权利、社会安全的权利、住屋的权利、教育的权利——并非给予他们一些他们已拥有的东西,

---

138 最后,参见 António Braz Teixeira,《*当代思潮的公正概念*》,载于《向 Pedro Soares Martínez 教授致敬的研究》,第一卷,科英布拉,2000 年,第 37 页及续后数页。

而是一些他们所缺乏的东西，是公正要求应给予他们的东西。

d）我们认为，按公正名义每一个人应否取得东西的指导性一般标准，应以*人类尊严*予以界定。我们在此处接受葡萄牙 Castanheira Neves 提出的建议，并可追溯至由 Cícero 代表的斯多噶学派，其后由教会学者继承并教授，尤其是从 S. Tomás de Aquino 开始。然而，“对人类尊严的尊重”在今天成为人类的共同财产，而不一定有宗教含义。

关于公正的标准——当公正的概念（包括其指导性的一般标准）被确定后，现时需要了解哪些为公正观念下的特别标准。

倘若公正为一套指引人类的价值，那么这些指引的特有标准是什么？

我们认为，这些标准因讨论的对象是集体公正还是个人公正而有不同。

在*集体公正*方面，我们相信公认的见解为，作为一个公正国家及公正社会的组织方式，公正的主要标准为*对人权的尊重*。一个国家，一套政治制度，一部宪法，一个社会，都要尊重每一个人的人权——不仅指个人及政治性质的权利，且经济、社会及文化性质的权利亦然。在历史发展中不是一直都采取这种观念，但现时就这点认知已达成广泛共识。

在*个人公正*方面，我们认为应接受亚里士多德的两项主要想法——公平及适度——但仍须加入*善意原则*。这意味着，倘在作出行为时对适用于上述任一标准所订定的公正价值构成违反，则正在不公正地作出行为，即违反了公正。

宪法第266 条订定的公正原则——我们现在分析《葡萄牙共和国宪法》第 266 条第 2 款的规定。正如我们上面所述，该条文规定：“行政机关及行政工作人员受宪法及法律约束，在执行其职务时，须遵守平等、适度、公正、无私及善意原则。”

从该规定的字面上分析可得出三个推论。

正如该规定所述，由于该规定把遵守法律和遵守公正原则分开表述，因此公正为合*法性以外*的东西（即应*同时*遵守合法性以及公正性）。

《葡萄牙共和国宪法》第 266 条第 2 款并未述及公正的所有问题，而仅仅述及公共行政当局在作出行为时须遵守的公正。因此，作为公正完整理论的很多方面，都不在此内，尤其是我们称之为*集体公正*的所有方面（国家的组织、社会的组织分析宪法为公正还是不公正的问题以及应适用于公民的私人——家庭、公司、商业——关系的公正……）。

当《葡萄牙共和国宪法》规定公共行政当局应遵守平等原则、适度原则、公正原则以及善意原则时，把公正的概念拆分成数个自亚里士多德起便经常被谈及之概念，作为公正概念的必要部分，尤其是公平概念以及适度概念：平等对待相同情况以及不作出超越合适措施的行为，即为公正。由于公平原则、适度原则及善意原则为构成公正原则的次要原则，因此我们认为第 266 条第 2 款所规定的基本原则为*公正原则*。现在我们接着分析下去。

26. 同上：平等原则[139]

正如我们所知道的，平等原则为现代宪法的一个基础要件，且从开始起便处于重要的位置。

事实上，人类的平等原则最早明文出现在 1776 年的《弗吉尼亚权利法案》（“Virginia Bill of Rights”）以及 1780 年的《马萨诸塞（Massachusetts）宪法》中。

同样，在 1789 年法国《人权和公民权利宣言》（葡萄牙自由宪法的渊源）[140] 中著名的第 1 条规定，“*人们生来而且始终是自由的，在权利上是平等的*（les hommes naissent et demeurent libres et égaux en droits）”。[141]

同样地，葡萄牙宪法从一开始就理解到平等原则的根本重要性。尤其是由葡国特别及立宪众议院于 1821 年 3 月 9 日通过的《宪法纲要》第 11 条，郑重地宣布了有关“*法律面前人人平等*”之原则。该原则一直存续在我们的宪

139 与平等原则有关的著作有很多。参见，除了我们一直引述之作品，还有其他作品引述之著作，例如：Jorge Miranda，《*宪法手册*》，第四册，第二版，科英布拉，1993 年，第 1998—201 页之附注四；Marcelo Rebelo de Sousa，《*形成行政合同的公开竞投*》，里斯本，1994 年，第 23—25 页之附注。

140 参见 Jorge Miranda，《*宪法手册*》，第四册，第 205 页。

141 参见 Maria da Glória Ferreira Pinto，《*公平原则——空洞的公式还是有意思的公式？*》，《*司法部简报*》单行本，第 358 号，1987 年，第 26 页。最后参见，同一作者，《*平等原则：从统一到区分*》，载于《*法律与公正*》，第十三部分，1999 年，第三册，第 67—89 页。

政中。[142] 因此，毫不奇怪地，在现今宪法中，确切地在第 13 条第 1 款中规定："所有公民均享有同等社会尊严，在法律面前一律平等。"

然而，平等原则的含义在历史上不是一成不变的。[143] 即使不提自由宪政前的平等原则含义，从 19 世纪开始以纯形式的角度去了解及解释平等原则：平等应为对所有公民*平等适用法律*。Anschütz 有条理地重申其所写的概括定律：*不应考虑个人而执行法律*。[144] 因此，平等原则反映为对法律普遍性的单纯要求，并与法律优先原则混淆。[145] 然而，今天确切的观点为，平等性和普遍性并非同义的，平等原则并非单纯为"合法性原则的折射"。[146] 平等原则并不局限于行政机关及司法机关有义务以平等的方式适用法律，[147] 还牵涉到作为其必要构成要素的*法律本身* 或*透过法律* 的平等概念。[148]

不管如何，倘若在今时今日，平等原则的膨胀力使之成为可对抗立法者的原则，而事实上现今正如过往般，平等原则是法院及行政当局进行活动时的重要限制。

因此，不用惊讶《葡萄牙共和国宪法》第 266 条第 2 款及《行政程序法典》第 5 条第 1 款均订定了平等原则，均写道："与私人产生关系时，公共行政当局应遵循平等原则，不得因被管理者之血统、性别、种族、语言、原居地、宗教、政治信仰、意识形态信仰、教育、经济状况或社会地位，而使之享有特权、受惠、受损害，或剥夺其任何权利或免除其任何义务。"

平等原则要求以同样方式处理法律上相同的情况，以不同的方式及按不同之程序处理法律上不同的情况。正如我们从学说[149]及司法见解[150]中所认

142　参见 1822 年宪法第 9 条、1826 年宪法第 12 部分第 145 条、1838 年宪法第 10 条、1911 年宪法第 3 条第 2 款、1933 年宪法第 5 条。

143　参见载于 *DR* 第二册第 280 点，1997 年 12 月 4 日，第 14893 页，《宪法法典》第 549/97 号裁判中，一个关于这项演变的好总结。

144　参见 Gomes Canotilho，《*宪法及宪法理论*》，第 388—389 页。

145　参见前述，Maria da Glória Ferreira Pinto，《*公平原则——空洞的公式还是有意思的公式？*》，第 26 页。

146　参见 Gomes Canotilho，《*统治之宪法及立法者之羁束*》，第 381 页。

147　参见 F. Alves Correia，《*城市化规划及平等原则*》，科英布拉，1989 年，第 401 页。

148　参见 Jorge Miranda，《*宪法手册*》，第四册，第 219 页。

149　最后，参见葡萄牙，Marcelo Rebelo de Sousa，《*行政法教程*》，第一卷，第 122—125 页。在更之前的日子中，除已经述及之著作，参见 João Martins Claro，《*平等原则*》，载于 J. Miranda，《*宪法十年*》，里斯本，1987 年，第 29 页及续后数页。

150　有关葡萄牙宪法司法见解对平等原则之一般总结，参见，Martim de Albuqueroue，《平等原则——司法见解的绪论》，科英布拉，1993，passim；以及 Jorge Miranda，《*宪法手册*》，第四册，第 224—229 页。

知的，平等原则基本上延伸出两个指引：

禁止歧视；
作出区别的义务。

a）一方面，一项歧视性措施是指对于其所谋求之目标，在不存在足够实质理由的情况下，在处理上进行一致或区别的对待，所以应因违反平等原则而被禁止。

系统上，为分析一项行政措施是否为歧视性措施，在认知上可按以下步骤进行：

首先，通过解释，仔细分析行政措施所谋求的目的；
其次，把为了实现有关目的而有相同或差别处理方法的种类予以区分；
最后，需要查问的是，按照体制中占主导的价值，为了实现所谋求之目的，而有相同或差别的对待是否合理：倘为合理，则没有违反平等原则；倘并非合理，则违反平等原则。

b）另一方面，作出区别的义务源自平等，并非绝对及盲目的概念。

平等原则要求以相同方式处理法律上相同的情况，然而，正如我们所见，亦容许对于不相同的情况存在不同的处理方法。由此，在宪法及法律中便规定对于处于非常逆境的人、社会中最穷的阶层或那些因其身体或社会状况而需要较佳保障的群体，采用特别行政保护措施，尤其是对儿童、青少年、长者、工人等的保护。[151] 亦是因为此概念，尤其从美利坚合众国开始，坚持对“少数的保护”的概念，在现今西方民主社会中，这一理念十分重要，且源自需要不同地对待应为平等但仍然不平等的情况（这被称为*积极歧视*）。

27. 同上：适度原则

概论

适度原则为构成法治国原则的一项体现（《葡萄牙共和国宪法》第2

151 参见 Jorge Miranda，《*宪法手册*》，第四册，第210—211页。

条）。事实上，正是基于一项概念，即在民主法治国中，公权力的行使不应超出其为实现公共利益所必要的限度。[152] /[153]

历史上，适度原则的"最常用领域"为治安法。[154] 这样，"在德国，尽管仅表现为一项*必要性*原则，直至17世纪末出现普鲁士治安法时才找到适度原则的踪迹（……）以及Carl Gottlieb Suarez的理论，甚至认为在1791—1792年Frederico Guilherme III时才找到踪迹"。[155]

然而，"在为使整体现行制度更趋近*公正法的努力中*，该原则被扩大至行政法的其他分支，尽管受到其他学者的批评，该原则亦在宪法中被接受。在葡萄牙，正如在比较法揭示的那样，现今倾向承认适度原则并非法院法官从其'魔法帽'拿出来的发明，可以说适度原则（……）具有宪法原则的庄严性"。[156]

换言之，"由于各相近法律领域内的持续影响，适度原则已不再是局限于特定法律部门的原则，它已取得法律一般原则的性质，因此没有任何内部法律领域以及任何（立法、规章、司法、行政、*狭义的*政治，甚至宪法的修订）行为被免除适用该原则"。[157]

另外，正如Rui Medeiros所述，"在最近数十年来，在比较法中很少法律思想如适度性观念般获得如此大的发展及传播。适度原则不但在旧大陆以外得以扩展，欧洲人权法院及国际劳工组织行政法院亦接受该原则，而且构成现时*欧洲共同体法*'ius commune europaeum'的其中一个领域。欧洲共同体法的司法见解接受了德国模式对适度原则的监督，它在传播及宣传该监督技术上起着决定性的作用"。[158] /[159]

概念

现在的问题是，在《葡萄牙共和国宪法》的不同规定（参见第18条第

---

152 参见Gomes Canotilho，《*宪法及宪法理论*》，第259页及续后数页。

153 参见Vitalino Canas，《*适度原则*》，载于《公共行政法律词典》，第六册，里斯本，1996年，第600页。

154 参见Rui Medeiros，《*关于违宪性的裁判。关于违宪性的裁判的制作人、内容及效力*》，里斯本，1999年，第698页。

155 参见前述Vitalino Canas，《*适度原则*》，第591页。

156 参见Rui Medeiros，《*关于违宪性的裁判。关于违宪性的裁判的制作人、内容及效力*》，第698—699页。

157 参见前述Vitalino Canas，《*适度原则*》，第636页。

158 有迹象参见Rui Medeiros，《*关于违宪性的裁判。关于违宪性的裁判的制作人、内容及效力*》，第702页。

159 参见Maria Luísa Duarte，《默示权力的理论以及在欧洲联盟及国家成员之间之权限的界限》，里斯本，1997年，第540页及续后数页。

2 款、第 19 条第 4 款、第 272 条第 1 款）中所订定的适度原则，作为所有行政活动的标准，从而特别在《葡萄牙共和国宪法》第 266 条第 2 款以及《行政程序法典》第 5 条第 2 款中被论述的适度原则是什么。[160]

*适度原则*指公权力行为对私人财产或利益所作出的限制，对于该行为所谋求之具体目标必须适当及必要的，以及当与该等目的相比时必须是可容忍的。

该定义说明了该原则的三个基本方面：

适当性；

必要性；

平衡性。

首先，*适当性*意味着所采取的措施必须与所计划达成之目的兼容。为此，须查找该两个变项之间存在关系：一为方法、手段、措施、解决方法；另一为目标或宗旨。[161]

在 2000 年 6 月 21 日的最高行政法院的合议庭裁判中，基于当中强调“按照法定原则及规定（……），对于有关行政当局的开考类别以及被安排之种类特征采纳较好之评估准则及方式，属于开考委员会的职能，而法院的监督权则限于针对开考委员会的行为中出现明显错误，又或对准则的采纳为明显不适当”，因此法院认为在权衡《专业资格及经验》下，在履历的评审范围内，委员会给予在（……）行政编制内的服务时间，其他被视为重要的因素，例如，在担任该职务期间所接触的不同工作领域，并不能视为采用了明显不适当的标准（……）。[162]

然而，在一场为填补某一部门的编制内一名接线生空缺之招考中，以“投考者懂得某项刺激的体育运动”作为投考评估之准则，这已被认为不适当。

另一个例如，“当有关征用明显不足以达成所要求的公共用途时，则存

---

160 《行政程序法典》第 5 条第 2 款：“当行政当局之决定与私人之权利或受法律保护之利益有冲突时，仅得在对所拟达致之目的属适当及适度下，损害该等权利或利益。”

161 参见前述 Vitalino Canas，《*适度原则*》，第 621 页。

162 第 38663 号卷宗。

在适当原则的违反”。[163]

其次，*必要性*意味着，除了与所计划达成之目的合适，行政措施应为在抽象合适的范围内对私人权利及利益损害较轻的措施。正如最高行政法院近期一个裁判中所述，“行政当局，在以自由裁量方式对私人作出行为时，必须从多个同样满足公共利益的措施中挑选出在私人权利义务范围中为较不严苛的措施”。[164] 问题的重点转变成*比较*工作：*主要工作事实上是将*一个合适的措施与其他同样合适的措施作比较。[165] 该比较之目的为挑选*较少损害之措施*。基于适度原则，必要行政措施应为较少损害之措施。[166]

在1999年3月19日的最高行政法院合议庭裁判中，基于当中提及“适度原则在谋求公共利益中要求合理措施之原则，以避免行政相对人权利义务范围出现过量之负担（……）”，因此，可以得知，“基于一名之前没有任何纪律处分的医生，在住院实习（……）期间，同时为合同委任之邮政局邮务技术员，因此触犯了由第310/82号法令第9条第4款以及第10条第2款所直接规定之不可兼任性所导致之兼任的限制，而根据纪律通则第26条第1款规定所作出之科处撤职之批示”，[167] 因明显地超过了其行为之严重性，是不合法的。

在征用之法律制度方面，必要性之概念可透过以下例子得以表明：法律要求行政当局先尝试透过合同取得有关财产。[168]

最后，*平衡性*方面（即狭义的适度方面）要求，实施一项适当及必要之行政措施中所被期待之利益，根据实际标准，优于该措施所带来的成本。Vitalino Canas 就指出“这是尝试评估作出的行为，由于涉及价值取向，亦即牺牲特定利益以满足另一些利益，在实质标准下是否正确、有效”。[169]

例如，1991年10月24日的最高行政法院合议庭裁判认为“由地方行政管理及地方整治国务秘书（……）所作出之批示，以命令禁止建造一幢五层大厦之天台并通知建造者进行拆除”，“在必要性及平衡性或合理性方

---

163 参见 Margarida Cabral，《*征用权及自由裁量权*》，载于《*都市化及环境*》*的法律杂志*，第2号，1994年，第123页。

164 参见最高行政法院于1998年10月10日作出的合议庭裁判，第28610号卷宗。

165 参见前述 Vitalino Canas，《*适度原则*》，第624页。

166 参见前述 Vitalino Canas，《*适度原则*》，第624页。

167 第30896号卷宗。

168 参见前述 Margarida Cabral，《*征用权及自由裁量权*》，第124页。

169 参见前述 Vitalino Canas，《*适度原则*》，第628页。

面（……），并没有违反适度原则，因为除了私人利益，还要注意有利于小区的审美及建筑学价值，以及居民对政府之政策（对该地区都市计划之消极违反不妥协）的信心”。[170]、[171]

总结言之，倘若所采取的具体措施对于其采取所拟达成之目的同时是不适当、必要及平衡的，则因违反适度原则而为不法之措施。

适用及与平等原则的关系——在适度原则的适用中，首先需要订定在该措施中拟定达成之目的；然后查明所计划采取之措施与所计划之目的之间的*关系*：该措施是否合适以实现该目的？在多个合适的措施中，该措施是否对私人利益损害最少？所谋求之目的是否实际地证明与公共利益相冲突之私人利益的牺牲为正当？

因此，适度原则之概念与平等原则之概念是不同的。“尽管两者都旨在保证公正的措施以及国家行为的平衡，都以同样的理性要求作为前提，但实际上两者走了不同的方向。”[172] 正如 Vitalino Canas 所总结的，为了审查是否遵守平等原则，对于不同对待（或相同对待）是否合理之判断，其基础为对两个法定类型在事实基础与谋求目的之间的紧张关系所作出之审查或比较。然而，适度原则所关心的是，确认对某些财产或利益之牺牲，考虑到希望所促进之财产及利益，是否为适当的、必要的及可容忍的。[173]

因此，一项行政决定得在没有违反平等原则下违反适度原则，反之亦然。

违反适度原则而未同时违反平等原则的措施之例子有：一名患有罕见及不明传染病之病人得为了保护公共卫生而被强制隔离，在此并未违反平等原则。然而可存在对适度原则的违反，例如，隔离之*具体*措施超过需要限度，如禁止使用电话通信。[174]

违反平等原则而未违反适度原则的措施之例子：为了打击逃税，要求律师遵从比对从事自由职业的医生在收税时更严谨的监督。考虑到措施之目的，乍看没有合理理由对两个类别作出区分以及作出不同之处理。[175]

---

170 第 26570 号卷宗。

171 同样参见前述 Margarida Cabral，《*征用权及自由裁量权*》，第 129 页及续后数页所述之例子。

172 参见前述 Vitalino Canas，《*适度原则*》，第 603—604 页。

173 参见前述 Vitalino Canas，《*适度原则*》，第 604 页。

174 参见前述 Vitalino Canas，《*适度原则*》，第 605 页。

175 参见前述 Vitalino Canas，《*适度原则*》，第 605 页。

28. 同上：善意原则[176]

概论

源自教理及私法之善意原则，毋庸置疑地，现今表现为所有法律体制的一个普遍的指导原则。[177] 证明我们正要述及之事实为，在 1997 年的宪法修订中，该原则已被明示地载于正式宪法对公共行政当局产生约束力之原则内（参见第 266 条第 2 款）。再者，在一年前，普通法律的立法者，透过 1 月 31 日第 6/96 号法令（修订《行政程序法典》之法规）向前踏出了重大意义的一步，他在葡萄牙法律体制的《行政程序法典》中明示引入了一条有关善意之规定。根据第 6－A 条第 1 款的规定："在任何形式之行政活动中，以及在行政活动之任何阶段，公共行政当局与私人均应依善意规则行事及建立关系。"对善意的遵守是透过考虑"在具体情况下需重视之法律基本价值"进行的，尤应考虑"有关活动使相对人产生之信赖"以及"已实行之活动所拟达致之目的"（第 6－A 条第 2 款）。[178]

正如我们之前所评论的那样，对善意原则作出独立规范的基本理念是为了"在公共行政当局内创造一个信任及具预见性的环境"。[179]

又或者说，现今，"公共行政当局在与私人往来时亦有义务遵守善意（bona fide）原则。还有行政当局必须在其所有不同表现上，为私人树立遵

---

176 关于行政法中的善意，参见葡萄牙，Menezes Cordeiro，《*民法中的善意*》，第一册，科英布拉，1984 年，第 383 页及续后数页。同时参见 Marcelo Rebelo de Sousa，《*形成行政合同的公开竞投*》，第 52 页；Maria da Glória Garcia，《*国家民事责任及其他的公法人*》，里斯本，1997 年，第 86 页；Diogo Freitas do Amaral，Rui Medeiros，《*意见*》，载于 Azeredo Perdigão Advogados 主编的《*公共工程。承揽中提前完成之溢价金支付*》，科英布拉，2001 年，第 82—85 页。在众多葡萄牙以外的其他国家学说中，参见 Jesús Gonzalez Perez，《*行政法中善意的一般原则*》，第三版，1999 年；Fabio Merusi，《*行政法中善意的一般原则*》，载于 *Scriti per Mario Nigro*，II，米兰，1991 年，第 117 页及续后数页。

177 参见 Menezes Cordeiro，《*民法中的善意*》，第一册，第 371 页及续后数页，特别是第 395 页。该名作者强调在非民事领域中适用善意的可行性，尽管其评论在这些领域中缺少制度的系统发展。值得注意的是，在行政法中适用的善意已经得到了司法见解的认可了。例子有最高行政法院于 1984 年 6 月 6 日作出的合议庭裁判（载于 *AD*，第 289 号，第 62 页）以及于 1988 年 2 月 11 日作出的合议庭裁判（载于 *BMJ*，第 374 号，第 301 页）。

178 在之前，法学家们实际上已一致认为善意原则不论在法治国原则（第 2 条）中还是公正原则（第 266 条第 2 款）中都是固有的。参见 Freitas do Amaral，《*被行政管理者之基本权利*》，载于 J. Mirada 主编的《*宪法的过往十年*》，里斯本，1987 年，第 20 页。

179 参见 Freitas do Amaral 及其他著者，《*行政程序法典之注释*》，第 47 页。

守善意的榜样，作为其道德行为的必要核心。倘非如此，则不能申明国家（以及其他公共实体）为善者（pessoa de bem）。此外，对于一个民主国家的民意而言，继续认为国家为善者（以免在履行其受约束之法律及法律宗旨原则时沦为粗心大意者的模样，又或以免其在日常行为中沦为无道德规范及不负责任的人）对公共机构的可靠性而言是必不可少的要件（sine qua non）”。[180]

具体化——善意原则，尽管“具有高度抽象性”，[181] 但远非“伪规范性的毫无内容的公式”。[182]

其具体化透过两项基本原则而使之成为可能：*保护正当信赖* 原则以及 *实质一致* 原则。意思是，善意要求的信赖状况作出保护并寻求确保行为与法律体制目标实质一致——而非仅形式一致。[183]

接着我们继续讨论以下每一个题目。

a）保护信赖的概念在很长的时间内已存在于行政法中为人所熟知的不同机制中。例如，《行政程序法典》第140条对废止设定权利或受法律保护利益之有效行政行为所认定之限制，或者基于公共利益的需要，行政当局单方修订行政合同内容后，须恢复有关财政平衡［参见《行政程序法典》第180条a）项］。

然而，明显地在其他范围中亦适用信赖原则，[184] 特别是在行政合同的形成阶段。事实上，行政当局在开始就订立行政合同而进行行政程序中所采取的初步态度与其后最终采取的最后立场之间，不得无理地改变准则，不得把已讲的话全当没说一样，不得拒绝之前已经承诺的事，不得提出在适当时候没有提出之新要求，不得因自己许可私人作出的行为而归责于私人，又或因鼓励私人在订立合同前展开活动而归责私人等。正是在善意与恶意的分野中，常出现滥用权力及行政专断的情况。此不公正的行为，首先违反了宪法规范订定的善意原则。

然而，对信赖的保护并非一个绝对的原则，仅在有需要的特定情况下

---

180 参见 Fausto de Quadros，《*形成行政合同的公开竞投*》，载于 *ROA*，1987年，第725页。

181 参见 Menezes Cordeiro，《*二十世纪末期的善意*》，载于 *ROA*，1996年，第877页及续后数页。

182 参见 Karl Larenz，《*法律知识教学法*》，里斯本，1989年，第264页。

183 参见 Menezes Cordeiro，《*民法中的善意*》，第一册，第1234页及续后数页，以及第1252页及续后数页。关于在行政法中对信任之保护，尤其参见 Federico Castillo Blanco，《*行政法中对信任之保护*》，马德里，1998年。

184 参见 David Duarte，《*程序化、参与化及说明理由化：旨在落实作为决定准绳的行政无私原则*》，第331页之例子。

才会出现。事实上，对信赖之保护的法律要件有四个。首先为，信赖状况之出现，表现在受损失者之主观或道德上之善意。其次为，该信赖状况的出现是有理由的，即为，存在足以引致信赖的客观条件。再次为，同样为要件的是，因信赖而作投资，即为，基于信赖而开展了相关的法律活动。最后为，受信赖原则保护之人的信赖状况可归责于某人。[185]

值得一提的是，正如在民法总论中所述，我们认为在这些不同要件中不存在位阶，以及所有要件并非都是绝对必不可少的：缺少一项要件，得因其余要件中的某些要件（或某项要件）特别强度而予以弥补。[186]

b）另外，实际一致原则为对形式主义的历史斗争结果，后者被理解为将适用的法律条文严谨地套用于须处理的实际情况。[187]

通过适用该原则，善意要求法律地位之行使要按照实质真相进行，又或者说仅仅审查权利人的行为是否在形式上符合法律秩序是不够的，必须审视具体情况中所涉及的各项价值。

在优先适用实际一致原则下，会忽略过分的形式要求，使有关情况即使不遵守形式要求，也不会引致负面的决定，尤其是当有关形式所拟达致之目的最终都能被实现的情况。[188] 这种情况可以是，正如 David Duarte 所注意到的那样，“例如，内部惯例及习俗（甚至是传阅公函）订定了形式要求，且行政机关基于这些要求决定驳回一项请求，从而没有针对问题的实质内容作出审理”。[189]

29. 同上：（狭义上的）公正原则

公正原则，除了是一项混合型原则或一项“原则中的原则”，亦即是，

---

185 关于这个对保护信任之前提要件之整理，参见 Menezes Cordeiro，《*民法中的善意*》，第Ⅱ册，第 1243 页及续后数页。同时参见 Baptista Machado，《*信任之保护及“前后行为矛盾”*》，载于 *RLJ*，第 3725 号，1984 年，第 171—172 页；Marcelo Rebelo de Sousa，《*形成行政合同的公开竞投*》，第 27 页及续后数页；Manuel A. Carneiro da Frada，《*在民事责任法律中的“第三条道路”*》，科英布拉，1997 年，第 102 页及续后数页。

186 参见 Menezes Cordeiro，《*葡萄牙民法条约*》，第一册，第 188 页。

187 参见 Menezes Cordeiro，《*民法中的善意*》，第二册，第 1252 页。

188 参见 David Duarte，《*程序化、参与化及说明理由化：旨在落实作为决定准绳的行政无私原则*》，第 332 页。

189 参见 David Duarte，《*程序化、参与化及说明理由化：旨在落实作为决定准绳的行政无私原则*》，第 332 页。

在其他宪法及法律规定中找到独立解释的次原则的集合性原则——例如，平等、适度及善意原则——同样亦是一项具有自身“辐射能力”[190] 的原则，又或者说，它亦是一项直接构成法律规定的原则，而这些法律规定又反映了其核心内容的直接及不容置疑的后果。

因此，其内容是会随着时间而演变的。

30. 无私原则[191]

概念及制度

从字面上看，*无私*是*偏私*的相反概念，因此，在冲突中，无私即不支持冲突中任何一方的立场。如果在冲突中有双方当事人而第三者意图将他们分开，又或指谁有道理，该第三者为取得权威及得到冲突双方的尊重，必须是无私的，这意味着他必须处于局外及各方以上的位置［正如拉丁语所述，*超越当事人*（*supra partes*）］。

无私概念的起源来自诉讼法及法院实践。最初要求法官是无私的。以一个手持两碟天秤以及蒙上双眼之人代表公正的形象并非偶然的。因此，正常地，倘天秤用以代表公平，蒙上双眼则用以代表公正应为盲的，即是，不应因为与任一方的友谊或交恶而被影响。

现今《行政程序法典》第 6 条规定：“公共行政当局从事活动时，应以公正及无私方式对待所有与其产生关系者。”

深化该概念，可以认为，无私原则意味着，公共行政当局应采取专门根据固有的、适合履行其在国家一般活动下的特别职责的标准确定的决定，而不容许有关标准被其他与其职能无关的东西取代或歪曲，不论有关利益为公务人员的个人利益，还是社会团体利益、政党的利益或政府的具体政治利益。[192] 又或，在一个更综合的表述中，*无私原则要求行政机关及人员在作出决定或发表*

---

190 有关表述来自 Sérvulo Correia，《*司法上诉及法治国*》，载于 *Rfdul*，第三十六册，里斯本，1995 年，第 447 页。

191 关于该原则，参见葡萄牙，Vieira de Andrade，《*作为宪法原则之行政当局无私原则*》，载于 *BFDC*，科英布拉，1974 年，第 233 页及续后数页；Baptista Machado，《*公法绪论教科书*》，载于 *Obra Dispersa*，第二册，Braga，1993 年，第 349 页及续后数页。更深入的另参见 Maria Teresa de Melo Ribeiro，《*公共行政当局的无私原则*》，科英布拉，1995 年；David Duarte，《*程序化、参与化及说明理由化：旨在落实作为决定准绳的行政无私原则*》，后述。

192 参见前述 Vieira de Andrade，《*作为宪法原则之行政当局无私原则*》，第 224—225 页。

不具决定性的意见时对个案中各利益应采取公正及等距的态度。[193]

无私原则有两个方面：

负面；

正面。

我们来看一下这两个方面。

a）*负面方面*

无私原则所表现的概念为公共行政当局的机关据位人及人员被阻止介入涉及其个人或其家人或与其有特别紧密经济关系之人的利益问题的程序、行为或合同，以便其行为的无私或公正不可能被怀疑。

这个为了不存在对无私的怀疑而不介入某些事项之义务，其后被一般法律所规范（参见《行政程序法典》第44至55条）。

我们分析一下该制度。

法规区分了两类情况：*自行回避*及*声请回避*。

*自行回避*的情况较*声请回避*的情况严重。

存在于两者之间的巨大差异为：倘出现自行回避的情况，根据法律规定，必须由另一人替代在一般情况中有权限作出决定之机关或行政人员。因此，当一人在参与一项具体个案中出现自行回避的情况时，依法由另一不具有回避原因的人替换之，因此，后者得公正无私地对该事宜发表意见。

在声请回避的情况中，并非必然出现自动替换的情况，而仅在机关或人员自行请求回避参与该程序时，又或在私人要求该等机关或人员回避并请求由另一人替换时，方得作出替换。

哪些为*自行回避*及*声请回避*的情况？

有很多情况，在《行政程序法典》第44条第1款中列举了*自行回避*的情况。自行回避的主要情况如下：

机关或人员不得参与处理个人利益之案件；

任何机关或人员不得参与其配偶、任一直系血亲或姻亲（祖父母、

193　参见最高行政法院——第一合议庭——于1995年11月16日作出的裁判，载于*AD.*，第411号，第372页及续后数页，尤其是第376页。

父母、子女、孙子女、岳父母、女婿、媳妇)、二亲等内之旁系血亲或姻亲(兄弟姐妹、伯叔姨姑)或任何与其在共同经济下生活之人有个人利益之案件;

同样,任何机关或人员,当其本人或上述提及之人同时在与应处理之具体案件类似之案件中有直接利益时,不得参与解决有关案件;

在同一程序中,倘有关机关或人员在担任现今的位置(有权限作出决定之机关)前,曾以鉴定人(技术意见)或受托人(当事人律师)身份参与,又或曾作出(法律、医学、技术等)意见书,不得参与该程序;

最后,当案件利害关系人针对机关或人员提起司法诉讼时,该等机关或人员不得参与该案件。

*声请回避*的情况数目更少:

存在一些较疏远的亲属关系(三亲等内之旁系血亲——叔伯姑姨及侄儿侄女);

应作出决定之机关或人员与请求作出决定之私人之间存在债权或债务关系;

机关或人员曾收受任一利害关系人的馈赠;

机关或人员与私人之间严重交恶或存有极亲密之关系;

一般而言,如出现可令人有理由怀疑机关或人员之无私或其行为之正直之情节,则存在声请回避的理由。

《行政程序法典》规定,上述情况之行政当局机关或人员*不得参与*行政程序。葡萄牙的行政法院在审理具体案件时,认为应以文义解释上述内容。法律之规定为“不得参与程序”,应以更狭义及严谨的方式解释该规定:“绝不得以任何方式参与程序。”然而,依我们所见,这并非最准确的解释:我们认为所应被禁止的参与仅为作出决定或作出从某种意义上可显著地影响决定的行为;道德中立的参与是合法的,如仅限于命令把问题列入“下一次议会会议的”议程或作“服务咨询”,以及其他类似行为之参与。为此,可见现今《行政程序法典》第44条第2款的规定。

如何处理*自行回避*的问题?

当机关或人员处于法律规定须自行回避之其中一个情况时,其具有考虑自行回避的法律义务，以及应将有关情况立即告知其所属或隶属之上级或合议机关。而该等机关根据个案就是否存在须自行回避之情况作出决定（《行政程序法典》第45条）。

如不存在须自行回避之情况，则有关问题在此完结，涉案之机关或人员具有正当性就引起疑问之问题作出决定；如被宣告存在须自行回避之情况，则其实时被替换，原则上应由法律指定之人作为其法定代任人，然而，正如《行政程序法典》第47条规定，其上级决定收回有关问题亲自处理者除外。合议机关则在无该须回避之成员参与下运作（《行政程序法典》第47条第2款）。

在*声请回避*中，事情有点不同。面对法律视为须声请回避之一项情况，法律赋予行政机关或人员请求*回避*参与该程序的权利，同样赋予在程序中具利害关系之私人声请在一般情况中具权限的机关回避的权利，并要求作出替换。不论什么情况，根据法律，由主管机关决定是否存在声请回避的理由。如没有，则涉案之机关或人员继续行使职能且具正当性参与程序；如有，则作出声请回避之宣告，接着由应作出代替之人代替该等机关或人员行使职权（《行政程序法典》第50条准用自行回避制度）。

最后，法律对违反该等有关保障公正的规范之情况施加了什么制裁呢？

一方面，所有须回避之机关或人员参与的行政行为或行政当局的行政合同，又或那些被宣告存在声请回避情况之行政行为及行政当局的合同，均可被撤销（《行政程序法典》第51条第1款）。此为不法的、可撤销之行为，可针对有关行为向法院提出诉讼以获得撤销。另一方面，倘行政机关或人员没有告知有权限者须自行回避之情况，则构成严重纪律违犯（《行政程序法典》第51条第2款）。最后，除《行政程序法典》，8月1日第27/96号法律第8条第2款亦有规定另一制裁，该法律向所有违反法律规定之对行政机关无私原则的保障之地方自治团体机关成员施加了*丧失委任*的制裁。只要违反一次，检察院就得提起一项*委任丧失*之诉，接着是以实际丧失委任为制裁。奇怪的是，法律并没有为其他公共行政当局机关（政府成员及公务法人的领导等）规定这类型的制裁。

b）*正面方面*

无私原则表现为一项公共行政当局须在作出决定前衡量所有次级公共利益及相等的私人利益之义务。[194] 第二个层面，明显没有对法律保护的利益

194　参见 Marcelo Rebelo de Sousa，《*形成行政合同的公开竞投*》，第41页。

作出详尽衡量之行为或表现应被视为偏私的。[195]

“比对衡量义务意味着对行政自由裁量权的明显限制，不仅排除以任何与法律无关之价值判断作出行为，而且主要是因为公共当局的实质选择权仅在立法者以相同性质及程度保护各利益时方继续存在。在此无私原则的正面方面中，对没有按上述方式衡量各利益而作出之行为，行政法院法官可撤销之。”[196] 例如，在一项判给中，没有对各被保护利益作出适当衡量。[197]

在个案中缺乏对不同利益的衡量——在大部分情况中会在理由说明部分中被查明出来[198]——是违反无私原则的一项瑕疵，还有其他法律原则，决定须合理，该瑕疵“反映出决定并没有基于衡量各利益而作出。因此，缺乏衡量各利益是决定上的一项瑕疵，其表现为决策过程的随机性，在过程中并没有衡量涉及的各利益”。[199]

无私及公正——我们可以把无私的概念延伸到公正的概念，还是这两个概念具有各自含义的相异概念，以及各自在其范围内发展？

我们的意见是，无私原则并非为一个对公正概念的纯粹适用。

我们已指出，无私原则禁止行政当局机关参与某些行政程序，以便避免被怀疑为以偏私的方式作出行为。那么，一个行政当局机关在违反对无私的保障下，参与一项法律禁止其参与的程序，然而，可能作出一项同样公正的决定；相反亦然——一个机关，尽管无任何理由质疑其偏私，亦可能作出一个偏袒的行为。因此，无私原则不可能被视为公正原则的分支原则，相反，此为适用一个不同的概念——*保护*公民对其国家之公共行政当局之*信赖*。

不论行政当局之决定是否公正，法律希望公民可以对行政当局作出公正决定之能力具有信心。又或“无私原则涉及整个作出决定的程序以及准备选择方案的时刻，公正原则涉及对行政当局自己创设之情况作出保护以及对该等及其他情况的本质作出衡量”。[200] 因此，制定宪法的立法者在《葡萄牙共和国宪法》第266条第2款中分别规定这两项原则是正确的。

---

195 参见 Marcelo Rebelo de Sousa，《*形成行政合同的公开竞投*》，第59页。

196 参见 Marcelo Rebelo de Sousa，《*形成行政合同的公开竞投*》，第60页。

197 参见 Marcelo Rebelo de Sousa，《*形成行政合同的公开竞投*》，第60页。

198 参见 Sérvulo Correia，《*行政法概念*》，第一卷，第255页。

199 参见 David Duarte，《*程序化、参与化及说明理由化：旨在落实作为决定准绳的行政无私原则*》，第456页。

200 参见 David Duarte，《*程序化、参与化及说明理由化：旨在落实作为决定准绳的行政无私原则*》，第334页。

第二章
行政权之行使

一　绪论

31. 行政权之行使方式

各个整体上成为公共行政当局组成部分的实体，为了落实其使命，透过不同的法律方式行使行政权，有不同的行使行政权之方式。

以下我们将逐一研究上述若干方式，当然，我们将搁置那些在私法范畴中进行的活动，众所周知，这是因为该等行为并不属于行政权之行使。

a）首先，有权限的行政机关经常面对的情况是需要对载于法律的普遍性规定予以补充及充实，以便将它们适用于具体个案中。

当上述情况发生时，公共行政当局依法颁布得以适用于日常生活所发生之具体情况的法律规范（一般及抽象的行为规则）。

因此，行政权之第一种行使方式，正是由有权限机关为此目的而颁布*行政规章*（regulamentos administrativos）。

b）然而，行政权之行使并不仅限于颁布一般及抽象之行为规范。

事实上，在另一方面，行政当局经常被要求去解决特定情况、个别问题、具体个案。当发生这些情况时，行政当局便以另一方式作出行为，不再是颁布一般及抽象的行为规则，而是将法律及规章应用于实际生活的情况，该类活动具体表现为作出行政行为。

因此，*行政行为*（acto administrativo）是履行行政职能之第二种方式，亦即行政权之第二种行使方式。

c）除了上述两种方式，还须指出的方式是*行政合同*（contrato administrativo）。

事实上，某些情况下，行政当局不再单方地作出行为，不再透过权威方式作出决定，而是与私人实体订立双方协议。

例如，当公共行政当局与某私人企业签订一份公共工程承揽合同，这正是行使行政权之第三种方式。在聘请特定公务员，或在特许私人某项公共服务、公共工程或属公产之财产时，亦是运用了同一种方式。

行政当局在此并没有制定一般及抽象的规范，亦没有单方地作出具体决定，而是与私人在合同基础上进行合作。

d）最后，公共行政当局亦可作出单纯之*实质活动*（operações materiais），它们的共同特点是不会产生任何法律秩序上的变更。

不产生法律效果之单纯实质活动，正是行政权之第四种行使方式。例如，当公共行政当局进行有关清拆某个有倒塌危险的不动产之实际行动时——假设这是因为该私人不决定亲自作出该清拆——公共行政当局在此作出一连串的实质活动，当中完全没有改变先前透过有关行政行为（命令该清拆）界定权利的内容。同样地，当公共行政当局决定为向其编制人员提供较好的技术培训而进行一个座谈会，当中作出的一连串活动是没有为法律秩序带来变更。在任何上述情况中，我们面对的是与*法律上的行为*（actos jurídicos）相对的实质活动。

总而言之，*行政规章*（regulamento administrativo）、*行政行为*（acto administrativo）、*行政合同*（contrato administrativo）*及实质活动*（operações materiais）是行使行政权的四种典型模式。

以下我们将讨论它们所产生的四个法律理论：

行政规章之理论；

行政行为之理论；

行政合同之理论；

行政当局之技术性活动之理论。

我们将在本章中探讨上述前三项的理论。关于第四项理论，由于该内容在葡萄牙学术界仍处于起步阶段，故留待本书之下一版才作探讨。[1]

二　行政规章

32. 概念

“行政规章”[2] *是由行政当局的某个机关或其他获法律授权的公共或私*

1　然而，必须指出的是，在葡萄牙早已存在关于该内容的进一步研究。我们在此所指出的是 Carla Amado Gomes 的一篇宝贵的硕士论文《对行政当局之事实行为及其司法监察之研究贡献》，科英布拉，1999 年，第 197—264 页。

2　关于本内容，请参见葡萄牙 Marcello Caetano，《*手册*》，第一卷，第 99 页及续后数页；Afonso Queiró，《行政法课程》，第一卷，第 409 页及续后数页；同一作者，《规章总论》，刊于 *RDES*，第 27 年份，第 1—19 页，及第 1 年份（第二系列），第 5—32 页；Rogério Soares，《行政法》，第 74—76 页及第 79—82 页；Marques Guedes，《官僚程序》，里斯本，1969 年，第 50—52 页；Sérvulo Correia，《行政法概念》，第一卷，第 95 页及续后数页；同一作者，《行政合同中的缔约合法性及独立性》，第 198 页及续后数页；Esteves de Oliveira，《行政法》，第一卷，第 102 页及续后数页；Vieira de Andrade，《行政法律体制》，*在上述引文中*，第 58—68 页；同一作者，《制定规章之自主权及法律保留》，载于《纪念 Afonso Queiró 教授之研究》，第一卷，科英布拉，1987 年；Gomes Canotilho，《宪法及宪法理论》，科英布拉，1998 年，第 731—741 页；Jorge Miranda，《宪法教程》，第五卷，科英布拉，1997 年，第 205—213 页；同一作者，《规章》，载于 *Polis*，第五卷，第 266—278 页；Vital Moreira，《自治行政当局及公共团体》，科英布拉，1997 年，第 180—194 页；Gomes Canotilho 及 Vital Moreira，《葡萄牙共和国宪法注释》，第 501—502 页及第 513—516 页；Paulo Otero，《行政法中之代任权力》，第二卷，*每处*（第 604 页及续后数页之*全部*）；Manuel Afonso Vaz，《法律及法律保留——1976 年葡萄牙宪法之法律理由》，第 483 页及续后数页；João Raposo，《行政程序法典内之行政规章》，国家行政学院，第 77 页及续后数页；Marcelo Rebelo de Sousa/Sofia Galvão，《法律研究概述》，第三版，1994 年，第 119—123 页；J. M. Coutinho de Abreu，《关于行政规章及合法性原则》，科英布拉，1987 年，*每处*；Luís Fábrica，《行政规章》，［§5º do estudo colectivo（coord. Fausto de Quadros）Procedimento Administrativo］，载于《公共行政法律词典（DJAP）》，第六卷，第 502—508 页；J. M. Ferreira de Almeida，《行政规章》，载于《公共行政法律词典（DJAP）》，第七卷，第 194—205 页；Luís P. Pereira Coutinho，《政府之独立规章》，载于 Jorge Miranda（org.）的 *Perspectivas Constitucionais. Nos 20 Anos da Constituição de 1976*，第三卷，科英布拉，1998 年，第 979 页及续后数页；Freitas do Amaral 及其他著者，《行政程序法典之注释》，第 114 条及续后条文之下面（转下页注）

人实体在行使行政权时所订定的法律规范。

在分析上述定义前，需要指出两个前提要点。

一方面，须注意的是，正如 Vieira de Andrade 采用之表述，行政规章属于“行政法律系统中较低的位阶”[3]——正如大家所认知，较高位阶者分别是宪法性规定及原则[4]、国际法及共同体法之规定以及一般法。因此，规章是行政法的*渊源*（fonte）——但属*次级*（secundária）渊源。

然而，须注意的是，按照法律，行政法不只限于传统上被命名为规章的法律规范。实际上，《行政及税法法院通则（ETAF)》第 26 条第 1 款 i）项及第 51 条第 1 款 e）项将规章性规范对应于“*在进行行政职能时所订定之其他规范*”。事实上，除规章外，有时候，同业公会实体之*章程*、行政机关之间签订之法律协议内载有的规范及合议机关之规程，均作为行政法之渊源独立地出现。[5]

另一方面，需要强调，规章是现代国家运作中必不可少的行政当局活动结果。[6]首先，规章容许议会因时间及实际而无须进行那些议会认为烦厌的或感到未能胜任的工作；[7]其次，规章使法律规范能够迅速地适应于日常生活中各种不同的且由于若干原因，尤其是技术上的原因，每天面临变化的特

（接上页注 2）部分；Esteves de Oliveira，Pedro Gonçalves，Pacheco de Amorim，《行政程序法典》，第 114 条及续后条文之下面部分；Luís S. Cabral de Moncada，《法律与规章》，未公布的，里斯本，1999 年。

可参见葡萄牙以外的其他国家：Hely Lopes Meirelles，《巴西行政法》，第二十四版，圣保罗，1999 年，第 161 页及续后数页；Celso Bandeira de Mello，《行政法课程》，第十一版，圣保罗，1999 年，第 238 页及续后数页；Gracia de Enterria，T. R. Fernández，*Curso de Derecho Administrativo*，第一卷，第 167 页及续后数页；Aldo Sandulli，*Manuale di Diritto Amministrativo*，第一卷，第 28 页及续后数页；Wolff，Bachof，Stober，*Verwaltungsrecht*，第一卷，第 326—334 页及第 351—363 页；Ernst Forsthoff，*Traité de Droit Administratif Allemand*，第 217 页及续后数页；Fritz Ossendühl，*Rechtsquellen und Rechtsbindungen der Verwaltung*，载于 H.-U. Erichsen，*Allgemeines Verwaltungsrecht*，第 125—148 页；Hartmut Maurer，*Allgemeines Verwaltungsrecht*，第 326 页及续后数页（载于法文版，*Droit Administratif Allemand*，第 352 页及续后数页）；Antoniolli，Koja，*Allgemeines Verwaltungsrecht*，第 150—176 页。

3 见 Vieira de Andrade，《行政法律体制》，第 58 页。

4 关于《宪法性之行政法》，请参见最近的葡萄牙的 Paulo Otero，《行政法中之代任权力》，第一卷，第 122 页及续后数页；Vital Moreira，《宪法及行政法》（*葡萄牙的《行政宪法》*），*在上述引文中*，第 1141 页及续后数页。

5 参见 Vieira de Andrade，《行政法律体制》，第 58 页；Afonso Queiró，《行政法课程》，第 1 卷，第 394—398 页。

6 正如 Hartmut Maurer，*Droit Administratif Allemand*，第 65 页所强调的。

7 参见 Rogério Soares，《*行政法*》，第 75 页。

定情况；最后，就自治实体的规章而言，在考虑到不同的区域、地方或同业公会的特征，规章以其较法律更为适合的形式而被采用。[8]

上述的规章概念具有三个不可或缺的要素：其一为实质性质的要素；其二为组织性质的要素；其三为功能性质的要素。现探讨如下。

a）首先，从*实质法律*角度来看，行政规章属于法律规范。

当指出规章具有规范的性质时，它是社会生活的行为规则，其具有公认属法律规范的识别性要素的*一般性*及*抽象性*特征。

*一般性*特征是指规章的命令适用于以概括的概念或种类去界定的多名对象；而*抽象性*特征是指规章的命令适用于以法律要件方式订明的典型情况，亦即同样以概括的概念或种类，去界定的某个或若干的情况。

规章作为抽象的命令，一般并不会仅仅被适用一次；相反，每当实际发生了符合规章所规定的情况，便适用有关规章。

这与行政行为不同。

行政行为原则上仅由单一对象——某个人、某法人、某企业——及为了解决某具体情况并在该情况中产生其法律效力。

因此，当行政当局批准或否决由某个学生向其提出有关获得某项奖学金的申请时，行政当局正是对某个与特定对象有关的具体个案作出决定；然而，当行政当局以规章订定有关向贫困学生给予奖学金的条件时，行政当局从开始便不知道谁是或将会是该命令的实际对象，而每次批准或驳回有关规章所订定的福利的申请时，均适用该命令。故此，该命令具有一般及抽象的性质。[9]

然而，规章除了作为规范，亦是*法律性*规范：这是指行政规章并非单纯的*行政规定*（按德国学说使用之表述的意义）。它是一项真正及专门的*法律规则*，尤其是得透过强制或强迫之方式去实施，以及有关违反一般导致处罚，当中可能是刑事上、行政上或纪律上的处罚。

b）其次，从*组织*（orgânico）角度来看，规章一般是由构成公共行政当局的公法人的机关所制定的。

但不仅是这样。制定规章权是具行政职能特征的权力，而有些时候，这一职能是由那些并非构成行政当局的公法人（例如议会）或私法上的实

---

8 参见 Hartmut Maurer，*Droit Administratif Allemand*，第 65 页。

9 关于“规范”与“行为”的区别，详见下文。

体行使——该等实体亦得例外地行使制定规章权。

众所周知，若干作为非构成行政当局的公法人的机关实质地执行行政工作。因此，那些机关经常需要在其范围内制定规章——试想象，例如，有关一般公民进入共和国议会全会的规章。另外，经常发生某些服务、工程或公共财产被特许予私法人，以及法律或根据法律所作出的特许合同或行为，强制该等服务（公共工程或财产）之用户遵守由他们所订定的规章性规范。[10] 该等机关的规章，除其他规则，亦须遵守《行政程序法典》第114条及续后数条所规定的（对外）规章的程序性制度（关于被特许人的规定，请参见《行政程序法典》第2条第3款）。[11]

这亦包括获法律赋予制定规章权力的公益（私）法人的规章。例如，正享有体育公益资格的体育联合会的情况。实际上，根据1月13日第1/90号法律（《体育纲要法》）第22条第1款之规定，“体育公益地位，是一项工具，它赋予一个体育联合会在相关范畴内行使制定规章权、纪律惩戒权及其他公共性质的权力”。而根据经5月9日第111/97号法令修改之4月26日第144/93号法令（这法令充实之前所述的法律原则）第8条第1款的规定，“该等联合会在制定体育比赛之规章及纪律时所行使之权力具有公共性质，该等权力获法律赋予以便强制实现国家职责所包含之目的，而对于第三者，该等权力包括当局之特权或提供法律订定之援助及服务”。正如Vital Moreira所指，具有体育公益地位的体育联合总会，无疑是“对体育作出公共自主规范”的实体。[12] 宪法法院亦发表了同样意见。于其第472/89号合议庭裁判明确地接纳“透过法律赋予‘私人实体公共权力及职能’之可能性，当中包括‘授予制定规范的权力’，因此，尽管相关的规范是由私人实体所制定，它们（应）被视为*公共规范* ——包括为了受到宪制性的监察——‘因为它们正是私人实体在行使被赋予或授予的权力时所产生的’”。[13]

c）最后，从*功能性*要素考虑，须指出的是规章来自行政权之行使。

这点对于被认为并非专属于行政当局的机关的情况尤其重要——正如

10 参见Afonso Queiró，《规章之理论》（第二部分），第17页；Marcello Caetano，《*手册*》，第二卷，第1110页；Freitas do Amaral，《私人对公产的使用》，里斯本，1965年，第15页。

11 参见Esteves de Oliveira，Pedro Gonçalves，Pacheco de Amorim，《行政程序法典》，第72页。

12 见Vital Moreira，《自治行政当局及公共团体》，第556页；参见José Manuel Meirim，《行政上的司法争讼中的体育联合会的纪律》，载于Cadernos de Justiça Administrativa，第4期，1997年，第22—23页。

13 见Vital Moreira，《自治行政当局及公共团体》，第556页。

发生在政府以及各地区立法会的情况，它们除了是行政机关，不能忽略的是，它们亦是政治及立法机关（请分别参见《葡萄牙共和国宪法》第 197 条至第 201 条和第 227 条及第 229 条）。因此，行政规章仅是政府或各地区立法会在履行其行政职能时方得制定，而不是政府或各地区立法会作为立法机关时制定的（该法律规范属于立法行为）。

由于规章是行政权之行使，必须记住制定规章的活动属于次级活动，依赖及从属于立法活动——它是原始、主要及独立的。事实上，正如在宪法的学科中所认识的，立法职能与政治职能是原始的职能——仅从属于宪法——而行政职能及司法职能是次级职能，因此它们须同时从属于宪法以及政治和立法职能之行使。[14]

行政规章作为次级规范，其*依据及有效性准则*均载于宪法及法律。

故此，规章如违反某项法律，则属违法（ilegal）；如规章与宪法存在直接关系，而违反任何宪法之规定，则沾有*违宪性*。[15]

33. 种类

行政规章的种类得按四个基本标准进行细分：第一，考虑其*与法律之关系*；第二，考虑其*客体*；第三，考虑其*适用范围*；第四，考虑对其*效力之保护*。

a）从*行政规章相对法律之关系*之角度看，行政规章可分为两类：*补充性或执行性规章*；*独立性或自主性规章*。[16]

正如其名称所显示的，“补充性或执行性规章”是那些*开展或深化某法律所规定的法律制度*的规章。为此，它们补充该法律制度，从而令其可以适用于具体个案中。

假设某法律规定，有经济困难的学生可以享有由大学社工部门发给的奖学金，有关情况则透过规章作出界定。显然，在就该等福利的利害关系

14　见 Freitas do Amaral，《行政法》，第一卷，第 45 页及续后数页；Marcelo Rebelo de Sousa，《国家》，载于《公共行政法律词典（*DJAP*）》，第四卷，第 219 页。

15　关于违宪性及违法性概念的关系，请参见葡萄牙的 Jorge Miranda，《宪法教程》，第二卷，第 323—332 页。

16　有关五种规章之区别（执行性、补充性、授权性、独立性及自治性的），请参见葡萄牙的 Afonso Queiró，《规章之理论》（第一部分），第 8—16 页，以及以该学者为榜样，并加入若干变化的 Vieira de Andrade，《行政法律体制》，*在上述引文中*，第 62 页。

人的条件、所给予的奖学金金额、申请奖学金所必须附上的文件清单等制定补充性规章后，该项法律规定方可实际适用于现实生活的具体个案中。

这项详述、细节及补充的工作正是补足性或执行性规章的特点。

正如以上所见，该等规章借着行政途径落实立法者的规定，使原始命令得以适用于生活的具体情况，并最终容许作出个别及具体行政行为（该命令之自然结果）。

补充性或执行性规章本身亦可是*自发*或*应有*的。在首个情况中，法律完全没有提及*制定补充性规章的需要*，然而，倘若行政当局认为适当且拥有该权限，则可以制定执行性规章。在第二个情况中，法律强制行政当局负有去落实立法命令之规定的任务。

其实，这些补充性或执行性规章是“*以法律为依据*”（secundum legem）的规章，故此，倘若该等规章违反法律所订之规定，则属违法，因为规章仅仅作为对法律的充实。

*独立性或自主性的*规章与上述者不同，是行政机关在行使其权限时制定的规章，以确保履行其特定职责，而并非为充实或补充任何特定法律规定。[17] 即是说，对于该等规章，法律仅限于界定有关主体及客体上的权限，而无须界定该规章须订定的规范性命令的内容（界定规范性内容的自由）。[18]

正如地方自治团体在履行其职责时可制定规章，例如，9 月 14 日第 159/99 号法律第 13 条第 1 款所列举的职责，而制定规章权是具有宪法依据的（《葡萄牙共和国宪法》第 241 条）。

故此，该等规章并非补充任何之前的法律，而该法律有可能须由行政方式制定的规章填补，相反，其任务是独立地制定为实现立法者赋予该等公共实体之特定职责所需的法律制度。

独立规章最终是法律赋予特定公共实体的自治权的表现，并借此将其与其他实体作出识别，因为法律相信该实体具有自我规范的能力，并且能更好地掌握其须处理的现实情况。

本分类现今清晰地载于《葡萄牙共和国宪法》第 112 条第 7—8 款中，

---

17 对于区分（有关创造自由与法律的关系的）独立规章与（有关制定规章的自治权及是否违反国家规章的）自治规章，请参见 Vital Moreira，《自治行政当局及公共团体》，第 187 页，266 注释。

18 Vital Moreira，《自治行政当局及公共团体》，第 186 页。

当中规定如下。

> 当法律规定须制定有关规章，以及出现独立规章之情况时，政府之规章须以规章性法令形式作出。
>
> 规章必须明确指出其（补足性或执行性规章）拟规范的法律或指出其（独立或自治的规章）制定规章的主体或客体上的权限。

须留意的是，从这些于1982年宪法修订中加入的规定中可以看出，一方面规定这两种规章的区分，另一方面对每一种规章订定了重要的*形式上的要求*（请参见下文）。

因此，自从1982年：

> 要求任何*补充性规章*明确指出其拟规范的法律，方为有效；
>
> 要求任何*独立规章*明确指出赋予其制定该规章的（主体及客体上的）特定权限的某法律或若干法律，即授权法律，方为有效。（请参见下文）

b）在行政规章的*客体*方面，主要阐述组织规章、运作规章及管制规章。

此分类是以行政规范区分*组织性规范*、*运作性规范及关联性规范*的分类（该分类我们已在概论中作出探讨）[19] 为基础。

*组织规章*是那些为某公法人内的若干部门及单位分配职能，以及对那里工作的人员分摊工作的规章。因此，这类规章是以“行政机器”组织作为目标。

*运作规章*是那些规范公共部门的日常活动的规章，而这类规章经常与上述规章混合于同一法规内。那些专门订定自处理规则的规章，被称为*程序性规章*。

接下来，*管制规章*是那些为避免由个人危险行为产生的社会性危害而对个人自由作出限制的规章。在众多管制规章的例子中，可参见交通规章、

19　见*上述*第一卷，第127页及续后数页。

规范设立危害健康之工业及其运作的规章，又或规范使用导电物质的规章。[20]

管制规章在地方行政的范围中具有非常大的重要性，为此这类规章被区分为*市政条例*——属独立性或自主性地方管制规章——以及*警务规章*——属补充性或执行性地方管制规章。

c）在行政规章的适用范围方面，行政规章可被分为*一般规章*、*地方规章及机构性规章*。

一般规章是指那些旨在整个国家生效的规章；地方规章是指那些仅限于某指定地区适用的规章（该情况正如那些适用于某些自治区的规章——*地方规章*——或那些适用于某些地方自治团体的规章——*地方自治团体规章*）；最后，机构性规章是指那些由公务法人或公共团体制定的规章，其仅适用于受其管辖的人。

d）最后，考虑到行政规章的*效力*，行政规章可被分为内部规章及外部规章。

内部规章是指仅在制定该规章的公法人权利义务范围内产生法律效力的规章。

外部规章是指那些对其他不同的法律主体产生法律效力的规章，即对其他公法人或私人产生效力的规章。

因此，例如，有些组织规章为内部规章，但所有的管制规章均为外部规章。

此分类具有其自身的历史原因，这是日耳曼学说中有关行政规章及法律规章的古老分类。[21] 当中认为，仅涉及与相对人有关的规章方具有法律性质，或至少它们仅在法律上具重要性。然而，现今认为组织规章及运作规章亦可以且经常具有对外的法律效力。我们现时须作出的是对内部规章及外部规章进行区分。

关于该分类，有必要在此提及两个问题。

1）第一个问题与机构性规章有关，该规章旨在规范某公共事业使用者的行为，即是那些因使用之持久法律关系而与公法人有关的私人的行为。须指出的是，这些私人作为某公共事业的使用者，须以独特的形式从属于

20 请参见这些例子于 Sérvulo Correia，《行政法概念》，第一卷，第 112 页。

21 关于这问题，见 Forsthoff，*Droit Administratif Allemand*，第 218 页及续后数页。

公共行政当局，因此这是*权力的特别关系*（与所有公民面对国家的一般关系是不同的），[22] 即在该等关系中，若干私人权利所受的限制可能比一般公民所受的限制更为严厉，因为该等关系是基于私人所处的特殊依赖状况而专门设定的。[23] 例如，学生与学校的关系、病人与医院的关系、囚犯与监狱的关系等。[24] 那么，这些规范特别权力关系的机构性规章，属于内部规章还是外部规章？有人认为属于*内部章规*，因为它们一般并非针对所有公民，而仅特别针对某些公民，因为这些公民自愿而加入了一个特定的圈子，并因此须受制于特定行政当局的管辖，遵守特定的制度等。然而，对于我们来说并非如此。这些规章是外部规章，因为他们不会仅在某个公法人的权利义务范围内产生效力，又或透过服从上级之义务，而仅对在该部门内工作之公务员产生效力：它们亦对有关公法人以外的法律主体产生效力。学生、病人、囚犯均不是行政当局的人员，而是使用其服务的私人；亦不是单纯的“隶属者或被管理者”，而是名副其实的公民，即使其权利受到一定的限制或削减亦然。基于此，对于上述人士来说，上述规章属于*外部规章*，倘若它们是违法的及以宪法上不可容忍的形式伤害到任何该情况中的个人权利或正当利益，可透过司法上诉予以争执。[25]

2）第二个须确定的问题，是了解有关行政当局为规范其本身公务员的行为而制定的规章是内部规章还是外部规章。有人认为这些规章具有内部规章的性质，亦有人认为其具有对外规章的性质。对于我们来说，我们认为必须分清：倘若规章是适用于有公务员身份的人，目的仅是规范部门的组织或运作，该规章属于*内部规章*——（然而，须注意的是，对于有关公务员，“如这些规章违法或违反平等对待原则，则在对外层面可能有间接的重要性”）；[26] 然而，倘若该规章适用于有公民身份且受制于与行政当局之间的劳资法律关系的公务员，目的仅是规范此关系及当中涉及的相互权利及

---

22 关于这问题，见 Hartmut Maurer, *Droit Administratif Allemand*, 第 117—120 页；请参见葡萄牙 Freitas do Amaral,《课程》，第一卷，第 628—629 页，及最近的 Luís S. Cabral de Moncada,《葡萄牙法的权力的特别关系》，载于 *Revista Jurídica da Universidade Moderna*, 1998 年，第 181 页及续后数页。

23 见 Esteves de Oliveira,《行政法》，第一卷，第 121 页。

24 见上述之第一卷，第 630—631 页。

25 参见 Hartmut Maurer, *Droit Administratif Allemand*, 第 118 页。

26 参见 Vieira de Andrade,《行政法律体制》，*在上述引文中*，第 61 页。

义务，则该等规章属于*对外的规章*。

将规章定性为内部规章或外部规章的问题在实践上亦具有另一重要的意义，这就是不可对内部规章适用*不可废止规章单独部分原则*（princípio da inderrorgabilidade singular dos regulamentos），而这与外部规章所处之情况相反（参见下文）。[27]

34. 规章与法律之区分

如何区分法律与行政规章？而懂得作出这一区分在实务上又有什么重要性？

区分之标准——首先，必须了解法律与规章之间的分野是相对的。即是说，有关定义并非取决于绝对的法律技术原则，相反，有关定义是由各国在每段历史时期的政治行政组织的类型所决定的。[28] 基于此，任何两者之间的"先验性区分在实务适用上都是不确定的"。[29] 无论如何，学说上已提出作出该区分的若干标准，以下将简单介绍之。

第一个标准，源自法国古典学派（Carré de Malberg），强调原则和细则的分别——法律负责规范原则的，而规章则负责规范细则。但这是空泛的标准，因为它不能严谨地阐述原则与细则之间的区别；除此之外，很明显地，没有什么能够阻止法律中存在细则及规章中存在原则。

第二个标准——最初由德国学说在公法上使用，而在葡萄牙为 Marcello Caetano[30] 所支持——承认规章与法律之间存在若干实质层面上的相似性，但可以区别两者，因为规章欠缺新颖性，但这正是法律的特征。补充性或执行性规章补充或充实之前的法律，在性质上属于次级规范，没有法律则不能制定这些规章；而有关独立或自主性规章，虽然并非旨在规范任何特定法律，但一般是为了"法律之良好执行"而制定它们，换句话说，这些规章整体上是以"提升法律秩序"作为目标。

但这标准亦存在难处——正是在于独立性或自主性规章。它们并非以

---

27 参见 Vieira de Andrade，《行政法律体制》，*在上述引文中*，第 61 页。

28 参见 Sérvulo Correia，《行政法概念》，第一卷，第 97 页。

29 参见 Marques Guedes，《官僚程序》，第 50 页。

30 参见 Marcello Caetano，《*手册*》，第一卷，第 96—98 页。

任何法律作为基础，只需授权法律。而且与 Marcello Caetano 所指的相反，这些规章并非以现行法律的良好执行作为目标，亦非以提升法律秩序作为目标。它们本身具革新性，并创造法律；这些革新性规章在自治行政当局范围内可以彼此不同，以及各市之规章得互为对立（例如，有关交通的市政条例的情况）。Marcello Caetano 不能总结出将独立性规章区别于法律的实质因素。

第三个标准，是以法律与规章的实质一致性为基础——规章本质上就是法律。[31] 故此，两者之区分仅能够在形式及组织之层面上进行。即，不论法律还是规章，实质上均是法律规范；因为两者的制订机关具有不同的等级地位，故它们彼此具有不同的法律位阶（法律可废止规章；规章不得废止法律；倘有规章抵触法律，则规章属违法）。[32]

我们现今认为，按照葡萄牙的成文法所载，最后的标准是正确的。

葡萄牙的宪法没有就立法范畴和制定规章范畴之间的实质界限订定任何区别标准。理论上，正如 Gomes Canotilho 及 Vital Moreira 所解释的，在每个规范性领域中，必定存在法律部分及规章部分。但其出现的比例主要视法律而定。就此比例而言，它既可以将某事宜的规范全部由法律占据（而不存在制定*规章的必要性*），亦可以限制对某事宜作出的规范，从而将实质规范工作交给特定实体的规章。在这两个极端之间存在众多可能性。[33]

只有从组织及形式上的角度出发，方可确定法律与规章之区别。因此，根据现行成文法，法律是所有来自具有立法权的机关且采用法律形式的行为，即使法律的所及范围狭义上为个别或载有规章性质的规定亦然；[34] 规章是所有由具制定规章权限的机关作出且采用规章形式的行为，即使它是独立或自主性的，及因此具有创新性亦然。[35]

---

31 有关这点，请参见葡萄牙以外的其他国家 Antoniolli/Koja，*Allgemeines Verwaltungsrecht*，第 155 页。

32 亦参见 Hartmut Maurer，*Droit Administratif Allemand*，第 64 页。

33 参见 Gomes Canotilho 及 Vital Moreira，《葡萄牙共和国宪法注释》，第 501—502 页。

34 有关亦赞成将法律的正式概念引入我们的宪法意见，请参见葡萄牙 Marcelo Rebelo de Sousa，《违宪行为之法律价值》，第一卷，布拉加，1989 年，第 309 页，当中援引他和其他作者的作品的其他部分；Gomes Canotilho 及 Vital Moreira，《葡萄牙共和国宪法注释》，第 502 页；Rui Medeiros，《关于国家就立法行为之民事责任之论文集》，第 17 页及续后数页；David Duarte，《法律措施及社会民主》，载于 *Scientia Iuridica*，*Tomo XLI*，第 238—240 号，1992 年，第 337 页及续后数页。

35 这方面，请参见 Marques Guedes，《官僚程序》，第 51 页。

区别之重要性——有关对法律与规章之间进行区别的实务上的作用，主要是以下三点。

a）*法律依据*：法律原则上[36]仅以宪法为基础；而规章仅在某授权法律赋予行政当局制定规章的权限时方为有效（请参见《葡萄牙共和国宪法》第112条第7款）。

b）*违法性*（Ilegalidade）：原则上，[37]倘若某法律抵触另一法律，则后法废止前法，又或两者共存于法律秩序内的不同适用范围；倘若规章抵触法律，则规章属违法。

c）*司法申诉*：对法律提出司法申诉时，仅得以违宪性为依据［又或，例外地以*特殊*违法性“sui generis”为依据。例如，地区立法性法令与自治区的政治行政章程相抵触——请参见《葡萄牙共和国宪法》第280条第2款b）项、第281条第1款c）项及第282条第1款及第2款］；对于违法的规章，原则上得向行政法院提出司法申诉并以上述违法性作为依据（或例外地以特殊违法性“sui generis”为依据：例如，某区的规章与某市的规章抵触）。然而，对于规章，亦得在例外情况下直接向宪法法院提出申诉（见下文）。

35. 规章与行政行为之区分

以下探讨如何区分行政行为及规章，以及此区分的重要性。

一般规则——一般情况下，作出此区分是很容易的，归根究底是*法律规范*与*法律上的行为*之间的区分。

无论规章或行政行为，均是权限机关在行使当局的公共权力时作出的单方法律命令；但规章作为法律规范，属一般及抽象的规则，而行政行为

---

36 然而，有关中间参数及假设参数的现象，见Gomes Canotilho，《宪法及宪法理论》，第814—819页。

37 例外情况：强效法［参见宪法第112条第3款、第280条第2款a）项及第281条第1款b）项］。其特点正是转变有关后法之废止效力之原则。请参见葡萄牙Gomes Canotilho，《预算法及法律理论》，载于《纪念J. J. Teixeira Ribeiro教授之研究》，第二卷，科英布拉，1979年，第583页及续后数页；同上，《宪法及宪法理论》，第684页及续后数页。

则作为法律上的行为，属个别及具体的决定。

正如法律中所发生的情况，存在一些例外的规章，当中载有并非属于规章的内容，然而在规范某个或多个具体情况时，披上了法律为规章所订定之形式。[38] 例如，以规章之形式作出有关将两个地方自治团体合并之行政决定。[39] 在程序及对相对人的法律保护层面上，使用这些纯形式上的规章，正如使用本义的规章一样。[40]

法律规范是一*般性的*，即并非以个别的人，而是以普遍的概念及种类去确定其相对人；以及是*抽象性的*，即同样地以概念及种类去确定生活上的情况。相反，行政行为是个*别性的*，即针对特别指定的某人或若干人；以及是*具体的*，即旨在规范具有明显特征的某特定情况。

在大部分的情况下，作出这方面的区分是很容易的。但有时，这亦会是很困难的。

以下是三个须考虑的难处：

1）*有关独任机关的命令*（如共和国之总统）：倘若它具有抽象的特点，而非针对某具体据位人，则属于规范，而非行为的；反之，则属行为。

2）*有关极少数人的命令，当中全部的人为确定或可被确定的*（例如，有关将X总局现有的全部公务员晋升至上一职位的规定）：这属于规范，而非行为，这是因为当中运用了“晋升”“现有的”“公务员”等这些抽象概念去作出规定；倘若载有经适当认定的包含个人名字的名单，则属于行为。

3）*针对多数不特定人，但旨在被直接适用于唯一特定具体情况的一般命令*（例如，某市政厅针对某村镇的居民发出命令，指基于今天下雪，他们需要清洁家园前面的马路）：大部分学说认为这是行政行为；相反，我们认为这属于规范，因为存在普遍性；[41] 当中欠缺的是“持续生效”（Marcello Caetano），但该特点与普遍性不同，不是法律规范的

38 参见 Afonso Queiró，《规章之理论》（第一部分），第2页。
39 参见 Hartmut Maurer，*Droit Administratif Allemand*，第64页。
40 参见 Afonso Queiró，《规章之理论》（第一部分），第2页。
41 参见 Afonso Queiró，《规章之理论》（第一部分），第2页。

主要要素。[42] /[43]

作出区别之重要性——区分规章与行政行为有什么作用？主要表现为以下几点。

a）*解释及填补*：透过解释及填补法律规范之专门规定去解释规章及填补漏洞；针对行政行为的解释及填补，存在其他适用之规则——解释及填补行政行为的专门规定。

b）*瑕疵及非有效之形式*（Vícios e formas de invalidade）：这方面亦不相同。在此，规章所适用的是法律的模式；对于行政行为，即使当中涉及大量特殊情况，它遵循的是*法律行为*的模式。

c）*司法申诉*：规章得被任何法院认定为违法，而行政行为的情况则为相反（其仅得被行政法院宣告为违法——请参见下文），除此之外，规章及行政行为在司法申诉中有关正当性、期限、程序原则等的规定都是不同的。

36. 制定规章权之理据

有关制定规章权之理据，可以从三个角度去观察：实务上、历史上及法律上。[44]

从*实务上的角度来看*，制定规章权，一方面是由于立法者远离社会生

---

42 参见 Marcello Caetano，《*手册*》，第一卷，第 435—438 页。我们不认同该立场：一方面，由于有些或可能有些仅为处理单一及具体的情况而设的一般及抽象的规范［通常，这是指*过渡规定*（*disposições transitórias*）及*具追溯效力之规定*（*normas retroactivas*）］；另一方面，由于瞬时性的执行亦非行政行为的一般特征，大量行政行为都是持续或持久性的执行行为（见上述的）。

43 在该教程中，我们将抽象（abstracção）认定为以普遍的概念或类型指出某规范旨在适用的生活上的情况，它可能出现在某个拟规定同一性质且不确定的多数情况（“每当将来发生……”）的规范中，或在某个拟规定某特定时刻的单一具体情况的规范中。倘若后者之假设情况，基于认定它与*生活上的具体情况*（*situação concreta da vida*）不兼容，而不能视之为*抽象*（*abstracção*）之概念，我们当然赞同抽象在该意义上不属法律规范概念的必要元素。在葡萄牙，该概念的主要内容是*普遍性*（*generalidade*），即不指定相对人。

44 参见 Afonso Queiró，《*行政法教程*》，第一卷，第 411 页及续后数页。

活的具体情况，另一方面是由于立法者不能或不便绝对地及全面地预测所有情况，因此，经常需要建议及要求行政当局在稍后参与其中，以便透过规范去创造现实情况中适用法律之条件。事实上，基于所谋求之目的，法律往往留下空白地方：这些是立法者在有意或无意的情况下所留下的且接着必须由行政当局填补的空白，它们成为制定规章权的实际上的理据。

有关制定规章权在历史上的理据（fundamento histórico），简单地说，它基于不可能严格适用自由国家的学者所构想的权力分立原则。倘若完全及不加批判地适用该原则，将导致行政当局不得制定法律规范，因为制定法律规范是立法权的专属特征。然而，基于实际上之不可能而没有发生这种情况；因此，在法国大革命后之几年间，法律（及主要在第八年之宪法）承认行政当局在某些限制下具有制定法律规则的权力，尽管该等规则属于次级或低于法律之位阶。因此，制定规章权的形成在历史上的理据是基于实际上不可能适用于纯正意义上的权力分立原则。

最后，从法律上的角度来看，制定规章权的依据因不同时期而改变。在*君主专制制度*或*君主自由制度*之时期，制定规章权的法律依据是君主本身的行政权，建基于王朝的正当性。

在*自由法治国家*，该依据几乎总是来自议会每次对政府的授权或许可。这制度以较简单的方法协调有关理论上向立法权赋予制定一般及抽象的法律规范之要求，以及有关实务上向行政权赋予在急切需要时迅速制定规范的能力之要求。英国及美国将行政规章定名为 delegated legislation（获授权的法律），正是这个时期的产物。

最后，在社会法治国家，基于对现行合法性原则的尊重，制定规章权的法律理据体现于宪法和法律之中。[45] 但不能混淆两件事情（而这在葡萄牙的法律秩序中尤为重要）：一个是制定规章权的总体上的理据，且它建基于宪法，要指出的是，制定规章权不是来自法律，相反在根本上建基于宪法；另一个是*每项规章*的依据，法律须预先允许就特定事宜行使制定规章权，因此，法律并不设立制定规章权，它仅承担法定授权的功能，以遵行法律或法律优先的原则。正如我们所言，宪法并不容许缺乏法律依据的规章，即使该等规章标榜为总体上源自法律秩序或法律的一般原则。[46]

---

45 参见上述，第一章。

46 参见 Gomes Canotilho 及 Vital Moreira，《葡萄牙共和国宪法注释》，第 514 页。

按照本国及外国学说的一致意见，有两种——与一般原则相反的——情况是例外的，其中制定规章权，是没有被宪法及法律所规定的，但具有另一个理据。

它们是：

a）*内部规章*——一致认为，组成行政当局的不同公法人的机关，在本质上具有制定内部规章的权力。无论是行政当局实际遇到的组织问题，还是面对形成行政机器权力的挑战，上述被提及的要求都不适用。[47] 对于该理解有何理据？

根据若干学者（Merkl、Forsthoff、Afonso Queireó）的言论，该权力来自行政当局的"本身权力"或来自一项"建制性、固有的权力"，甚至来自属于行政当局的一项"主权的一般权力"。

然而，我们不赞同这些学说——因为主权是政权的特征，而不是行政权力的特征；而上述学者所使用的其他表述（本身权利、固有权力、建制性权力）是无意义亦不适合的。

在葡萄牙，制定内部规章的权力的法律理据是*作为上级的领导权*：简洁地说，作出具体及个别的命令者，亦必定可以在有需要统一行政部门的行为时制定概括性指引。

b）*合议机关的议事规则* ——同样地被理解为，公共行政当局里的现有合议机关，在没有宪法及法律的明示许可下，亦具有制定及通过其组织及运作的规章的权力，葡萄牙的公法传统上将该等规章命名为*议事规则* 。

该权力的理据是什么？

这里再次出现同样主张"固有权力""本身权利"及类似表述的声音。而我们再一次认为这些表述是空泛的概念，并没有解释任何东西。

我们认为就这些合议机关制定议事规则的权力而言，其法律理据是*合议机关的自我管理*，这是其良好运作*必不可少*的条件"sine qua non"。

任何合议机关可决定这个或那个辩论、这个或那个表决应如何进行：既然它可以针对具体情况作出决定，亦可以为此制定一般及抽象的规范。

合议机关均不受到等级从属关系所限，[48] 因此，对它们不能适用以领导权为依据的上级制定内部规章权。

---

47 那么，Rogério Soares，《行政法》，第 75 页。

48 更为详细的参见 Diogo Freitas do Amaral，《诉愿的概念与性质》，第一卷，第 131—133 页，以及第 131 页第（2）点批注所引用的外国学说。

37. 制定规章权之限制

制定规章权之限制，正是由规章在法渊源位阶中所处的地位所产生的：[49]

a）首先，法律的一般原则[50]——按照 Afonso Queiró 的表述，即“先于国家而存在的且独立于宪法立法者所作的决定的一系列法律上的原则或命令，其效力及强制性并不取决于其是否已被称呼为法治国的国家之成文宪法所接受”。[51] 它们“作为法律世界内非常小的核心”，亦即是，根本上，它们是“有关法律理念及公正原则的规定或原则”；[52]

b）其次，宪法——正如我们所认知的以及将看到的，当中载有若干有关行政规章的权限及形式的规则，对该等规则之违反将构成行政规章之违宪性。

另外，鉴于宪法确实将若干事宜保留予法律处理，当独立规章违反这保留时，同样导致违宪性。

最后，至于那些没有被宪法保留予立法处理的事宜，若某行政规章所订定的规范抵触宪法性原则或规定时，亦会沾上违宪性。

按一般制度监督有关规章的直接违宪：附随性的具体监督及直接性的抽象监督。[53] /[54]

c）再次，行政法的一般原则。亦即是，再次引用 Afonso Queiró 的教程，它们并非“直接从法之理念或该理念之含义所推论出来的原则，（……）而是间接源于法之理念的原则，其本质受到时间、空间、文化、对人类及世界的观念、特定社群的道德价值，及该等原则所规范地区的文化中的利益有关的价值观或重要性所影响”。[55]（在其他众多可能中[56]）两个有关该情形的原则；例如，不可单独部分地废止规章的原则或不可无偿处分行政当局的

49　紧随 Afonso Queiró 的系统，《规章之理论》（第一部分），第 17 页及续后数页。

50　随后发展的，参见 Afonso Queiró，《*行政法教程*》，第一卷，第 291 页及续后数页。

51　参见 Afonso Queiró，《*行政法教程*》，第一卷，第 292 页。

52　参见 Afonso Queiró，《*行政法教程*》，第一卷，第 293 页

53　参见 Gomes Canotilho 及 Vital Moreira，《葡萄牙共和国宪法注释》，第 516 页。

54　关于这些概念，参见 Jorge Miranda，《*手册*》，第二卷，第 354 页及续后数页。

55　参见 Afonso Queiró，《*行政法教程*》，第一卷，第 308—309 页。

56　参见 Afonso Queiró，《*行政法教程*》，第一卷，第 310 页。

财产的原则。

这些原则得被法律规范废止，因为它们与法律规范具有相同的位阶，但它们不得被规章直接废止。[57] “正如 Queiró 所指：不遵守该约束属于‘违反法律’，并因此可撤销有关规章或不适用该等规章。”[58]

d）接着是，法律（*合法性原则*）。

规章不得抵触立法行为，因为法律绝对优先于规章——这正是有关合法性原则的某一侧面，正如我们所言，亦经常被称为*法律优先原则* 。

因此，在葡萄牙及在 1982 年后，明文禁止任何典型类型的*被授权规章*：作出废止之规章、变更性规章、中止性规章及废止性规章。[59] 这是根据《葡萄牙共和国宪法》第 112 条第 6 款的规定，当中规定“任何法律不得创设其他类型的立法行为，亦不得赋予其他性质的行为可对外产生效力的解释、填补、变更、中止或废止任何法律规定的权力”，被授权作出废止性规章的例子有：第 51/84 号法令第 25 条规定任何银行不得以少于 150 万匡托的公司资本设立，但得透过规章性法令而调升公司资本之下限。另一个较近期的例子是 12 月 16 日第 555/99 号法令第 6 条第 2 款的规定，当中规定得以市政规章豁免依法所需的建筑及拆卸工程的准照或许可。[60]

不要混淆被授权规章与*去法律化* 的现象，后者确实是宪法所允许的。[61] 去法律化是减缩法律的范围，而将原有空间下放至立法行为以下的渊源，尤其是规章。[62] 正如 Gomes Canotilho 及 Vital Moreira 所指，去法律化的法律有两个功能：（a）*降低位阶之功能* ，透过以法律废止先前存在的制度为之，这是绝对必要的操作，因为没有废止先前存在的制度，亦不会容许规章性行为订定全新的制度或订定抵触之前的法律规范的制度；（b）*移送功能* ，因为去法律化的法律同样是一个允许规章作出实质规范之法律。[63] 然而，去

57 参见 Afonso Queiró，《*行政法教程*》，第一卷，第 435 页及续后数页。

58 参见 Afonso Queiró，《*行政法教程*》，第一卷，第 436 页。

59 关于这些不同方式，见 Gomes Canotilho，《宪法及宪法理论》，第 733 页。

60 在这方面，参见 Pedro Melo，Pedro Amaral e Almeida，《都市化及建筑的法律制度（浅论 12 月 16 日第 555/99 号法令）》，2000 年，第 7 页，第 2 点批注。

61 参见 Jorge Miranda，《教程》，第五卷，第 209—213 页。

62 参见 Gomes Canotilho 及 Vital Moreira，《葡萄牙共和国宪法注释》，第 512 页；参见 García de Enterría，T. R. Fernández，*Curso de Derecho Administrativo*，第一卷，第 269 页。

63 参见 Gomes Canotilho 及 Vital Moreira，《葡萄牙共和国宪法注释》，第 512 页。

法律化受到宪法上保留予法律规范之事宜的限制。[64] 去法律化，例如，1 月 28 日第 36/77 号法令废止订定马铃薯的零售价的 1 月 27 日第 73/76 号法令，而在同一日，以第 46/77 号训令订定有关新价格。

然而，当法律尚未对重要事宜作出规范而规章得提前对相关法律制度作出规范时，[65] 合法性原则变为纯粹形式性。基于此，除了法律率先及优先之原则，同样体现为十分重要的另一个方面是：*法律保留原则*。

它意味着两个方面。

第一，制定规章权不得在宪法保留予法律规范的范围内作出详细规定（法律之实质保留原则）。[66] 执行性规章[67]是唯一容许涉及保留予法律事宜的规章——又或更正确地说，在有关对基本权利的限制、犯罪与相关刑罚的法定类型及对主要受限制税项的界定等事宜上，不能由规章规范（*法律完全保留或法律绝对保留的事项*）。[68] 在议会法律之保留范围内，政府仅得以法令之形式及透过共和国议会的许可，方可订定全新的规范，否则属违宪。[69]

第二，法律保留原则是指，任何制定行政规章的行政活动，必须来自一项授权性法律（*法律优先性*）。然而，这点是具争议性的。[70] 事实上，学术界一直讨论独立规章之制定可否直接以宪法为基础的问题。[71] 以我们的看法，这答案必然是否定的。根据《葡萄牙共和国宪法》第 112 条第 8 款的规定，规章“必须明确指出其旨在规范细则的法律或订定可制定有关规章的主体或客体上的权限的法律”。似乎很明显的是，载于上述条文的双重要求明确不接纳完全独立且欠缺预先法律依据的规章。反而，独立规章仍须

64　参见 Gomes Canotilho，《宪法及宪法理论》，第 739 页；亦参见以西班牙语书写的，García de Enterría，T. R. Fernández，*Curso de Derecho Administrativo*，第一卷，第 270—272 页。

65　参见 Gomes Canotilho，《宪法及宪法理论》，第 734 页；Hartmut Maurer，*Droit Administratif Allemand*，第 108 页。

66　参见《葡萄牙共和国宪法》第 164 条及第 165 条。

67　Afonso Queiró，《规章之理论》（第二部分），第 17 页。

68　参见 Gomes Canotilho 及 Vital Moreira，《葡萄牙共和国宪法注释》，第 502 页；参见 Luís P. Pereira Coutinho，《政府之独立规章》，同上，第 1043 页及续后数页。

69　参见 Afonso Queiró，《规章之理论》（第二部分），第 17 页。关于了解地方自治团体的自治规章有可能规范属于议会性法律保留事宜的问题，请参见 Vital Moreira，《自治行政当局及公共团体》，第 186 页及续后数页。

70　从历史的角度比较，参见 Luís P. Pereira Coutinho，《政府之独立规章》，同上，第 981—1007 页。

71　最后，参见 Luís P. Pereira Coutinho，《政府之独立规章》，同上，第 1022—1043 页。

受合法性原则所限，这意味着，不存在不以预先存在特定法律为依据制定规章权。宪法已规定相关法定前提，因此在行使制定规章权时必须存在先前的法律。[72] 另一方面，如承认政府有绝对独立制定规章权之承认，无疑使政府制定法令的权能（大幅度）下降或为不必要。

总而言之，自1982年修宪之后，宪法不允许完全没有以任何具体授权性法律作为依据的独立规章的情况，而这得到若干学说的认同。[73] 因此，应理解，仅在某法律明示授权某行政机关（主体上的权限）制定有关某事宜（客体上的权限）的行政规章之情况下，才会有独立规章——立法者必定处于宪法与独立规章之间（*立法者介入* interpositio legislatoris）。[74]

所有规章——亦包括独立规章——均须指出授予其权力的具体法律，忽略这个有关援引授权性法律的义务，等同于欠缺一项必要的宪法性形式要件，该等规章亦因此沾有形式违宪性。[75]

e）由制定规章的机关之上级机关所制定的规章所载之法律规范，亦构成制定规章权的限制。

在葡萄牙，制定规章权分散于政府与组成行政机器的众多公共实体的机关。[76] 尽管该等规章处于相同位阶，我们见到该等规章中存在等级从属关系，或至少存在适用上的优先次序。[77]

因此，在出现抵触之情况时，政府的规章优先于所有其他的行政规范，即使后者属于后来的规定，但这并不妨碍由自治区机关享有的特别制定的规章权，只要一般法没有就相关事宜保留予政府作出规范［参见《葡萄牙

---

72 参见 Gomes Canotilho 及 Vital Moreira，《葡萄牙共和国宪法注释》，第513页。

73 按照：Afonso Queiró，《规章之理论》（第一部分），第11页及续后数页；Sérvulo Correia，《行政法概念》，第一卷，第105页及续后数页，以及《行政合同中的缔约合法性及独立性》，第204页及续后数页；Paulo Otero，《行政法中之代任权力》，第二卷，第614—616页；J. M. Ferreira de Almeida，《行政规章》，第199页。

74 在这意义上，亦参见 Esteves de Oliveira，《行政法》，第一卷，第115页；Gomes Canotilho 及 Vital Moreira，《葡萄牙共和国宪法注释》，第513页及续后数页；Gomes Canotilho，《宪法及宪法理论》，第737页；Vital Moreira，《自治行政当局及公共团体》，第186页；Marcelo Rebelo de Sousa/Sofia Galvão，《法律研究简介》，第122页；Coutinho de Abreu，《有关行政规章》，第78页；Manuel Afonso Vaz，《法律及法律保留——1976年葡萄牙宪法之法律理由》，第489页及续后数页；Maria Lúcia Amaral，《法律保留》，载于 *Pólis*，col. 432；Luís P. Pereira Coutinho，《政府独立规章》，同上所述，第1028页及续后数页。

75 参见 Gomes Canotilho 及 Vital Moreira，《葡萄牙共和国宪法注释》，第516页。

76 参见 Vieira de Andrade，《行政法律体制》，*在上述引文中*，第68页。

77 参见 Vieira de Andrade，《行政法律体制》，*在上述引文中*，第68页。

共和国宪法》第 227 条 d）项之第二部分］：事实上，倘若没有出现这个对制定规章权的保留，应容许自治区规章废止国家规章，这是因为宪法并未规定国家规章的位阶处于自治区规章之上。[78]

至于地方自治实体，原则上，以上级的自治团体所制定的规章为优先（参看《葡萄牙共和国宪法》第 241 条）。因此，堂区规章必须遵从市规章，而后者则必须遵从地区规章（如果有地区）。

另外，在每个自治实体之间，规章具有相同效力，倘出现抵触时，以后法优先原则予以解决；

f）然后，禁止规章以溯及既往的方式作出规定，[79] 这对制定规章权构成限制。

当然，该限制不适用于法律授权行政机关制定具溯及既往效力的规章所制定的情况。同样构成例外情况的是，行政规章以溯及既往方式向私人提供更有利的制度。

g）最后，制定规章权须受到权限及形式所限。由宪法及法律确定有关机关的权限，当某规章是由不具有制定相关权限的机关所制定时，便沾有组织上的违宪性或违法性。

同样，即使具有制定相关规章的权力，有权限机关仍受到宪法及法律订定的有关制定规章时须遵守的形式及手续限制。

38. 权限及形式

以下我们探讨谁拥有制定规章权——谁有制定规章的权限——以及哪些（一个或多个）形式是行政规章所必须遵从的。

a）*政府规章*——关于国家法人的制定规章权，值得提及有关政府的制定规章权。根据《葡萄牙共和国宪法》第 199 条 c）项之规定，这个作为公共行政当局的最高机关，有权“为法律之良好执行而制定必要的规章”——以及，根据同一条文第 g）项的规定，“为促进社会经济发展及满足集体需要而作出一切行为及采取一切必要措施”。

有关政府制定规章权之行使，该权限原则上必须由处理相关职务的部

78　关于这一点，参见 Rui Medeiros，Jorge Pereira da Silva，《亚速尔群岛自治区政治行政章程的批注》，Cascais，1997 年，第 97 页。

79　参见 Prosper Weil，《行政法》，第 63 页。

长行使，而部长理事会仅在法律明示规定之情况下才会介入。

因此，各部长原则上必须为良好地执行法律或满足集体需要而制定必要之行政规章。这亦是来自《葡萄牙共和国宪法》第201条第2款a）项之规定，当中规定针对其职能所制定的政策之执行属部长的权限。

在例外情况下，部长理事会具有制定规章权：首先，法律赋予该理事会制定规章权的情况；此外，该权限亦发生在，当某项事宜被提交到部长理事会时，部长理事会认为必须（在所知的限制范围内）对此作出表态的情况。[80]

什么是政府规章的形式？

因应制定规章的机关不同，可有不同的形式。

第一，是作为政府规章之庄严形式的*规章命令*。

在葡萄牙，根据《葡萄牙共和国宪法》第112条第6款，除其他规章，政府的独立规章也必须采用这种形式。以宪法强制这些独立规章采用规章命令的形式，当中的意义是使它们处于更严谨的形式（经共和国总统颁布及政府部署），借此阻止政府及行政当局为了逃避有关立法规范的特定要求及管制，不再直接使用立法的手段，并取而代之采用独立规章，如没有上述限制，就可以采用任何形式订立独立规章（决议、概括性批示、训令等）。[81]

有关政府规章的第二个可能形式，是*部长理事会的决议*。然而，须注意的是，这些决议并非必然具有规章的性质：它们可以是实质上的规章，亦可以是实质上属于行政行为。

当一个或多个部长以政府名义制定规章时，所采用的形式就是*训令*（portaria），这形式是没有被宪法明示地区别出来的。它本身的法律形式是由法律特别规定的。这与规章命令及决议的情况相反，训令较少经部长理事会核准。[82]

当某部长以其所属的部的名义制定某规章，而非以共和国政府的名义，就会出现*规范性批示*（despacho normativo）。

最后，有些当中含有规范性内容的简单批示，尽管这并非适当的做法。

b）*自治区*——至于自治区，无论是自治区立法会抑或自治区政府，均

---

80 见上述之第一卷，第251页。

81 关于这方面，请参见 Gomes Canotilho 及 Vital Moreira，《葡萄牙共和国宪法注释》，第513页。

82 正如 Marcelo Rebelo de Sousa，Sofia Galvão 在《法律研究概述》第121页所作的批注。

具有制定规章权。[83]

有关自治区的制定规章权，规定于《葡萄牙共和国宪法》第 227 条第 1 款 d）项。这些自治区负责“就该区的法例制定规章，以及就主权机关制定的一般法制定规章，但以相关制定规章权没有保留予主权机关为限”。

根据宪法第 232 条第 1 款，自治区立法会具有专属权限规范由主权机关制定且没有保留制定规章权予这些机关的一般法。该机关亦得根据两个自治区的章程，就自治区的立法性命令制定执行规章。

根据《葡萄牙共和国宪法》第 231 条第 5 款，自治区政府的组织及运作事宜，是自治区政府的专属权限。然而，自治区政府的制定规章权主要用于制定旨在执行自治区立法性命令所需的规章。[84]

《葡萄牙共和国宪法》并无订定有关自治区政府机关的各种行为所必须采用的形式。然而，在自治区的政治行政章程内存在相关规定。

《亚速尔群岛自治区政治行政章程》第 34 条第 1 款及《马得拉岛自治区政治行政章程》第 41 条第 1 款之规定，倘若自治区立法会规章就主权机关制定的一般法制定适合自治区的细则，且有关制定规章权没有保留予主权机关，则自治区立法性命令的形式延伸适用于自治区立法会规章。

该解决方案在宪法上是存有疑问的：[85] 一方面，因为它允许关于国家法例的自治区规章规避第 122 条第 7 款的规定，而不援引先前的法律；另一方面，这些“同时属规章及立法性质的命令，在形式法律效力下，不再从属于这些命令制定规章依据的法律，即使没有排除该法律，这些命令往往亦为了配合该法律所载的制度而制定相关细则。章程性规范创设了一种不必严格地遵从‘主权机关所制定的一般法’的特别类型的规章”。[86]

根据《亚速尔群岛章程》第 61 条第 1 款及《马得拉岛章程》第 70 条

---

83 参见 Rui Medeiros，Jorge Pereira da Silva，《亚速尔群岛自治区政治行政章程的批注》，第 89—98 页及第 161—167 页；Jorge Pereira da Silva，《若干有关制定区规章权的问题》，载于 Jorge Miranda（org.）*Perspectivas Constitucionais. Nos 20 Anos da Constituição de 1976*，第一卷，科英布拉，1996 年，第 813—868 页；Paulo Otero，《行政法中之代任权力》，第二卷，第 606—607 页；同上，《葡萄牙行政法内授予的权限》，里斯本，1987 年，第 41 页及续后数页。

84 参见 Rui Medeiros，Jorge Pereira da Silva，《亚速尔群岛自治区政治行政章程的批注》，第 162 页。

85 关于这一问题，参见 Rui Medeiros，Jorge Pereira da Silva，《亚速尔群岛自治区政治行政章程的批注》，第 129—132 页。

86 参见 Rui Medeiros，Jorge Pereira da Silva，《亚速尔群岛自治区政治行政章程的批注》，第 130 页。

第 1 款之规定，自治区政府的规章形式为自治区*规章性命令*。

c）*地方自治团体*——正如以上所述，地方自治实体被《葡萄牙共和国宪法》第 241 条直接地赋予制定规章权。[87]

正如 Gomes Canotilho 及 Vital Moreira 所强调的，制定规章权属于地方自治权固有的，有关形式是“法例”（legislação），即透过规范去规定其权限内的问题。[88] 自治性的制定规章权可更好地针对当地的特定事宜制定处理方法，而立法者或政府规章均无条件这样做。[89] 换言之，容许委托有关社会团体负责就其认为与自己有关之事宜制定规范，因为在评估有关事宜方面，它们比谁都更能胜任。[90] 所以，地方规章借适当的措施调整当地生活，从而更准确地满足有关社群的集体需要。[91]

需要指出的是，对某自治实体赋予制定规章权，就表示其具有制定一切规章的资格，只要该等规章必须援引赋予制定规章权的法律。[92] 因此，自治团体的制定规章权无须逐次就每个个案存在授权的前法。地方规章通常是独立规章，而授权法会订定各类地方自治实体的职责，并订定有权制定规章的机关[93]（根据《葡萄牙共和国宪法》第 112 条第 8 款第二部分之规定，界定有关地方主体及客体上的权限）。

根据 9 月 18 日第 169/99 号法律，有关自治团体的制定规章权，当涉及堂区自治团体时，便属于堂区议会［第 17 条第 2 款 j）项］，而当涉及市政自治实体时，便属于市政议会［第 53 条第 2 款 a）项］。

因此，除其他规定，根据 9 月 18 日第 169/99 号法律第 64 条第 1 款 a）、m）、q）、s）及 z）项之规定，市政厅亦具有核准规章的权限。

根据《行政程序法典》第 170 条第 1 款，市政部门的行政委员会亦具有制定规章权。

地方自治团体的规章具有多种不同的形式，视其目标而定。当中最典

87 关于地方自治团体的规章，整体上请参见 Sérvulo Correia，《行政合同中的缔约合法性及独立性》，第 261—280 页；Gomes Canotilho 及 Vital Moreira，《葡萄牙共和国宪法注释》，第 895—896 页；Paulo Otero，《行政法中之代任权力》，第二卷，第 608—611 页；A. Cândido de Oliveira，《地方自治团体法》，1993 年，第 291—295 页。

88 参见 Gomes Canotilho 及 Vital Moreira，《葡萄牙共和国宪法注释》，第 895 页。

89 这方面，参见 Vital Moreira，《自治行政当局及公共团体》，第 183 页。

90 参见 Vital Moreira，《自治行政当局及公共团体》，第 183 页。

91 见 Cândido de Oliveira，《地方自治团体法》，第 291 页。

92 参见 Vital Moreira，《自治行政当局及公共团体》，第 187 页。

93 参见 Gomes Canotilho 及 Vital Moreira，《葡萄牙共和国宪法注释》，第 895 页。

型的是*市政条例*。[94]

d）最后，根据相关的组织法及章程，*公务法人*[95]及*公共团体*[96]，或者应该说它们具有领导权的机关，均具有制定规章权。而它们所制定的规章，均没有特定的形式。

39. 制定规章之程序

正如葡萄牙及若干国家——尤其是美国及西班牙[97]——所发生的情况，有关制定公共行政当局的外部规章的程序性步骤的各项规则均载于法律内（参见《行政程序法典》第 114 条及续后条文）。[98] /[99]

正如 Luís Fábrica 所述，就制定规章的程序作出规范的理由很简单，因为根据宪法第 267 条第 4 款，很难解释为什么没有限制对私人参与行政行为的形成程序的保障，而法律与行政行为均各自具有正式、公开且合法化的决定程序，两者之间却冒出一个制定规章的领域，并以非正式、神秘，更甚者表现为缺乏正当性的官僚权力的方式出现——更何况此“中间领域”逐渐变得重要、牵涉量大及内容丰富。[100]

《行政程序法典》第 115 条明示规定有关规章事宜的请愿权。当中规定了涉及规章事宜的两项主要义务：对于私人，具有在请愿中*说明理由之义务*；对于行政当局，具有义务告知私人有关其根据第 1 款规定所提出请愿之*结果*，以及对该请愿所采取的立场之理据。[101] 然而，须注意行政当局在行使制定规章权上有自主权，该义务之不履行是不会导致任何后果，尤其不引

---

94 参见 Marcello Caetano，《*手册*》，第一卷，第 101—103 页。

95 尤其参见 Sérvulo Correia，《行政合同中的缔约合法性及独立性》，第 259—261 页。

96 尤其参见 Vital Moreira，《自治行政当局及公共团体》，第 180—194 页。

97 有关该制度的一般特征，见 João Raposo，《行政规章》，第 78—83 页。

98 关于在该法规文本内加入这种规则的好与坏的问题，总体上，请参见 Luís Fábrica，《行政规章》，*§ 5º do estudo colectivo Procedimento Administrativo*，载于《公共行政法律词典（DJAP）》，第六卷，第 503—508 页。

99 关于第 114 条及续后条文的制度，详细阐述参见 Esteves de Oliveira，Pedro Gonçalves，Pacheco de Amorim，《行政程序法典》，第 510 页。

100 参见 Luís Fábrica，《行政规章》，*§ 5º do estudo colectivo Procedimento Administrativo*，第 505 页。

101 参见 João Raposo，《行政规章》，同上，第 85 页。

致倘有的司法争讼的。[102] 事实上，这方面不存在对私人所提出的请愿作出决定的义务，基于此，单纯忽略公布所采取立场的理由的辅助性义务，本质上并不构成默示驳回的行为。[103]

《行政程序法典》第 116 条强制规定，所有规章的草案必须附上具有理据的理由陈述。该规定旨在“使具制定规章权的机关在通过某规章规范之前，了解所有值得衡量的情况，此外，以协助其在该规章被公布后，澄清相关规范在解释上的疑问”。[104]

《行政程序法典》第 117 条及第 118 条分别规定了对有关规章草案的利害关系人实行听证原则及公开评议原则的内容，[105] 但可惜政府决定将该等原则所适用的情况及条件交由之后的法律作出规范。[106] 事实上，正如我们所言，有很充分的理由使私人参与制定规章的宪法性原则可立即——自《行政程序法典》生效之后——得以落实执行，但立法者在考虑这方案存在的若干实施上的困难后，选择将该原则的适用取决于将来公布的法律，使它们不能自我执行。[107] 因此，作为这一章最重要的规则——第 117 条及第 118 条——仍处于等待法律去落实的状况，[108] 而持续至今。

然而，须指出的是，法律亦规定有关规章草案必须交予公众评议的若干特别情况，例如，有关划分地段的活动及城市规划工程的事宜，及关于整治地区的市政计划草案。

40. 公布

规章当然必须为所有潜在的相对人所知悉。事实上，有关公开主权机关、自治区机关及地方权力机关的有概括性内容的行为之义务，是民主法治国家原则的要求——市民必须知悉及易于查阅现行法律，以及知道有关

---

102 参见 Freitas do Amaral 及其他著者，《行政程序法典之注释》，第 215 页。

103 参见 Freitas do Amaral 及其他著者，《行政程序法典之注释》，第 215 页。

104 参见 Freitas do Amaral 及其他著者，《行政程序法典之注释》，第 216 页。

105 有关将这些程序上的原则适用于自治行政当局的详述，参见 Vital Moreira，《自治行政当局及公共团体》，第 192—194 页。

106 参见 João Raposo，《行政规章》，同上，第 86 页。

107 参见 João Raposo，《行政规章》，同上，第 86 页。

108 参见 Esteves de Oliveira/Pedro Gonçalves/Pacheco de Amorim，《行政程序法典》，第 510 页。

政治权力机关的主要决定。[109] 现分析如下。

根据《葡萄牙共和国宪法》第 119 条第 1 款 h）项之规定，必须由《*共和国公报*》公布“规章命令及政府的其他命令及规章，以及（……）自治区的规章命令”。似乎可以肯定的是，一般所指的“政府的其他命令及规章”不仅包括部长理事会的法规，亦包括各个政府官员的法规（例如，部长训令）。[110] 然而，我们认为这个表述不应被理解为亦包括内部规章，对于后者，仅需要适当地发布于其所适用的部门即可。

欠缺公布第 119 条第 1 款 h）项所指之规章及“主权机关、自治区机关及地方权力机关的任何有概括内容的行为”，将导致上述规章及行为*不产生法律效力*（参看《葡萄牙共和国宪法》第 119 条第 2 款）。这里所指的是：必须作出公布之行为，即使欠缺公布，仍属完整（有效的），公布仅作为产生效力之要件（不得强制和对抗第三人），而非作为有效性之要件。[111]

根据 9 月 18 日第 169/99 号法律第 91 条之规定，地方自治实体规章必须公布于自治实体倘有的公报，或以告示方式张贴于常贴告示处。

41. 规章之生效：开始

须公布于《共和国公报》的规章，在本身订定的日期生效，或如未订定日期，对于葡萄牙大陆，该规章自公布五日后（扣除作出公布之日）生效，对于马得拉岛自治区及亚速尔群岛自治区，则自公布十日后生效（根据 11 月 11 日第 74/98 号法律第 2 条）。[112]

正如前述，地方自治实体规章受到 9 月 18 日第 169/99 号法律第 91 条所规定的公布制度所限，必须在当中规定的日期生效。

42. 同上：变更及中止

正如行政行为所发生的情况，规章亦得被变更或暂时中止。

---

109 参见 Gomes Canotilho 及 Vital Moreira，《葡萄牙共和国宪法注释》，第 547—548 页。

110 参见 Gomes Canotilho 及 Vital Moreira，《葡萄牙共和国宪法注释》，第 550 页。

111 参见 Gomes Canotilho 及 Vital Moreira，《葡萄牙共和国宪法注释》，第 550 页。

112 有关该法规所引入的主要改革，参见 Maria dos Prazeres Beleza，《法规的公布、识别与格式：浅论 12 月 11 日第 74/98 号法律》，载于 *Legislação*，第 22 期，1998 年 6 月，第 57 页及续后数页。

根据权限对应原则，无论是制定该等规章的机关，或具监督权的上级机关，甚至那些根据法律对有关规章的内容具有监督权的机关，有权对已被公布的规章作出变更及中止。

根据形式对应原则，制定规章的机关对规章的变更及中止必须以该规章的原来制定程序为之，当然，倘该等形式对于变更或中止的行为属不合理的情况除外。[113]

另外，立法者亦得对有关规章作出变更及中止，正如其得废止规章一样，[114] 因为除宪法之限制，在制定法律规范方面，适用不对法律设定任何禁止之原则。

正如废止执行性规章的情况（《行政程序法典》第 119 条第 1 款），对于规章的变更或中止，只有一个限制：倘若某规章是基于法律明文规定的行政当局义务而被制定，不得在未同步制定新规则前变更该规章，亦不得纯粹及简单地中止该规章。

43. 同上：对规章不得单一排除适用原则

行政当局得以一般及抽象的方式变更、中止或废止某项先前的规章。

有关对外规章，行政当局不被允许单单在某些个别情况中排除适用该规章，而在其他一切情况中仍维持该规章生效。对外规章不仅约束私人，甚至约束制定该规章的行政当局。[115] 此称为*对规章不得单一排除适用之原则*（princípio da inderrogabilidade singular dos regulamentos），有关表述来自“*忍受自己所做的法律*”（*拉丁语：legem patere quam ipse fecisti*）的一般原则。根据这原则，当某规章排除另一规章适用于某具体及个别的情况时，它并不属于规章，而属于行政行为，且属于一个违反规章的违法行为。[116]

有关上述禁止的理据是什么？它似乎触及了“容大纳小”的原则。

确实，容许将某个具一般性质的规章排除适用于一切可能情况，反而不容许针对就某一情况作出排除适用，两者似乎出现了矛盾。[117] 又或者说，

113 参见 Afonso Queiró，《规章之理论》（第二部分），第 25 页。

114 参见 Afonso Queiró，《规章之理论》（第二部分），第 25 页。

115 参见 Afonso Queiró，《规章之理论》（第二部分），第 26 页。

116 参见 Afonso Queiró，《规章之理论》（第二部分），第 26 页。

117 参见 García de Enterría，T. R. Fernández，*Curso de Derecho Administrativo*，第一卷，第 195 页。

以 Afonso Queiró 的说法就是，两个由同一行政当局以同一形式作出的分别属一般及个别性质的行为，怎么可被理解为各自具有不同的法律效力？[118]

对此问题，可提出若干可能的答案。[119]

较为具有说服力的是，以行政当局之*合法性原则*（princípio da legalidade）作为对规章不得单一排除适用之原则之解释基础。即事实上，行政当局遵守整个法律体制，因此亦须遵守自己制定的规则。因此，倘行政当局之任何机关开始制定某些规章，但随后可以不予遵守，则有关规章属不具意义或作用。当立法者倾向于自由的权力机关——除了宪法对立法权设定的限制以及基本法律原则，立法权“可就相同事宜以一般或特别规范作出不同的规定”[120]——如 Afonso Queiró 所说，行政当局则受合法性原则规范，“据此仅允许行政当局根据一般法及其在法定授权下所制定的概括性规定而行事”。[121]

根据合法性原则，行政当局不得在某些独立个案中，*在没有任何实质有效的解释下*抵触某个由它本身制定的规章。行政当局不再像很久以前现代法治国之前的时期的君王一样具有*豁免权*（dispensing power）。[122]

对规章不得单一排除适用之原则亦得以*平等原则*为理据：如某规章适用于所有可能的个案，但不适用于某一两个个案，则会导致没有充分实质理由的不公平情况。[123]

44. 同上：终结

规章得透过以下方式终止生效：

失效；

废止；

司法裁判。

---

118 参见 Afonso Queiró，《规章之理论》（第二部分），第 27 页。

119 对于西班牙学说的概要，请参见 García de Enterría，T. R. Fernández，*Curso de Derecho Administrativo*，第一卷，第 195—196 页。

120 参见 Afonso Queiró，《规章之理论》（第二部分），第 27 页。

121 参见 Afonso Queiró，《规章之理论》（第二部分），第 28 页。

122 然而，见 Afonso Queiró，《规章之理论》（第二部分），第 28 页。

123 参见 García de Enterría，T. R. Fernández，*Curso de Derecho Administrativo*，第一卷，第 195—196 页。

接着分析如下。

失效——这属于规章失效的情况，即由于出现某些“*按照法律规定*”（*拉丁语*：*ope legis*）产生有关法律效果的特定事实，某规章自动地终止生效。

失效的主要情况如下。

e）倘若某规章是为了于某特定期限内生效而被制定（*临时规章*），该规章在这期限过去后便失效。

f）倘若某法人的职责被转移予其他行政当局，或制定某规章的机关失去其制定规章权，有关规章亦会失效。对此基本规则，有两个例外情况：一方面，在有关权限被转移予属于同一法人的另一机关的情况下，该规章仍保持生效；另一方面，当某法人消灭但法律指定其继受者，该规章继续生效。

g）当规章拟执行的法律被废止，而没有被另一个法律所取代时，有关规章亦因失效而终止生效。[124] 在新法律取代旧法律之情况中，直至新规章（其内容实质地体现新法律所规定的制度）被制定之前，原有规章仍然生效。[125] 这根据行政效率原则。

废止——在另一些情况中，公权力自主地终止某规章的全部或部分效力，该规章亦失去效力。[126]

它们是：

a）以另一相同等级及形式的规章作出明示或默示废止；

b）以上级当局的规章或更庄严的法定形式的规章作出明示或默示废止；

c）以法律作出明示或默示废止。[127]

---

124 参见 Hartmut Maurer，*Droit Administratif Allemand*，第 353 页。

125 参见 Sérvulo Correia，《行政法概念》，第一卷，第 112 页；J. M. Ferreira de Almeida，《行政规章》，同上，第 203 页。

126 从法律技术的角度看，部分的废止被称为部分废止（derrogação）——这种在类型之中对比废除（abrogação），即是全部的废止。正如 Modestino 在古代石碑上记载，*Digesto*，D. 50. 16. 102——“Derrogat legi，aut abrogatur；derrogatur legi，quum pars detrahibur；abrogatur legi，quum prorsus tollitur”，即“部分废止或废除法律；当废止一部分时，为部分废止；当废除它的全部时，为废除”——此为拉丁语的原文及引述自 Castro Mendes，《法律导论》，里斯本，1984 年，第 117 页中的翻译。

127 见 Paulo Otero，《行政法中之代任权力》，第 409 页。

一方面，要注意的是，根据《行政程序法典》第 119 条第 1 款规定，明文禁止执行性规章在未同时制定新规章时被废止。该规则旨在避免有关规范之事宜处于真空状态，而阻碍法律之实际适用，[128] 或者换句话说，避免行政当局成为掌管法律适用的时机的主人，借着创设法律真空而损害法律体制的一致性及连贯性。[129]

另一方面，上述第 119 条第 2 款的规定，在废止性规章内必须详细载明被废止之规定，该要求旨在制止在公共行政当局的制定规范的活动领域中出现*默示性废止*[130]的做法。基于对法律安定性的尊重，应实际地排除该做法，因为默示废止经常带来许多有关其所涉及的范围的疑问。[131]

司法裁判 ——最后，当具权限的法院宣告某规章违法，并将该规章全部或部分地宣告无效或予以撤销时，该规章亦全部或部分地终止生效。

这属于行政上的司法争讼的学习内容。[132]

三　行政行为

Ⅰ. 概念、性质及结构

45. 行政行为概念之起源及演变

最初，行政行为之概念是基于司法上的考虑而被构建的，它以法院对

128　见 Freitas do Amaral 及其他著者，《行政程序法典之注释》，第 221 页。

129　参见 Esteves de Oliveira，Pedro Gonçalves，Pacheco de Amorim，《行政程序法典》，第 535 页。

130　参见 Freitas do Amaral 及其他著者，《行政程序法典之注释》，第 221 页。

131　参见 Esteves de Oliveira，Pedro Gonçalves，Pacheco de Amorim，《行政程序法典》，第 537 页。

132　例如，参见《行政法》，第四卷，里斯本，1988 年，第 263 页及续后数页；Vieira de Andrade，《行政公正（课堂讲义）》，第 100 页及续后数页；João Caupers，《行政法》，第 177 页及续后数页；Esteves de Oliveira，《对规章的司法申诉及撤销》，载于 *RDP*，第一卷，第 2 期，第 7 页及续后数页；同上，《行政法》，第一卷，第 151—162 页；João Raposo，《关于行政规章的司法争讼》，载于 *RDP*，第四卷，第 7 期，1990 年，第 27 页及续后数页；J. M. Ferreira de Almeida，《行政规章》，第 203—205 页；Fernando Alves Correia，《对规范之申诉》，载于 *CJA*，第 16 期，1999 年 7 月/8 月，第 16 页及续后数页。

行政活动之监察作为标准去界定某些行政当局之行为。[1]

在此观点下，必然分为两个不同时期，在该两个时期中对行政行为的界定有着不同的目的，甚至在某种意义下，有着相反的目的。

第一个时期与法国大革命的开端同时发生。当其时，行政行为概念的出现是为了界定法律规定的*不受司法法院监察的*公共行政当局的活动。正如大家所认知的，[2]“立法者把权力分立原则解释为对司法法院介入行政活动的绝对抑制。由私人提起之就行政活动所引起之申诉，应由所针对之行政当局机关自己作出判断及解决，该机关并非以被诉愿机关之上级身份出现，而是以被争议行为之合法性之裁判者身份出现”。[3] 就是共和三年（Fructidor do Ano III）16日（1795年9月3日）之法律——紧接着1790年8月16—24日之法律——按照这个权力分立原则之解释，把*行政行为*从*司法法院*的审判权中抽取出来。

因此，行政行为概念在起始时被认为是用来确定那些不受司法法院审理的公共行政当局的活动。因此，这正是一个服务*行政当局在面对司法权时独立运作*的概念。[4]

第二个时期，从共和八年开始［1799年9月15日之霜月宪法（Constituição do Frimário］——负责创立国家委员会），行政行为概念服务于一个完全不同的目的，就是对*受行政法院监察的*行政当局活动作出界定——更具体地说，对会在法律层面上被撤销的行政当局活动作出界定：主要是撤销那些超越了至高无上的法律为公共行政当局划定之界限的夺格

---

1 参见 Massimo S. Giannini，*Atto Amministrativo*，载于 *EdD*，第四册，第159—160页。正如此学者在此记载的，第一次使用行政行为概念为1810年，*Repertoire de jurisprudence Guyot*，*作者为 Merlin*。符合该概念之理解的为，“*un arrête*，*une decision de l'authorité administrative*，*ou une action*，*un fait de l'administration qui a rapport a ses fonctions*”（第159页）。而 Wolff，Bachof，Stober，*Verwaltungsrecht*，2，第20页，则记载该概念自1826年起在德国被研究及发展。

2 参见前述第一章，§ 1°。

3 参见 Marcello Caetano，《*欧洲行政法趋势*》，载于《*行政法研究*》，里斯本，1974年，第431页。

4 有关由法国革命者作出之权力分立原则的非正统解释，概括参见，Sabino Cassese，*Le Basi del Diritto Amministrativo*，米兰，1997年，第54页及续后数页；参见葡萄牙 Sérvulo Correia，《*司法上诉*》，里斯本，第21页及续后数页；Vasco Pereira da Silva，《*对于私人在行政上的司法争讼*》，第17页及续后数页；同上，《*寻找毁坏的行政行为*》，科英布拉，1996年，第11—28页。

行为。[5] 因此，行政行为转变成为一个为*私人保障系统*服务的概念。[6]

简言之，最初以行政行为的概念界定行政当局的特定行为，是为确定有关行为可否被法院监督，在此观点下，该概念起初是*为了保障行政当局*，之后变成了*对私人的保障*。

因为这个原因，直至现时，很多学者（尤其是法国）把行政行为理论纳入有关司法上诉的章节内。

然而，在意大利及德国则不相同，行政行为是作为实体法被教授的，而非作为诉讼法，以及就行政活动理论而言（正如在本教程中正在作出般）或就法律关系理论而言，行政行为是法律事实的种类。[7]

直至今天，行政行为概念仍然承担*就受司法监督影响之行为设定范围*的功能，尤其是透过宣告无效之司法上诉的诉讼手段。

1976 年宪法第 268 条第 4 款的现行条文很清楚地表明了这点："行政相对人可取得对其权利或法定保护之利益之有效司法保护，尤其是对其权利或利益的确认，对以任何形式作出的侵害其权益之行政行为提出争议，命令作出法律规定必须作出的行政行为，以及采取适当之保全措施。"正如上述，行政行为的出现是为了界定可被提起司法上诉的行政当局作出的行为的范围，以保障私人。[8]

然而，行政行为概念并不仅履行上述功能。除此之外，它亦履行一项*实质性*功能及一项*程序性*功能。[9] 这意味着什么呢?

一方面，透过行政行为，公共行政当局机关*具体化*法律规章及其他行

5　参见 João Caupers，《*对公共行政当局之负担*》，载于《*行政司法笔记本*》，第十六册，1999 年 7 月/8 月，第 49 页。

6　关于法国法律行政行为概念的演变，尤其参见 Jean Rivero，Jean Waline，《*行政法*》，第 119 页及续后数页，以及 Laubadère，Venezia，Gaudemet，《*行政法论著*》，第一册，第十三版，巴黎，1994 年，第 279 页及续后数页；François Burdeau，《*行政法历史*》，巴黎，1995 年，*下述*。

7　参见，意大利的，例如，Aldo Sandulli，《行政法手册》，第 607 页及续后数页；而在德国，尤其参见 Wolff，Bachof，Stober，《*行政法*》，第二册，第 13 页及续后数页；Forsthoff，《*德国行政法论著（Traité de Droit Administratif Allemand）*》，第 309 页及续后数页；Hans-uwe Erichsen，载于 Erichsen（org.），《*一般行政法*》，第 241 页及续后数页；Hartnut Maurer，《*一般行政法*》，第 174 页及续后数页；Heiko Faber，《*行政法*》，第 172 页及续后数页。

8　关于 1997 年就编辑宪法第 268 条第 4 款之宪法性修订的反响，参见，例如，Maria Glória F. P. Dias Garcia，《从国家委员会到现时最高行政法院》，里斯本，1998 年，第 128—129 页；António Duarte de Almeida，Cláudio Monteiro，José Luís Moreira da Silva，《行政司法之整个过程》，载于 *CJA*，1998 年 1 月/2 月，第 7 点，第 3 页及续后数页。

9　更多内容，参见，Vasco Pereira da Silva，《*寻找毁坏的行政行为*》，第 454 页及续后数页。

政法渊源之一般及抽象法律规定——适用于及落实到现实生活——并使之落实到具体的生活情况中。[10] 正如 Sérvulo Correia 所述，“行政行为是在牵涉不同主体的具体情况中，调和公共利益及私人利益，又或通过对私人情况的强制规范，纯粹调和公共利益的法律工具。作为创造法律效力的技术工具，行政行为影响着其所涉及的行政法律关系，并使之具有行政行为本身的要素”。[11] 行政行为的实质功能是，在具体个案中，实现法律规定中被抽象订立之一般措施，而不论是羁束行政行为还是自由裁量行政行为。[12]

另一方面，行政行为之程序性功能为：当行政当局面对一个事实或法律情况时，要求其按照与《行政程序法典》第 120 条行政行为概念相一致之特征作出行为，它必须恪守在该法规中订定的规定去准备、执行以及作出行政行为；而当行政当局面对一个已作出那些具备特征的行为时，在维持、废止及执行该行为方面同样应遵守《行政程序法典》之规定。[13] 换言之，正如 V. Pereira da Silva 所述，行政行为须遵守程序上之规定，因为行政行为的作出必须经过一个程序（这个程序可复杂可简单，然而，一般来说，必须存在之），而私人亦被召唤进入有关程序（……）。[14] 简言之，行政行为通常与程序概念相联。

46. 关于行政行为概念之学说思想

在 19 世纪中期及末期，具备我们所述职能之行政行为概念首先出现在法国，其后出现在德国、意大利及普遍受法国式行政系统影响之国家。

然而，关于行政行为概念的理论思想在国家与国家之间及学者与学者之间是十分多样化的，而直至现今仍不是一致的。有时候，分歧是由各国的法律内容的差异所造成的；有时候分歧是由不同学者的不同理念或系统观所造成的；有时候，分歧是由在行文或表述上的差异所造成的，即使有关学者显然是持相同或十分相近的立场。

---

10 参见 Esteves de Oliveira，Pedro Gonçalves，Pacheco de Amorim，《*行政程序法典*》，第 540 页。

11 参见 Sérvulo Correia，《对行政行为之申诉》，载于《*行政司法笔记本*》，第十六册，1999 年 7 月/8 月，第 12 页。

12 参见 Esteves de Oliveira，Pedro Gonçalves，Pacheco de Amorim，《*行政程序法典*》，第 540 页。

13 参见 Esteves de Oliveira，Pedro Gonçalves，Pacheco de Amorim，《*行政程序法典*》，第 549 页。

14 参见 Vasco Pereira da Silva，《*寻找毁坏的行政行为*》，第 435 页。

因此，一部分人认为行政行为仅是*法律上的行为*，而有一部分人认为行政行为亦可以是*实质行动*又或纯粹的*非自愿事实或自然事实*；有一部分人认为行政行为仅是*组织性的行政行为*，即由行政当局机关作出的行政行为，以及有一部分人表示行政行为亦可以是*实质性的行政行为*，又或者说，由国家非行政机关（立法机关、政治机关、司法机关）又或私人作出之关于行政事宜的行为；有一部分人辩说，一个行政行为的*实质概念*是可以被构建的，亦有一部分人辩说这是不可能的；有一部分人认定行政行为仅是论述一个*在具体情况中个人状况*的行为，以及有一部分人（尤其在法国）认定行政行为亦可以包括*规章*。[15]

正如上述所见，*界定*行政行为的概念的难题有很多，而关于行政行为基础要件及其法律*性质之特征*的难题亦有很多。

让我们首先界定行政行为的概念。

之后，我们将审视这东西的*法律性质*。

我们须牢记在葡萄牙的法律中（正如在大部分其他法律中），该概念的主要功能为在行政当局的行为中，界定出那些须被由行政法院作出司法监察的行为；现时在葡萄牙，行政法院是真正的法院，并被纳入司法组织内［参照《葡萄牙共和国宪法》第209条第1款b）项以及第212条］。

47. 行政行为的定义

我们首先指出我们所采纳之行政行为概念的*要件*。这就是：

> 一个*法律上的*行为；
> 一个*单方*行为；
> 一个*行政机关*行为；
> 一个*实质性行政*行为；

15　关于葡萄牙法律行政行为概念的演变，参见 Marcello Caetano，《*手册*》，第一卷，第427—428页，以及 Rogério Soares，《*行政法*》，第51页及续后数页。对于各种不同的定义，参见西班牙，Garrido Falla，《行政法论著》，第一册，第373页及续后数页，第12点。问题的进一步及更深入的研究，参见葡萄牙 Vasco Pereira da Silva，《*寻找毁坏的行政行为*》，第573页及续后数页，然而，我们认为其在不同内容上，意见不可行；参见 Freitas do Amaral，《对 Mestre Vasco Pereira da Silva 博士论文——〈*寻找毁坏的行政行为*〉之评论》，里斯本，1995年，载于《*法律与公正*》，第十册，1996年，t. 2，第255页及续后数页。

一个决定行为；

一个针对个别具体情况的行为。

如果现在我们将这些要件组合在一个定义中，我们可以总结如下："行政行为"*是由行政当局机关或其他公共或私人实体透过法律赋予的资格，在行使行政权下，单方作出的法律上的行为，以及是一个针对个别具体情况作出并产生法律效力的决定*。

这个定义为一个学说上的定义，它实际上与现时在《行政程序法典》第120条之"行政行为"法定概念相一致。该条规定，"为了本法之效力，行政行为系指行政当局之机关之决定，其目的为在个别具体情况中，依据公法之规定产生法律效果"。[16]

现在我们分析每一个要件的定义，以便得出哪些属于行政行为概念范围内，以及哪些在行政行为概念范围外之要件。

48. 定义分析：a）法律上的行为

第一点，行政行为是一个法律上的行为，即是一个*产生法律效力的意定行为*。广义的法律事实中，包含不同的事实以及（尤其是）法律上的行为。[17] 而行政行为是一个法律上的行为。

一些（以 Zanobini 为首的）学者认为有必要或适宜。在行政行为的自身定义中明确，行政行为可以是一个*意思*、*意愿*、*认知*或*判断的表示*。[18] 然而，依我们所见，所有这些类别都被包含在法律上的行为概念内，因此过

---

16 关于这概念，特别参见葡萄牙，Freitas do Amaral，《*行政行为制度*》，载于《行政程序法典》，1992年，第101页及续后数页；Marcelo Rebelo de Sousa，《*行政行为制度*》，载于《*法律及公正*》，第四册，第39页及续后数页；Paulo Otero，《*行政行为——行政程序之合作研究*》第四编，载于 *DJAP*，第四册，第540页；Vasco Pereira da Silva，《*寻找毁坏的行政行为*》，第624页及续后数页；以及 Esteves de Oliveira，Pedro Gonçalves，Pacheco de Amorim，《*行政程序法典*》，第546页及续后数页。

17 关于法律事实之概念及分类，参见葡萄牙，例如，Manuel de Andrade，《*法律关系总论*》，第二册，科英布拉，1992年（第七版），第1页及续后数页；Inocêncio Galvão Telles，《*一般合同手册*》，再版，第13—15页。葡萄牙行政学说，参见，Rogério Soares，《*行政法*》，第3页及续后数页；Sérvulo Correia，《*行政法概念*》，第一卷，第258页及续后数页；Esteves de Oliveira，《*行政法*》，第一卷，第373页及续后数页。

18 参见 Zanonini，《*行政法教程*》，第一卷，第243页；同时参见，Vasco Pereira da Silva，《*寻找毁坏的行政行为*》，第690—691页。

度增加说明仅使定义更加难以理解。因为在方法论上，一个正确的定义无须依数列举组成该定义的各种个别小类，而只需援引包含所有个别小类的大类。

行政行为作为一个法律上之行为，原则上亦适用关于法律上之行为的一般法律原则。

另外，由于行政行为是一个专门意义上的法律上之行为，这意味着下述内容在行政行为的概念之外：

1）*非意愿之法律事实*；

2）*实质行动*，因为仅一个行政行为所确定之法律效力会表现为事实；

3）*法律上不重要之活动*。

因此，上述事实或活动不能成为向行政法院提起的司法上诉的目标，不受《行政程序法典》为行政行为订定的程序及实体制度约束——在一定程度上，*实质行动*除外：这些行动必须符合《行政程序法典》中体现宪法规定之原则及规定，因为这些原则及规定对所有及任何行政活动都适用，以及因此同时对技术活动都适用（《行政程序法典》第2条第5款）。[19]

49. 同上：b）单方行为

第二点，行政行为是一个单方行为。此特征涉及法律上之行为中的单方行为及双方行为的分类。[20]

当指行政行为是单方行为时，本意是指它源自一名主体，该主体的意思表示的效力不取决于其他主体的意思。

行政行为尤其不能与合同相混淆。合同是一个双方行为，而行政行为是一个单方行为：在行政行为中显示公共行政当局的意思，当中不需要其

19　关于这规定，参见，Esteves de Oliveira，Pedro Gonçalves，Pacheco de Amorim，《*行政程序法典*》，第76页。

20　参见葡萄牙，例如，Cabral de Moncada，《*民法讲课*》，第四版，科英布拉，1995年，第517—520页；Mota Pinto，《*民法总论*》，第三版，科英布拉，1985年，第379页及续后数页；Menezes Cordeiro，《*葡萄牙民法条约*》，第一册，第253页及续后数页。

他人的意思，尤其不需要任何私人之意思[21]使其完成。

有时候，行政行为的效力需要一名具有利害关系的私人之*接受*，然而，该接受仅作为行为之*效力条件*——这并不组成行为本身之内容，亦非其存在或完成之条件。例如，任命一名公务员的行为是一个单方行为，而非一份合同；正因如此，只需要公共行政当局之意思表示即可完成有关行为。因此，利害关系人的接受作为任命行为生效之条件是必需的——换言之，接受对于任命行为产生其自身的效力是必要的——然而，任命行为作为完整行为存在，并不需要私人声明接受与否。倘私人接受，则任命行为生效，即是，任命行为产生其效力；倘私人不接受，则任命行为维持不生效，但并不会因此而不构成一项任命行为。

综上所述，我们并不是说行政法中没有双方行为。例如，行政合同（参照《行政程序法典》第 178 条及续后条文）。然而，行政合同和行政行为分属不同的类型，我们会在后文研究之。

正如 Sérvulo Correia 所解释的，需要私人合作的行政行为与行政合同之间的区别在于以下模式："在结构上，倘私人的意思是有关行为存在的要件，则此为一份合同。相反，该意思表示仅构成有关行政法律状况之合法性（取决于申请的行为）或效力（以接受为条件的行为）的要件时，则此为单方行为。"[22]

因此，行政行为是一个单方行为：公共行政当局表明其自身之意思——按照其被纳入之法定种类，这已足够使行为存在以及成为完整。

因此，所有行政当局之双方行为，以及尤其是行政当局签署之所有合同（不论是否行政合同），均在行政行为概念之外。

50. 同上：c）行政权的行使

第三点，行政行为之特征为必须*在行使行政权下作出行政行为*（《*公权力*》）。

仅在行使一项公权力下作出之行为，即是说，按公法规范之规定，为

---

21 参见 Forsthoff，《*德国行政法*》，第 333 页及续后数页。

22 参见 Sérvulo Correia，《*行政合同中的缔约合法性及独立性*》，第 350 页。

了履行一项公共管理之行政活动——仅这些为行政行为。[23]

因此出现以下事宜：

1）由公共行政当局在*履行私法上的管理*之活动时作出的法律上的行为不是行政行为：这些行为是私法上之行为，而非行政行为。这十分清晰地被订立在《行政及税务法院通则》内（参见第4条第1款f）项）。[24] 例如，单方终止一份由行政当局与私人签署之私法租赁合同并不是行政行为。然而，尽管不是行政行为，但正如我们所认知的，对这些行为适用“载于（……）法典以及体现宪法规定之规范中的行政活动一般原则”（参见《行政程序法典》第2条第5款）。[25]

2）由于*政治行为*、*立法行为*及*司法行为*没有体现到行政权之行使，它们同样不是行政行为，即使是由行政当局机关作出亦然［《行政及税务法院通则》第4条第1款a）项及b）项］。[26] 尤其是，内阁在总统颁布之一项政令中作出签署（内部政治行为），又或“外交官员在其他主权实体中以国家代表的身份作出超越行政法但受国际法管制的行为之活动”。[27]

51. 同上：d）由一个行政机关作出的行为

第四点，行政行为是一个*由行政机关作出的行为*。这意味着什么呢？

这意味着行政行为是由一个组织意义上的公共行政机关作出的，又或是由一个获法律赋予作出行政行为权限的私法人的机关或一个非组成行政管理权的国家机关作出的。

---

23 参见 Rogério Soares，《*行政法*》，第89—91页；Esteves de Oliveira，《*行政法*》，第一卷，第386页及续后数页；Sérvulo Correia，《*行政法概念*》，第一卷，第263页及续后数页。

24 然而现时，公共行政当局评定其特定财产为公产之行为，以及公共行政当局划定这些财产为私产的行为，均不得被行政法院作出审查［ETAF第4条第1款e）项］。

25 关于立即发生于公共行政当局私法活动的公法羁束，参见葡萄牙，Maria João Estorninho，《*私法的漏洞*》，第167页及续后数页。

26 根据宪法法院，行政当局不得作出司法行为，而上述行为被保留予司法权力机关，参见，例如，公布于*DR*，第一册，1986年6月23日，第178/86号裁决书。

27 参见 Rogério Soares，《*行政法*》，第90页。

我们分析这些情况。

第一，行政行为是源自组织意义或主观意义之公共行政当局机关之行为，即是说，由构成公共行政当局的公法人机关作出之行为。

然而，值得注意的是，不是任何公务员或行政人员都可以作出行政行为：在大量为服务公法人而作出活动或工作的人中，仅少数人具有由法律直接赋予或透过授权授予之作出行政行为的法定权力。[28] 透过法律或授权有权作出行政行为的个体为*行政当局机关*；葡萄牙的法律亦将其称为*行政当局*。[29] 正如我们所述，这涉及很少人：在 Otto Mayer 的表达方式中，行政当局“为公共行政的贵族”。[30]

第二，对个人及具体情况作出决定之其他单方法律上之行为，根据法律规定，亦是行政行为。

a）首先，某些行政行为是由在组织意义上不构成公共行政当局之法人机关作出的。正如我们所知道的，某些私法人——尤其是公益法人及集体利益社团——在履行公共行政当局的职责方面与行政当局紧密合作。因此，法律常常赋予他们权限以作出行政行为。一方面，正如《行政及税务法院通则》所述，对于行政公益法人以及被特许的企业，这些行为是可以被司法争讼的（第 51 条 c）项及 d）项）。另一方面，《行政程序法典》第 2 条第 3 款将该法规的适用范围扩大到“由被特许企业在行使当局权限时作出的行为”。

由于该等实体得根据法律作出有关行为，因此这些行为是行政行为，可针对它们向行政法院提出司法争讼，对之亦适用《行政程序法典》所规定之程序及实体制度。

b）其次，根据法律规定，一些虽然并非由组织意义上之公共行政当局机关作出的行为亦是行政行为，包括由不属于行政管理权之国家机关，又或者由属于调解权、立法权或司法权之机关作出之公法行为亦是行政行为。

一方面，《行政及税务法院通则》第 26 条第 1 款 b）项、c）项及 d）项许可针对被纳入调解权、立法权或司法权之国家机关的行为，向最高行

---

28 关于这方面，参见，本教程第一卷，第 589 页及续后数页，以及第 661 页及续后数页。

29 同样的事情在法国继承。参见 Francis-P. Bénoit，《*法国行政法*》，巴黎，1968 年，第 522 页。

30 由 Garrido Falla 于《行政法论著》，第一册，第 377 页注释中讲述。

政法院提起上诉。[31]、[32]

另一方面，根据《行政程序法典》第 2 条第 1 款，该法典直接适用于“不属公共行政当局之国家机关在执行实质上之行政职务时所作属行政事宜之行为”。然而，我们必须明白——尽管法律并未述及——如果源自作出有关行为之国家权力之根本任务的目的、要求或性质上的更高原则，反对适用，则不适用该法典的规定，即使作出适当配合亦然。[33]

曾经在长时间内讨论这些实质上的行政行为，但组织上的其他国家权力机关作出之行为是否为*行政行为*，并因而可向行政法院提起司法上诉。[34]例如：共和国主席非法地解雇一名主席部的人员；共和国国会主席团非法地提拔一名行政部门的人员；一名法官非法地对一名司法文员适用一项纪律处罚。*法律上如何解决之？*利害关系人是否可以对这些非法决定提起司法上诉？这些决定是否属于行政行为？

最初，有关这些行为不是行政行为之意见占主导位置：第一，*因为不是来自行政当局机关*；第二，因为把这些行为提交予*行政法院*监察是不合理的。事实上，作为行政当局的组成部分，*行政法院*被构思为行政权力机关，因此不可接受的是，具有行政权的法院可以对国家其他权力机关作出之行为作出判断，甚至基于不合法而宣告该行为无效。

然而，该概念演变了：一方面，有关国家不同机关之法律行为不得为了保障私人而作为司法上诉的目标之概念，在法治国家开始被认为是不能容忍的；另一方面，有关行政法院同时为行政权机关之概念，首先开始被质疑，之后开始被公开地及确信地提出争议，以及第一次出现赋予这些法院更多“司法”性质的观点。

结果，正如现时我们所看到般，某些法律，例如《行政及税务法院通则》，允许针对某些类型的由国家非行政机关作出的行政行为提起司法

31　一些本条文所述之机关明显为行政权力机关，尽管为独立的，因此无须列于名单内，如申诉专员、国家防御高等委员会、共和国总检察长及检察院高等委员会。

32　然而，另一方面，同样的，ETAF 却排除了行政法院的管辖，“司法法院之行政事宜行为”以及“与刑事侦查及预审有关之行为以及与刑事诉讼的实行有关之行为”［参见第 4 条第 1 款第 c）及 d）项］。

33　例如，向共和国主席或国会提供服务之人士的忠诚义务以及团结建制义务，在很多情况下可能多次必须优先于公务人员章程之单纯适用。

34　关于此内容，除其他作者，在葡萄牙亦可参见，Esteves de Oliveira 就有争议司法见解之研究，即《*行政行为概念之探讨：由政治、议会及司法机关以及私法实体作出之实质行政行为的实体法律制度之研究之笔记*》，载于 *RDA*，1982 年，第 285 页及续后数页。

上诉。

最后，应该指出的是，非来自公共行政当局机关或依法可作出行政行为的机关，不是行政行为*由与公共行政当局无关系之个体作出的行为*，尽管拟冒充行政当局机关。例如“僭越公共职能”的情况，如假医生、假法官、假公证员等。

在这些情况中，如果一个与行政当局没有任何联系的人冒充该机关以及拟作出行政行为，会出现以下三个法律后果：第一个是，该等行为并不等于行政行为（由于并非来自行政机关，该等行为缺少一个作为行政行为的必要要素，因此*不存在*）；[35] 第二个是，作出这类型行为的人实施了*职务僭越*罪行，因此成为刑事责任的主体；[36] 而第三个是，根据法律一般规定，上述人士须对其骗局之受害者承担民事责任，负责赔偿一切因该事实对他人引致之损失。[37]

52. 同上：e）作出决定的行为

在革新传统之定义下，《行政程序法典》第120条对行政行为的定义增加了一个要素，而现在必须确定行政行为意思及可达至之范围：法律规定表示，行政行为出自行政机关的一个*决定*。

初看起来，把*决定*列入行政行为的法律定义有两个可能解释。

（1）或者，按照盎格鲁撒克逊的传统，仅表示，行政行为是一个*解决独立及具体情况*之决定，以取代采纳一项*一般及抽象的法规*。事实上，盎格鲁撒克逊的法学家把 *rule-making*（制定规则）以及 decision-making（在独立及具体情况中作出决定）作出区分。如果是这样，则这个行政行为定义的要素便和另外一个我们即将讲述的要素——“在一个独立具体的情况中产生法律效力”——混同。

（2）或者可理解得更深一些，在所有行政当局的行为中勾勒出一个称为*决定*的新类别，这意味着并非所有在行使行政权中作出以及旨在针对一个独立具体的情况产生法律效力的法律行为均是行政行为，在众行为中，

---

35 在这方面，参见 Marcello Caetano，《*手册*》，第二卷，第九版，1972年，第624—625页；Esteves de Oliveira，《*行政法*》，第一卷，第437页及续后数页。

36 参见1982—1995年之《刑法典》，第358条。

37 参见 Marcello Caetano，《*手册*》，第二卷，第624页。

仅可纳入*决定*的狭义概念的行为，可称为行政行为，亦即是，对特定行政法律情况订定法律效果或作出命令。

现今，我们基于两个理由而倾向于第二个解释。

一方面，文义上，“决定”更符合“订定法律效果”“命令”“规定”的意思，而非“宣告”或“审理”的意思。[38] 确实，词源并非确定某个表述的法律意思之决定性关键。然而，事实是，在缺乏特别理由下，法律表述不应从字词的词源学中抽离出来，而表达一些与大多数人对有关字词的理解完全不同的东西。

另一方面，在目的论上，把可实时或有潜力单独确定私人权利义务范围之行政行为，又或换句话说，可适当“产生对外法律改变的”[39] 行为，放在《行政程序法典》——其主要目的是确保适当谋求公共利益及有效保障私人的法律地位——为行政行为制定的程序及实体制度内方具意义。

因此，我们会把传统上一直视为行政当局的、非严格意义上（stricto sensu）的决定的若干法律上之行为（准备行为，例如，召唤某人在程序中发表意见，选择听取鉴定人意见，请求发出意见，就决定关于应否在一个确定地点作出某公共工程而寻求任务团队进行技术研究、命令提供证据），[40] 排除在行政行为概念之外。然而，现今我们看不到任何关键的理由继续保留传统做法。我们重申关键的论点是：由于法律概念的产生是为了实务用途，对不涉及私人权利义务范围的法律上之行为［请求、建议、通知、本义上的（proprio sensu）意见等类别的行为］，不必适用行政行为订定之实体及程序（以及诉讼）法律制度，因此，在科学及方法上，将该等法律上之行为认为行政行为似乎并非适当。

此外，该立场并不属任何新理论，不论是葡萄牙以外的其他国家的[41]还是葡萄牙的。尤其是 Rogério Soares，很久以前在行政当局的法律行为范围中，从工具行为中区分出行政行为；[42] 同在科英布拉学院的 Vieira de An-

---

38 参见引用于 Esteves de Oliveira，Pedro Gonçalves，Pacheco de Amorim，《*行政程序法典*》，第 550 页。

39 参见 Rogério Soares，《*行政行为*》，载于 *Scientia Iuridica*，第十四卷，第 223—228 号，1990 年，第 30 页。

40 参见 Esteves de Oliveira，Pedro Gonçalves，Pacheco de Amorim，《*行政程序法典*》，第 553 页。

41 参见，例如，Massimo S. Giannini，《*行政法*》，载于 *EdD*，第四册，第 165—166 页。

42 参见 Rogério Soares，《*行政法*》，第 100 页。更近期的，《*行政行为*》，如上所述，第 28 页及续后数页。

drade 及 Mário Esteves de Oliveira 亦同样跟随该方向；[43] 以及从 1982 年起，Sérvulo Correia 亦采纳行政行为的狭义概念。[44] /[45]

因此，对于非决定性及仅发挥涉及行政行为"辅助功能"之法律上之行为，按照 Rogério Soares 之方向，我们可以称之为*手段*行为。这是"比较小的法律行为，不在法律制度中直接产生法律效力。然而，这些行为在功能上是独立的，因此不会变成某一行为的单纯要素，其效力仅透过对其作为前提的某一行为（行政行为）产生的影响显示出来（……）"。[46]

另外还有两点。

一方面，行政当局在完全服从法律下作出之行为，以及行使自由裁量权作出之行为，均属行政当局的决定。

另一方面，不论是侵犯私人权利义务范围之行为（例如，征用一块土地的决定），还是授予利益或给付之行为（例如，一项牌照或许可的赋予），都是决定。在第二种个案中，行政当局为了根据法律及所适用之规章，确定私人是否具有有关给付的权利（及权利的范围）而作出单方决定。[47] 当然，一项行政许可的相对人没有义务展开被许可的活动，他是可以不进行活动的。然而这样并不损害行为的决定性质，因为该行为已经引起私人权利义务范围的变更：许可私人行使其在被许可前不能行使的一项权利或权能。[48]

53. 同上：f）在个别具体情况中产生法律效果的行为

最后，行政行为旨在"*在个别具体情况中产生法律效果*"。这里想说明什么呢？

---

43 参见 Vieira de Andrade，《*行政行为的明示说明理由义务*》，第 91 页、第 92 页及第 362 页；Esteves de Oliveira，Pedro Gonçalves，Pacheco de Amorim，《*行政程序法典*》，第 552—553 页。

44 参见 Sérvulo Correia，《*行政法概念*》，第一册，第 228—289 页。正如作者所述："看不到理由不把以下行为视为辅助行为：内部法律行为；其法律效力并不在于订定行政当局与第三人（或一物）之间法律状况的外部行为，例如，公布行为或通知行为。"

45 关于葡萄牙学说之不同行政行为概念之概要，参见 Vasco Pereira da Silva，《*寻找毁坏的行政行为*》，第 613 页及续后数页。

46 参见 Rogério Soares，《*行政行为*》，载于 *Pólis*，1，col. 103。

47 参见 Esteves de Oliveira，Pedro Gonçalves，Pacheco de Amorim，《*行政程序法典*》，第 552—553 页。

48 参见 Filipa Calvão，《*行政法中的非长久行为及临时行为*》，波尔图，1998 年，第 26 页，附注。

这个行政行为概念的最后要件的作用是，把具有*个别*及*具体*内容之*行政行为*与由公共行政当局制定之（正如我们所认知的）具有*一般*及*抽象*内容之*法律规范*（尤其是规章），作出区分。

关于以更好的方式讲述行政行为必然涉及个别具体情况之特征，在学说上一直存有疑问。

Marcello Caetano 在其《*行政法手册*》第一版中，把行政行为定义为，除了其他要件，亦包含*在一个具体个案中对法律的适用*。[49] 然而，他在《*手册*》最新版中批评了该定义，并指出这是不正确的，因为这并不包括所有行政行为。[50] 事实上，在一些情况中，尤其是被约束的行政行为中，这正是在具体个案中适用法律，而在自由裁量行为的情况中，严格上并不是在具体个案中适用法律，而是行使法定权力。因为用作确定自由裁量权的法律中，并没有包含适用于具体个案的法定解决方法。这正是在行使一项法定权力以解决一个具体个案，然而，个案的解决方法并非透过适用法律的逻辑机制——将一个抽象模式适用于一项具体个案中——而得出，而是由行政当局针对该个案所选择之决定得出来的。

正是基于上述理由，Marcello Caetano 放弃把行政行为定义为“在一个具体个案中对法律的适用”，而选择把行政行为定义为“在一个具体个案中产生法律效力的行为”。[51]

然而，在此仍然可能存在难题。

有些学者坚持认为行政行为就是在具体个案中产生法律效力的行为。然而，该模式并不是正确的，因为例如，一个行政行为正受制于一个停止条件，从而在条件成就前不产生法律效力——但并不会因此便从*一开始*（*ab initio*）就不是一个行政行为。

值得注意的并不是已被作出的行为产生或不产生效力的事实；值得注意的是行为*旨在*或*追求*产生效力，尽管当前并非如此，例如，受制于停止条件或始期而未产生效力。因此，似乎更准确的说法是，行政行为是*追求产生*特定法律效果的行为。

49　例如，参见《*手册*》，第七版，1965 年，第 235 页及续后数页。

50　参见《*手册*》，第十版，第 435 页。

51　关于 Marcello Caetano 在这方面观点的演变，参见 Marcelo Rebelo de Sousa，《*Marcello Caetano 教授研究的行政行为*》，载于《*葡萄牙公共行政及行政法*》，里斯本，1992 年，第 5—25 页。

当一些学者满足于把行政行为概念引用在一个*具体个案*中，对我们来说，我们偏向把行政行为引用在*个别及具体情况*中，正如现今《行政程序法典》在第120条中所作出的。

为什么呢？为了突出与规范性行为——法律、规章等——之不同。倘法律规定被定义为*一般及抽象的规则*，那么行政行为应被定义为*个人及具体的决定*。

一方面，*一般或个人*，正如其所被认知的，与法律指令的*相对人*有关；另一方面，*抽象或具体*，与法律指令旨在规定之*实际生活处境*有关。

概括而言：规定是一般及抽象的指令；行政行为是个人及具体的指令。

一般而言，行政行为针对个别及具体的情况，[52] 因此，一个没有对所适用之相对人及有关个案均没有予以*个别化*之（拟似）行政行为，在法律秩序中不能等同于行政行为，又或至少不能成为有效及产生效力的行为。[53]

法律是一个规范人们行为及旨在被实践适用之规范性秩序。因此，我们认为，在行政行为定义上，有关*对某个别情况*产生法律效力之引述比有关*对具体个案*产生法律效力之引述更重要及更有意义。如果两者中之一必须被剔除，在我方的角度下，前者应被保留。

很早之前，Duguit及Jèze亦同样认为行政行为旨在"创造一个主体方面的法律状况"或作为"对一名个人适用特定权力或法律地位之条件"。[54] 较近期者，在此引述另一名在欧洲行政法学界十分著名的学者的观点，Forsthoff亦同样认为"行政行为适用于一个*个别及具体*的状况；行政行为要么管制该状况，要么创造该状况，但并不包含一般规定"。[55]

因此，*实质*规范性行为是在行政行为概念范围之外立法行为（宪法，第112条第1款）及规章（由公共行政当局本身机关作出之规范性行为）。

在法国不是如此认为。高卢学说制定了一个更宽泛的行政行为概念，并在行政行为的概念中，区分制定规章之行为（décisions réglementaires）及个别具体行为（actes individuels或actes particuliers）。这是因为法国法律是

---

52 不包括物权行为及多极行为。

53 《行政程序法典》第123条第2款b项）合乎逻辑及正确要求，作为必要条件，（存在一名或多名相对人的）行政行为必须包含"相对人或各相对人之适当认别数据"。适当认别数据原则上取决于相关名字及地址的阐述。

54 在Marcello Caetano，《*手册*》，第一卷，第428页中引述之情况（斜体是由我们加入的）。

55 参见Ernst Forsthoff，《*德国行政法论著*》，第315页。

这样规定的。[56]

在葡萄牙，法律并不跟从该方向，而是区分出，一方面为行政当局的概括行为，而另一方面为个别具体行为，仅后者被视为行政行为。[57]

54. 同上：所谓集合行为、复数行为及一般行为

概括或规范性行为与行政行为之区分已经被作出解释及评论。

在大多数情况中作出区分并不困难。然而，有时候会出现在适用上的实务困难。让我们观察其中一些情况。

a）首先，我们面对的是“集合行为”，*该行为之对象为一群具有相同标准的人*。

举一例：当政府作出决定解散一个其监管或监督之合议机关时，其正在作出一个集合行为，又或，对象为一群具有相同标准的人之一个行为——被解散机关之所有成员。

该行为是一个概括行为还是一个行政行为?

我们认为这是一个行政行为。该行为并不是一项规范：在此，并不是正在制定一般及抽象规定。一般及抽象规定表现为：“当出现某种情况时，政府得解散某机关。”

然而，当政府透过适用该规范行使其被赋予之权力，解散一个特定合议机关时，尽管对象是一群人，在此我们仍面对一个行政行为，一个个别及具体行为。

毕竟解散行为的对象为合议机关成员而非该机构：该机构并没有被消灭，而仅失去据位人，其将由其他人取代而继续之。

因此，严格上来说，在一个面向各个不同个人之行为的外表下，实际上在法律秩序中存在的，是针对每一个*受解散影响的个人的行政行为*。

56　例如，参见 Jean Rivero，Jean Waline，《*行政法*》，cit.，第 84 页；Martine Lombard，《*行政法*》，第 120 页及续后数页。

57　参看《行政及税务法院章程》第 26—51 条。关于宪法法院遵照之“法律规范”概念，例如参看，第 26/85 号裁判书，载于 *DR*，第二册，1985 年 4 月 26 日，以及第 156/86 号裁判书，载于 *DR*，第二册，1986 年 7 月 26 日。在公法学说中，最后参见 Gomes Canotilho，《*宪法及宪法理论*》，第 822 页及续后数页。

b）之后分析*复数行为*。“复数行为”是*指公共行政当局作出一个平等地适用于各个不同主体的决定*。

举一例：一份部长批示任命二十名公务员以担任于某统筹司内的二十个空缺职位。

在此情况中，在单一行政行为的外表下，实际上存在的是各个不同的行政行为：各个关于被任命之公务员的行政行为。因此，严格上来说，这并不是一个任命二十名公务员的行为，而是二十个任命公务员的行为。

在此同样不存在任何法律规范，存在的是一组、一堆个别具体的行政行为。任命二十名公务员的行为不是一项一般及抽象的法律规范，而是二十个任命公务员的行为之集合体，因此，这二十个行政行为亦受《行政程序法典》确立的制度约束。

c）第三个出现的是*一般行为*。该名称会与*概括行为*产生混淆，然而两者适用于不同的情况。

“一般行为”指*那些实时适用于一群无组织的市民之行为，而他们全部都是经适当确定的，或当场可确定的*。

例如，在里斯本 Baixa 区某街，二十人集合在一起看某个商品柜。一名警员来到并说：“请大家散开！”这正是一项向二十个人作出之一般范围之警方命令，但清楚知道谁是相对的人。

这些*一般*行为亦不应被认为是概括行为。这不是法律规范：这为针对具体以及适当确定，又或实时可确定的个人之具体命令。这为一堆涉及不同的个人及具体情况的行政行为。

在葡萄牙的司法见解中，就这一问题，已审理了一个复杂的事宜：1963年，最高行政法院第一科审理了一个案件，而其后于 1965 年向该法院的全会提出上诉。[58]

公布了一项法令强制马德里岛所有牛奶生产商集中在一间单一公司内。这正是一项具有明确重组工业目标的法规。由于不同意及不服，生产商决定上诉，在最高法院中出现了疑问：这是一项概括规范，还是隐藏在一项法规中的一组行政行为？最高行政法院认为面对的是由个人及具体行为组成的一组行政行为，而非一项法律规范，因为这正是一项为了立即及即刻

58　参见最高行政法院，1963 年 7 月 26 日，OD，96，第 309 页，以及最高行政法院，1965 年 1 月 14 日，AD，39，第 431 页。

执行、强制一群完全可确定的人的命令：这正是实时向当时的马德里岛牛奶生产商施加集中在某一间公司内的义务。最高行政法院认为这是行政行为而非一项规范，因此，接纳上诉。

最高行政法院这样做是受到当时葡萄牙法律形势（不接纳针对中央行政当局规章的司法上诉）的限制：如拒绝针对法令提起上诉，就会阻止利害关系人在法院针对所述的带来严重损害之违法性进行防御。然而现今，由于就中央权力机关的规章亦可向行政法院提起直接申诉（参看《行政法院诉讼法》第63条），因此，应从另一角度审视有关问题。

我们认为，上述法令明显为一项法律规范，而非一个行政行为或是行政行为的统一集合体，因为这是一项确立一般及抽象行为规定的法规：向马德里岛所有牛奶生产商施加特定义务，其所面对的对象及情况是透过普遍概念（生产商、牛奶等）确定的，没有任何名字及地址的个人化或身份化表述。

而有关法令的对象为*当时所有的*牛奶生产商之事实（最高行政法院认为具决定性的事实）并不能证明什么：大部分法律不都是针对*当时所有的*葡萄牙居民或*现时所有的*商人或*当时所有的*公务员等吗？

即使认为该个案中不存在抽象的情况，因为正在面对一个具体情况，然而事实上是存在普遍性的，正如我们所述，这足以把特定命令视作*法律规范*。

相反地，若一个明确的行政命令不准许具体地对其对象作出识别——或不准许*在当场*（*in loco*）进行该具体化——而倾向于使用类别、组别或主体的组合，甚至受限制的（例如，“商人”“公务员”“汽车驾驶员”“学生”）——则这是规范，是一项一般的命令，是一个*概括*行为，而非一个一般行为，即并非一堆具体及个别的决定。[59]

因此，正如我们所认知的，上述情况并不是受行政行为（程序及实体）的制度约束，相反，是受载于《行政程序法典》第114条及续后条文之规章程序制度约束。[60] 上述情况，并不适用针对行政行为的司法争讼制度，而是适用针对规章的司法争讼制度。

59　参见 Freitas do Amaral，《*行政行为制度*》，如上所述，第102—103页。

60　这方面亦参见 Marcelo Rebelo de Sousa，《*行政行为制度*》，如上所述，第172页。

55. 行政行为在行政法研究中的重要性

叙述完上述见解，我们已经完成对行政行为概念的解释。

以下我们将论述该已被赋予定义之行政行为。我们认为，它是行政法的中心、基础及典型形态，[61] 尽管显然地存在一些与行政行为不相同的行政法律关系。事实上，正如 Sérvulo Correia 所写，“尽管现今我们看到除行政行为外的行政上行为之模式的多样性，然而，至少没有真实行家敢于否定，正如在其他《行政法系统》或在葡萄牙，行政行为仍是在法律上行使行政职能时最常用的形式。可以肯定的是，在指出特定的行政行为是行政法律争议的核心对象时，只是以较贴切的方式指出行政法律关系的一般现象，就是行政行为是行政司法管辖的实质或实体支柱”。[62]

行政行为——行政当局为了在具体个案中决定个人状况而作出的当局单方行为——实际上是行政法带给法律秩序的重大创新。事实上，在法律世界很长时间中，法律规范及合同一直是传统的形态，而私法一直具有单方法律行为的形态。现今，*当局单方行为*重新出现，它是*行政法的典型形态*，为了对抗它——倘若它为不合法，倘若它侵犯了私人法律地位——存在一个由行政法特别设立的办法，为了保护私人权利及或其法定利益，这就是*撤销性司法上诉*。

这对组合——行政行为/撤销性司法上诉——为行政法的基石。正如前文所述，行政法的出现正是为了确保私人可以针对侵犯他们之违法行政行为向法院提起上诉。尽管现时行政法具有一个更加宽广及多样的功能——作为对抗其他行为之上诉的保障，作为除司法上诉外包含其他保障的系统——毫无疑问，对抗行政行为的司法上诉继续为私人面对行政当局违法性时最有用的法律武器。

在已被多次述及之 Vasco Pereira da Silva 博士论文中，他质疑有关行政行为是行政法中心及典型形态之传统见解（*追寻失去的行政行为*，Almedina，科英布拉，1996 年，*下同*）。根据该学者之见解，传统学理必须被舍

---

[61] 亦参见 Esteves de Oliveira，Pedro Gonçalves，Pacheco de Amorim，《*行政程序法典*》，第 540 页；Wolff，Bachof，Stober，《*行政法*》，第二册，第 13—14 页。

[62] Sérvulo Correia，《行政行为之申诉》，载于 *CJA*，第 16 期，1999 年 7 ~ 8 月，第 12 页。

弃，因为：

a）行政行为作为“当局行为”明显是一个*专制*的概念，适合在自由国及专制国时代，然而并不适合于“社会及法律民主国”；

b）行政行为现今已不是（或不应是）行政法教义的中心形态，在此功能上应由“行政法律关系”概念取代之；

c）因此，“撤销性司法上诉”现今亦不可能是唯一或主要的私人司法保障，现时必须考虑——趋向与它相一致的——确认合法权利或利益之诉（以及其他存在于行政上司法争讼的诉，例如，关于行政合同及行政当局民事责任之诉）。

对这些意见有什么想法呢？

我们基本上是不接纳的。

首先，一方面，关于在自由国中行政行为概念为专制概念方面，这并不是正确的：由 Vasco Pereira da Silva 所提出之三个例子（Otto Mayer、Hauriou 及 Guicciardi）并不是自由主义学者。Duguit、Jèze 及 Magalhães Collaço（他们为自由主义学者）对行政行为概念作出之定义是不同的，但是 Vasco Pereira da Silva 并没有考虑上述定义。

另一方面，行政行为的形态——作为行政当局的单方行为——是完全独立于多个国家现时的政治制度：行政行为的概念不论是在自由、专制，还是民主制度的国家都是一样的。只是其法律制度以及对私人反抗违法行为的保障，会或多或少因应自由及民主的国家而有所不同。

在自由及民主政治制度内存在当局行为之事实不应为诧异之原因，因为存在国家的地方就一定存在权力机关，而权力机关通常表现为权力当局，且会作出那些必然地象征着国家对人民至高无上的权力之规范及具体行为（对其基本权利应有的尊重除外）。

自由及民主并不意味着国家无须有权力，否则在无政府状态下其会快速及不可避免地腐败下去。把在民主改制中合法及必要的当局行为称为专制行为，是一场仅对概念带来混乱的文字游戏，因为这是赋予行为一个不应得到的负面含义，而且仅会削弱对民主国家当局之正当性及必然性的肯定。

此外，正如我们所定义的，行政行为不具有专制性：该指控被 Vasco

Pereira da Silva 转移到更加强大的“确定且具执行力的行为”概念中。然而，关于这一点，Vasco Pereira da Silva 的论点大部分都不是合乎情理的。[63]

另一套见解是关于现代行政法教义中行政行为作用的。Vasco Pereira da Silva 认为，行政行为不应作为转动及构建整个行政法总论的枢纽，从而行为不得为我们学科的中心概念，是有一些理由的。然而，当开始理解到 Marcello Caetano 以及我们均提倡该想法时，已不具有理由。

Marcello Caetano——在 Vasco Pereira da Silva 很久之前，在 1944 年其《基本条约》之后，采纳了“法律关系”技术以构建葡萄牙行政法总论——从 1968 年开始演变出一个阐述行政法的教学编排，行政法不再被认为仅限于“行政行为”（导言、行政组织、行政活动，以及对合法性及被管理人之保障）。经适当修正（mutatis mutandis），亦为我们行政法教程的教学编排。

最后，我们必须牢记的是，如果欧洲大陆（包括葡萄牙）的行政法经典学说给予行政行为及撤销性司法上诉之研究及讲解更大的重要性及篇幅，并非出于行政法的“专制”概念，而是相反地基于在自由或民主中对私人的保障：更详细地学习及教授可能潜藏在对人民个人权利更危险的形态（确定及具执行力的行为）或者更好地保护人民反抗侵犯其权利义务范围的形态（撤销性司法上诉）。

然而，不要忘记的是，给予“行政行为”更大的重要性及篇幅，亦是基于民法对法律规范理论、合同理论及民事责任理论较单方法律行为理论（早期的）有更深入的研究，所以这就是行政法学家们钻研行政行为理论比规章理论、行政合同理论或行政当局责任理论更深入的原因。[64]

56. 行政行为的法律性质

相关学者尽管在行政行为概念上具有相同见解，但他们之间在行政行为法律性质之意见分歧上是十分激烈的。

行政行为真正的*性质*为何？

其中，第一个意见认为，行政行为具有*法律行为*的特征，而因此必须

---

63 参见 Diogo Freitas do Amaral，《*对 Mestre Vasco Pereira da Silva 博士论文——〈寻找毁坏的行政行为〉之评论*》，第 265—276 页之批评。

64 关于我们对 Vasco Pereira da Silva 建议之行政行为定义之批评，参见《*对 Mestre Vasco Pereira da Silva 博士论文——〈寻找毁坏的行政行为〉之评论*》，第 276 页及续后数页。

被理解为一个法律行为类型的种类——公法法律行为——与另一种类（其姐妹）私法法律行为相对应。

第二个意见认为，行政行为是一个适用法律的行为，处于与*司法判决*相同之位阶并有相同功能。

第三个意见认为，行政行为不得与法律行为、判决——即使与这些概念在某方面有很多相似的地方——相比较，因此，应视行政行为具有本身性质及特定特征，它是服务于一个行政目标的公共当局单方行为。

我方意见认为，最正确的选项为第三个，有必要介绍有关内容。

首先，对我们而言，由法律建立的以及司法见解采纳的有关行政行为之法律制度（在葡萄牙及其以外的其他国家）并不能完全地被重新引导至法律行为的特征制度以及判决的典型制度。

一方面，在法律行为及行政行为之间存在根本差异：法律行为主要是一个*私法*的形态，行政行为则属于*公法*；法律行为建基于确认*意思自治*（以服务于由利害关系人自由选择的私人目的），行政行为则建基于为谋求法律强制订定的集体利益目的的*规范性意思*；法律行为在*合规范性*之范围内活动，行政行为则一般被安置在*合法性*之范围内。

另一方面，在判决及行政行为之间同样存在着必须强调之深厚差异：虽然两者均旨在于个别具体情况中产生法律效力的公共当局单方行为，但事实上，判决追求的目标是*正义*，而行政行为旨在实现一个*行政*目标；判决是在履行*审判职能*时对司法权之行使，而行政行为则是在履行*行政职能*时对执行权之行使；判决旨在解决一个争议中的*利益冲突*，行政行为则旨在谋求*公共利益*，然而，必须尊重私人的权利及正当利益；判决确立法律真理，并以*不可更改*之方式确定当事人之状况，终结一个事实或权利的不确定状态，行政行为则是行政当局行使其获赋予之权限以实现一般利益而作出的，且原则上未来可根据可能出现之对公共利益之新要求（法定例外除外）而自由地更改已被行政行为确定的利害关系人之情况。因此，法律的解释及适用，在判决中是一个*目标*，然而，在行政行为中仅是一个*工具*，以达到其他目标。

我们认为，作为一般及单一概念的行政行为，不可完全被视为等同于法律行为或判决，因为行政活动，正如我们看到的，[65] 明确地不同于私人活

65　参见本*教程*第一卷，第41—50页。

动，或其他公共活动，尤其是司法活动。因此行政行为具有一个独有的、特定的、专门的性质，在法律秩序中具有*自成一格*（sui generis）的形态——“为行政目标服务之公共当局单方行为”。

然而，应该注意的是*行政行为*包含两种完全不同的种类。

我们看到行政当局有时行使自由裁量权，有时行使受约束的权力。这是*行政裁量行为*与*受约束行为*的区别——尽管这为相对性或倾向性的区别。所有学说都意识到这个基本的区别，尽管学者与学者之间都提出不一致的意见。

因此，例如，以及在相同的观点下，一些学者把行政行为区分为自由裁量行为以及受约束之行为；另一些学者把它分为创设法律之行为以及适用法律之行为；另一些学者把主观行为及条件行为进行比较（Duguit 以及 Jèze）；另一些学者区分为法律行为及单纯行政行为（Zanobini），或法律行为及法律活动行为（Kormann）；另一些学者则区分为行政当局拥有“要求权力”的行为以及行政当局拥有“要求义务”的行为（Pierre Py）。

一方面，倘若好好注意，在自由裁量行为及法律行为之间存在一定相同之处（除了所有已指出之差别）；另一方面，在受约束之行为及判决之间亦存在一定相同之处。

事实上，自由裁量行为如同法律行为一样，行为人在法律限制内具有自主权确定决定之内容；而受约束行为则如同判决一样。两者都是针对个别具体情况适用法律的行为，适用法律之机关没有自由（或有限自由）去确定决定之内容。

因此，鉴于行政行为*自成一格的*特征，而又同时察觉到行政行为最具代表性之种类与法律行为及判决甚为相似下，我们可以作出以下指引性总结：

a）行政行为的法律制度是由法律及行政司法见解组成，并与行政行为*自成一格的*性质相一致；

b）如不因行政行为特有的性质而得出另外的结论，则法律行为（有意识的不确定行为）之专门规定可补充适用于*以自由裁量为主导的行政行为*；

c）作出同一保留后，判决（针对个别具体情况适用一般及抽象规范的行为）之专门规定可适用于*以约束为主导的行政行为*。

57. 同上：意思在行政行为中所担当之角色

毫无疑问，其中一个在上述中经分析最令人深思的问题是，人们的意思在行政行为中所担当之角色的问题。

把行政行为视为一个法律行为的学者，倾向于高度评价作出行为之行政当局机关的意思所担当之角色：当行政行为是一个法律行为时，在或多或少的程度上，意思自治原则亦在该行为中产生作用；法律得制定或多或少严格的限制，然而，在他们以外或除此之外，行政当局得作出任何决定及其认为最好的决定。

相反地，把行政行为视为判决的学者，倾向于减少具权限之行政机关的意思所担当之角色：没有任何意思自治；不存在人员的心理意思，占重要地位的是功能性或规范性意思；不关注希望什么，而关注应该希望什么；没有必要了解希望了什么或一直希望什么，而有必要了解法律是否被遵守。

这个理论上的讨论有重要的实务价值。

a) *在行政行为解释方面*：如视行政行为为法律行为，则其解释的决定性要素为查明其行为人之（真实）心理意思。然而，如视行政行为为判决，则其解释的决定性要素为法律及其命令作出的行为的法定类型。

b) *在行政行为填补漏洞方面*：按照第一个概念，应透过重建作出行为之行政机关的假设意思来填补漏洞；而按照第二个概念，漏洞应透过对适用于涉及行为所属类型的法律规定之推论来填补。

c) *在影响行政行为的意思瑕疵方面*：那些有如法律行为般分析行政行为的人并不认为意思瑕疵（例如错误、欺诈、胁迫）会引致行政行为的违法性，反而认为这些瑕疵可直接作为意思的真正瑕疵。因此，可作为非有效的独立渊源。而那些有如判决般构思行政行为的人则认为这些意思瑕疵的影响力不大，而仅在可引致行政行为的违法时方具重要性。

我们认为应取中间方向：意思在行政行为中所担当之角色并不是与在法律行为或判决中所担当之角色相同，而正如上文所述，因此，需按照行政行为*自成一格的*轮廓，赋予意思专门及独特的角色。

然而，除此之外——以及在不妨碍其原则性下——我们明白，由于上述原因，法律行为的专门规定可倾向地适用于自由裁量行为中的意思问题，同样，判决的专门规定亦可倾向地适用于受约束行为中的意思问题。

在以下数节我们将研究：上述一般标准对行政行为的法律制度的影响。

58. 行政行为的结构

行政行为的结构，正如任一法律行为的结构，是由四个要素组成——主体要素、形式要素、客体要素及功能要素。[66]

我们逐个分析各要素。

a）*主体要素*——*典型*行政行为在关系中有两个法律主体：公共行政当局及一名私人；或者，在某些情况中两名公共法人（例如，监督实体给予许可或核准的情况）；或者，两名私法人（例如，基于公共利益而解除一份某公共工程的承批人转让位于某高速公路服务区的餐厅的经营合同之行为）。

然而，该规定有例外情况：就是*多方*行政行为，可面向所有人并对第三人产生效力，而且可能影响大量私人的行为，例如，建造一所原子能中心或一座机场的决定；[67] 以及物权行为（例如，把某财产评定为公产）——这里并不存在某行政决定的相对主体，又或更确切地说，所有主体都是相对人，因为该行为面向所有的人（erga omnes）。

关于典型情况，应该指出，其中一个与行政行为有关的主体为一个组成行政当局的公法人，或者，有时候为一个拥有受行政当局合作之当局权力的私法人：行政行为是自其产生的。严格上，在法律上作出该行为之人是有关法人。然而，葡萄牙法律认为行政行为的*行为人*并不是作出行为之机关所属的*公法人*，而是已作出行为的*机关*。[68]

原则上行政行为的另一主体亦即行为的*相对人*，通常为一名私人（自然人或法人），然而，正如我们所述，亦可以是一名公法人。

---

66 关于这方面，尤其参见 Zanobini，《*行政法教程*》，第一卷，第 244 页及续后数页。

67 参见 Vasco Pereira da Silva，《*寻找毁坏的行政行为*》，第 451 页。对于作者而言，这些效力涉及第三人之决定之理论论述，符合行政行为理论的新气息（第 453 页）。

68 参见《葡萄牙行政法院诉讼程序法》第 26 条第 2 款、第 30 条第 1 款 a）项、第 34 条、第 36 条第 1 款 c）项、第 40 条第 1 款等。

b）*形式要素*——所有行政行为必然具有一个“形式”，即*把构成行政行为的意思表现行为予以显露或显示的形式*。

然而，不应把行政行为形式与含有以书面方式记录行政行为之文件形式（法令、批示、执照、决议等）相混淆。事实上，当大部分来自独任机关的行为以*书面*方式作出时，那么决议一般*以口头方式*在合议机关作出，之后将之*变成书面形式*（一般透过*议事录*方式，由合议机关的主席及秘书签署）。[69]

除行政行为的*形式*，亦须指明法律规定在预备决定阶段（行政程序）或决定固有阶段中须遵守的*手续*。我们认为“手续”*是法律为了保障行政决定的适当形成以及对私人之权利及正当利益的尊重，而命令遵守之所有步骤*。

与形式相反，手续本身并不构成行政行为的组成部分：它们在行政行为之前、中或后，但不是行政行为的要素。[70] 然而，正如法律，一般仅容许私人透过针对手续所涉及的行政行为提出争议，从而在司法上抨击忽略了手续，在实践上一切有如手续作为该行政行为的一部分进行。事实上，因忽略了手续而引起的违法性会影响透过有关手续所最终作出的行政行为，并使该行为转变成违法行为，从而成为司法争议的目标。[71]

c）*客体要素*——行政行为的客体要素为内容及目标。一些学者喜欢分别称为直接目标及间接目标。然而我们的术语更清晰及更具启示性。

行政行为的“内容”指构成行政行为的意思表现的实质。

在进一步具体化下，以下者构成行政行为的内容：

> 由行政当局作出之根本*决定*（委任、处罚、判给、征用、废止、中止、发牌等）；
>
> *附加条款*；
>
> 所作决定的*依据*。

69　根据文章中被强调之差异的结果，倘一个行为根据法律属于一个合议机关之权限，其以书面形式出现在一份由主席签署之文件上，而载于这文件内之行为是由合议机关作出，不存在违法性。然而，正如在实践中多次出现之情况，倘权限属于合议机关而不存在权力之授予之情况，主席出现签署一个*有如自己作出之*行为，则存在违法性。

70　相反：Marcelo Rebelo de Sousa，《*行政行为制度*》，如上所述，第 45 页。

71　往下参见，有关*行政程序*及*形式瑕疵*的内容。

因此，有必要区分行政行为的*主要*内容及*附属*内容。前者是*强制性的*，是指容许对行为作出识别的内容；后者是*非强制性的*，是公共行政当局为主要内容要素补充增加之要素，以使行政行为更好地满足一项具体公共利益。

非强制性内容中包括了行政行为的附加条款，例如，条件、期限、负担以及对废止的保留。

例如，一方面，行政当局“得批出具重要经济规模且显露出对该地区经济发展有利之行业的经营许可；然而，根据对高污染物排放的规定，得强制企业家兴建一座垃圾处理站，作为其排放高污染物之设备的抵消”[72]——在此，我们见到一个附负担之条款。另一方面，这里列举了一个（形成及解除）条件的例子，行政当局得批出空中运输牌照，并规定在被许可之公司没有在合理时间内签定某类型的保险合同，以及/或者没有增加相关公司资本至某金额时中止该批给。在通过一项某外语笔试的条件下任命一名公务员担任领事馆职位则为另一个中止条件的例子。最后，有关期限的例子，例如，自某将来日期开始任命一名公务员（中止期限）以及在游泳季节期间许可一所与海滩相连的营业场所开张（解除期限）。[73]

*对废止的保留*条款，是确保行政当局在作出行为时存在的情况或公共利益要求有所改变时，根据其判断可以透过废止去影响行为的条款。[74] 借着设立有关条款，行政当局并不受制于其自身的决定，倘公共利益需要，可自由改变之。因此，对废止之保留条款排除值得保护的信赖情况的出现。

行政行为的“客体”指该行为所针对的外部事物（一个人、一件物、或一个初步行政行为）。例如，在征用行为中，行为内容为作出征用的决定，然而客体为被征用的土地。

d) *功能要素*——最后，行政行为包含三项功能要素：原因、理由及目的。

“*原因*”为在学说中一直被大量讨论以及在学者之间亦没有达成共识的

---

72 参见 Carla Amado Gomes，《*在环境法中对试验之警告*》。*尤其是*，《*环境的许可性行为*》，科英布拉，2000 年，第 73 页。

73 12 月 30 日第 381 - A/97 号法令第 11 条中，规定求取电信公共网络经营人及公用电信服务供货商活动之制度的法规，被勾画成适用于准照行政行为之条件及模式之角色。

74 参见 Robin de Andrade，《*行政行为之废止*》，第二版，科英布拉，1985 年，第 172 页及续后数页，当中对*绝对保留*及*有条件保留*作出区分；Filipa Calvão，《*行政法中的非长久行为及临时行为*》，第 73 页。

要素。在葡萄牙，Marcello Caetano 认为“原因”不具独立性；[75] Afonso Queiró 把“原因”定义为行政行为的先决条件或基本前提；[76] Gonçalves Pereira 从“原因”中看出行政行为的前提条件与客体（内容）之间的一个适当关系。[77]

至于我们的见解，“原因”为*每一类行政行为的社会法律功能*（客观方面），或者在另一个角度中，为*每一行政行为的直接典型理由*（主观方面）。[78] 例如，*任命行为*的原因是在公务员编制中填补空缺；*征用行为*的原因是取得那些不可能按照市场一般方式取得之必要财产以便谋求一项确定公共利益；*出口津贴*的原因是援助私人公司以使其商业账目逆差减少；诸如此类。

“理由”为所有*旨在推进行政当局机关作出某个行政行为或对行政行为给予某内容的因由*。“理由”在名称方面分为主要理由及附属理由、典型理由及非典型理由、近理由及远理由、直接理由及间接理由（或嗣后理由）、明示理由及隐晦理由、合法理由及违法理由等。

“理由”和“原因”有什么不同呢？

正如我们所述，“原因”为*直接典型理由*；除上述者，“理由”亦一般包括所谓间接及非典型理由。

葡萄牙法律在传统上认为，在某些行为中，*主要具决定性的理由*尤其重要。[79] 该概念基于“决定性理由”与“非决定性理由”之间的区别，以及相信在前者中可以找出哪一个理由为“主要具决定性的”理由。[80]

关于“目的”，这正是*透过作出行政行为所谋求的目标或宗旨*。在此，必须区分法定目的——法律在赋予行政当局机关权限时所追求的目的——以及实际目的——行政机关在具体个案中真实谋求的真正目的。

59. 同上：要素、要件及前提

此刻，需要明确界定有关术语。

---

75 参见 Marcello Caetano，《*手册*》，第一卷，第 480—481 页。

76 参见 Afonso Queiró，《*原因*》，载于 *DJAP*，第二册，第 298 页。

77 参见 André Gonçalves Pereira，《*行政行为中的错误及违法性*》，第 110 页。

78 关于作为法律行为功能之原因的概念，参见葡萄牙民法，Inocêncio Galvão Telles，《*一般合同手册*》，第三版，里斯本，1965 年，第 251 页。

79 《最高行政法院组织法》第 19 条以及该章节。

80 参看其后关于权力偏差的内容。

我们的意见为，必须对关于行政行为的*要素*、*要件*及*前提*进行区分。

“要素”指*本身被视为行政行为的组成部分*，且可借逻辑分析解构之。当中可分为*必要要素*——若没有这些要素，行为就不存在（或者不得产生任何效力[81]）——以及*附属要素*——行政当局可选择将这些要素加入在行为内。

“要件”是*法律规定的关于行政行为每一个要素的要求*，以保障合法性及公共利益或私人的权利及正当利益。当中可分为*有效要件*——如不遵守该要件，则行为是非有效的——以及*效力要件*——如不遵守该要件，则行为是不产生效力的。

“前提”*作出某行政行为或向行政行为给予具体内容所取决之事实情况*。[82]

例如：某空缺之存在是任命行为或晋升行为的前提；某工作之意外发生是给予扶养金的前提；审定公共秩序改变是警察介入的前提；等等。

在续后的行政行为研究中，牢记我们对要素、要件及前提的区分，这一点是十分重要的。

60. 行政行为必须载明的事项

在葡萄牙行政法中，《行政程序法典》首次以系统化方式列举了行政行为*必须载明事项*之整体。事实上，该法规第 123 条规定了以下内容：

第一，行政行为内必须提及下列内容，但不影响提及其他特别要求指出之事项：

> a）作出该行为之当局，以及有授权或转授权时，指出之；
> b）相对人或各相对人之适当识别数据；
> c）引起该行政行为之重要事实或行为；
> d）被要求说明理由时，须为之；
> e）决定之内容或含义以及有关目标；
> f）作出该行为之日期；

---

81 参见《行政程序法典》第 133 条第 1 款。

82 同样引述事实情况之前提条件的概念，以及我们曾使用的相同之条件，参见 Garcia de Enterría 及 T. Ramon Fernandez，《*行政法教程*》，第一卷，第五版，马德里，1989 年，第 536—537 页。

g）作出该行为者之签名，或作出该行为之合议机关之主席之签名。

第二，指出上款所规定之事项时，应采用清楚、准确及完整之方式，以便明确界定其含义及范围，以及行政行为之法律效果。

因此，透过阅读该等规定得知，在有一名或可确定的相对人且原则上必须透过书面作出之行政行为中，法律要求行政行为必须列出五个事项[83]——*作出*该行为之*当局*、*相对人*或*各相对人*之适当识别数据、决定之*内容*、作出该行为之*日期*以及*作出该行为者*或*其代表之签名*。

而另外，仅在其他特别情况中要求必须指出三个事项——*授权*或转授权之载明（倘其存在时）；引起该行政行为之*事实*（倘其为重要时）；以及*说明理由*（倘法律要求时）。

所有这些法定要求的目的有三个：（1）使每个行政行为具有一个准确的*识别*；（2）提供相关的*解释*（透过阐明所有可足以清楚地推理出行为意思及范围的数据）；（3）向受损害之私人提供必要信息要件以便其面对倘有之违法性时组织其防御。[84]

当作出某行政行为而没有提及《行政程序法典》第123条第1款所要求之必须载明事项时会有什么后果？

答案是，并非所有情况都有同一个后果。

很明显，并非所有第1款所述的载明事项“皆涉及行政行为的要素，并非皆表现为该行政行为或决定，有些是涉及该行政行为或决定之外部显露部分或文件部分”。[85] 因此，不能把“涉及行为本身之必要要素的载明事项与必须载于外显行为之文件的载明事项相混淆”。[86]

那么：

a）由于未包含必要要素，欠缺以下事项之行为是*无效行为*（参照《行政程序法典》第133条第1款）：作出该行为之当局（a）项第一部

83　关于口头行为，随后在其转录或证明书中查核最终被显露的决定是否载明在法律目录中被要求作出之所有事项——参见 Esteves de Oliveira/Pedro Gonçalves/Pacheco de Amorim，《*行政程序法典*》，第582页。

84　参见 Freitas do Amaral 及其他著者，《*行政程序法典之注释*》，第226—227页。

85　参见 Esteves de Oliveira，Pedro Gonçalves，Pacheco de Amorim，《*行政程序法典*》，第583页。

86　参见 Esteves de Oliveira，Pedro Gonçalves，Pacheco de Amorim，《*行政程序法典*》，第583页。

分；相对人或各相对人之适当识别数据（b）项；决定之内容或含义（e）项；以及最后，作出该行为者之签名，或作出该行为之合议机关之主席之签名（g）项。[87]

b）由于沾有违反法律或引致可撤销性之形式瑕疵，欠缺以下事项之行政行为是*可撤销行为*：引起该行政行为之重要事实或行为(c）项；法律要求时的理由说明（d）项；作出该行为之日期（f）项。

c）由于隐瞒要素会妨碍相对人或各相对人对有关行政行为之完全理解，因此，依据授权或转授转作出之行为在没有指出授权或转授权的存在时，则是*不规则行为*(a）项第二部分。[88]

正如我们续后所述，倘行为是无效的，则瑕疵不得被补正或转为有效；倘是可撤销的行为，则仅在法律规定下，得补正瑕疵或转为有效；倘是不规则行为，则产生其典型效力，即使亦可产生有别于一般效力的其他效力（以及亦包含民事责任及纪律责任之效力）。[89]

Ⅱ. 种类

61. 行政行为的种类

我们从行政行为的一般种类开始，[90] 即我们从行政行为的主要法定类型

---

87 正如 Esteves de Oliveira，Pedro Gonçalves，Pacheco de Amorim，《*行政程序法典*》，第 587 页中启迪性地指出："一个十分完美的行为，甚至是手写的及在公文纸上的，倘欠缺行为人之签名，是一个没有法律效力的行为。"

88 这方面参见 Freitas do Amaral 及其他著者，《*行政程序法典之注释*》，第 227 页；Esteves de Oliveira，Pedro Gonçalves，Pacheco de Amorim，《*行政程序法典*》，第 583 页。

89 关于不当情事，参见*下述内容*。

90 参见 Marcello Caetano，《*手册*》，第一卷，第 440 页及续后数页；Rogério Soares，《*行政法*》，第 101 页及续后数页；Sérvulo Correia，《*行政法概念*》，第一卷，第 456 页及续后数页；Esteves de Oliveira，《*行政法*》，第一卷，第 394 页及续后数页；García de Enterría，T. R. Fernandez，《*行政法教程*》，第一卷，马德里，1997 年，第 559 页及续后数页；Jacqueline Morand-deviller，《*行政法教程*》，第 310 页及续后数页；Aldo Sandulli，《*行政法手册*》，第一册，第 616 页及续后数页；M. S. Giannini，《*行政行为*》，载于 *EdD*，第 172 页及续后数页；Wolff，Bachof，Stober，《*行政法*》，第二册，第 49 页及续后数页；Ernst Forsthoff，《*德国行政法论著*》，第 328 页及续后数页；Hartmut Maurer，《*德国行政法*》，第十版，第 202 页及续后数页（1994 年的法文翻译本，第 214 页及续后数页）；Antoniolli，Koja，《*德国行政法*》，第 504 页及续后页。

开始。

我们的意见为，行政行为首先分成两大组别：*首要行为*及*次要行为*。

我们认为“首要行为”*为首次涉及某具体生活情况的行为*。例如，任命一名公务员；向一名私人批给一项准照以兴建一座房子，又或拒绝之；征收一块私人土地；等等。

那么，当行政当局对某生活情况首次发表意见时，为一个首要行为。

之后是“次要行为”，*为涉及之前已作出之某个首要行为的行为*：已存在的首要行为为其目标，又或涉及一个已由某首要行为管制的情况。例如，废止一个先前的行政行为，又或中止其他行为，等等。

我们的研究从首要行为开始。

在该等行为中，需区分*强制性行为*及*许可性行为*。

62. 首要行为：a）强制性行为

“强制性行为”是*强制某人接受某行为或受特定法律效果约束的行为*。

需要对强制性行为的四个主要类型作出区分：

指令行为；
处罚行为；
剥夺行为；
判断。

“指令行为”是*强制一名私人接受一项积极或消极行为之行为*。那么，当*强制接受一项积极行为*时，这称为“命令”；当*强制接受一项消极行为*时，这称为“禁止”。这类行为的主要范畴毫无疑问是警察法。[91]

“处罚行为”是*强制某人接受一项处罚之行为*。例如，由于作出一项违反公务员义务的行为，而被科处一项纪律处罚。

“剥夺行为”是*强制对一项权利内容作出消灭或修改之行为*。例如，征用土地、公司国有化、私人房地产的地役权（例如，为了放置及安装天然气管道）、征用、临时占用土地、伐树或屠宰动物等。

91　参见 Ernst Forsthoff，《*德国行政法*》，第 330 页。

在此需要指出的是，作为该类型行为的相对人，行政当局需要透过支付一项金钱赔偿以补偿受损害的私人（参见宪法第62条第2款），该赔偿不应该是纯粹有名无实的、象征性的或微不足道的赔偿，而应该是“透过一项关于与受害人财产中被牺牲利益价值相同之金钱款项的具体评估以确定的”赔偿。[92] 某一物由其市场上之货币价值代替，以便受害人财产的资产净值在作出行政行为前后是一样的。[93] 因此，简而言之，*合理赔偿*具有使有关情况恢复均势的特征，且有利于受公共权力机关行为损害的主体。我们认为，“为了令受到一正当行为扰乱的财产恢复均势，必须考虑《民法典》第562条及续后条文的学说”。[94]

“判断”是指*一个行政当局机关，按照公正标准，对人、物或交由其衡量之行为作出评定之行为*。判断的例子有：评定、酌科、估价、评核等。

63. 首要行为：b）许可性行为

“许可性行为”是*使某人能够作出或不作出某个行为（在其他情况下是禁止的）之行为*。

许可性行为区分成两大组别：（1）*给予或增加利益*的行为；（2）*消除或减少负担*的行为。

第一个类别中，需要考虑六个主要类型：

许可（autorização）；
准照（licença）；
特许（concessão）；
授权（delegação）；
录取（admissão）；
补贴（subvenção）。

a）“许可”为*一个行政当局机关许可某人行使一项权利或一项先前存*

---

92 参见 Rui Medeiros，《*有关透过立法行为制订的国家民事责任随笔*》，第337页。

93 参见 García de Enterría，T. R. Fernández，《*行政法教程*》，第二卷，第298页。

94 参见 Gomes Canotilho，《*因合规范行为而出现之国家责任问题*》，科英布拉，第324页。

在的权限之行为。[95]

因此，在此情况下：某人为某权利的拥有人，然而，法律规定，仅透过由具有权限之行政当局就逐个情况给予之许可，该权利方得*被行使*。为此，该名私人必须到公共行政机关，请求给予许可以行使其权利。权利是属于该名私人的，而并非该许可向其给予的：他已经是有关*权利的拥有人*，*但其行使取决于已获公共行政当局的许可*。

关于私人行使权利方面所述之内容，*经作出适当配合后*（mutatis mutandis），亦适用于行政当局行使权限的情况，而其行使亦可能取决于更高级别的行政机关的一项许可。

正如 Rogério Soares 所述，许可指“（……）一名私人主体对特定权力之行使可能与某公共利益相抵触，因此，需由一个当局对两者作出权衡，以确保仅在私人利益可与所实现之公共宗旨取得平衡的情况下，方满足该私人利益。又或当出现等级不同的公共利益时，应由某一行政机关进行具体协调”。[96]

b）“准照”*为一个行政当局机关赋予某人权利之行为，以便该人从事一项相对地被法律禁止之私人活动*。

之所以准照与许可有所不同，这是因为在许可的情况中，私人已是有关权利的拥有者，而仅是该权利之行使取决于行政的许可。在准照的情况中，私人对行政当局而言并不是任何权利的拥有者：其准备发展的活动原则上甚至是被法律禁止的；然而，法律本身容许例外地在某些情况下从事该活动，那么公共行政当局得准许从事该活动；例外准许从事原则上被禁止的活动之行为（例如，持有火器或经营私有电视频道）称之为准照。

c）“特许”*为一个行政当局机关把某公共活动转予某私人实体执行，而被*特许人*以自负风险方式为了总体利益去从事该公共活动*。

这是一个与准照不同的情况。在准照中，行政当局容许私人从事一项原则上被禁止的*私人活动*，然而，仍然是一项私人活动；在特许中，转予被特许人的是一项从事*公共活动的权利*——例如，经营一项公共服务，兴建及经营一项公共工程，又或经营一项公产。因此，将被转予（原则上）

---

[95] 参见 Pietro Gasparri，《许可（行政法）》，载于 *EdD*，第四册，第 509—516 页。最后，强调许可性行为新的（程序上的）范围，参见 Carla Amado Gomes，*《在环境法中对试验之警告》*。*尤其是*，*《环境的许可性行为》*，第 61 页及续后数页（*最多*为第 64—72 页）。

[96] 参见 Rogério Soares，*《行政法》*，第 111 页。

私人范畴的活动定为一项公共活动，但由私人实体从事。这就是我们已从另一方面分析过的为“私人执行公共职务”的情况。

正如过去所出现般，特许得被例外地给予属公法性质的实体。然而，在现今这不是一个解决方法。事实上，公共工程、财产或服务的被特许人为可能的一个公共实体，这已被 Marcello Caetano 明示地承认，他说：“具备法定要件以及在公共行政当局合作中给予适当担保的任何自然人或公法或私法之法人，均得为被特许人。”[97] 该学者以国家与市之间就利用水力之电力公共服务订立的特许（参照《行政法典》第 51 条第 31 款）作为给予公法人的特许之举例说明。另外，《共同体法》（参照六月十八日第 93/37/CEE 号指令）亦明示规定（公共工程的）被特许人本身得为一个组成公共行政当局的实体。

一方面，特许经常以行政合同形式实行（参见《行政程序法典》第 179 条）。这并不奇怪。正如 Marcello Caetano 所教导的：“权限转移与特定形式之间并不存在必然关系，即在逻辑上不存在特许仅可由合同或行政行为作出的情况。”[98] 因此“在某些情况中，如在作出转移前，必须进行漫长的旨在明确有关内容磋商，且采取由各方自由地确定效力之合意形式：我们正面对的明显是合同（……）”；[99] 在另外一些情况中，“行政当局的意思以单一方式展露出来，透过单纯决定作出转移，而无须承批人的参与，被特许人仅有权声明是否愿意承担特许的负担（……）。在此存在一个单方行政行为，其效力取决于私人的接受（……）”。[100]

另一方面，除我们已经讲述之*转移性特许*——通常是向私人转移行政当局固有的权限或权利——亦存在被称之为*创设性*的特许（例如，赋予公民资格、头衔、杰出荣誉等），然而，这个创设性“特许”并非真正意义的特许，[101] 因为将成为被特许人权利义务范围内之权限或权利并非预先由行政

---

97 参见 Marcello Caetano，《*手册*》，第二卷，第 1107 页。

98 参见 Marcello Caetano，《*公共部门批给理论研究之补充*》，载于《*行政法研究*》，里斯本，1974 年，第 97 页。

99 参见 Marcello Caetano，《*公共部门批给理论研究之补充*》，如上所述，第 97 页。

100 参见 Marcello Caetano，《*公共部门批给理论研究之补充*》，如上所述，第 97—98 页。

101 在不同的方向，参见 Esteves de Oliveira，《*行政法*》，第一卷，第 398 页；Pedro Gonçalves，《*公共服务之批给*》，科英布拉，1999 年，第 50 页及续后数页。关于被提及之转移性批给及创设性批给之间的区分，参见葡萄牙以外其他国家学理，Guido Zanobini，《*行政法教程*》，第一册，第 261 页及续后数页；Aldo Sandulli，《*行政法手册*》，第一册，第十四版，拿坡里，1984 年，第 602—603 页。

当局拥有，由于没有转移什么，因此没有特许什么，“更妥当地可以说行政当局同意，创设、修改或消灭有关申请涉及的权利”。[102] 更确切地应称为*赋予行为*。

d）“授权”，同样在之前已经被探讨，因此仅在此进行忆述，是指一个*行政当局机关（一般为主管某事宜之机关）依法容许另一机关或人员作出关于同一事宜之行政行为*。[103]

需要强调的是，与前述三个类别所出现的情况不同，在此所有事情都发生在公共行政当局自身的范围内。不存在行政当局与私人之间的关系，而是存在行政当局机关与人员之间的关系。

e）“录取”是一个*行政当局机关授予某私人某个特定法定职级之行为，在此发生的是具体权利及义务的授予*。例如，鉴于某人被接纳为某教育场所之法定级别的学生，而在该场所内作出*注册*行为所出现的情况。又如，在更多不同公共场所（医院、图书馆、博物馆等）录取使用者的行为。

f）最后，“补贴”得被定义为一个*行政当局机关给予某私人某笔金额以敷付其在谋求公共利益活动时固有开支之行为*。[104] 例如，由葡萄牙电影署给予一项津贴以资助一部葡萄牙电影的制作。[105]

上述为*给予或增加利益*的许可性行为之主要类型。

现在我们将研讨*消除或减少负担*的许可性行为。

在此，我们尤其需要考虑两个类型：

免除（dispensa）；

放弃（renúncia）。

一方面，“免除”是*依法容许某人不履行某项一般义务的行政行为*。另一方面，免除可以具体分为两个类型：*豁免*（isenção）及*自行回避*（escusa）。两者之差别为，*豁免*是由行政当局为谋求相关公共利益向私人作出的（例如，税收豁免），然而，*自行回避*是由一个行政当局机关为保障行政当局的

102 参见 Marques Guedes，《批给》，第一册，第 123 页。关于区分方面，同时参见葡萄牙 Rogério Soares，《行政法》，第 107—110 页。

103 参见 Guido Zanobini，《行政法》，第一册，第 663 页。

104 参见 João Caupesrs，《*行政法绪论*》，第 185 页。

105 关于补贴的内容，参见葡萄牙 Maria João Estorninho，《*私法的漏洞*》，第 109 页及续后数页。

公正无私而向另一个机关或行政人员作出的（参见，*上述*，保障公正无私的内容）。

与自行回避不同的是“放弃”，其在于一个*行政当局机关自行舍掉其拥有一项法定权利*。

因此，“放弃”等于丧失权利。然而，不可把这些情况与*承诺不行使某权利*的情况互相混淆：在此，行政当局并非放弃其权利，而是仅仅承诺在某具体情况中不行使该权利，然而，该权利仍由其拥有，且因此得在所有其他情况中行使之。[106]

64. 同上：预先决定

尤其关于增加利益之许可性行为之具体类型（如许可及准照），行政学说提及预先决定的概念，[107] 其包含两个不同的事实：*预先行为*（actos prévios）及*局部行为*（actos parciais）。

预先决定主要出现于*被称为分段*或*阶段性的*特定行政程序中，又或者说，出现在使用得越来越多的旨在解决特别复杂问题的程序中的“其复杂性可能是基于（……）相对人的数目（公众程序）、所涉及关系的持久性、决定的技术性（……）”，[108]“而为了更简化及加快行政工作，可要求在有关程序终结前作出阶段性或提前的决定”。[109] 预先决定“主要为了降低私人投资之风险，因此每个预先决定都起着预先通知在程序结束时可能随即发生什么之作用”。[110]

然而，什么是预先行为及局部行为呢？

“预先行为”是*行政当局用以解决单独问题的行政行为，而其可直接影响私人所提出之许可性或准许性要求*。

“局部行为”是*行政当局预先地对终局问题的某一部分作出决定的行政行为*，而该终局问题将*用以决定某许可行为*。

---

106 关于承诺的形态，参见 Hartmut Maurer，《*德国行政法*》，第 224 页及续后数页。

107 参见 Vasco Pereira da Silva，《*寻找毁坏的行政行为*》，第 642 页；Filipa Calvão，《*行政法中的非长久行为及临时行为*》，第 45 页及续后数页。

108 参见 Vasco Pereira da Silva，《*寻找毁坏的行政行为*》，第 462 页。

109 参见 Filipa Calvão，《*行政法中的非长久行为及临时行为*》，第 45 页。

110 参见 Filipa Calvão，《*行政法中的非长久行为及临时行为*》，第 46 页。

在葡萄牙行政法中预先行为的例子为《预先通知》，由市政厅在发出城市及建筑物工程准照之都市程序（十二月十六日第555/99号法令第14条及续后条文）范围内提供。这个预先通知根据法律是创设权利的，并可作为保障私人的一种工具，降低了工程项目不获批准的风险，而该等项目之成本一般为昂贵的。[111] 概而言之，它保证了其相对人可对抗都市规范或行政机关决定准则之嗣后变更。

在葡萄牙行政法中局部行为的例子为结构工程许可，“在行政当局已掌握足够数据以确定进行建筑物的结构工程之可行性，但仍未拥有足够数据以断定建筑准照的所有规范性前提是否存在时，许可进行建筑初期的必要挖掘工程之行政行为”。[112] 这类决定亦具有约束力，“仅得根据在废止及撤销方面所适用之一般法律规定排除该决定”。[113]

尽管存在一些共同点，但它们可以互相区分。在预先行为中，涉及先决问题的行政当局决定并不具有任何许可性效力。例如，在许可的情况中，私人在终局决定被作出前仍不得行使其权利；相反，在局部行为中，行政当局的决定对于有关申请中某部分内容已是一个确定性决定，因此实时具有许可性效力，但仅限于私人拟获得的权利中的某部分。[114]

65. 次级行为

“次级行为”，正如我们在开始所述的，*直接针对之前的初级行为，以及因此间接针对作为初级行为背后的实际情况之行政行为*。在学说上*被称为有关行为之行为*或*第二级行为*；以另一个之前的行政行为作为直接目标之行政行为。

次级行为分为三个类型：

1）*补充行为*（actos integrativos）；
2）*清理行为*（actos saneadores）；
3）*分拆行为*（actos desintegrativos）。

111　参见 Fernando Alves Correia，《*现时葡萄牙都市法改革的主线*》，科英布拉，1993年，第132页。
112　参见 Filipa Calvão，《*行政法中的非长久行为及临时行为*》，第53—54页。
113　参见 Filipa Calvão，《*行政法中的非长久行为及临时行为*》，第53页。
114　参见 Hartmut Maurer，《*德国行政法*》，第228页。

现时在此仅研究*补充行为*，因为另外两个类型仅在研究行政行为非有效内容后才被更好地理解。因此我们之后再研究。

“补充行为”*旨在补充之前的行政行为*之行为。在该等行为中，我们必须区分五个主要类型：

认可（homologação）；
核准（aprovação）；
批阅（visto）；
确认行为（acto confirmativo）；
确认性追认（ratificação-confirmativa）。

a）“认可”是*接纳某个由另一机关提出的建议或意见之理由及结论的行政行为*。

在行政实践中经常出现某机关向另一机关作出某建议或提议，其后倘后者同意该建议，其仅说出“认可”该意见或建议。这是：认可*接纳*了建议的理由及结论。因此，当主管机关说出“认可”，这意味着把被认可行为的结论及内容吸纳为其行为及理由。

而必须强调的是，不但结论和其理由，均被认可囊括，因为法律针对很多情况确立说明理由之义务。在认可的情况中，没有必要增加更多理由在有关建议已经包含的理由上，因为认可不仅由建议之结论所组成，而且亦由有关之理由所组成（参见《行政程序法典》第 124 条第 2 款）。

在其他情况中，并非为一项建议，而是一项意见。当某咨询机关向执行机关发出意见时，倘认可之，则这意味着认可吸收了有关意见之结论及理由，然而，这里的行政行为是认可。主要行政行为是认可，而并非被认可之行为。[115]

b）“核准”是*某行政当局机关表示其同意之前由另一行政机关作出之某个行为，并对之赋予效力之行政行为*。

例如，由公务法人作出的某些行为取决于政府的监督实体核准；而其他行为则取决于同一法人之大会、委员会或评议会之嗣后核准。这里我们所面对的，是在随后由另一机关作出核准时方产生效力之行政行为。因应

115 参见 José Gabriel Queiró，《*确认*》，载于 *DJAP*，第五册，第 90—93 页。

情况可为监督实体之核准或非监督实体之核准。

核准与认可不一样，因为在认可之情况中，在其被作出前，不存在任何行政行为，仅存在一项建议或意见。相反，在核准之情况中，在其被给予前，已存在一个没有效力的行政行为。因此，核准仅赋予效力予一个已经存在但没有效力的行政行为。

在此哪一个为主要行为？

主要行为是被核准之行为，而并非核准行为，因为前者仅需要核准以产生效力［参见《行政程序法典》第129条第a）项］。核准对被核准行为之行为赋予效力，然而，并不吸收之，因此核准在该情况下不是主要行为，主要行为是被核准之行为。

如何把核准与许可作出区分？

首个不同之处一目了然：许可是一个*许可性*行为，而核准是一个*补充*行为。然而还有更多不同之处：在许可中，被许可的是将来实施某行为或将来行使某权利（例如，关于某中央行政当局机关在审阅工程计划书后，许可市政厅对一个于保护地区内的具体建筑工程发出准照之行为），而在核准中，被同意的是在过去已被作出之行为。

除此之外，从法律观点看，基本差别为下述内容：*核准为行政行为的效力条件，而许可为作出行为的有效条件*。

因此，受核准约束而仍未经核准之行为，是*不产生效力*之行为；而在未经许可下作出之受许可约束之行为，是*非有效*行为。

c）第三，另一类补充行为是*批阅*。什么是批阅？

“批阅”是指*某主管机关声明已经充分了解另一行为或文件而没有对其内容发表意见*（纯粹“理解上的”批阅），或*声明在合法性上或在恰当性上对被审核之行为不存在异议而因此赋予其效力*（“具意志的”批阅）*之行为*。

具意志的批阅与核准不同，因为在核准中，作出核准之机关表示其同意被核准行为之内容及时机性；而在批阅中，作出批阅之机关并不表达其意见，既不赞同亦不附和，仅*不反对之*：在教会法中称之为*nihil obstat*。

有时候，具意志的批阅属监督性行政机关或监督性司法机关的权限——审计法院之批阅属此情况。[116]

116　参见José F. Tavares，《*审计法院，特别研究——概念、性质及行政活动之范围*》，科英布拉，1998年，第117页及续后数页。

d）确认行为是*行政当局某个机关重申及维持之前某行政行为仍然生效之行政行为*。

在实践中，经常出现行政当局拒绝给予特定准许或许可，而其后私人会坚持及再一次请求相同的事物。而行政当局得确认其之前的拒绝，重申其最初采取的立场。有时候，某个下属作出某行为（拒绝发出某准许），利害关系人在获悉该准许被拒绝后提起诉愿。上级研究该问题后得出结论，认为下属决定正确，因此不多不少地重申该项已被作出之决定：没有变更什么，仅*确认*该决定。

e）最后为*确认性追认*。之所以称之为确认性追认，是因为存在另一个追认类型，这就是*补正性追认*（ratificação-sanação），我们将在之后研究之。

“确认性追认”是*由一般具有权限决定某些事宜之机关对在特别情况下由例外具有权限之机关作出之行为表示同意之行为*。

这就是根据 11 月 19 日第 252/92 号法令第 8 条例外赋予地方行政长官权限的情况：由例外具有权限之机关作出之行为受一般具有权限之机关之追认（确认性追认）约束。

在这些情况中，有两个前提需要考虑：一般具有权限之机关予以同意并追认，或不同意并拒绝追认：倘追认，则之前仍未确定之行为经追认后转为确定（由于紧急原因，该行为在追认之前已实时具有执行力，但不是确定行为）；倘拒绝追认，则该行为*失效*。

不要把确认性追认与其他概念相混淆。第一，必须把它与*补正性追认*作出区分：后者是以违法行政行为作为目标，以及旨在将之转换成合法行为；而确认性追认则以合法行为作为目标，以及旨在对之赋予确定性。

第二，必须明确地把确认性追认与*确认行为*（acto confirmativo）作出区分：前者以例外具有权限之机关作出之行为作为目标（如前述，第 252/92 号法令第 8 条所述情况的地方行政长官），而确认行为则以一般具有权限的机关作出之行为作为目标（如前述，由下属在其固有权限内作出之决定，其后由有关上级确认，或由作出行为者自己作出确认）。

第三，不要把确认性追认与*核准*（aprovação）相混淆。当然，从广义上看，确认性追认是一项核准（因为这是一个表示同意某个之前行为的行为）。然而存在一个十分重要的差别：在受核准约束的行为中，初级行为*是确定但未产生效力的*；在受确认性追认约束的行为中，初级行为*已产生效力但不是确定的*。

而该差别引致一个十分重要的法律后果：核准向初级行为赋予效力，而确认性追认向初级行为赋予确定性。

66. 辅助行为

如今我们分析辅助行为（acto instrumentais）此一类型，正如前述，它不包含当局之决定，相反的是决定性行政行为的辅助行为（是同义叠用）。即，“辅助行为以不同方式促使作出行政行为或影响行政行为的有效实践，这就是它对实现行政工作之贡献”。[117]

什么行为包含在该类型中呢？

有两个主要类型：

对认知之宣告；

表示意见之行为。

1）*“对认知之宣告”指行政当局某机关正式地表明认知某些事实或情况存在之辅助行为*。

例如，*举报书*（某当局人员通报获悉某项犯罪之行为）、*证明书* 及*证明*（行政当局向公众声明，透过存于其登记或档案之文件，官方知悉某些事实或情况）、*证明文件* 、向公众提供的*信息* 等。所有这些行为皆符合对认知之宣告的概念。

简言之，这些宣告性行为限于确认已经存在的情况或承认已存在的情况的有效性。[118]

有些人把宣告性行为称为*非创新行为* 。然而，我们并不接受该表述，因为这些行为在法律秩序中亦带来一定创新。

Alberto Xavier 很早之前在其学位论文（*《课税行为之概念及性质》，里斯本，1972 年*）中致力于研究这事情。该学者在论文中注意到，所有法律效力，透过其存在之单纯事实，本质地皆为创新的：因此其宣告性效力亦具创新性。换句话说，单纯宣告性行为亦是产生新法律效力的行为，*尤其*

117　参见 Rogério Soares，《*行政法*》，第 100 页。

118　关于这个种类，参见 Paulo Otero，《*行政法中之代任权力*》，第 428—432 页。

是官方承认某权利或某法律状态之效力。因此，在宣告性行为作出之前并不存在的某项权利，因获官方承认而存在，从而在法律秩序中产生了一项变更。该变更并不在于把一项不存在之权利予以创设，而是在于把在官方上承认有关权利存在之一份文书呈现出来。因此，这是宣告性类型的创新，而并非创设性类型的创新。然而，这是一项创新，因为作出确认之宣告性行为在某种程度上亦为创新的行为。[119]

这些行为*原则上*具有*追溯效力*。由于限于承认已经存在的权利或状态，该承认自被承认的权利或状态产生时生效。

因此，例如，一份于2000年发出的关于一名人士于1974年诞生之出生证明，并不仅从2000年起生效：该证明覆盖自1974年起之整个期间，证明了在1974年至2000年期间任一年份该人士已经存在。该行为之宣告性效力具追溯效力，自1974年起生效。

同样地，于2000年发出之于1965年毕业之医学学士学位证明，用以证明自医学士法律状况创设之日起之有关状况，而并非自发出证明当日起之有关状况。倘出现有关该人士是否于1970年已经为医学之争议，则该份2000年发出之证明得被引用，其对于1970年是生效及为有效的，其效力是*ex tunc*，即有追溯的，而不是只对2000年及续后年份生效。

2）“表示意见之行为”（actos opinativos）*是行政当局某机关就某技术或法律问题发表其观点的行为*。实质上，这就是意见。行政当局在此并非解决问题及作出决定，而仅发表意见，称之为表示意见之行为。

不应把该等行为与《行政程序法典》第186条第1款所述之“表示意见之行为”相混淆：正如我们往后于探讨行政合同时谈及的，后者“指行政当局法律意思之单方表示，而由于在合同关系内发表（关于合同的解释及有效性，因此与行政当局作出行政行为的情况无关），所以并不约束对方当事人（除非透过事先的司法确认），且表现为（……）公共立约人对其认为构成有关合同关系内容的权利或义务发表之意见”。[120]

有必要将该类行为区分为三个方式：

官僚信息（informações burocráticas）；

---

119 参见 Alberto Xavier，《*纳税行为的概念及性质*》，第405页及续后数页。

120 参见 Esteves de Oliveira，Pedro Gonçalves，Pacheco de Amorim，《*行政程序法典*》，第552页。

提议（recomendações）；

意见书（pareceres）。

a）“官僚信息”*指由部门向有权限作出决定之上级提供之意见*。

之所以称之为“官僚信息”，是为了将之与“向公众提供之信息”予以区别，后者为前述类型——对认知之宣告——的一部分。

这是行政当局向公众提供特定信息之行为，另一者是公务人员对某程序作出研究并制作向上级呈交的信息之行为，以便上级能够以更符合法律及公共利益的方式作出决定（例如，某座大厦之建筑，由于显示出其违反了所适用的都市建筑规定，应被禁制及被命令拆除）。

b）“提议”*指作出意见之行为，该意见体现为对有权限决定某些事宜之机关作出之呼吁，然而并不约束该有权限机关*。

c）“意见书”*指由在某专业领域擅长的专家或具咨询性质之合议机关所制作之表示意见之行为*。

意见书与《官僚信息》不同，后者“一般局限于描述有助于作出决定之事实及法律事宜，而*意见书*（……）则作为权威的批判性意见提出，当中深入研究最困难的技术、法律及政治问题，以及在分析有关解决方法之所有角度及可能性后，建议一个以谨慎核实之依据作为支撑的终局解决方法”。[121]

67. 同上：各种意见书

有必要了解意见书可分为两个十分重要的类别。

首先，视乎法律是否规定*发表意见之必要性*，意见书为“必需意见书”或“任意意见书”；其次，视乎法律是否规定*有权限作出决定之机关必须遵循意见书的结论*，意见书为“具约束力”或“无约束力”的。[122]

在葡萄牙法律中，一般规则为“法律所提及之意见书视为必需且无约束力之意见书，但另有明文规定者除外”（《行政程序法典》第98条第2款）。

因此，当法律确立取得意见之必要性，而且没有说明其他时，在疑问

---

121 参见 Baptista Machado，《*公法绪论课程*》，载于《*综合著作*》，第二册，Braga，1993年，第261页。

122 这方面参见《行政程序法典》第98条第1款。

情况中适用之一般规定为该意见书是必需的，然而是无约束力的。

咨询机关或专家之意见书对有权限作出决定之机关具约束力之情况为例外情况。正如所述，意见书一般为行政程序中的调查及咨询性措施，在没有另一法律行为（程序之终局行为）之辅助下，欠缺对发出机关以外之人产生外部法律效力之（职能上）能力。[123] 然而，当意见书之结论必须被有权限作出决定之机关所遵循时，*那么事实上是由发出意见书之实体作出决定*。这为真实的决定：第二个实体之决定仅具形式性，它仅反映意见书内已被预先确定之内容。在最后的情况中，只要意见书为具约束力的，这正是两个机关*共同*作出行政行为。行为有两个作出者：其一者，为作出具约束力之意见书之咨询机关或专家；另一者，为有权限作出确定决定而有义务遵循意见书结论之机关。

倘意见书是必需的，然而是无约束力的，那么欠缺该意见书则构成*形式瑕疵*（vício de forma）。[124]

意见书内应*说明理由*，并应以明确及清楚之方式对咨询中所指出之所有问题作出响应（《行政程序法典》第 99 条第 1 款）。因此，倘意见书没有结论时，又或仅具有暗示或含糊的结论时，由于其目标不可理解，则该意见书为一个*无效*的行为［《行政程序法典》第 133 条第 2 款 c）项］。

如无法律规定或定出其他期限，意见书须在三十日期限内发出（《行政程序法典》第 99 条第 2 款）。

对行政当局活动快捷性及私人权利的保障十分重要的规定为《行政程序法典》第 99 条第 3 款："必需且无约束力之意见书未在上款规定之期限内发出时，程序得继续进行，且得在无该意见书下对程序作出决定，但法律另有明文规定者除外。"即原则上，行政当局机关在发表意见方面的迟缓不应限制行政当局在作出行为方面的效率。

68. 行政行为的分类

认识了行政行为及辅助行为的一般种类后，我们现在将阐述一些可对

[123] 参见 Pedro Gonçalves，《*关于具约束力之意见的功能及性质之笔记*》，载于 *CJA*，第 1 期，1996 年，第 3 页及续后数页。

[124] 参见 Freitas do Amaral 及其他著者，《*行政程序法典之注释*》，第 186 页；Rogério Soares，《*行政法*》，第 136 页。

有关行为作出之分类。

在此我们不会一下子阐述所有可能的分类，而仅阐述一些最重要的分类。其他分类则在其后被包含在某些最接近分类之事宜的处理中（例如，关于废止，我们仅阐述“创设权利的行为”及“非创设权利的行为”之行政行为分类）。

此时此地，我们将阐述以*作出行为者*、*相对人*、*效力*、*强制执行性*为标准之行政行为的主要分类。

69. 同上：a）关于作出行为者：决定及决议

过去直至 Marcello Caetano 的教学，在里斯本大学法学院中，一个重要的区分就是*决定*与*决议*之分。因此，在以作出行为者为标准的情况下，由独任机关作出之行政行为被称为“决定”，而由合议机关作出之行政行为被称为“决议”。

现今，我们认为，应采取另一个不同的观点。“决定”指*所有行政行为*（《行政程序法典》第 120 条）。“决议”仅是由*合议机关作出之决定*。我们保留对合议机关的决定命名为“决议”之原因是，存在关于合议机关运作之特别规定，尤其存在关于该等机关作出决定之特别程序（即*决议程序*）之特别规定。[125]

70. 同上：简单行为及复杂行为

仍然以作出行为者为标准，行政行为得分为*简单行为*及*复杂行为*。

在该分类中，*由单一行政机关作出之行为*被称为“简单行为”，而*由两个或更多行政机关参与形成之行为*被称为“复杂行为”。

行政行为的复杂性，在此意义上，得为*对等的*或*不对等的*。也是说，*当各作出行为者在作出行为之参与程度为相同时*，则存在“对等复杂性”。对等复杂性与*共同作出者*之概念相一致。例如，两个部级联合作出之批示。

即*当各作出行为者在作出行为之参与程度不为相同时*，则存在“不对等复杂性”。我们假设，例如，某部的行为依法应具有法令形式，该行为是

125　参见前述第一卷，第 598 页及续后数页。

一个部级的行为，一个特定部级的行为，然而，必须具有法令形式。法令意味着由共和国总统作出*颁布*（宪法第 134 条 b）项）以及由总理作出该颁布之*签署*（宪法第 140 条第 1 款）。这两个机关参与该行为之制定，然而，并非其作出行为者——而正是作为其保证人，一个与上述不同的身份。这两个机关为该行为之*共同责任人*，然而，并非*共同作出者*。该行为由部级负主要责任：共和国总统及总理具备一个非本质及仅形式上之参与。仅作出签署，然而，并非该行为的实质作出者。

由于各种原因，该区分是十分重要的。

首先，这是因为，就废止之效力方面，法律规定必须由作出行为者为之（《行政程序法典》第 142 条第 1 款）；因此，在废止情况中，提出废止之主体为部级，而明显地并非共和国总统或总理。

再者，这是因为，就司法上诉之效力方面，必须针对作出行为者提起上诉——在该等情况中，此为有权限之部级，而并非为共和国总统或总理。

71. 同上：b）以相对人为标准：单一行为、集合行为、复数行为及一般行为

将行政行为按相对人作出区分之另一个分类为*单一行为*、*集合行为*、*复数行为及一般行为*。在界定行政行为概念时已接触此分类，因此，在此不再重复（参见*上文*）。

72. 同上：c）以效力为标准：瞬时性的执行行为及具持续性的执行行为

借一单一行为或事实即可完成履行的行为，称为“瞬时性的执行行为”。

相反，*当其执行持续一段长时间*，该行为称为“持续性的执行行为”。这可以是一个连续性质的活动、一个持久性行为，又或一系列连续的行为或事实。在所有这些情况中，行政行为是*连续执行*的。

瞬时性的执行行为之例子有：封闭一所商业场所之决定，或一项由市政厅对一栋有倒塌危险的大厦之承租人发出之勒迁命令。

与之相反，持续性的执行行为之例子有：一个关于从事某活动之许可、一个设置某特定工业之准许或一个公产专用特许。这些均是可以持续数月

或数年的行为。

之所以这样区分有实务重要性，因为废止制度在该两类类型行为中是不一样的。尤其是，已经被执行之瞬时性的执行行为原则上不得被废止。这是因为根据规定，废止旨在“最终清除行政行为的*现存或可能的效力*，而并非消灭该行为已产生之效果。因此，废止权之行使仅限于针对*具有持久效力而仍然产生效力之行为*，又或针对*具有瞬时效力而未被执行之行为*”。[126]

73. 同上：积极行为及消极行为

*在法律秩序中产生改变的行为*被视为“积极行为”。例如，一项任命、一项撤职、一项许可：这些行为在作出行为时对当时的法律秩序引入变更。

*拒绝在法律秩序中引入改变的行为*是“消极行为”。有三个消极行为之典型，例如，不作出一个应作出之行为、蓄意不回应私人向行政当局提出之请求以及明示驳回所提出之申请。

上述区别有什么重要性？

关键在于，当一个行政行为被撤销或被废止时，其后果会根据该行为是积极行为还是消极行为而有所不同：取缔一个积极行为导致消除来自该行为之效力；取缔一个消极行为意味着必须作出依法应作出而没有作出之积极行为，[这称为作出*反面行为*（contrarius actus）的义务]。

例如，我们假设行政当局透过科处一项纪律处分，作出将一名公务人员撤职之积极行为。倘该名公务人员上诉并取得对该项撤职行为之司法撤销时，必然导致取消及消灭来自该撤职行为之所有效力。倘由于该公务人员之撤职行为而任命另一人担任已出缺之职位，对该撤职行为之司法撤销导致必须认为该继受者之任命为无效，倘撤职行为被撤销，该职位在法律上并非为空缺以及不得被某继受者填补。因此，积极行为之撤销会引致必须消除来自该行为之效力。

现在我们假设一个消极行为：某人提出一项特定准许之请求，而行政当局违法地拒绝赋予该准许。倘该拒绝被撤销，接着可以做些什么？（由于不存在效力，因为行政当局之前仅限于不作出任何事情）必须做的事为作出过去应被作出之积极行为，即作出*反面行为*（contrarius actus）：给予准许。

126　参见 Pedro Gonçalves，《（行政行为之）废止》，载于 *DJAP*，第六册，第 311 页。

正如所述，后果会视乎该行为是积极还是消极而有所不同。[127]

有些行政行为得同时为积极及消极行为。这就是*混合*行为或*双重效力*行为。

例如，一名大学生向行政当局申请每月 100 contos 的助学金，行政当局仅批准一半。所作出之决定具有*双重效力*：积极方面——赋予 50 contos；而消极方面——拒绝给予另外 50 contos。[128]

74. 同上：d）以在行政程序及行政等级中的有关位置为标准：确定行为及不确定行为

现在我们研究如何把行政行为区分成确定行为及不确定行为。在此须注意的是，在此区分中，我们并不是旨在界定行政行为可上诉性之诉讼前提的范围——该内容仅在本*教程*第三卷中研究。即在水平或垂直的层面，将某行为界定为不确定行为，并不表示不可对该行为提起司法上诉。在此区分中我们仅希望，为了教学效力，阐明有关行政行为在“水平”及“垂直”层面上的位置的某些内容。

那么，当公共行政当局作出一个行政行为时，必须明白*两个不同方面*。

首先，由公共行政当局作出之行政行为不会突然出现：通常须经过一系列手续、准备行为、研究、意见、计划，用以构思及阐明行政当局之意愿，以及在作出总结时完成。确定行政行为是整个程序之总结，该程序将在以下被详述——而正如我们所认知的，其被称为行政程序。

在该程序终结时，公共行政当局作出一个行为，此为有关程序之逻辑总结，其终局处理手段：该行为被称为确定行为，在某种意义上，得被视为*水平层面的确定性*。事实上，把行政程序理解为一条水平线，当中将相继作出各个行为及手续，该线之终结为*具水平确定性行为*。

我们应知道某些行为是在确定行为*之前*被作出的；接着确定行为被作出；以及在此*之后*得作出其他旨在使之为私人所知悉或将之执行的行为。因此，在*水平方面非确定之行为*得被分成三个类别：

127 关于这个分类，参见，Freitaas do Amaral，《行政法院判决之执行》，里斯本，1967 年，第 72 页及续后数页，以及第 76 页及续后数页（第二版中，第 60 页及续后数页），以及 Prosper Weil，《*一个行政行为因滥用权力而被撤销之后果*》，巴黎，1952 年，第 154 页。

128 参见 Hartmut Maurer，《*德国行政法*》，第 204 页（在法语版中，第 217 页）。

a）*确定行为之前*的行为；

b）*可转化为*确定行为的行为；

c）*确定行为之后*的行为。

第一种情况之例子为*准备行为*（例如，临时决定[129]）；第二种情况之例子为*取决于确认追认的行为*；第三种情况之例子为*单纯确认行为*[130]（例如，展开招标之公务法人的领导机关，对公共招标之评审委员会作出之判给决定予以确认）。

其次，我们必须注意，在水平层面作出确定行为之机关为一个位于某个等级的行政当局机关：得为下级机关、得为某等级之上级机关、得为在任何等级以外之独立机关。然而，在每一时刻处于某等级顶端位置之机关或独立机关所作出之行为方为确定行为。

在此，行为之确定性以不同的意义出现，并不是考虑了行政程序中行为的（水平）位置，而是从*垂直*层面考虑，即作出行为之机关在行政当局等级架构中所占据之位置。这就是行政行为的垂直确定性。当行为是由在等级中占据最高位置之机关或独立机关作出时，则为*具垂直确定性行为*；相反地，倘行为是由位于某等级中之任一下级机关作出，则非为具垂直确定性行为。

我们如何知悉可否对一个行为提起诉愿？什么时候我们可以知悉一个行为是否具垂直确定性？

透过法律解释，因为法律告诉我们哪些为有能力作出具垂直确定性行为之行政当局机关。

然而得制定一些一般规则。作出*具垂直确定性行为*之机关有：

1）国家等级之任何最高机关，尤其是政府及其成员；

2）具有独立机关性质之国家机关，亦即不被纳入任何等级之机关；

129 亦参见 Filipa Calvão，《*行政法中的非长久行为及临时行为*》，第 30 页以及第 22 附注："（……）事实上，行为因'确定行为'（即结束行政程序之行政行为）之前提要件被确认为不确定以及有必要维护问题牵涉到的利益而被临时地作出。"

130 关于单纯确认行为以及确认行为之间的区分，参见《*行政法*》，第三册，里斯本，1989 年，第 230 页及续后数页。

3）具有保留权限或专属权限之下级机关；[131]

4）自治区、地方自治团体、公务法人及公共团体之最高机关；

5）透过授权或转授权作出之行为，倘法律认为该等行为具有确定性，则亦为垂直确定性行为。

原则上，以下为非具垂直确定性行为：

1）受必要诉愿限制之由下级机关作出之行为；

2）透过授权或转授权作出之行为，而法律视该得行为为不确定行为；

3）公务法人或公共团体之最高机关作出之行为，但以法律针对这些行为例外地规定必要监督上诉为限（《行政程序法典》第 177 条第2 款）。

根据上述见解，我们现时可确定“确定行为”以下概念：*在水平及垂直层面均可视为终局决定之行政行为*。[132]

“不确定行为”，指*不包含一个终局解决手段或不是由某等级中之最高机关或独立机关作出之所有行为*。

75. 同上：e）以可强制作出行政执行为标准：具执行力的行为及不具执行力的行为

现在我们研究如何把行政行为区分成具执行力的及不具执行力的。

在开始前，千万不要把*执行力*（executoriedade）与*执行*（execução）混淆：执行力是一个法律上的可能性，而执行是一个真实发生的事件。

我们可以把*没有被法律禁止强制作出行政执行的可执行及产生效力的行政行为*视为具执行力的行为。以下解释之。

首先，具执行力的行为是*可执行的行为*，即那些设定义务或负担且在结构上可针对私人作出强制执行的行为。例如，命令禁制及拆毁某座有倒塌危险之建筑物的行政行为。大多数*次级行为*及*许可性行为*皆是不可执行

---

131 关于这些概念，参见第一卷，第 612—613 页。

132 参见 Marcello Caetano，《*手册*》，第一卷，第 443 页中所提出之概念。

的行为——其内容并非向相对人发出的任何命令，而有关命令在相对人不自愿履行时，可由行政当局强制执行。

其次，具执行力的行为是*产生效力的行为*，即那些现时产生其法定类型特征或法律向其赋予的效力之行为。而不具执行力的行为：取决于停止条件或始期之行为（《行政程序法典》第150条第1款a）项）；须经核准或公民投票之行为（《行政程序法典》第150条第1款c）项）；须经审计法院批阅之行为（《行政程序法典》第150条第1款c）项，类推）；仍未符合适当公开形式之行为（例如，没有作出会议记录之合议机关决议——参见《行政程序法典》第27条第4款——又或没有公布或向当事人通知之行为——《行政程序法典》第130条第2款）；由行政决定或法院判决中止之行政行为（《行政程序法典》第150条第2款以及《葡萄牙行政法院诉讼程序法》第76条及续后条文）；已被提起且具有中止效力之上诉所针对之行政行为（《行政程序法典》第150条第1款b）项、第163条第1款及第170条第1款）。

最后，在私人不自愿履行时，具执行力的行为是*法律容许行政强制执行之*（可执行的及产生效力的）行为。课税行为以及（一般上）导致有义务支付一定金额之行政行为，尽管为可执行的及产生效力的行为，但为不具执行力的行为。例如，税务结算是由行政行为作出的：一般是由行政当局确定每一个纳税人必须缴交的款额；然而，倘纳税人不自愿缴交，则该行为之强制执行必须*透过法院*以“税务执行程序”作出。正如前面我们所研究的，[133] 财政局不得命令某名公务人员到纳税人的家并取夺某些家具、画或珠宝，用以切实地向国家缴交税项：财政局必须按照一定手续，透过有权限之税务法院提起一项税务执行程序。因此，在这些情况中，不存在透过行政途径作出之强制执行。

76. 同上：上述两个分类之间的配合

一般规则为：*所有确定行政行为皆是具执行力之行为*。

然而，此规则存在两个例外类别：

a）不具执行力之确定行为的情况；

133　参见*下述*。

b）非为确定行为之具执行力的情况。

首先，第一个例外类别是由上述一系列非具执行力之行为所组成：例如，须经核准或批阅之行为，尽管未经核准或批阅，亦为一个确定行为，但不具执行力。

其次，某些*准备*行为（例如，临时决定）为具执行力之行为，而非确定行为。正是因为具有把行政程序推进至最终解决方法的功能，这些行为是具执行力之行为，“促进”程序，使其立即产生其效力，但不是确定行为，因为确定行为仅是结束程序之最终行为。

最后，*须确认追认之行为*亦属第二个例外类别中的行为。例如，在特别情况中由地方行政长官作出之行为，此为超出其一般权限而须政府事后追认之行为：当政府未追认这些行为时，不是确定行为，但自始就是具执行力之行为。当法律向地方行政长官赋予在紧急理由情况下作出行为之可能性，是为了该行为实时生效及得被实时实施，否则将不具任何意义。因此，该行为*从一开始*（*ab initio*）就为具执行力的行为；然而，在被追认之前，不是确定行为。

Ⅲ. 行政程序

77. 概念

行政活动并非都在作出决定上（*作出决策 decision-making*）：在每一个决定之前，一般存在大量应作出之准备行为、应实施之研究、应作出之调查、应落实之审查及检查、应搜集之信息及意见等。而在作出决定后，存在新的应采取之步骤：登记、监督、批阅、公布、对利害关系人作出通知等。

这意味着“大部分公共行政当局活动为一个程序活动”：[134] 换句话说，就每项事宜，行政活动从一个特定的点开始而分阶段地进行后，按照某具体模式展开，透过作出互相联结之行为以及遵守按一定次序进行之某些程序、仪式及形式延伸下去。

该次序被称为*行政程序*，[135] 或*官僚程序*，或*非司法行政程序*（processo

---

[134] 参见 Marcello Caetano，《*手册*》，第二卷，第 1263 页。

[135] 拉丁文 *procedere*，以后持续使用。

administrativo gracioso)，又或*非司法争讼程序*。

多年来，在葡萄牙流行之术语为“非司法行政程序”（来源于臣民向国王请求*恩典*或恩惠以赋予某些权利或恩惠之时代）；然而现今，我们认为在法治国家更准确及适当之名称为*行政程序*。[136]

对我们来说，“行政程序”为*一系列由法律命令用于准备作出及执行某行政当局行为之行为及手续*。[137]

我们分析所作出之定义。

第一，程序为一*系列次序*。这意味着组成程序之不同要素不会随便以任何方式配置，而是以某次序及某既定顺序配置。构成延续一段时间之行为与形式的次序及连接。这就是行政程序，如同任何其他程序一样（立法程序、司法程序等）。

第二，程序构成一系列*法律上有序之*次序。这正是由法律确定哪些为应作出之行为以及哪些为应遵守之手续；亦是由法律确立的应履行手续之秩序、每一个手续应被执行之时刻、哪些为先前行为及结果行为。这正是法律在考虑某些（我们已经研究过的）目的下而规定及设计应在每个程序中采纳之次序。

第三，行政程序表现为一系列*行为及手续*。事实上，不仅行政程序中存在法律行为或手续，而且在行政程序中也存在大量法律行为（如程序的提起、中止某嫌疑人的职务、终局决定）以及单纯手续（例如，某一期限的进行）。

第四，行政程序以*行政当局的一个行为*为目标。我们不称之为“一个行政行为”，因为尽管大多数行政程序都是为了作出行政行为，而事实上，亦存在与规章及行政合同有关的程序：“行政当局之行为”之表述一般包含所有该等类别。赋予程序行政性质的特征，正是有公共行政当局的参与及其目标为行政当局之行为。

《行政程序法典》第三部分之条款主要以行政行为为基础而设计的：“该处所规定之程序首先为行政行为之形成程序”。相反，规章之形成程序“并非出现在第三部分，而是在第四部分第一章；而行政合同之相处程序则在随后的第三章，连同一些实体规范以及准用为行政行为形成而确定之程序。”[138]

136　随着该术语之采纳，我们不主张忽略行政程序之*诉讼*性质：见*下述*。

137　参见《行政程序法典》第 1 条第 1 款。

138　参见 Luís Fábrica，《*行政程序*》，同上所述，第 505 页。

第五，行政程序旨在*预备作出一个行为或执行有关行为*。因此，出现了决定程序和执行程序的区分，我们将在以下阐明。[139] /[140]

我们一定不能把*行政程序*与*行政卷宗*混淆：前者为法律领域的概念，后者为现实领域的概念；*程序*是一系列或一连串之行为及手续，*卷宗*是“体现组成程序之行为及手续之文件整体”（《行政程序法典》第1条第2款）。“卷宗”在实务上亦被称为“*档案*”（dossier）（英文为“file”）。

78. 行政程序规范化之目的

行政程序——我们已谈及之——为一系列法律上有序的次序。法律重视行政程序并透过约束行政当局之法律规范规定之。为何？

---

139 关于不同国家之行政程序，参见 Marcello Caetano，《*手册*》，第二卷，第1263页及续后数页；José Roberto Dromi，《行政程序》，马德里，1986年；Guiy Isaac，《非司法争讼之行政程序》，巴黎，1968年；Aldo Sandulli，《行政程序》，米兰，1959年；Carl Hermann Ule.，Franz Becker，《*法治国之行政程序*》，科隆，1964年；Peter Badura，《*行政程序*》，载于 *Erichsen*，《*一般行政法*》，第十版，柏林，1995年，第417页及续后数页；Jacier Barnes Vasquez（组织），《*比较法之行政程序*》，马德里，1993年。

140 关于 Marcello Caetano 从《*手册*》（1951年，第675页及续后数页）第三版起开始研究的葡萄牙行政程序，参见 Eduardo Vaz de Oliveira，《*非司法行政程序*》，里斯本，1962年；A. L. de Sousa Franco，《*比较法之行政上的非司法程序*》（大量印制），里斯本，1965年；Alberto Xavier，《*非司法行政程序*》，里斯本，1967年；同上，《*税捐行为之概念及性质*》，里斯本，1972年，第137页及续后数页；Marques Guedes，《*官僚程序*》，里斯本，1969年；Rui Machete，《*非司法与司法行政程序之间的关系研究之贡献*》，里斯本，1969年；*同上*，《*1976年葡萄牙宪法面前的非司法行政程序*》，载于《*民主及自由*》，第13期，1980年；Baptista Machado，《*公法绪论教科书*》，载于 *Obra Dispersa*，第二册，巴拉加，1993年（然而是1980年），第258—286页；Rogério Soares，《*一个法案之目的：非司法行政程序法典*》，载于《*立法及司法见解*》*杂志*，115年，第14、40、173、261、295页，116年，第324页，以及117年，第65页；同上，《*公共行政当局及〈行政程序〉*》，载于 *Scientia Iuridica*，t. XLI，1992年，第238/240期；Paulo Ferreira da Cunha，《*行政程序*》，科英布拉，1987年；Fausto de Quadros，J. M. Ferreira de Almeida，Paulo Otero，L. Sousa Fúbria，《*行政程序*》，载于 *DJAP*，第6期，第470—479页；Gomes Canotilho，《*行政程序及地方之防御*》，载于 *RLJ*，第123年，第3794期，第135—137页；第3795期，第168—171页，以及第3798期，第261—270页；L. F. Colaço Antunes，《*不同利益在新葡萄牙行政程序法典之保护*》，载于《*公法季刊*》，第四期，1993年，第1079页及续后数页；João Loureiro，《*效率及私人保障之间的行政程序*》，科英布拉，1996年；Pedro Machete，《*在行政程序中之利害关系人之听证*》，里斯本，1995年，第19—90页；Vasco Pereira da Silva，《*寻找毁坏的行政行为*》，第301—400页；Esteves de Oliveira，Pedro Gonçalves，Pacheco de Amorim，《*行政程序法典*》，第33—42页；David Duarte，《*程序化、参与化及说明理由化：旨在落实作为决定准绳的行政无私原则*》，第19—117页。

显然地，正如宪法第267条所述，以下为行政程序规范化之重要目的：

a）以尽可能最好的方法规管行政活动的发展，尤其是谋求确保部门使用之*资源合理化*。[141]

b）更好地阐明行政当局之意思，以便每次都作出合理（就“程序”自身方面，而不仅就“最终产物”方面[142]）、有用及适时之决定。

c）为了*捍卫私人权利及正当利益*，而向行政当局施加各种保障措施以便上述权益被尊重，又或在必须牺牲上述权益时，确保非以不法及过度之方式为之。[143]

d）*避免官僚化*以及让公共部门贴近居民。

e）确保*在形成涉及市民之决定中有市民的参与*。

简言之，上述者为行政程序法律规范化之主要功能。[144]

亦请留意以下葡萄牙最高行政法院于1950年作出的一个重要的裁判之摘录。

正如所知，行政卷宗是由一系列居先及准备行政行为之行为及手续构成。为了作出一个合理、有用及适时之决定，为了阐明行政当局的意愿，这些手续——报告书、意见书、监察、审查、检验——是行政相对人用以对抗行政决定之专制及鲁莽的保障及防御。（……）尤其在行政当局于作出行为中具有自由评价之权限，而又没有约束其行为之法律规定时，又或在所述之自由裁量行为时，正是因为行政相对人欠缺更多确保行为符合法定目标之保障，行政当局必须遵守有关形式之规定。[145]

141　参见 João Loureiro，《*效率及私人保障之间的行政程序*》，第124—144页。

142　参见 Gomes Canotilho 及 Vital Moreira，《*葡萄牙共和国宪法注释*》，第931页。

143　尤其参见 João Loureiro，《*效率及私人保障之间的行政程序*》，第161—244页。

144　关于这点，参见 Pedro Machete，《*在行政程序中之利害关系人之听证*》，第83页及续后数页；David Duarte，《*程序化、参与化及说明理由化：旨在落实作为决定准绳的行政无私原则*》，第85页及续后数页；Raquel Carvalho，《*行政程序信息权*》，波尔图，2000年，第125页及续后数页。

145　参见最高行政法院于1950年2月17日作出之裁判书——José Custódio da Câmara 案，Col，-1，第126页及续后数页。

简言之：透过法律规范行政程序，一方面旨在确保行政当局在谋求公共利益下作出最好的决定，而另一方面旨在确保对私人权利及正当利益之维护。基于此，规范行政程序的规定是行政法的典型规定，它致力于协调集体利益与私人权利之需要。

79. 行政程序规范之法典化

从早期开始均存在旨在规定行政程序之具体事宜的单行规范。首部规范行政程序特定类型之法律存在已久——纪律程序或纪律卷宗——它赋予涉嫌违法者在被处罚前被听取自辩之权利（“辩护权”或“涉嫌人听证”之保障）。

然而，从20世纪开始在不同国家中隐约显露出一股公布行政程序一般规范的法律潮流，这是真正的“行政程序法典”。

我们尤其强调以下法典：

Allgemeines Verwaltungsverfahrengesetz，奥地利，1925年（生效中）；[146]
《行政程序法典》，波兰，1928年（于1960年及1980年被取代）；
《行政程序法典》，捷克斯洛伐克，1928年（于1955年被取代）；
《行政程序法典》，南斯拉夫，1930年（于1956年被取代）；
Federal Administrative Procedure Act，北美，1946年（生效中）；[147]
《行政程序的一般规定》，匈牙利，1957年（生效中）；
Ley de Procedimiento Administrativo，西班牙，1992年；[148]
Bundesgesetz über das Verwaltungsverfahren，瑞士，1968年（生效中）；

---

146 参见Pedro Machete，*《在行政程序中之利害关系人之听证》*，第105—130页；以及David Duarte，*《程序化、参与化及说明理由化：旨在落实作为决定准绳的行政无私原则》*，第60—64页。

147 参见Pedro Machete，*《在行政程序中之利害关系人之听证》*，第131—168页；David Duarte，*《程序化、参与化及说明理由化：旨在落实作为决定准绳的行政无私原则》*，第64—69页；João Loureiro，*《效率及私人保障之间的行政程序》*，第72—78页。

148 这是11月26日第30/1992号法律。关于西班牙的经验，参见E. García de Enterría，T. R. Fernánde，*《行政法教程》*，第二卷，第444页及续后数页；Tomáa Ramón Fernández，载于*《行政程序法典》*，INA，1992年，第113页及续后数页。

erwaltungsverfahrengesetz，德国，1976 年（生效中）；[149]
Legge n. 241，7 *agosto* 1990，意大利（生效中）[150]；
《日本行政程序法典》（*Gyosei-tetsuzuki*），1993 年；
《澳门行政程序法典》，1994 年。[151]

在葡萄牙，1962 年的《预算法》首次承诺拟定一部“*非司法行政程序法典*”。[152] 然而，该承诺已变成形同虚设的规定，直至 1974 年 4 月 25 日仍没有履行。

在革命之后，不同政府纷纷致力于推动草案之拟定。[153]

首部草案由 Rui Machete 草拟，并于 1980 年公布。[154]

经过提交首部草案而作出之公开讨论，第二部草案于 1982 年作出不完全公布[155]以及其后于 1987 年颁布。[156]

其间于 1987 年，我们以里斯本大学法学院行政法教授之身份，获政府委托作出 1980—1982 年草案之修订，以便提交最终版本并以法律之效力作

149 存在 Alberto Andrade de Oliveira，《德国行政程序法典》翻译及注记，科英布拉，s/d.。关于该法规适用之历史、所及范围及支配，参见 Wolff，Bachof，Stober，*《行政法》*，第 89 页及续后数页。亦参见 Pedro Machete，*《在行政程序中之利害关系人之听证》*，第 191—236 页。

150 例如，参见 Francesco Caringella，*《行政程序》*，第三版，拿坡里，1995 年；关于现时意大利程序格式，其已被命名为“*非格式*”（Cardi），参见 Pedro Machete，*《在行政程序中之利害关系人之听证》*，第 237 页及续后数页。

151 由第 35/94/M 号法令通过。关于这项法规，参见 Zhang Shuyi，*《澳门行政程序法典之修订》*，载于*《澳门法律》*杂志，第 75—90 页。

152 按照相关报告书，其目标有四：“a）确保私人更多个人自由；b）透过统一形式以保障行政当局更佳效能；c）对行政当局面对不公平的批评以及因公务人员之不规范行为引致的民事责任请求时作出保护；d）在行政决定形成阶段确保行政当局与私人更深入的合作。”正如所见，当中 c）项，源自当时生效之政治制度的独裁性质，所有其他目标则*大致*与现时的相同。

153 关于葡萄牙行政程序法典编纂的历史，参见 Freitas do Amaral，*《行政程序法典的往事及制订》*，载于*《立法——立法知识笔记》*，INA，第 9/10 期，1994 年 1 月至 6 月，第 9—27 页，亦被发布在 Xunta de Galicia，Santiago de Compostela，*《行政程序》*——西班牙和葡萄牙第一学术讨论会简报，1994 年，第 19—32 页。亦参见 Pedro Machete，*《在行政程序中之利害关系人之听证》*，第 328 页及续后数页；以及 David Duarte，*《程序化、参与化及说明理由化：旨在落实作为决定准绳的行政无私原则》*，第 74 页及续后数页。

154 《非司法行政程序法典》（草案），载于 *BMJ*，第 301 期，1980 年，第 41 页及续后数页。包含一项由葡萄牙学者作出之草案的内阁修订本之“提交”。

155 *《非司法行政程序法典》*（草案），行政当局之国家机构之版本，Oeiras，1982 年（大量印制）。

156 *《非司法行政程序法典》*（草案）——第二版本（1982 年），载于*《司法部公报》*，第 362 期，1987 年，第 11 页及续后数页。

出公布。

这份工作——在 João Raposo、João Caupers、João Martins Claro 及 Vasco Pereira da Silva 的协助下——于 1989 年 2 月完成并呈交政府。在听取一些部长及其他具利害关系之实体的意见后，我们作出最终修订，而葡萄牙首部《行政程序法典》于 1991 年面世，经 11 月 15 日第 442/91 号法令核准。该法规于 1992 年 5 月 16 日生效。

上述法令第 3 条规定，该法典“*在自其生效日起计三年内进行修订*”。事实上，该修订与三年前提交最终方案之委员会几乎一样，由修订委员会作出，且由我们主持。《行政程序法典》的修订包括几十项改动，并由 1 月 31 日第 6/96 号法令作出。[157] /[158]

现时正在由我们主持的委员会准备对该法规进行新修订，而有关初步报告于 2001 年 5 月由国家改革部及公共行政当局作出公布。

80. 行政程序之法律性质

有关讨论行政程序法律性质之主要问题是为了了解行政程序是否构成一个真正的*程序*。[159]

面对该问题有两个对立的论点。

a）程序主义之论点，被 Marcello Caetano、Marques Guedes、Rui Machete 及 Alberto Xavier 所支持：对于该论点之维护者而言，行政程序为真正的程序。行政程序与司法程序之间明显存有差异，然而两者皆

157 参见 Freitas do Amaral 及其他著者，《*行政程序法典之注释*》，以及在第 27 页所提及之书目；João Caupers，《行政程序法典之修订》，载于《*立法知识笔记*》，INA，第 15 期，1996 年 1 月至 3 月，第 5—15 页。

158 与一些人所预测的相反，《*行政程序法典*》之公布前曾见过的葡萄牙行政法领域中一个最巨大的学说产生的浪潮，不论是研讨会、讨论会以及文章之形式，还是法典注释之最实效的形式，当中我们强调以下：Mário Esteves de Oliveira，Pedro Gonçalves，J. Pacheco de Amorim，《*行政程序法典*》，第二版，科英布拉，1997 年；Santos Botelho，Pires Esteves，Cândido de Pinho，《*行政程序法典之注释*》，第三版，科英布拉，1996 年；以及 Freitas do Amaral 及其他著者，《*行政程序法典之注释*》，第三版，科英布拉，1997 年。

159 最后参见葡萄牙 Vasco Pereira da Silva，《*寻找毁坏的行政行为*》，第 358 页及续后数页；Pedro Machete，《*在行政程序中之利害关系人之听证*》，第 49—72 页。

为相同类别（程序）中之不同类型。[160]

b）反程序主义之论点，被 Afonso Queiró 在其教学中（我们推测）所遵循以及被 Rogério Soares 所明示采纳：对于该等学者而言，行政程序不是程序；行政程序与司法诉讼程序不是两个属于同一类别之类型，而是两个具有不同性质的类别，且不可归为一类。[161]

就我们而言，我们无疑认同以上第一个论点。

事实上，行政程序与司法程序之间是十分不同的：所有由反程序主义论点维护者所提出之差异皆是存在的，而且无须否定之。我们并不质疑，正如该等学者所述，行政程序由公共行政当局作出，而司法诉讼程序由法院作出；我们亦不质疑，前者以行政当局之行为作为目标，而后者以判决作为目标；我们亦不怀疑，行政程序在于行政职能之履行，而司法诉讼程序在于审判职能之履行。对于我们来说，所有上述事宜都是明确的——以及甚至不在讨论范围之内。

整个问题在于了解，由该等学者指出的差异，是区分了两个属同一类别中的不同类型的程序，还是为区分了两个对立类别。又或者说：一切在于了解是否有可能把行政程序及司法诉讼程序归纳为一个共同类别——程序的法律概念。

而我们认为这是可行的：对于我们来说，正如 Alberto Xavier 所述，“程序现象体现在法律秩序的不同领域”。[162] 在私法领域及公法领域均有程序，尤其在公法领域中，“每一项国家职能便与一类程序对应以推展有关职能”：[163] 至少有立法程序、行政程序及司法程序。

正如 Benvenuti 所述，[164] 职能为一项权力之落实，又或者说，使权力转变为行为。由于职能会在时间上演变，它会产生一系列相继的行为及事实，而这些行为及事实又组成“使权力落实为一个行为的道路”——这就是程序。[165]

160　对于所有更深入的内容，参见 Alberto Xavier，《*非司法行政程序*》，*书中详述*。

161　参见 Rogério Soares，《*一个法案之目的：非司法行政程序法典*》，如上所述，第 295 页。

162　参见 Alberto Xavier，《*非司法行政程序*》，第 14 页。

163　参见 Alberto Xavier，《*非司法行政程序*》，第 16 页。

164　参见 Felciano Benvenuti，《*行政职能、诉讼、程序*》，载于《*公法季刊*》，1952 年，第 118—145 页。

165　我们紧紧跟随 Alberto Xavier，《*非司法行政程序*》，第 17—18 页之转录。

当程序是一个可分拆为不同类型之类别时，那么程序是什么？“程序”为*一系列有序及相继作出的行为及手续，以便形成或执行一项职能性意愿*。[166] 当法律拟管制职能性意愿（这是服务于一个法人以谋求其特定目标之个人心理意愿）之表示，以及其令一系列行为及手续相继及有序地进行，获得一个谨慎及适当的解决方法，那么，在此我们所面对的就是程序。

因此，行政程序是一个程序——正如立法程序及司法程序般。有多种多样的差异以区别该等程序；相似的状况为，所有程序皆为依法律上有序作出的一系列之行为及手续，以形成及表示一项职能性意愿或执行之。

另一个问题——在此我们不讨论之——是了解在以同一行政行为作为目标之行政程序及司法争讼程序之间存在的关系。

81. 行政程序之基本原则

行政程序遵守许多基本原则。[167] 尤其是以下原则：

a）书面方式 ——正如 Marcello Caetano 所注意到的，口头方式与行政当局的运作模式并不相符。[168]

因此，一方面，一般而言，行政程序具有书面特征；研究及意见书必须以书面的形式发出；讨论及意见必须以书面形式记录；在合议机关内作出之表决必须载于会议记录内；个别决定以书面作出或以书面形式提出。这正是基于需要充分地考虑决定，以及为将来保留完整及安全的纪录（作出了什么、表决了什么或说了什么）而规定的要求。然而，该规定亦有例外。因此，存在作出口头行政行为及合同的可能性。[169] 另一方面，现今对以纸张方式作出的通知可否透过*互联网*由电子传送取代仍未有定论。[170]

---

166 参见 Alberto Xavier，《*非司法行政程序*》，第 14 页。

167 近期参见 Rui Machete，《*行政程序法典之一般原则*》，载于 *CPA*，INA，第 39 页及续后数页。在葡萄牙以外的其他国家著作中，尤其参见 García de Enterría，T. R. Fernandez，《*行政法教程*》，第二卷，第 452 页及续后数页。

168 参见 Marcello Caetano，《*手册*》，第二卷，第 1271 页。

169 参见*下述*。

170 关于一些与行政当局“开始”进行现在“信息社会”之技术改革有关之问题，参见 Lourenço Martins，《*法院、行政当局与电信之技术改革*》，载于《*电信与信息社会的法律*》，科英布拉，1999 年，第 313 页及续后数页。对一项规范由行政决定信息化所引起之特定问题之法定纪律之必要性的关注，参见 Pedro Gonçalves，《*信息行政行为*》，载于《*法律科学*》，T. XLVI，1997 年，第 265/267 期，第 47—95 页。

b）形式主义的简化——与受制于非常严格形式主义的司法程序相反，行政程序较不拘泥于形式且较具弹性。法律仅勾画出作出活动的概括性规定以及订定哪些为必不可少的手续，其余则按照个案及情况有所变化。

c）调查性质——法院是被动的。期待私人的主动行为，一般而言，法院仅对已被请求的内容作出裁判。相反，行政当局是主动的，享有主动权以谋求法律赋予其落实的公共利益。因此，一般而言，行政当局并不受制于私人的立场。

正如《行政程序法典》第 56 条明示规定："不论程序是否由利害关系人主动提起，行政机关均得采取其认为有助于调查之措施，即使该等措施涉及利害关系人申请或答复内未提及之事宜亦然；基于公共利益，行政机关得对非为所请求之事，或对较所请求之事之范围更广泛之事作出决定。"[171]

《行政程序法典》第 86 条及续后条文构成本原则的重要体现内容。

d）行政当局与私人的合作——在自由主义国家时期，国家同公民社会之间的鸿沟是很大的，因此行政当局同私人几乎不会互相合作：彼此可联络，但不会在其自身活动中合作。

不同的，现今一般认为，为更好地实现国家行政当局所承担的事务，行政当局必须长期与私人合作。

行政当局与私人合作原则载于《行政程序法典》第 7 条内。[172] 第 1 款述及"行政当局机关应与私人相互紧密合作，谋求确保其适当参与行政职责之履行，尤应：a）提供其想要之信息及解释；b）支持与鼓励私人活动及接受其意见及信息"；在第 2 款补充"公共行政当局须对以书面方式提供予私人之信息负责，即使该等信息非属强制性提供亦然"。

值得注意的是，尽管第 2 款的用词如此，根据公共实体责任原则（参见宪法第 22 条）以及在民主法治国原则中固有的在私人关系中的信任原则，当有法律义务提供信息时，必须理解为即使以口头方式作出请求，行政当局亦须负该责任（亦参见《民法典》第 485 条第 2 款）。[173]

e）私人信息权——传统上，私人不可能知悉涉及其利益之程序的进展

171　关于此原则，参见 Esteves de Oliveira，Pedro Gonçalves，Pacheco de Amorim，《*行政程序法典*》，第 360 页及续后数页。

172　参见 Pedro Machete，《*在行政程序中之利害关系人之听证*》，第 395—408 页。

173　Freitas do Amaral 及其他著者，《*行政程序法典之注释*》，同上所述，第 49 页。

程度：这是行政程序的保密特征。[174] 多个法律引入了此原则的例外情况。现时，宪法第 268 条第 1 款确实制定了对立的原则："如公民有所要求，有权取得由行政当局提供与其有直接关系之程序进行情况之信息，并有权获知对其作出之确定决议。"因此，这意味着，不仅在最终决定之时刻，而是在整个程序期间，倘公民想获知与其有关之程序的状况时，其具有权利获知。[175]

这明显是一个极为重要的改变。[176]

宪法对该信息权的存在仅要求两个条件：私人向行政当局*要求*信息，以及其对程序有*直接利害关系*。在拒绝履行或瑕疵履行提供信息义务时，不仅行政当局须承担其引致私人的损害，而且——倘该行为在程序最终决定前出现——由于必要形式的遗漏而存在*形式瑕疵*，而该瑕疵可在对确定行为起争执时提出。

受宪法保障之*程序信息权*随后被法律规范在《行政程序法典》第 61 条及第 64 条。[177] 这包含三个不同的权利：请求信息权（第 61 条）、卷宗查阅权及要求发出证明权（第 62 条）。作为*直接利害关系*的私人具有权利以任何形式获通知与其有关之程序。[178]

而其他公民呢？任何人都具有查阅公共行政当局档案及文件之权利？

根据*行政保密制度*，传统上答案为否定的。然而，现今较先进的国家倾向于接纳*档案开放*（"open file"）制度，在此可引用宪法第 48 条第 2 款。因此，除程序信息权亦存在一项*非程序信息权*，或为，不论是否有任何正进行的行政程序而存在的权利。非程序信息权的内容被规范于 8 月 26 日第

---

174 参见 Marcello Caetano，《*手册*》，第二卷，第 1272 页。

175 对于葡萄牙宪法司法见解关于这项私人权利的分析，最后参见，Raquel Carvalho，《*宪法法院司法见解中之行政相对人的权利及保障*》（*近期司法见解分析*），载于 Juris et de Jure，《*UCP 法学院二十年——波尔图*》，波尔图，1999 年，第 791—797 页。

176 关于这内容，参见 Freitas do Amaral，《*行政相对人之基本权利*》，载于 Jorge Miranda（org.），《宪法的过往十年》，里斯本，1986 年，第 14 页；以及更近期的，Sérvulo Correia，《*在程序中，尤其在行政决定形成的程序中，取得信息权及私人参与权*》，载于《*立法*》，第 9—10 期，1994 年 1—6 月，第 134—145 页；以及 Fernando Condesso，《*取得行政信息权*》，里斯本，1995 年。

177 参见 Marcelo Rebelo de Sousa，《*行政法教程*》，第一卷，第 431 页及续后数页；参见 Sérvulo Correia，《*程序信息权及私人参与权，尤其行政决定形成程序*》，同上所述，第 155 页及续后数页；Raquel Carvalho，《*行政程序信息权*》，第 145 页及续后数页。

178 关于行政信息权及私人生活隐私权之间的冲突，参见 João Caupers，《*查阅记名文件：信息权或保护隐私？*》，载于 *CJA*，第 1 期，1997 年 1 月/2 月，第 33—34 页。

65/93 号法律、8 月 29 日第 28/94 号法律以及 3 月 29 日第 8/95 号法律。[179]

f）私人参与形成与私人有关之决定——宪法第 267 条第 5 款明示规定法律必须确保“在形成与公民有关之决定或决议中公民的参与”。

利害关系人的参与其后被规定在《行政程序法典》中。行政机关*有义务确保*“在形成涉及私人及以维护自身利益为宗旨之团体之决定时，私人及该等团体之参与，尤应透过有关听证确保之”（《行政程序法典》第 8 条）。[180]

该一般参与权以不同方式表现出来。最重要的是在行政当局作出任何与私人有关之行政决定前，私人有预先听证权。其他重要的表现是提出建议权及向行政当局提供信息权［参见第 7 条第 1 款 b）项］，以及利害关系人在调查程序期间之负担（第 86 条及续后条文）。[181]

最近，八月三十一日第 83/95 号法律确定了在什么情况及条件下民众获赋予及可以行使参与行政程序的权利，尤其是涉及公共卫生、环境、生活质量或文化财产的利益之情况。

g）作出决定原则——被规范于《行政程序法典》第 9 条中。这说明行政机关有义务“对于私人向其提出属其权限之所有事项作出决定，尤其对于：a）与行政机关直接有关之事项；b）为维护宪法合法性或总体利益而提出之任何请愿、申述、投诉、声明异议或上诉”（第 1 款）。之所以订定行政机关作出决定原则，既是为了促使公共行政当局在私人向其作出请求时发表意见，亦是为了促进对私人面对不法的行政不作为时的保护，尤其以一项作出决定之法定义务的概括规定去保障默示行为的形成。[182] 明显地该原则不仅在*由私人推动的*行政程序中存在，而且同时在由*公权力*发起的行政程序中存在（公共程序）。因此，该原则涵盖了所有（公共或私人）主体，而其法律地位取决于一个有权限的行政机关作出一个程序决定。[183]

然而，需注意的是，“如有权限之机关对一私人提出之请求曾作出一行政行为，而该私人自该行政行为作出之日起两年内以相同依据提出同一请

179　参见最高行政法院于 1996 年 4 月 26 日作出之判决书，载于 *C. A. Fernandes Cadilha*（org.），《*行政司法见解精选*》，里斯本，1999 年，第 779 页及续后数页。

180　关于该形式所引起的重要问题，参见 Pedro Machete，《*在行政程序中之利害关系人之听证*》，第 411 页及续后数页；Vasco Pereira da Silva，《*寻找毁坏的行政行为*》，第 424—426 页。

181　参见 Paulo Otero，《*行政法*》（*在里斯本大学法学院众多教授提交的学科报告中*），第 376 页。

182　参见 Freitas do Amaral 及其他著者，《*行政程序法典之注释*》，cit.，第 51 页。

183　Esteves de Oliveira，Pedro Gonçalves，Pacheco de Amorim，《*行政程序法典*》，第 127 页。

求，则该机关无作出决定之义务”（《行政程序法典》第9条第2款）。[184] 该规定的确切范围引起了争论。[185] 我们站在 Vieira de Andrade 的立场上，其表明“当行政当局已经在两年内对同一请求作出决定时，该规定排除了其作出决定的义务，以及强制其在该两年后倘被要求时，就该否决行为作出重新审核，即使以同一依据亦然”。[186]

h）非官僚化原则及效率原则——该原则载于《行政程序法典》第10条，意味着公共行政当局应被组织起来从而可以合理运用其可用的资源，尽可能简化其操作方法及其与私人之间的关系。该原则设定了一个很难实现的目标，为了遵守该原则，必须恒常地更新公共行政当局运作的架构及方法。[187]

i）无偿原则——“行政程序为无偿，但特别法就该程序之某部分规定须支付费用或行政当局所作开支者除外”（《行政程序法典》第11条第1款）；另外，“根据《司法援助法律》证明利害关系人之经济能力不足，行政当局须豁免其支付上款所指之费用或开支”（同一法规第11条第2款）。

82. 行政程序的类型

传统上对行政程序作出两个分类。一方面，如以*发起*程序的主体为标准（《行政程序法典》第54条），我们得知以下分类：

a）*公共当局主动开展的程序*；

b）*私人主动开展的程序*。

前者是*公共当局主动开展的程序*。例如，旨在落实一项公共工程的程序、展开一项公开考试以在公务员编制内填补空缺的程序、旨在实现一项公共拍卖以出售国家或地方自治团体财产的程序、纪律程序等。

---

184 关于在《行政程序法典》第9条第2款中每一个被规定之要件的意义，参见 Esteves de Oliveira，Pedro Gonçalves，Pacheco de Amorim，《*行政程序法典*》，第129—131页。

185 参见 Vieira de Andrade，《*对重新审核消极行政行为义务之司法监督*》，载于 *CJA*，第1期，1997年1月/2月，第64—65页。

186 参见《*对重新审核消极行政行为义务之司法监督*》，同上所述，第64—65页。

187 参见 Freitas do Amara 及其他著者，《*行政程序法典之注释*》，第51页。

后者是*私人主动开展的程序*。例如，私人为了获得一项许可、准照、福利金、津贴、借款等，通过申请而发起的程序。

另一方面，现时根据另一标准——程序目标，我们得知以下分类：

a）作出决定的程序；

b）作出执行的程序。

前者的*目标为准备作出一个行政当局行为*，例如，前述分类例子所述之情况。

后者的*目标为执行一个行政当局行为*，又或，正如Micheli所述，“将法律转为事实”。[188] 例如，当一幢有倒塌危险的楼宇之业权人被命令将之拆除而其又没有如此为之时，行政当局透过自身手段将之拆除的程序。

此外，作出决定的程序，按照其旨在准备作出一个*初级*行为还是一个*次级*行为，得分为*第一级程序*或*第二级程序*。例如，所有异议或诉愿程序或监督程序均为第二级作出决定的程序。

对于上述之两个行政程序*传统*或*经典之*分类，现今补充第三个分类（参见《行政程序法典》第2条）。事实上有需要区分：

a）一般程序；

b）特别程序。

*一般程序*为《行政程序法典》本身规范之程序——且应适用于没有被特别法规范的所有情况。

特别程序，正如其名所述，为特别法所规范之程序（例如，3月2日第59/99号法令所规范之承揽公共工程行政合同的形成程序，或1月16日第24/84号法令所规范之中央、地区及当地行政当局公务人员的纪律程序）。

值得注意的是，尽管特别程序主要内容载于其他法规而并非载于《行政程序法典》，但其同样须遵守载于《行政程序法典》之“*行政活动的一般原则*”，以及该法典中“*使宪法规定得以落实*”之规定，还有，在公共管理

188 *Apud* Rui Machete，《*行政行为之执行，法律与司法*》，1992年，第68页。

活动之范围内，在法典中列明之关于*行政组织及行政活动之实体法*自身规定（《行政程序法典》第2条第5款、第6款及第7款）。因此，仅在公共管理活动范围内之特别程序的程序性规定（亦被称为“*程序规定*”[189]）优先（如不减少对私人的保障）于《行政程序法典》中针对相同事宜的一般规定（《行政程序法典》第2条第7款）。[190]

83. 第一级作出决定的程序

现在我们研究，从总体上看，什么是第一级作出决定的程序，即旨在作出一个初级行政行为之程序。

在各个学者之间，就程序阶段之划分各有不同看法。[191] 我们认为，根据现时葡萄牙法律，第一级作出决定的程序有六个阶段：

a）初始阶段；

b）调查阶段；

c）利害关系人听证阶段；

d）准备决定阶段；

e）决定阶段；

f）补充阶段。

我们分别对每一个阶段进行研究。

首先应当指出的是，一方面，上述提出之阶段列表，“涵盖了大多数第一级作出决定的程序”，然而，并不一定适用于所有程序类型；另一方面，亦必须强调的是，具体包含在每一阶段的手续亦不是必然存在的。法典规定了相关步骤，当调查机关认为有需要时，可采用抽象规定的措施。[192] 例如，在绝大部分的程序中，均没有采取临时措施，而一般规定就对此事宜

189 参见 Esteves de Oliveira，Pedro Gonçalves，Pacheco de Amorim，《*行政程序法典*》，第77页。

190 参见 Freitas do Amaral 及其他著者，《*行政程序法典之注释*》，同上所述，第38页。

191 参见 Sandulli，《*行政程序*》，cit.，第117页，以及葡萄牙 Alberto Xavier，《*非司法行政程序*》，cit.，第96页及续后数页；J. M. Ferreira de Almeirda，《*行政程序的进行*》，《*行政程序*集体研究（第三部分）》，载于 *DJAP*，第六册，第479页及续后数页；J. Martins Claro，《*行政程序的进行*》，载于《*行政程序法典*》，INA，第65页。

192 参见 João Martins Claro，《*行政程序的进行*》，同上所述，第66页。

作出了规范；同样情况亦出现在鉴定人之指定上。[193]

a）初始阶段——这是程序开展之阶段（《行政程序法典》第74条至第85条）。正如我们所知，该开展得由行政当局发起（透过一个内部行为），或由有利害关系之私人发起（通常透过一个请求）——参见《行政程序法典》第54条。

当由行政当局开展程序时，如在该程序中将作出之行为可能损害某人之权利或受法律保护之利益，且当时即可对该人作出识别，则须将该程序之开展告知该人（《行政程序法典》第55条第1款）。

相反，当由私人开展程序时，必须透过提交载有《行政程序法典》第74条第1款所述之内容的申请书为之。[194] /[195]在例外情况下，法律可容许口头请求。

请求书之提交得亲自送交（《行政程序法典》第77条及第78条）或按照《行政程序法典》第79条透过附收件回执的挂号信提交。当作出提交后，该申请必须登记在适当载体上，以及当申请人要求时，须作成*收据*（《行政程序法典》第80条及第81条）。针对由利害关系人提出之最初申请，部门得作出以下任一批示：*初端驳回批示*，当申请为匿名或不可理解时（《行政程序法典》第76条第3款），又或*补正批示*，假设没有满足《行政程序法典》第74条所订之所有要求。

关于补正批示，公共行政当局不得代替私人作出他们有义务或负担作出之法律上行为。作出该等法律行为会违反宪法第266条第1款所规定之谋求公共利益原则，而且确实会令行政当局不但进行集体利益的公共管理，亦插手于私人利益的私人管理。换句话说，这是*权力偏差*[196]最严重的情况。因此，当私人被要求弥补其行为之缺陷时（参见《行政程序法典》第76条第1款），*他们必须亲自作出*；依职权弥补私人行为的缺陷仅得例外地在有关缺陷为“*不合程序*”或“*不尽完善*”（参见《行政程序法典》第76条第2款）的前提下为之，因此，“在这些情况中，行政当局（倘有方法弥补之）无须通知私人，而是使该程序合法化及合适化”。[197]

193　参见 João Martins Claro，《*行政程序的进行*》，同上所述，第66页。

194　关于由私人提交之请求及其他文书之实质载体，参见4月4日第112/90号法令。

195　关于本内容，参见 José Pedro Fernandes，《*请求*》，载于 *DJAP*，第七册，第238—239页。

196　关于此概念，参见*下述*。

197　参见 Esteves de Oliveira，Pedro Gonçalves，Pacheco de Amorim，《*行政程序法典*》，第384页。

在初始阶段亦得采取临时措施——又或，如有理由恐防不采取临时措施将对有关之公共利益造成严重或难以弥补之损害时，该等临时措施是必要的（《行政程序法典》第 84 条第 1 款）。[198] 昔日在纪律程序及一些特别程序中有该等措施，但在《在行政程序法典》生效后，这是作为一般措施存在的：当行政当局有理由恐防在作出终局决定前情况会恶化，得在程序进行期间——因此在最终决定之前——采取维护在确定行为中旨在取得之效果的临时措施。

《行政程序法典》把*临时措施*规定为一般措施，该事实完全证明了在该法典公布及生效后一些人批评该法典仅创设对私人有利而对行政当局没有利益的保障是不正确的。这正是一个证明该批评没有道理的例子，在行政当局及私人之间必须存在平衡，在此正如其他方面，在某种程度上加强了行政当局权力。甚至可以说这是过度地加强了其权力，因为并没有使公共行政当局在行政程序中采取之临时措施典型化：在这方面学理上可承担重要角色。在我们看来，现时强调的是，除其他限制，行政当局不得采取那些仅得透过司法程序所适用之处分的临时措施，亦不得超出对《行政程序法典》第 157 条第 3 款之类推结果，其就行政行为的强制执行规定了必须尊重宪法赋予基本权利及对人的应有尊重。[199]

最知名的临时措施是在纪律程序中*对嫌疑人的防范性停职*，“当其在职将对部门之工作或对查明真相造成不便时”，[200] 法律容许对嫌疑人适用该措施。

b）调查阶段——旨在调查对最终决定有用的事实，尤其是搜集那些显示为必要的证据（《行政程序法典》第 86 条至第 99 条）。[201]

这正是一个已在之前提及的广泛由调查原则（参见《行政程序法典》第 56 条）所占据的阶段。

调查阶段的主体是有权限作出最终决定之机关领导（《行政程序法典》第 86 条第 1 款），或由为此特别委任之调查员领导（《行政程序法典》第 86

198 关于临时措施，参见葡萄牙 Pedro Machete，《*在行政程序中之利害关系人之听证*》，第 438—440 页；Esteves de Oliveira，Pedro Gonçalves，Pacheco de Amorim，《*行政程序法典*》，第 400 页及续后数页；João Martins Claro，《*行政程序的进行*》，同上所述，第 70—71 页。

199 参见 Freitas do Amaral，《*第一级决定程序阶段*》，同上所述，第 27—28 页。

200 《*纪律通则*》，1984 年，第 54 条。

201 关于该阶段，参见葡萄牙 J. M. Ferreira de Almeida《上述研究》，同上所述，第 481—485 页。

条第 2 款）。

在行政程序中调查的主要方法为*书证*。然而，亦得接纳其他证据方法，例如侦查、证人听证、检查、查验、评估及类似措施（《行政程序法典》第 94 条及续后条文）。

在调查阶段，得听取提出申请以发起该程序的私人或程序所针对的私人的意见。然而，此听证不应与在第三阶段必须作出之听证相混淆：在本阶段，这正是一个调查措施，而在后一阶段，这正是参与权或辩护权的行使。[202]

载于《行政程序法典》中的有关证据事宜的主要规定被总结为以下：

> 行政当局负调查事实的义务（第 87 条第 1 款第 1 部分）；
> 证据方法的广泛采纳（第 87 条第 1 款，最后部分）；
> 自由评价证据（《行政程序法典》第 91 条第 2 款）；
> 公众事实或明显事实（第 87 条第 2 款）又或调查机关因执行职务而知悉之事实（第 87 条第 3 款），均无须证明或陈述；
> 利害关系人对于其陈述之事实负举证责任，但不影响行政当局的一般调查义务（第 88 条及第 87 条第 1 款）。[203]

c）利害关系人听证阶段——利害关系人的听证（《行政程序法典》第 100 条至第 105 条）是《行政程序法典》规范的行政活动的两项重要一般原则中的一个最重要的内容：*行政当局与私人合作原则*，载于第 7 条第 1 款第 b）项，以及*参与原则*，阐述于第 8 条。此外，作为参与式民主原则的体现，预先听证具有宪法性尊严（参见宪法第 2 条最后部分）以及（正如我们所见）宪法第267 条第 5 款明确规定“行政活动的处理程序（……）保障（……）公民对形成与他们有关之决定或决议之参与”，该阶段完全落实于公民“在形式与他们有关的决定时的参与权”。

202　在纪律程序中，嫌疑人在*调查阶段*中被听取意见（《纪律通则》，第 55 条）以及因此不得在*嫌疑人听证阶段*再次听取意见（第 59 页及续后数页）。

203　参见 J. M. Ferreira de Almeida，《上述研究》，同上所述，第 482 页；João Caupers，《*行政法绪论*》，第 195—196 页；Martins Claro，《*行政程序的进行*》，第 72—74 页；Esteves de Oliveira，Pedro Gonçalves，Pacheco de Amorim，《*行政程序法典*》，第 418 页及续后数页；Pedro Machete，《*程序预审的概念及忽略利害关系人听证之无效重要性*》（对 1997 年最高行政法院判决之注释），载于 *CJA*，第 12 期，1998 年 11 月/12 月，第 3 页及续后数页。

传统上，该权利一直存在于纪律程序内——此为*辩护权*，于嫌疑人听证阶段内行使。逐渐地，学说主张将该权利扩大至所有惩罚类型的程序。[204] 而在特别法中仍存在另外一些情况。现今，宪法强制把该权利转变成一般规定，强制地适用于所有类别的程序。[205] 而《行政程序法典》将该权利的内容设定为对*利害关系人的预先听证*，在调查后但在作出最终决定之前行使（第100条及续后条文）。

这是我们法律秩序中的一项小改革。事实上，到目前为止，行政当局昔日按照“请求—部门报告—最终决定”之传统模式运作，因此，行政程序之普通程序（纪律程序除外）并不包含利害关系人听证阶段。换言之，在普遍情况中，不存在私人对形成与其有关之决定的任何参与，即使是由私人引发而作出之决定，有关决定是按照在调查之后及作出最终决定之前均不听取利害关系人意见之程序而形成。

容易想象到这种传统模式（*非参与式行政*）的缺点：利害关系人从来不能确定其请求能否被适当地研究又或其理由能否被正确地衡量；而最终决定通常表现为一个大意外，且在没有听取利害关系人关于行政当局意向及理由之意见下，行政当局不批准请求或部分批准请求或有条件批准请求。

现今，在法律有效地把宪法订定的*参与式行政*模式落实情况下，一切都变成不同：在准备作出终局决定之事宜上，利害关系人加入有权限之行政机关。而之前的三部曲模式“请求—部门报告—最终决定”，由新的四部曲模式“请求—部门报告—利害关系人听证—最终决定”取代。

在纪律程序中，嫌疑人之听证阶段自*指控*开始，*指控*为预审员指出其认为已证实之事实以及符合事实之处罚；[206] 须向嫌疑人通知指控；[207] 而透过查阅卷宗、提交其答复及指出证人，嫌疑人获赋予辩护之权利。[208] 紧接着，预审员必须询问辩方证人以及审查更多由嫌疑人提供之证据数据。[209]

一般而言，现在让我们看看在《行政程序法典》中哪些为*利害关系人*

---

204 参见 Marcello Caetano，《*手册*》，第二卷，第1280页。

205 关于税捐程序，参见 Pedro Machete，《*纳税人之预先听证*》，载于《*税收法之基本问题*》，里斯本，1999年，第301页及续后数页。

206 参见《*纪律通则*》，第57条第2款。

207 *同上*，第59条。

208 *同上*，第61条及第63条。

209 *同上*，第64条。

*预先听证*之概括性规范。[210]

包含了什么？在遵照上述宪法指导下，这正是保障利害关系人参与形成与其有关之决定之权利的行政程序阶段。[211]

简言之，包含通知利害关系人“以表明意见”（《行政程序法典》第101条）[212]以及由调查员衡量由利害关系人为辩护其观点而提出之论点及理由。[213]

私人之陈述或表述为认知性声明，从中表明了其对程序中存在之利益之价值判断，并对调查之结果作出评价，尤其是对最终决定为重要的事实视为已获证或未获证之事实。有关权利由程序之目标界定。这反映了利害关系人对有助于作出决定的事实上及法律上事宜的考虑——《行政程序法典》第101条第2款。[214]

关于通知义务的内容，在《*行政程序法典之注释（1992 年）*》第一版中，我们认为，为了向预先听证赋予彻底的严肃性，以便容许利害关系人切实地在面对一项在准备中或许不利之决定时作出自我保护或抗辩，行政当局向利害关系人提交一个*决定草案*是必不可少的。[215] 另外一些学者持不同之观点，他们认为行政当局不必走这么远，而仅需提供*使利害关系人了解，在事实及法律事宜上与决定有关之各个方面之必需资料*。[216]

于1996年对《法典》的修订就该争论表明了立场，它采纳了一个基本满足之前我们所表达之考虑的合理立场，即在第100条第1款的新修订条款内，在述说“（……）利害关系人有权于最终决定作出前在程序中陈述意见”之后，加入了他们必须“尤其应获知可能作出之最终决定”，即应获知拟作出之决定是有利于还是不利于利害关系人。我们仍认为向利害关系人通知“*可能作出之决定*”应连同理由说明，即，应连同行政当局倾向使私人受益或损害私人利益之理由：这是因为，倘私人不了解行政当局的理由，

210 关于行政程序法典与一般税收法之间的联结，尤其涉及程序参与方面，参见 Pedro Machete，《*纳税人之预先听证*》，第303页及续后数页。

211 参见 Pedro Machete，《*纳税人之预先听证*》，第489页及续后数页。

212 参见 Pedro Machete，《*纳税人之预先听证*》，第496—501页。

213 参见 Pedro Machete，《*纳税人之预先听证*》，第501—504页。

214 参见 Pedro Machete，《*纳税人之预先听证*》，第495页。

215 参见 Freitas do Amaral 及其他著者，《*行政程序法典之注释*》，同上所述，第159页。亦参见《*第一级决定程序阶段*》，第29—30页。

216 参见 Marcelo Rebelo de Sousa，《*行政法教程*》，第一卷，第528—529页；Martins Claro，《*行政程序的进行*》，同上所述，第75页。

则如何在预先听证中有效作出抗辩？

在什么情况下存在 ——每当行政当局倾向于作出对利害关系人不利之决定，法律就规定进行利害关系人预先听证程序［《行政程序法典》第 103 条第 2 款 b）项之*相反意思*］。

然而，有些情况*不进行预先听证*：(1) 须紧急作出决定［《行政程序法典》第 103 条第 1 款 a）项］；(2) 有理由预料听证可能影响决定之执行或效用［《行政程序法典》第 103 条第 1 款 b）项］；(3) 在被称为“大众程序”之情况中，因待听证之利害关系人人数过多，以致不适宜进行听证；在此情况下，应尽可能以最合适之方式对该等利害关系人进行公开咨询［《行政程序法典》第 103 条第 1 款 c）项］。

在另外一些情况中，法律亦许可预审员免除*预先听证*。以下为可免除的情况：(1) 利害关系人就对决定属重要之问题及就所提出之证据，已在程序中表明意见［《行政程序法典》第 103 条第 2 款 a）项］；[217] (2) 根据在程序中获得之数据，将作出对利害关系人有利之决定［《行政程序法典》第 103 条第 2 款 b）项］。除上述情况，法律强制对利害关系人进行听证。

如今我们应该分析另一个问题：在作出对利害关系人之听证的程序时，在负责作出调查之机关以及负责作出最终决定之有权限机关之间有可能存在分歧。在此如何解决调查机关及作出决定机关之间倘有的分歧？

我们相信必须区分两种情况：如调查机关听取了利害关系人之意见，有权限作出决定之机关，在没有其他更多问题下，当然可以自由地选择对利害关系人有利或不利之决定。相反，倘调查机关认为程序倾向于作出一个有利的决定而决定无须听取利害关系人之意见，而后来当案件到达有权限机关以作出决定时，倘该机关拟作出一项不利于利害关系人之决定，不得在没有把案件退回以听取利害关系人之意见下作出上述决定，因为调查机关的初步决定不能约束有权限机关作出有利于利害关系人的决定，亦不能剥夺利害关系人的预先听证权。[218]

类别 ——《行政程序法典》预先规定了“在程序中作出最终决定前听取利害关系人意见”之两个形式：*书面*听证及*口头*听证。负责调查之机关须就每一具体情况，决定以书面方式或以口头方式对利害关系人进行听证

---

217 参见 Filipa Urbano Calvão，*《有限制之判给行为之可上诉性》*，载于 *CJA*，第 12 期，1998 年 11 月/12 月，第 30 页。

218 参见*《第一级决定程序阶段》*，同上所述，第 31 页。

(《行政程序法典》第100条第2款)。法律没有对预审员就书面或口头听证提供任何选择准则。因此，预审员享有一项自由裁量权。

在书面听证中，对利害关系人之通知以及其答复皆以书面作出；利害关系人具有不少于十日之期限以作出答复(《行政程序法典》第101条)。

在口头听证中，利害关系人最迟须提前八日获传召，而且不存在提供关于程序之必需数据的通知，该等数据必须在听证开始时以口头方式通知；利害关系人之首次陈述以口头方式向预审员作出；须缮立听证*纪录*(《行政程序法典》第102条第4款)。

欠缺的后果——对利害关系人之听证的欠缺，在法律规定为强制作出之情况下，明显构成一项违法性。[219] 具体来说，这意味着*因忽略一项必要程序*而出现之*形式瑕疵*。我们一直在讨论法律对此违法性作出之惩罚导致程序的最终行为无效还是可撤销。正如我们在下面将看到的，倘预先听证权利作为基本权利出现时，该瑕疵会产生*无效*(《行政程序法典》第133条第2款d)项)；倘预先听证权利并非作为基本权利出现时，则欠缺听证单纯*可撤销*(《行政程序法典》第135条)。

对我们而言，我们认为第二个概念应被采纳，正如最高行政法院司法见解在纪律程序中对欠缺嫌疑人之听证时经常如此认为，根本上，因为我们认为利害关系人预先听证是在公共行政当局面前保护私人的机制中具有重大意义之公法权利，但不是基本权利名录中之一种权利，后者为更直接与保护人格尊严相联系之权利。最高行政法院之司法见解一直遵循这一观点。[220]

d)准备决定阶段——很多学者不会将这一阶段独立开来；然而，我们认为有必要这样做。在本阶段中行政当局适当地权衡在初始阶段所草拟之框架、在调查阶段所搜集之证据，以及在利害关系人听证阶段由私人所阐

219　参见Pedro Machete，《*在行政程序中之利害关系人之听证*》，第520—529页。

220　更进一步参见，Freitas do Amaral，《*第一级决定程序阶段*》，第31—32页；同一方面见Pedro Machete，《*在行政程序中之利害关系人之听证*》，第526—527页；同上，《*程序预审的概念及忽略利害关系人听证之无效重要性*》，同上所述，第17—18页。相反，为无效辩护的参见Sérvulo Correia，《*程序信息权及私人参与权*》，尤其《*行政决定形成程序*》，同上所述，第155—159页；Vasco Pereira da Silva，《*寻找毁坏的行政行为*》，第429—432页；David Duarte，《*程序化、参与化及说明理由化：旨在落实作为决定准绳的行政无私原则*》，第140页及续后数页；Luísa Neto，《*在纪律程序中之听证权*》，载于*CJA*，第8期，1998年3月/4月，第10页。

述之论点（《行政程序法典》第104条及第105条）。

根据在首三个阶段中向程序提供之所有数据，行政当局将准备作出决定。首先，有权限之人员提交其*官方报告*；其后，咨询机关制定其*意见书*；之后程序走到由有权限之独任机关以作出*批示*，或载入有权限之合议机关议程以作出*决议*。作出决定之机关得认为调查不足，而命令作出新的措施，以及同时寻求新的意见书（《行政程序法典》第104条）。

在纪律程序中，这个紧随嫌疑人听证之阶段，必须包含编制一份预审员的最后报告书，以综合被证实之事实以及建议认为公正之处罚，或当认为不足以提起指控时建议卷宗归档。[221]

在《行政程序法典》规定之一般行政程序中，调查员在本阶段“编制报告书，其内容指出利害关系人之请求及载有该程序内容之摘要，并对其决定作出建议，且扼要说明支持该建议之事实上及法律上之理由”（第105条）。

e）决定阶段——程序发展至其主要行为：最终决定。决定由有权限之机关作出（《行政程序法典》第106条及续后条文）。

倘作出决定之权限属于独任机关，需要遵守之特别规定很少。然而，倘该权限属于合议机关，则有大量特别适用之条款：关于合议机关之组成及运作之整体规定（《行政程序法典》第14条及续后条文）——我们已在其他地方探讨之。

笼统地说，载于《行政程序法典》第四部分的一般约束规章、行政行为或行政合同之行政法规定（*行政活动*——第114条及续后条文），亦适用于程序中之最终决定。

行政程序除了透过作出最终决定（一项规章之产生、一个行政行为之作出或一份行政合同之订立）及补充手续被消灭，亦得透过以下任一原因被消灭：

*舍弃*请求或由利害关系人*放弃*在程序中拟维护之权利或利益（《行政程序法典》第110条）；

利害关系人之弃置（《行政程序法典》第111条）；

*程序嗣后不能*或*无用*（《行政程序法典》第112条）；

欠缺支付费用或开支（《行政程序法典》第113条）；

---

221 《*纪律通则*》，第65条。

默示行为之形成（《行政程序法典》第108条及第109条）。

由于其在理论上及实践上之重大意义，我们将关注上述最后一项之行政程序消灭形式。

f）补充阶段——这是在程序最终决定后作出具体行为及手续之阶段：登记、文件存盘、须作内部监督或监督实体之批准、审计法院之批阅、在《共和国公报》或其他公报上刊登、在私人报纸上刊登或在“适当地方”张贴、（倘需要）向有关决定之相对人作出通知等。

84. 程序之默示决定

有时候，行政当局对其正面对之公共利益事宜不会做或不会说任何东西。该等态度可能引起公众意见的反映，但是一般不具有任何法律效力。

然而，在一些情况中法律会赋予行政当局的沉默一个具体意义，并因而引致一些法律效力。假设私人向行政当局机关提交申请以请求获赋予一项根据法律有权获得之准照或定期金，倘行政当局不作任何表示，则其违反法律，且损害公民之权利。由于对公民在行政法上之保障，基本上表现为针对行政当局作出之行为提起司法诉讼之权利，倘行政当局没有说明任何东西——倘因此没有作出任何行为——私人如何得以作出上诉，私人将针对什么决定提起上诉？

不幸地，利害关系人向有权限之机关提起具体申请而行政当局*不作为*或*沉默*的这种情况是十分普遍的，且构成“违反已制定的规定及合法性原则的一种最居心不良的方式，而一个真正的法治国家应理解及适用该等规定及原则”。[222] 此外，相信大家都明白，在一个尤其以撤销性司法上诉为基础以建立对私人保护之法律制度中——该制度的前提是存在一个被上诉的行政行为——这种情况使私人失去可用以对抗之武器。如何对“行政当局之翘手政策”作出反应呢？[223]

有以下几种解决问题之方法。

a）第一个方法是法律对行政当局之沉默赋予*积极默示行为*之意义：针

222 参见Marques Guedes，《*官僚程序*》，第60页。

223 参见Marques Guedes，《*官僚程序*》，第60页。

对一个私人之请求，经过一段特定期限后，如有权限之行政机关并没有发表任何意见，在其具有法律义务作出决定之情况下，法律认为请求已得到*满足*（《*批准*》）。沉默在此等同行政当局向私人默示表达了一个有*积极*意义的意愿，在此称为*积极默示行为*。

b）第二个解决问题的方法是法律对行政当局之沉默赋予*消极默示行为*之意义：经过法定期限，如私人向有权限及有义务作出决定之机关提出之请求仍未得到答复，则理解为行政当局“*驳回*”有关请求。在这些情况中，推定行政当局向利害关系人默示表达了一个有消极意义的意愿，即其请求被视为驳回，此为*消极默示行为*或*默示驳回*。

消极默示行为形态对私人有哪些好处？如何解释将行政当局之沉默视为对所提出的申请之驳回反而是一个对私人有利之解决办法？

想指出的是，倘不是如此，则难以存在一个利害关系人将上诉至法院的决定：当行政当局拒绝私人的请求，如以明示方式作出，则利害关系人得对有关决定提起司法上诉，如局限于不作出任何响应，则会妨碍私人提出司法上诉，使法院无法审理及讨论其案件。

因此，在*消极默示行为*的形态中，在超过法定期限后仍没有行政当局之答复，则私人之请求被视为驳回，私人得针对其申请之（默示）驳回提起司法上诉。

在这种情况下，法院将需考虑两种可能情况：如驳回私人之申请是合法的，则法院认同行政当局之理由；如驳回是非法的，则法院认同私人之理由，撤销默示行为。司法撤销默示驳回之第二种情况，将导致行政当局有义务完全满足私人提出之申请。

c）这项对私人的保障——对默示驳回之司法上诉权——在20世纪初期被视为非常重要。[224]

然而，现今意识到这并不是十分强而有力的：第一，因为葡萄牙的司法见解很少确认存在消极默示行为；第二，因为针对默示驳回之撤销性上诉之审判需要花费很长时间；第三，因为在针对默示驳回之撤销性判决的执行上，此上诉之实际作用有很多问题及存在侥幸。

因此，一些国家渐渐接受针对行政当局不当不作为之诉讼，以代替针

---

224 关于这方面的历史起源，参见葡萄牙 Alexandre Albuquerque，《*默示驳回*》，载于 *DJAP*，第五册，第212—214页。

对默示行为之上诉，而在该类诉讼中，行政法院可判处行政当局实施依法应作出之行为。这些情况，例如，英国法律之“*命令书*”mandamus（向拒绝遵守义务的当局作出一项命令，以遵守有关义务）以及德国法律之“*课予义务之诉*”*Verpflichtungsklage*（判处作出一个应作行为之诉）。[225] /[226]而葡萄牙自1997年之宪法修订后亦开放了这个可能性。正如我们所知的，宪法第268条第4款规定：“保障行政相对人其受法律保护之权利及利益之有效司法保护，尤其，包括（……）作出依法应作出之行政行为之命令。”然而，仍不存在规定有关程序之普通法。

在葡萄牙法律中，*默示行为原则上是消极的*：*仅在法律明示规定之情况下方出现积极默示行为*。

《行政程序法典》带来一大堆透过明示规范订定的*积极默示行为*或*默示批准*之情况。这些为：

> （1）一般而言，当作出一个行政行为或一名私人行使一项权利时，根据法律，需要一个行政机关之*许可*或*核准*（《行政程序法典》第108条第1款及第3款）；
>
> （2）特别而言（《行政程序法典》第108条第3款），以下情况：
>
> a）发出私人工程之准照；
>
> b）分割土地之执照；
>
> c）向外国人批给工作之许可；
>
> d）葡萄牙以外的其他国家投资之许可；
>
> e）持续工作之许可；
>
> f）轮班工作之许可；
>
> g）公职及私职之兼任。

默示行为之产生条件——在葡萄牙法律中，产生默示行为之法定条件被规范于《行政程序法典》第9条、第108条及第109条。根据上述规定*默示行为之产生条件*为：

---

[225] 关于比较法方面，参见Freitas do Amaral，《*行政法院判决之执行*》，里斯本，1967年，第380页及续后数页（第二版，科英布拉，1997年，第286—289页）。

[226] 关于运用确认权利或利益之诉讼以对抗行政当局沉默之问题，参见《*行政法*》，第四册，第293页。

一个行政当局机关被一名利害关系人依法要求在具体案件中作出响应；

该机关被要求作出决定之事宜属于其权限范围内之事宜；

关于涉及之事宜，该机关有透过行政行为作出决定之法定义务（参见《行政程序法典》第9条第2款）；[227]

法定期限（根据《行政程序法典》第72条计算）已经过去而没有作出关于请求之明示决定（《行政程序法典》第108条第2款及第109条第2款）；

在此期间行政当局之沉默被法律赋予批准（此为例外情况）或驳回（此为一般情况）之法定意义。

正如我们所述，葡萄牙法律之一般规则为，在法定期限后，行政当局针对私人申请的沉默被视为*默示驳回*。

消极默示行为之产生期限为九十日，但特别法另有规定者除外（《行政程序法典》第109条第2款）。

原则上，期限从有权限之部门收到私人请求或请求书之日起开始计算。然而，倘法律在决定之准备阶段规定特别手续时，默示行为之产生期限自法律为完成上述手续而定之期限届满时起计，如未定出该期限，自提出要求后满三个月起计，或倘该等手续完成之日在该期限届满日之前，自利害关系人知悉手续完成之日起计（参见《行政程序法典》第109条第3款）。

默示驳回之司法申诉依据——倘私人拥有使行政当局作出某行为之权利，而行政当局透过沉默拒绝承认该等权利或拒绝遵守相应之义务（发出一个准照、提交一个物件、支付一笔款项），私人得——这是传统之解决办法[228]——对默示驳回以*违反法律*作为依据提出司法申诉。

然而，倘若私人面对行政当局而又并非权利拥有者，而行政当局又保持沉默，在法定期限内对利害关系人之请求不作回应，则私人得以什么依

---

227 关于这项前提条件，参见 Vieira de Andrade，《*对重新审核消极行政行为义务之司法监督*》，同上所述，第65页及续后数页。

228 在某些情况中，亦得利用诉讼以作出依法应作出之行政行为（参见宪法第268条第4款以及 João Csupers，《*对公共行政当局之负担*》，同上所述，第51页中所述之退休金例子），或同样的，在偶然情况中，亦得利用诉讼以确认一项依法保护之权利或利益——在此参见 Rui Medeiros，《*确认一项确实的事：废止性判决超宪法效力之承认*》，载于《*行政司法笔记本*》，第13期，1999年1月/2月，第41页。

据提起司法上诉?

也许有人会说：通常利害关系人提出*欠缺理由说明之形式瑕疵*。事实上，“作出与利害关系人提起之主张相反或对立之决定”的行为，根据《行政程序法典》第 124 条第 1 款 c）项之规定，必须强制具备理由说明，因此，默示驳回因其性质必然为一个欠缺理由说明之瑕疵行为。而其司法撤销至少强制行政当局向私人提交有关驳回之依据（当中可能找到用以提起新司法申诉之数据）。

然而，最高行政法院未曾接纳这一意见，因为其正确地认为“*消极默示行为的特质使其不可具备理由说明*”，因此，根本不会存在欠缺理由说明之瑕疵。[229] /[230]

“默示驳回”可能沾有之瑕疵为，例如，因与明示法律相悖或因抵触一项法律基本原则而违反法律、因不遵守一项必要手续而产生形式瑕疵、权力偏差。

默示驳回之制度——作为一般原则，这些行为受创设权利的行为之制度所约束，而该制度我们往后将有机会作详细分析。[231]

本规则之例外情况为*临时*默示批准。[232]

85. 同上：默示行为之法律性质

所产生之问题是默示行为之法律性质为何。在这方面基本上有三个意见流派：

a）第一个流派，在葡萄牙以 Marcello Caetano 教授为代表，辩称*默示行为是一个行政行为，因此为行政当局之一个自愿行为*。[233]

根据这一概念，在默示行为中存在行政当局有权限机关之一个意思表示，因为这些行政机关熟悉法律，明白经过特定期限及符合特定条件后，沉默将被理解为决定，无论是驳回（一般规则）抑或批准（例外情况）——因此，

---

229 参见最高行政法院于 1987 年 6 月 14 日作出之裁判，Francisco Ribeiro Henriques，*AD 322*，第 1201 页。

230 在这方面参见 Vieira de Andrade，《*行政行为的明示说明理由义务*》，第 156 页及续后数页。

231 参见*下述*。

232 参见*下述*。

233 参见 Marcello Caetano，《*手册*》，第一卷，第 476—477 页。

之所以没有说出什么，是因为有关决定具有法律赋予该沉默之意义。因此，默示行为是一个*自愿行为*。

b）第二个流派，在葡萄牙，例如，以 André Gonçalves Pereira 及 Rui Machete 教授为代表，辩称*所谓之默示行为中不存在自愿行为，因此，该行为不是一个行政行为，而是司法上诉之单纯前提要件*。[234]

倘在一些情况中可能出现 Marcello Caetano 所说之情况，那么（这些属第二个流派之教授所辩称的）在其他很多情况中，之所以在法定期限内完成而导致产生消极默示行为，纯粹因为有关人员的疏忽、不关心、过量工作、不熟悉所适用之法律或偶然不称职。在这些情况中，如何推定存在行政当局想驳回之*意愿*？

仍值得注意的是，在产生默示行为期间如有权限机关之职位出缺，该期间届满后同样会产生默示行为——这是第一个流派的论题——然而，倘没有职位据位人，则不可能有意思表示，简言之，不存在行政行为。

之所以法律容许默示行为之构建，是因为作出了司法上诉，尽管不存在一个行为。因此，默示行为*不是一个行政行为，而是司法上诉的一个单纯前提要件*。我们正面对一个例外情况，法律容许司法上诉非以行政当局的自愿行为作为目标，而是以单纯在法定期限内没有作出任何回复，即行政当局之不作为，作为司法上诉的目标。

c）我们认为，基于第二个流派之教授所引述之理由，一般而言，所述之默示行为中不存在自愿行为，然而，我们认为默示行为的法律性质不仅限于作为司法上诉的单纯前提要件。

一方面，默示行为作为司法上诉之前提要件的理论仅适用于消极默示行为，然而从来不能很好地解释*积极默示行为*——与该类行为相关联的，是明示行政行为所产生的典型法律效力，而并非司法上诉之可行性。

另一方面，事实是，为一切效力，默示行为被法律视为行政行为，*而不仅为了司法上诉的效力*：该行为得被废止、中止、确认、变更、解释等。

更为重要的是：默示驳回得被执行（例如，默示拒绝延长一个公产占用准照，行政当局得利用公权力强制私人迁出）。因此，倘默示行为是一个纯粹诉讼前提，则不可能如确定及具执行力之行为般被执行。

---

234 参见 André Gonçalves Pereira，*《行政行为中的错误及违法性》*，第 85 页及续后数页；Rui Machete，*《默示驳回行为之确认行为以及行政相对人申诉辩护权之保障》*，载于*《纪念 Marcello Caetano 教授之公法研究》*，第 189 页及续后数页。

因此，我们认为默示行为之真实性质为*行政行为之法律拟制*（ficção legal de acto administrativo）。即默示行为并非一个真正的行政行为，*然而，为一切法律效力，默示行为视为同等行政行为*。[235]

默示行为*并非一个真正的行政行为*，因为在大部分情况中不存在一个法律行为，*不存在一个自愿行为*：所涉及之行政机关内的职位可能处于空缺，其据位人可能受一些偶然无能力情况所影响——但尽管如此，默示行为仍产生了出来。这证明了根据法律规定默示行为的产生并不取决于行为之自愿性。

然而，*一切正如默示行为是一个真正的行政行为般*，默示行为得被解释及按一般规定被填补漏洞，得在行政上被执行，以及在必要的时候，得作为法定之所有次级行为（废止、中止、变更、确认等）之目标。这样，倘是一个积极默示行为，则产生所有明示行为类型的法律效力。

总而言之，默示行为——不论积极还是消极——为一个*行政行为之法律拟制*。[236]

86. 作出第二级决定之程序：援引

有关内容将在对私人之行政保障中予以研究（声明异议、诉愿及监督上诉）。

87. 执行程序：援引

我们在上文已讲述什么是执行程序。再者，我们已讲述行政行为之执行内容现今被规范于《行政程序法典》第 149 条及续后条文中。

我们将在之后研究之（参见*下述*，第 VII 部分）。

---

[235] 同样赞同我们这一观念的，为之前的 David Duarte，《*程序化、参与化及说明理由化：旨在落实作为决定准绳的行政无私原则*》，第 129 页，脚注 70。

[236] 关于默示行为，参见，除已引述之丛书，Esteves de Oliveira，《*行政法*》，第一册，第 477 页及续后数页；Rogério Soares，《*行政法*》，第 312 页及续后数页；Sérvulo Correia，《*行政法概念*》，第一册，第 409 页及续后数页；Osvaldo Gomes，《*积极默示行为之默认废止*》，里斯本，1980 年；Esteves de Oliveira，Pedro Gonçalves，Pacheco de Amorim，《*行政程序法典*》，第 108 条及第 109 条；Marcelo Rebelo de Sousa，《*行政法教程*》，第一卷，第 133 页及续后数页。

88. 未依程序上法定形式而作出之公共行政当局行为：紧急避险及紧急情况

紧急避险（estado de necessidade）——有时候，正如在其他法律部门所出现般，尤其是民法、刑法及宪法，出现法律容许行政当局为保护根本财货而作出一个立即及紧急的行为之情况，尽管行政人员为此而无须遵守为一般情况而订立之规定。[237] 例如，在火警案件中，《行政程序法典》在第162条第5款中规定，警察当局及消防局指挥官“在对于消灭火灾操作为必要时或为了阻止火灾扩散，得命令在与灾难相连之大厦内进行破坏、拆除、搬离以及切断”。而这一切得在现场立即作出，没有书面程序，没有征收或征用，没有利害关系人预先听证，等等。

我们在上述已看到法律涉及紧急避险之确切规定。《行政程序法典》（第3条第2款）规定，行政当局“在紧急避险时未依本法典所定之规则而作出之行为，只要其结果不能以他法达致，均为有效；但受害人有权依据有关行政当局责任之一般规定，获损害赔偿”。因此，承认整体法律制度范围内之紧急避险——“*在紧急避险时作出之行政行为……为有效……*”。基于源自宪法266条第2款之合法性原则，紧急避险属于法之概念。

一方面，《行政程序法典》第3条第2款之规定，结合宪法第19条及第266条第2款，以及1967年11月21日第48051号法令第9条第2款，[238] 订定了视*紧急避险可作为阻却不法性的原因的*行政法一般原则。

另一方面，该等规定阐明了以下行政紧急避险之前提要件：（1）*紧急情况*；（2）拟保护的*公共利益之迫切*性质；（3）*情况之例外性*。[239]

紧急情况（urgência）——*行政上的紧急情况*有别于紧急避险。

---

[237] 关于在紧急避险下作出之行为的法律性质，参见葡萄牙 Vieira de Andrade，《*行政行为的明示说明理由义务*》，第148页及续后数页；Esteves de Oliveira，Pedro Gonçalves，Pacheco de Amorim，《*行政程序法典*》，第148页及续后数页；Marcelo Rebelo de Sousa，《*行政法教程*》，第一卷，第106—108页；最后 Freitas do Amaral，Maria da Glória Garcia，《*行政法之紧急避险及紧急情况*》，载于 *ROA*，里斯本，1999年4月，第447—518页，在该栏目中我们十分靠近地效仿。

[238] 法规规定：“当国家或其他公法人，在必要之情况及基于迫切公共利益，必须牺牲全部或部分第三人之物或权利时，应向其作出赔偿。”

[239] 关于每一个前提要件之更多内容，参见 Freitas do Amaral，Maria da Glória Garcia，《*行政法之紧急避险及紧急情况*》，cit.，第480—489页。

这两个概念具有相同特征：一方面，不论紧急避险还是紧急情况，均属个别多样及难以预知的情况，涉及的事实反复无常且具可塑性，对其不能作统一的法律处理；另一方面，不论紧急避险还是紧急情况，当在现实中出现，对其所采用的处理手法，按照原有的一般规定均为非有效。

就紧急避险与紧急情况而言，尽管上述特征使两者类同，然而，在理论上及教条主义上，两者是不相同的，必须对其作出明确分析以使之互相区分，而两者又受不同的法律制度规定。区别是非常必要的，因为它们并非处于同一法律理解层面。换句话说，紧急情况并非紧急避险类别中的一个类型，而是完全不同之东西。事实上，不仅存在没有紧急情况之紧急避险，而且亦存在没有紧急避险之紧急情况。[240]

总的来说，[241] 行政紧急情况的特征由以下三个概念组成。

a）是行政当局活动的一个普通现实，尽管为偶然的。之所以普通，是因为法律规定，发生了一个正在进行及迫在眉睫的危险，而该危险正危害满足一项依法保护之公共利益，法律强制行政当局作出一个实时及紧急的行为。之所以偶然，是因为仅在出现正在进行及迫在眉睫的危险的情况时才出现。

b）紧急情况之行政程序表现为简化形式。这是一个显然而无须再解释之道理，只需举例。《行政程序法典》第 19 条规定，三分之二的成员认定存在立即作出决议之急切性之事项，尽管没有被列入会议议事日程内，亦得为决议之目标。其他例如，基于需紧急作出决定而不对利害关系人之听证［《行政程序法典》第 103 条第 1 款 a）项］。以及最后例如，“如基于出现定作人不可预见之迫切紧急情况而不能遵守公开招标、限制性招标或协商所要求之期限，只要所主张的理由不可归责于定作人”，则在确切需要下容许透过直接磋商（ajuste directo）订立一份合同。［参见第 59/99 号法令第 136 条第 1 款 c）项］。

c）在任何情况下均由法律订定紧急行政活动。这是一个法定之特别行为，构成普通行政行为，而并非一个例外行为或在例外情况下作出之行为。

对于紧急避险来说，其不同之处是清晰的。

第一，紧急避险情况中作出之行为，在满足其他特别目的之背后，具

240　参见 Freitas do Amaral，Maria da Glória Garcia，《*行政法之紧急避险及紧急情况*》，第 455 页。

241　参见 Freitas do Amaral，Maria da Glória Garcia，《*行政法之紧急避险及紧急情况*》，第 493—495 页。

有的最终目的是，恢复法定原状，不作拖延的行动具有由法律具体要求紧急行动之首要目的。在此非常可能出现的是，为了满足同一特定公共利益，在紧急避险中作出之适当行政措施不同于紧急及适当的行政措施。再者，损害一项公共利益之迫在眉睫以及实时的危险构成紧急避险中所采取之措施的条件，而紧急情况可以与或可以不与一个危险情况有关——紧急征收及直接磋商的公共工程均有不同次序的优先考虑原因作为依靠，而并非排除实时及迫在眉睫之危险对公共利益带来之威胁。[242]

第二，在紧急避险中作出之行政活动与基于紧急情况而作出之行政活动比较后显示，在第一个情况中，由于欠缺立法介入，行政当局直接面对宪法，透过赋予一项补充立法权限有义务处理原始公共利益。在第二个情况中，相反地，行政当局在从属法律下行事，在法律挑选及确定的应谋求之目的之范围内作出活动，即在紧急活动中，行政活动继续由法律预先规范，行政当局寻求满足法律预先确定之次级公共利益，而其采取之解决方法须受狭义合法性原则规范。[243]

第三，同一比较总结指出，确认紧急避险之要件时比确认紧急情况之要件更严谨，因为行政当局在紧急避险中获赋予特别权限，而上述情况在紧急情况中并没有出现，在紧急情况中行政当局借法律规定之特别权限作出行为。[244]

第四，因此，在紧急避险中，行政当局获赋予的权限，仅为对重建法定原状为必要的权限，而在紧急情况中，并没有这方面的严格限制，因后者旨在以实时方式满足法律规定之公共利益，没有此快速行为，则不能满足之。[245]

Ⅳ. 有效、效力及解释

89. 有效性及效力之概念

“有效性”（validade）*指行为在符合法律规定的情况下所具备的固有性*

---

[242] 参见 Freitas do Amaral，Maria da Glória Garcia，《*行政法之紧急避险及紧急情况*》，第 493—494 页。

[243] 参见 Freitas do Amaral，Maria da Glória Garcia，《*行政法之紧急避险及紧急情况*》，第 494 页。

[244] 参见 Freitas do Amaral，Maria da Glória Garcia，《*行政法之紧急避险及紧急情况*》，第 494 页。

[245] 参见 Freitas do Amaral，Maria da Glória Garcia，《*行政法之紧急避险及紧急情况*》，第 494 页。

能，以产生其法定类型之法律效力。

“效力”（eficácia）为*法律效果之实际产生，在现实生活中产生了构成行政行为内容之法律效力*。

法律就一般行政行为制定了一定数量之要件。倘每个行政行为不具备法律要求之所有有效要件，则该行为是*非有效的*（inválido）；倘不具备法律要求之所有效力要件，则该行为是*不具效力的*（ineficaz）。

因此，一个行政行为之“非有效”为*自身无性能产生之效果*，*为违反法律秩序之结果*。

相对的，“不具效力”为*在一个特定时刻不论什么原因而不产生效果之现象*。事实上，原因得为行为之非有效、（行政或司法）中止、欠缺效力要件等。

一个行政行为得为：a）有效且具效力的；b）有效但不具效力的；c）非有效但具效力的；d）非有效且不具效力的。

举例说明：根据法律作出之对一名行政人员担任一特定职务之任命，且被其接受，则为一个有效且具有效力的行为；当有关任命未被相对人接受，则为一个有效但不具效力的行为；即使被任命之人员接受，但任命为不法的且该违法性仅产生单纯可撤销性，则任命得为一个非有效但具有效力的行为（例如，倘作出任命之机关为相对无权限的）；倘其违法性根据法律是以无效作为制裁时，则对一名行政人员担任一特定职务之任命得为一个非有效且不具效力的行为（例如，倘绝对欠缺法律对该类行政行为规定之形式）。

本节我们将研究法律对所有行政行为一般规定之（*有效要件*）及*效力要件*。

这正是现今《行政程序法典》第四部分第三章首两节规定之内容：这一法规第120—126条规定以行政行为的*有效性*为主题；第127—132条为关于行政行为*效力*之内容。[246]

---

[246] 关于这些内容，参见葡萄牙 Marcello Caetano，《*手册*》，第一卷，第466页及续后数页；Freitas do Amaral，《*行政行为制度*》，第102—104页；Marcelo Rebelo de Sousa，《*行政行为法律制度*》，如上所述，第172—181页；Sérvulo Correia，《*行政法概念*》，第一卷，第375页及续后数页；A. Payan Martina，《*行政行为之效力*》，载于《*行政申诉*》，布拉加，1986年，第103页及续后数页；Vieira de Andrade，《（行政行为的）有效性》，载于*DJAP*，第七册，第581页及续后数页；以及 Esteves de Oliveira，Pedro Gonçalves，Pacheco de Amorim，《*行政程序法典*》，第546页及续后数页。

90. 行政行为之有效要件

行政行为之“有效要件”为法律对行政行为每个要素（主体、形式及手续、内容及目标以及宗旨）作出之要求。

正如我们所认知的，不应将行为要素与行为前提相混淆。举例说明：要素构成整个行为本身，而前提指行为以外之事实或法律情况，而法律可否作出行政行为或赋予行政行为特定及确定的内容，则取决于这些事实或法律情况。

那么，我们来分析一下行政行为之各个有效要件。

91. 同上：a）与主体有关之要件

我们已经知悉，行政行为者为一个行政机关。那么，行政行为之有效性，必须存在于以下与主体有关之有效要件中：

> a）所作出之行为在行为机关所属实体之*职责*范围内；
>
> b）该机关具有作出行政行为之*权限*；
>
> c）该机关具体有行使该权限之*正当性*。[247] 例如，有关据位人不遭受任何回避，又或倘为一个合议机关，则该机关合*规范地组成*、合*规范地召集*以及处于*依法运作*之状态。

关于行政行为相对人或各相对人（当然，如存在各相对人），法律要求以“*适当*”方式识别他们（《行政程序法典》第123条第1款b）项），亦即透过姓名及住址，又或当不知悉姓名及住址时，透过可以无疑地确定谁是有关法律效果相对人或各相对人之方式：行为必须确保的是“能明确及确定了解谁是其相对人，以使行为的有关效果可落实到特定人身上”，因此，“透过‘申请人’确定行政行为相对人之身份——对一项申请作出之批示——又或透过‘Z街X门牌号之大厦之业权人’的表述确定相对人身份，

---

[247] 这种表示方式来自 Vieira de Andrade，《（*行政行为的*）*有效性*》，同上所述，第583页。

均是可行及合法的”。[248]

92. 同上：b）与形式及手续有关之要件

我们已经探讨了行政行为之形式及手续。在此再说一遍：*形式*为借以显露或外显有关自愿作出的行为的方式（语言文字、表示、信号）；*手续*为法律为了确保行政决定正确形成或私人主体法律地位获尊重而规定遵守之步骤。[249]

哪些是行政行为的手续及形式方面的基本规定？

关于*手续*，葡萄牙法律的基本原则为*所有由法律规定之手续均是必要的*。有关手续之不遵守，不论是因为不作为还是因为忽略，又或是整体还是部分不遵守，均导致行政行为之违法性。

倘由法律规定之所有手续不被遵守，不论是关于准备行为之行政程序之手续，还是关于作出本身行为之手续，则有关行政行为是违法的。然而，该规定有三个例外：

a）法律表明可免除不必要之手续；

b）有些手续虽未被作出或被忽略，但未妨碍达成法律订定该手续时所谋求之目的，亦不是必要手续（这时可将*必要手续转变为非必要手续*）。例如，倘法律要求对某人作出通知是为了其获通知作出与其有关之行政行为，但该通知并没有被作出，这意味着，原则上，一项必要手续被忽略了，然而，倘通知旨在召集该人参加会议而其出席了，则法律明显透过要求该手续所追求之目的已经达到，尽管手续并没有被履行，这种情况下，不可将有关行政行为视为违法行为；

c）纯粹官僚、具内部特征、仅旨在确保服务有效运作的手续，也不是必要手续（例如，命令将关于一个复杂个案的文件归档，而归档可以一个独立卷宗的方式作出，又或按年份或主题部分地将之保存在

248　参见 Esteves de Oliveira，Pedro Gonçalves，Pacheco de Amorim，《*行政程序法典*》，第583—584页。

249　违反那些*强制*或*命令遵守手续*之辅助性规定（然而，该表示方式不应为强制的、绝对的），可切实地在私人的权利义务范围内造成不可修补之损害。关于这一问题，参见 Vieira de Andrade，《*行政行为的明示说明理由义务*》，第310页及续后数页。

不同卷宗内)。

某些被其忽略的手续，被视为*不可补正*，而另一些被忽略的手续，则被视为*可予补正*。

在法律要求遵守时必须作出之手续，应被视为“不可补正的手续”。例如，在作出处罚前听取嫌疑人之意见，作为其辩护权之保障，有关听证方具有意义；倘行政当局实施一项处罚后才听取嫌疑人关于事实之意见，则此违法性已为不可补正。

相反地，*法律虽命令在特定时间作出手续，然而在其后之时间作出之有关手续仍来得及保障已订定之目的*，则为“可补正的手续”。有些情况可随后才使之符合规范或随后才作出一个没有按时作出的手续：在这些情况中，手续的欠缺可透过其后作出有关手续而获补正。例如，根据中央地区的地方行政当局的公务人员及其他人员之纪律通则（一月十六日第24/84号法令），纪律程序中唯一不可补正之手续为对*嫌疑人之听证*以及采取发现真相之*必要措施*（第42条第1款），因此，所有其他手续原则上均为可补正的。

93. 同上：说明理由之义务

概念

行为人对作出该行为或赋予行为某内容之理由阐述，是行政行为之“说明理由”。[250]

在很长一段时间内，葡萄牙法律中并不存在——正如大多数外国法律中亦不存在——任何行政行为说明理由之概括性义务。说明理由仅在单行法律要求的情况下方为强制性。[251]

然而，在1974年4月25日之后，为加强对私人之保障，葡萄牙行政法

---

250 关于这一内容，参见葡萄牙，J. C. Vieira de Andrade，《*行政行为的明示说明理由义务*》，同上所述；Osvaldo Gomes，《*行政行为之说明理由*》，第二版，科英布拉，1981年；David Duarte，《*程序化、参与化及说明理由化：旨在落实作为决定准绳的行政无私原则*》，第181页及续后数页；Sérvulo Correia，《*行政法概念*》，第一卷，第390页及续后数页；以及Esteves de Oliveira，《*行政法*》，第一卷，第467页及续后数页。

251 参见Marcello Caetano，《*手册*》，第一卷，第477—478页。

采纳将说明理由在大部分行政行为中转为强制性之观点。

因此六月十七日出台了第256－A/77号法令，这是在专业上十分完善的法规，其第1条列举了——在现行法典第124条及续后条文中几乎没有任何修订下遵循之——行政行为应作出说明理由之情况。

诚然，有关内容亦在宪法第268条第3款中被提及。然而，由于一般法比宪法更详细及准确，在行政行为说明理由方面，单从一般法就足以认识这方面之现行法律制度。

现时，行政行为说明理由之义务被规定在《行政程序法典》第124条至第126条中。我们分析之。

在此之前，应当注意，正如我们所述，尽管在《行政程序法典》中订立之关于说明理由义务之细则性规定并非明显不同于已被废止的第256－A/77号法令所订立之规定，然而，存在可以称之为显示新法革新的两个方面。

第一个方面，正如侵犯权利的行为一般，现时《行政程序法典》亦对侵犯依法受保护之利益的行为施加说明理由之义务。相反地，因应行为所侵犯的是权利还是单纯正当利益，旧法规对说明理由义务的程度的要求有所不同（参见第1条第1款）。

第二个方面，将在最终决定前对利害关系人之预先听证视为法律一般原则（第100条及续后条文），亦间接地明显扩大了说明理由义务之范围，因为：（1）指出决定的可能内容必须说明理由；（2）不作预先听证或其免除同样必须说明理由；（3）由调查员草拟之决定草案必须说明理由，在草案中应载有行政当局为何决定不采纳私人在听证中作出辩护时所提交之陈述的理由。[252]

在什么情况下存在说明理由义务

《行政程序法典》第124条各款订定了这些情况，[253] 在此我们不抄写该条文。一般而言，可以这样说，该条所列出之应具说明理由的行为可归纳为对第三人利益造成负担或损害之行为。[254]

扼要地说明其内容：a）项不利的初级行为；b）项对声明异议或行政上

---

[252] 参见 Freitas do Amaral 及其他著者，*《行政程序法典之注释》*，同上所述，第229页；以及 Paulo Otero，*《行政行为》*，《行政程序集体研究》第四编，同上所述，第493—494页。

[253] 关于受明示说明理由义务制约之行为名单的结构及目的一致性之欠缺，尽管面对前述之制度，参见，J. C. Vieira de Andrade，*《行政行为的明示说明理由义务》*，第111页及续后数页。

[254] 参见 Esteves de Oliveira，Pedro Gonçalves，Pacheco de Amorim，*《行政程序法典》*，第592页。

诉（诉愿、非真正诉愿及监督上诉）作出之决定；c）项不批准之行为，以及与意见书、报告或部门建议之内容相反之行为；d）项*有别于惯常采取之做法*之行为；[255] e）项不论是否不利均须说明理由的次级行为——因为原则上如次级行为对某些相对人有利，则必会对另一些相对人不利。

说明理由义务之存在因由

行政行为的说明理由，在现代民主法治国家中，不仅对于受行政活动损害的私人是非常重要的手续，而且对于有权限法院亦然，以便衡量行为的有效性，而从公共利益的角度而言亦是一个十分重要的手续。Rui Machete 从这三个角度指出行政行为的说明理由义务具有四项功能。

> （1）*私人之辩护权*。仅在知悉所有使行政当局以某种方式作出决定之原因后，私人才能完全组织一项非司法申诉或司法上诉。
>
> （2）*行政当局之自行监控*。这是基于，一方面，说明理由之义务相当于邀请行政当局对可能影响作出有关决定之事实作出权衡，而另一方面，说明作出一项行为的原因，亦可使有监管权之机关对该行为作出监督。
>
> （3）*缓和行政当局与私人之间的关系*。这是因为，倘相关理由以完整、清晰及有条理的方式告知私人，则后者会倾向于接受倘有的不利决定。
>
> （4）*明确及证明决定所依据的事实*。贯彻履行行政活动透明化的要求。[256]

因此，说明理由之主要及直接目的是，*具体地明确行为之理由，并容许重新构建作出具有特定内容的行为的认知过程*——根据《行政程序法典》

---

255 正如我们之前所述，法律没有禁止行政当局作出与惯常趋向相反的决定，否则这就是过度限制行政当局行使作出决定之权限；尽管存在一个与惯常上遵从的操作相反的决定，法律作出的仅是确定某些决定应具说明理由。应了解到，在这些情况中，说明理由不应局限于决定理由之展示，亦应包含一个关于摆脱惯常趋向之理由的解释。

256 参见 Rui Machete，《*面对1976 年葡萄牙宪法之非司法行政程序*》，载于《公法及政治学的研究》，里斯本，1991 年，第 380 页。关于这一点，亦参见 J. C. Vieira de Andrade，《*行政行为的明示说明理由义务*》，第 65 页及续后数页；Esteves de Oliveira，Pedro Gonçalves，Pacheco de Amorim，《*行政程序法典*》，第 591 页；Bernardo Ayala，《*对行政自由决定的边缘的司法监督（的逆差）*》，第 218 页；以及 David Duarte，《*程序化、参与化及说明理由化：旨在落实作为决定准绳的行政无私原则*》，第 237 页及续后数页。

第 125 条第 2 款最后部分推论。[257]

说明理由义务之免除

根据《行政程序法典》第 124 条第 2 款，以及“法律另有相反规定者除外”，无须说明理由。

> a）典试委员会作出之关于认可行为之决议；
>
> b）由上级以法定形式向其下属发出有关服务事宜之命令。

在 a）项之情况中，免除说明理由之合理解释在于认可行为之特定性质——正如我们所认知的——合并及吸收被认可之行为：由于被认可之行为必须说明理由，而认可则把该理由据为己有，并以此方式自动转为说明理由。

在 b）项之情况中，其理由是不同的：在此，如需说明理由，亦并非向第三人作出，而是仅仅或尤其对下属作出。因此，在任何情况下均无须上级向下属作出解释后才可行使其权力。

说明理由之要件

根据《行政程序法典》第 125 条之规定，说明理由必须具备以下要件。

第一点，必须是*明示*的，亦即，由作出决定之实体阐述作出行为之背景。[258]

第二点，说明理由必须包括*有关决定之事实依据及法律依据之阐述，尽管是以扼要方式作出*。因此，仅就重要事实作出叙述或者宣布一项为有关决定予以解释之“公共政策”，这是不够的：必须同时说明允许行政当局作出决定或以某种模式作出决定之法律框架。这正是*合法性原则*作为行政活动基础之必然结果。关于作为行为基础之法律理由之说明，一直认为，尤其在司法见解范围内，无须具体或逐条列出所适用之规定，只需指出作出决定所依据之法律制度。[259] 正如最高行政法院第一庭于 1994 年 11 月 24 日

---

[257] 参见 L. Colaço Antunes，《*并非空想或环境空想，而是行为说明理由之逆差——最高行政法院于1999 年1 月28 日作出之裁判书*》，载于 *CJA*，第 15 期，1999 年 5 月/6 月，第 43 页及续后数页。

[258] 参见 Esteves de Oliveira，Pedro Gonçalves，Pacheco de Amorim，《*行政程序法典*》，第 591 页。

[259] 参见 Esteves de Oliveira，Pedro Gonçalves，Pacheco de Amorim，《*行政程序法典*》，第 602 页。

作出之合议庭裁判所述，[260] 以下情况应视为具备所要求的说明理由：基于利害关系人的学历及专业知识、行为的法定类别及围绕其作出之情况，作为具体利害关系人的一般相对人，对作出决定之理由不存在疑问。[261] 亦即"倘行为之相对人知悉行政当局作出有关行为之法定框架"，甚至"无须援引所适用之法律规定"。持同一观点的，最高行政法院（全会）于 1993 年 5 月 25 日作出之合议庭裁判亦述及，"考虑到行政行为说明理由制度的功能，其所谋求的只是程序上之目的，因此，如根据普通相对人之观点可清楚认知有关行为是在特定法律框架下作出的，即使说明理由未明确提及任何法律规定或法律原则，亦可视为已达成了说明理由制度之目的"。[262]

第三点，说明理由必须为*清晰*、*合乎逻辑及完整的*。因此*含糊的*（不能了解被提及之理由之意思）、*互相矛盾的*（各理据之间在逻辑上不协调或理据与最终决定之间逻辑上不符合）或*不够的*（没有完整地解释所作出之决定）说明理由皆是违法的。[263]

最高行政法院认为，为了使说明理由完整，充分的说明已经足够，而不需冗长的说明，因为后者是一项"不切实际的义务"。[264]

特别情况：法律规定了两类符合特别法律制度的情况。

a）第一类特别情况指行政行为在于*表示声明同意*之前的意见书、报告书或建议书之理由的情况。倘出现此情况，说明理由之义务基于该单纯表示同意之声明而被视为已履行，而不需要再一次明示阐明所作出之决定之理由。事实上，在有关情况中，意见书、报告书或建议书"将构成决定之组成部分"，因此，它们之理由亦将为有关决定之理由（《行政程序法典》第 125 条第 1 款）。再一次重复说明，当存在*认可*时，甚至不需要明示作出任何同意之声明：认可自动吸收被认可行为之理由及总结。

b）第二类特别情况指*口头行为*之情况。一般而言，以口头方式作出之行为（如一项警方命令及一般合议机关决议）并不包含说明理由。那么，这里有两个可能性：要么这些行为以书面方式记载于*会议记录*内——而会

---

260 AD，第 401 期，第 594 页。

261 参见 Esteves de Oliveira，Pedro Gonçalves，Pacheco de Amorim，《*行政程序法典*》，第 602 页。

262 参见载于 C. A. Fernandes Cadilha（org.），《行政司法见解精选》，里斯本，1999 年，第 360 页之本裁判的内文。

263 参见 Esteves de Oliveira，Pedro Gonçalves，Pacheco de Amorim，《*行政程序法典*》，第 591 页；更多内容，参见 Vieira de Andrade，《*行政行为的明示说明理由义务*》，第 232 页及续后数页。

264 参见葡萄牙最高行政法院，《*Eduardo Soveral* 案件》，*AD*290，1985 年 3 月 28 日，第 132 页。

议记录必须记载有关说明理由，否则为违法——要么在没有会议记录之情况下，法律给予利害关系人*请求以书面方式记录口头行为说明理由*之权利，而有权限的机关有义务在十日期限内满足有关请求（《行政程序法典》第126条第1款）。利害关系人不行使要求为某一项行为说明理由之权能，并不影响未就该行为欠缺说明理由所产生之效果（《行政程序法典》第126条第2款），亦即“私人不仅得继续提出倘有之欠缺说明理由所造成之违法性，而且得提出因违反该法典第125条订定之其他说明理由要件而出现之违法性，例如，说明理由（并不）符合事实及法律，或（并不）是清晰的、充分的及一致的”。[265] 倘行政当局不遵守“以书面方式记录口头说明理由之义务”，私人得提起《葡萄牙行政法院诉讼程序法》第82条所规定之勒令司法程序，又或正如Esteves de Oliveira以及其他学者所述，私人得利用“撤销性司法上诉，以欠缺说明理由为*诉因*，为此，行政当局至少须证明有关说明理由已有效地存在及仅违反了其转录义务，而并非违反了口头说明理由之义务”。[266]

欠缺说明理由之后果[267]

倘一项必须说明理由之行为欠缺说明理由，又或倘存在说明理由但其不符合法律要求之要件，则该行政行为将因形式瑕疵而违法，就其本身而论，将为可撤销之行为（《行政程序法典》第135条）。

然而，倘一个受约束之行为须以两个理由为基础，而其中一个并不存在，另外一个理由已足以为该决定提供依据，则法院基于*行政行为利用原则*之效力而不会撤销该行为。

司法见解及学说亦十分正确地认同此原则不适用于自由裁量行为之范围：“存在自由裁量权或行政选择空间时，法官不得利用一个具形式瑕疵之行为，因为法官没有条件宣告那些内容为唯一正当决定。”[268] 这即是说，仅“当行为之内容不得或不应为其他内容时”，法官才得利用一个没有说明理由之行为，“因为在这种情况下可确定一名理性及严格遵守法律的人员不会

265　参见Esteves de Oliveira，Pedro Gonçalves，Pacheco de Amorim，《*行政程序法典*》，第609页。

266　参见Esteves de Oliveira，Pedro Gonçalves，Pacheco de Amorim，《*行政程序法典*》，第609页。

267　更多内容参见Vieira de Andrade，《*行政行为的明示说明理由义务*》，第275页及续后数页。

268　参见Vieira de Andrade，《*行政行为的明示说明理由义务*》，第331页，注释91（参见第326—334页）。

作出另一决定”。[269]

94. 同上：形式

以下为《行政程序法典》在*行政行为形式*方面的主要原则：

> a）*独任机关之行为应透过书面方式作出，只要法律并未规定以其他方式为之，或基于该行为之性质及作出该行为时之情节，不要求以其他方式为之（《行政程序法典》第 122 条第 1 款）；*
>
> b）*在不存在相反之法律规定下，合议机关之行为透过口头方式作出（《行政程序法典》第 122 条第 2 款）。*

之所以作出区分，是因为牵涉到合议机关之决议程序：该等机关之决议透过对预先提交之议案的多数票作出（参见《行政程序法典》第 19 条），[270]“合议机关之意愿由有关主席以口头方式作出总结及表示”，[271] 而其后把所决议之内容撰写为*会议记录*，否则不产生效力。

为了理解《行政程序法典》第 122 条第 1 款最后部分的规定，可以将警察命令作为根据自身*性质*而要求采用口头方式之行为的例子，而在紧急避险中作出之行为就可作为按实际情节须以其他非书面方式作出行为的例子。[272]

正如前述，一个是*行政行为的形式*，而另一个是*载有行政行为的文件形式*。一个是书面行为，另一个是“‘作为证据目的 *ad probationem*’记载一个以口头方式作出之行为的内容之叙述文件”。[273]

然而，在应以书面方式作出之行为中，需要把要求*庄严方式*之行为及以*简单方式*作出之行为予以区分。

“简单方式”指*行政机关意愿之外显并不需要采纳一个特别式样的书面方式*；“庄严方式”指*书面方式必须依法遵守确立之特定式样*，亦即，在这

---

269 参见 Vieira de Andrade，《*行政行为的明示说明理由义务*》，第 329 页。

270 参见 Freitas do Amaral 及其他著者，《行政程序法典之注释》，第 225 页。

271 参见 Esteves de Oliveira，Pedro Gonçalves，Pacheco de Amorim，《行政程序法典》，第 577 页。

272 参见 Esteves de Oliveira，Pedro Gonçalves，Pacheco de Amorim，《行政程序法典》，第 578 页。

273 参见 Sérvulo Correia，《行政法概念》，第一卷，第 388 页。

种方式中，“法律规定了书面方式必须遵守的要件或应描述之模式”。[274]

因此，透过*部长批示*作出之行政行为是以简单方式作出的：此为一张载有特定决定的单纯签署的纸页。然而，倘若法律要求以*训令*或*法令*的形式作出行为——在此情况下，必须遵守特定法定式样——我们在此所面对的是庄严的方式。

95. 同上：c）关于内容及目标之要件

有效性之第三个要件涉及行政行为之*内容*（conteúdo）及*目标*（objecto）。[275]

首先，无论是行政行为之内容或目标，均必须符合*确切性*（certeza）、*合法性*（legalidade）及*可行性*（possibilidade）之要件，正如私法上的法律行为一样（《民法典》第280条及281条）。[276]

因此，以免行为沾有瑕疵，行为之*目标*（*objecto*）即承受行为效果之*东西*（o quid）（人、物、之前的行为）必须具有*可行性*（*possível*）（物理上及法律上可行）及*特定性*（determinado）（已被识别或可被识别），亦必须具有*适当性*（idóneo）（目标之内容抽象上为适当的）及支撑行为效力的*正当性*（legitimado）（具体个案之特定资格）。[277]

关于效果——即行为之内容——亦必须具*特定性*（determinados）（可理解的）、*可行性*（possíveis）及*合法性*（lícitos），以及在证明性行为的情况下，效果必须具*真实性*（verdadeiros），而倘若情况并非如此，正如 Vieira de Andrade 所指，“行为之效力将遭到有关*内容*（conteúdo）之不能理解性、不可行性、不法性或不真实性所损害”。[278]

---

274 参见 Sérvulo Correia，《行政法概念》，第一卷，第389页

275 见葡萄牙的 Esteves de Oliveira，《行政法》，第一卷，第438页及续后数页；Sérvulo Correia《行政法概念》，第一卷，第454页及续后数页；Vieira de Andrade，《（行政行为的）有效性》，同上所述，第583页及续后数页。葡萄牙以外其他国家学说方面，参见，Wolff，Bachof，Stober，*Verwaltungsrecht*，第二卷，第67页及续后数页；Hartmut Maurer，*Droit Administratif Allemand*，第330—347页。

276 例如，见 Pires de Lima Antunes Varela，《民法典注释》，第一卷，第四版，科英布拉，1987年，第280条及281条之下；Menezes Cordeiro，《葡萄牙民法条约》，第一册，第413页及续后数页。

277 见 Vieira de Andrade，《（行政行为的）有效性》，同上所述，第583页。

278 见 Vieira de Andrade，《（行政行为的）有效性》，同上所述，第583页。

此外，法律亦要求有关（自由裁量的）行政行为的意思必须是*清晰的*（esclarecida）及*自由的*（livre），这是因为，即使有关行为符合其他有效性之要件，倘若行政当局的意思是基于任何不当的影响而作出时，尤其是基于*错误*、*欺诈或胁迫*（erro，dolo ou coacção）而作出时，则有关行为为非有效的。

另外，我们亦已看到，在行政行为中得设定附加条款，诸如期限、条件、负担或保留废止权之情况。[279] 然而，完全自由地增添附加条款之原则并不存在：附加条款仅在不抵触*法律*（lei）或该行为拟达成之*目的*（fim）之情况下方为有效（《行政程序法典》第121条），倘若符合条件仍加入附加条件，则载有该条款之行为因*违反法律*（violação de lei）而违法。[280] 例如，对某个内容几乎完全受约束的行为增添某项停止条件，即违反法律——*法定不接受条件的行为*（actos legitimi non recipiunt conditionem）。因此，只有部分内容为自由裁量之行为，才得以被设定条件。另外，倘若行政当局在对某公务员作出退休批准时增添负担，使其在退休后继续跟进已被交付之卷宗，则该增添的方式明显有违行政行为的目的——解除该公务员与公职的工作关系。[281]

在葡萄牙备受争议的是法律容许“保留废止”的机制。《行政程序法典》的立法者亦没有在该法典第121条或第140条第2款中对此作出特别规定。然而，经过一段时间，正方的论点取得了葡萄牙主流学说的赞同。直至20世纪60年代，Robin de Andrade阐述：“倘若行政当局享有自由裁量权作出创设权利（而原则上属不可废止）之行为，其得作出、不作出或附条件地作出该行为。同样的，为何行政当局不得在保留废止权的情况下作出该等行为呢？在行政当局作出该等行为时，尽管这是明显创设权利或法律资格之行为，其实行政当局只是纯粹及简单地根据本质上受公共利益限制的单纯权能去作出行为。倘若在自由裁量权的范围内行政当局不授予权利或资格，似乎并不妨碍授予某些当中仅载有若干元素的权利或资格的单纯

279 关于该等概念之意思，例如，见Manuel de Andrade，《法律关系总论》，第二卷，科英布拉，1960年，第368页及续后数页。在行政法中，特别参见Afonso Queiró，《条件》，载于《公共行政法律词典》，第一卷，第561页及续后数页；Rogério Soares，《行政法》，第284页及续后数页；Forsthoff，*Droit Administratif Allemand*，第337页及续后数页。

280 见Freitas do Amaral及其他著者，《行政程序法典之注释》，第224页。

281 那么，见Esteves de Oliveira，Pedro Gonçalves，Pacheco de Amorim，《行政程序法典》，第572页。

权能。"[282] 同样，最近 Esteves de Oliveira 及其他学者注意到，"关于一般不能接受存在创设行为的保留废止权以及其与上述第 140 条第 2 款之规定存在潜在抵触之观点，我们绝不能忘记（在行使自由裁量权下所作出的）创设性行为是行政当局在可以纯粹及简单地拒绝作出行为下选择的结果，因此，行政当局被允许在保留明天可以说'不'之情况下说'是'，而非确定地说不可以"[283]。

然而，似乎必须限制该等结论的适用范围。单纯以该行为属自由裁量的事实，已不能作为增添保留废止权条款的理据。根据《行政程序法典》第 121 条对一切附加条款所设的规定，有关条款亦必须与行为本身拟达到之目的兼容。因此，在保留废止权下作出的创设权利的行为的合法性，不仅取决于被行使之权力之自由裁量性，亦取决于有关保留废止权之条款与该行为拟达到之目的之兼容性。

倘若某个在行政行为上增添的条件属违法或不可行，*法律上应如何处理*（quid juris）？违法性或不可行性对该行为的影响是什么？

正如 Afonso Queiró 所教导的，一切在于该非有效或不可行的条款在有关行为作出时所占的分量。倘若该等条款具重要性并因此成为有关行为的决定性原因，则上述情况将引致有关行为无效（vitiatur et vitiat），所以，当推定行政当局不得在不顾及该条件下作出有关行为时，则该行为被视为不当行为或不适时行为。如情况相反，则必须认定该条件犹如未被写下（vitiatur sed non vitiat）一般。[284] 这位科英布拉的教授亦补充道，尤其应认为在法定行为中增添的停止条件在行为的作出上并不具相当分量，因为行政当局作出有关行为的原因在此不具重要性。[285]

最后，关于行政行为内容之有效性要件，亦包括财政法所作之要求，例如，对于涉及开支的行为，必须存在经批准的预算、适当的项目、指定预算款项的用途等。[286]

---

[282] 见 Robin de Andrade，《行政行为之废止》，第二版，科英布拉，1985 年，第 178 页。

[283] 见 Esteves de Oliveira，Pedro Gonçalves，Pacheco de Amorim，《行政程序法典》，第 680 页。

[284] 在这方面，参见 Afonso Queiró，《条件》，同上所述，第 563 页。

[285] 见 Afonso Queiró，《条件》，同上所述，第 563 页。

[286] 关于该等要求，见 J. J. Teixeira Ribeiro，《公共财政教程》，第五版，科英布拉，1995 年，第 59 页及续后数页；Sousa Franco，《公共财政及财政法》，第二版，科英布拉，1988 年，第 307 页及续后数页和第 368 页及续后数页。

96. 同上：d）关于目的之要件

法律要求，行政机关实际上所追求之目的必须与法律赋予行政机关权力作出有关行为之目的一致。换句话说，“行政行为之目的是立法者在赋予行政当局某特定权限时旨在实现之公共利益”。[287]

然而，该要件仅在行使自由裁量权（不论属于纯正还是非纯正的自由裁量）时作出行为之情况下方具有重要性。在受约束行为的情况中，由于其目的并不具自主性，因此不具重要性。

关于这方面，值得提及《最高行政法院组织法》第 19 条的独一附段，当中指出：“仅在所出示之证据使法院确信被上诉之行为之主要决定性原因与法律授予有关自由裁量权之目的不相符时，方会发生基于权力偏差之撤销。”实务上用以确定对行政行为的目的之标准，就是其*主要决定性原因*。如上所述，调查原因比起调查目的较为容易。

基于此，作出行政行为之*主要决定性原因*必须与法律授予自由裁量权时*所考虑之目的*相一致，否则该行为属违法及非有效。

97. 行政行为之效力之要件

概念

“效力之要件”是指*法律为了使行政行为得以产生其法律效力而制定的要求*。

不得把该等要件与有效性之要件相混淆。事实上，亦如之前所述，一个行为可以是有效但不产生效力，亦可以是非有效但产生效力。

葡萄牙法律之一般原则是行政行为自*作出*时即产生效力（参见《行政程序法典》第 127 条第 2 款）：这是法律效力实时性之原则，此原则早已在葡萄牙之主流学说中被公认。[288]

---

287 见 Sérvulo Correia，《行政法概念》，第一卷，第 439 页。

288 见 Marcello Caetano，《*手册*》，第一卷，第 519 页及续后数页：Rogério Soares，第 180 页及续后数页；见 Esteves de Oliveira，《行政法》，第一卷，第 510 页及续后数页；Sérvulo Correia，《行政法概念》，第一卷，*同上所述*，第 318 页及续后数页；Marcelo Rebelo de Sousa，《行政行为之制度》，*同上所述*，第 175 页；Paulo Otero，《行政行为》，*同上所述*，第 494 页。

什么时候行政行为应被视为*已作出*？

《行政程序法典》第127条第2款已作回答："（……）一旦行政行为各项要素被满足，行政行为即被视为已作出；为此，任何导致可撤销性之原因，均不妨碍该行政行为之完整性。"这意思是行为一旦满足法律所规定之*基本要素*即被视为已作出，即该等要素之欠缺（或有特别严重之瑕疵），根据《行政程序法典》第133条之规定，将导致行政行为之*无效*。因此，行政行为沾上引致单纯可撤销性或不当情事之瑕疵，并不妨碍其产生固有效力。

在*法律效果实时性*之一般原则中，法律容许两种例外情况：一方面，行政行为得自其作出前的某一时刻起产生效果——此被称为*追溯效力*（eficácia retroactiva）（《行政程序法典》第128条）；另一方面，行政行为仅得在其作出后的某一时刻产生效果——此被称为*延迟效力*（eficácia diferida）（《行政程序法典》第129条）。

此外，须注意的是，追溯效力及延迟效力的类型是可以并存的，"在没有任何拒绝的征兆或表示下：具有*延迟追溯效力*的行为，在（或倘）该等行为生效时，便约束（将来以及）过去"。[289]

接着依次分析上述例外情况。

追溯效力之情况——《行政程序法典》第128条规定了具（或可以具有）追溯效力之行为的各类情况。

在列出这些情况前，必须指出的一般概念是，如行为基于本身*性质*而涉及先前的行为，而又属*作出行为者之权能*（第128条第2款），且追溯效力不会对法律安全性及行政当局之信任构成任何问题时，[290]则此效力类型为*准则*。

以下我们将探讨法律规定之追溯效力之情况。

根据第128条第1款a）项，立法者向仅用以解释先前行为之行政行为赋予追溯效力。[291]该解决方案显而易见，无须赘述。

根据第128条第1款b）项，立法者对"执行撤销行政行为之法院裁判之行政行为"赋予追溯效力，"但属可重新作出之行为者除外"。

由于透过司法争讼宣告行政行为非有效具有追溯效果——原则上，这

---

289 参见 Esteves de Oliveira，Pedro Gonçalves，Pacheco de Amorim，《行政程序法典》，第611页。

290 参见 Freitas do Amaral 及其他著者，《行政程序法典之注释》，第243页。

291 关于解释性行为，见后文。

是为了消灭行为被撤销前已产生之一切效果——因此，当行政当局依据司法裁判旨在恢复假设原有的情况而作出行为时，该行为可以追溯其效力至被撤销之行为产生效力之日。

然而，上述规则之第二部分规定，上述追溯情况并不适用于在被撤销之行为之后“可重新作出之行为”。这个在《行政程序法典》于 1996 年作出修订时被载于法律之表述，旨在说明已开始在若干司法见解中得到回响的见解并不成立。[292] 该见解认为，根据《行政程序法典》第 128 条第 1 款 b）项，在撤销对利害关系人不利之行为之裁判作出后，允许行政当局作出与被撤销之行为相同且具有追溯效力之行为，只要该新行为不存在引致首个行为被撤销之瑕疵。[293] 之所以上述见解不成立，主要是基于由司法见解提出并且我们认为正确的两个观点：“一方面，其中一个观点之依据是为保护上诉人的利益，仅在对上诉人之保障及利益具有意义时，方赋予执行判决之行为具追溯效力，当基于对他们利益的保障考虑须排除追溯效力时，则应排除之。另一方面，另外一个观点之依据为，确保被违反之合法性得以重建，以及认为‘倘若行为被重新作出后具有追溯效力，则妨碍被违反的法律秩序的重建，因为一切都如该被撤销之违法行为仍继续自其作出之日产生效力一样，使胜诉的司法上诉在实务上成为无用’。”[294]

基于此，对私人不利之重新作出之行为仅自其通知时起方产生效力，“而并非自首个行为，亦即被撤销之违法行为（之通知）重新作出”。[295] 因此，该等行为不具有追溯效力。“拥有追溯效力的，正是那些为了重整受违法行政行为所违反之法律秩序所要求作出之行政行为——亦即宣告违法行为无效的行政行为（……），以及撤销违法行为而得益之人*恢复原状*（restitutio in integrum）所必须作出的其他行为。”[296] 总的来说，具有追溯效力的是那些执行撤销性判决的行为，而并非就首个决定重新作出的行为，因为该

292 参见 Freitas do Amaral 及其他著者，《行政程序法典之注释》，第 236 页所引用的裁判。

293 参见 Joãa Caupers，《行政程序法典之修订》，载于《立法学论丛》，INA，1996 年 1—3 月第 15 号，第 13 页。

294 参见 Freitas do Amaral，《行政法院裁判之执行》，第 2 版，科英布拉，1997 年，第 97 页。见 Margarida Cortez，《形式上非有效之衰落?》，载于 *CJA*，1996 年 1—2 月第 7 号，第 37 页及续后数页。

295 参见 Afonso Queiró，《1986 年 2 月 25 日之最高行政法院的合议庭裁判的评注》，载于 *RLJ*，119，第 302—303 页。

296 参见 Afonso Queiró，*同上所述*，第 302—303 页。

行为并不用作重建违法行为（作出）之日当事人的状况，否则便创设了一个新的法律状况，而此状况又与被司法争讼所消灭之第一个状况相同。[297]

这个问题将在本*教程*之第三卷中再作详述。

最后，"获法律赋予追溯效力之"行政行为亦具有追溯效力［第128条第1款c）项］。

《行政程序法典》第128条第2款中阐述了作出行政行为者得赋予行政行为追溯效力之若干情况。

第一，这可以发生在"赋予追溯效力对利害关系人有利，且不损害第三人之权利或受法律保护之利益，但在该行为之效力拟溯及之日必须存在证明赋予追溯效力为合理之前提"（a项）。当溯及既往对利害关系人有利且对第三人之利益为中立时，作出行为者在有关行为拟追溯产生效力之日，根据法律赋予的权限作出该决定，且客观上可按照法律作出相同行为时，方得以行政手段对该行为赋予追溯效力。

第二，法律指出溯及既往亦可以发生在"涉及废止行政行为之决定，而此等决定系由作出该等行政行为之机关或人员在声明异议或诉愿提出后所作出"（b项）。由于这一规定的意义明显在于授予有权限机关得对由私人提出之废止赋予追溯效力之权能，[298]我们认为这一规定是不具重要性的：事实上，当废止是以非有效作为依据时，原则上是具有追溯效力的（第145条第2款），而当废止是以不适当作为依据时，除《行政程序法典》第145条第3款所指的情况外，[299]则没有道理具有追溯效力。

第三，法律指出，作出行为者（除了上述情况外）仅在法律容许下才可赋予行政行为追溯效力（c项），这是很显然的。

延迟效力之情况

现在我们分析《行政程序法典》第129条规定的行政行为*延迟效力*的各种情况。

这发生在：a）行政行为须经核准或公民投票；b）行政行为效果取决于停止条件或停止期限；c）基于行政行为之性质或法律之规定，有关行政行为之效果取决于与该行为之有效性无关之任何要件。

上述条文首两项之规定的意思无须特别解释。但是，需要对《行政程

297　参见Afonso Queiró，*同上所述*，第302—303页。

298　参见Freitas do Amaral及其他著者，《行政程序法典之注释》，第235页。

299　参见Freitas do Amaral及其他著者，《行政程序法典之注释》，第235页。

序法典》第 129 条 c）项之规定作补充解释。

此所指的是与行为之有效性无关之要件，例如，须经审计法院作出批阅之情况。在法律规定之情况下，涉及作出开支的公共行政当局的若干行为，必须经审计法院批阅。而当审计法院未对有关行为作出批阅时，该行为属不产生效力的行为，即受益于该行为之利害关系人不得为自己主张该行为所产生之权利，而受到该行为带来负面后果的私人亦不会承受该等后果之影响。在作出批阅后，该行为转为产生效力；倘若法院拒绝作出批阅，则该行为仍继续不产生效力。所以，批阅是有关行政行为产生效力之一项要件。

然而，除了第 129 条明示规定之延迟效力情况外，亦应指出其他两个由法律规定之情况：合议机关之决议转为会议记录（《行政程序法典》第 27 条），并且将行为公布或向私人作出通知（分别为《行政程序法典》第 130 条及续后条文，第 66 条及续后条文）。

正如我们所认知的，合议机关作出之决议原则上是以口头方式作出之行政行为（参见《行政程序法典》第 122 条第 2 款）；但法律命令以书面方式记录上述决议，并规定就每次会议缮立会议记录之义务，当中须载有“会议中发生之所有情事摘要，尤其指出（……）所作之决议（……）”（《行政程序法典》第 27 条第 1 款），在合议机关决议通过会议记录的情况下，“则须在这次会议中实时地以拟本方式通过有关会议记录”（第 27 条第 3 款）。

根据葡萄牙的法律，“合议机关之决议，在通过有关会议记录后或在签署上款所指之拟本后，方产生效力”（《行政程序法典》第 27 条第 4 款）。因此，通过有关会议记录，以书面方式将合议机关之决议作出记录，正是相关行政行为产生效力之要件。

另外，行政行为公布的情况指“透过该行为，全体人都了解某行为、事实或状况”，[300] 而将行政行为向利害关系人作出通知的情况指“透过该行为，向某行为之特定相对人个别地传达该行为之内容或使其知悉有关其本身利益之事实或状况”。[301]

尽管普通法律已对该效力要件作出规范，但宪法第 268 条第 3 款亦对该

300 参见 Paulo Otero，《行政法》，第 433 页。

301 参见 Paulo Otero，《行政法》，第 433 页。

效力要件作出规定。当行政行为未被公布或通知时（很明显，这是必须作出公布或通知之情况），该行政行为属不产生效力、不产生效果的行为，尤其是该行为对私人仍没有强制力。[302]

*通知*之法律制度载于《行政程序法典》第66—70条中；*公布*之法律制度载于不同之特别法中，这是因为行政行为之公布原则上不属强制性（《行政程序法典》第130条第1款）。然而，《行政程序法典》就有关法律强制某些行为必须公布而未规范公布方式之情况，规定了补充制度：该等情况，应在三十日内于《*共和国公报*》中作出公布，或于地区或地方适当之官方刊物上作出公布，且应载有第123条第2款所指之各项要素（《行政程序法典》第131条）。

以下要素是通知及公布所必须包含之内容（《行政程序法典》第68条及《葡萄牙行政法院诉讼程序法》第30条）：

> 作出该行为者；
> 有授权时，指出之；
> 决定之依据；
> 行政行为之全文；
> 决定之日期；
> （倘若不可对行为提起司法上诉）指出有权限审查对该行为提出之申诉之机关，以及提出申诉之期限。[303]

正如所见，法律命令通知须包括行政行为之全文：然而，倘若该行为“完全地批准利害关系人所作出之要求”，或该行为仅涉及“程序措施之作出”，则基于节省人力及快捷行政，法律容许通知以摘要指出行政行为内容及目标之方式取代全文方式（《行政程序法典》第68条第2款）。

然而，倘若通知或公布中欠缺上述所有要件，私人得在一个月内，请求行政当局向其通知有关欠缺指出的内容，或向其发出载有该等内容的证

302　参见葡萄牙以外其他国家的 M. J. Nuñez Ruiz，*La Notification de Los Actos Administrativos en el Procedimiento Ordinario*，马德里，1983年。

303　《行政程序法典》的这项创新是对私人十分重要的法律保障，可是这在行政实务中经常被忽略。

明（《葡萄牙行政法院诉讼程序法》第31条第1款）。[304]/[305]

《行政程序法典》第132条概括地规范了有关设定义务或负担之行为的效力。这些强制某人作出特定行为或屈从于特定法律效果的行为，必须*通知其相对人*后方产生效果。之所以如此规定该制度，是因为当相对人未知悉有关设定义务或负担之行为前，逻辑上不能要求其自愿履行该等义务或负担。另一方面，预先通知也是一种保护私人的方式，让私人得以提出预防措施以阻止该行为之执行。此原则之理据亦与规范行政行为执行之制度息息相关，因为仅在行政行为之相对人不履行或反抗之情况下，[306] 行政当局方可强制要求其履行（参见《行政程序法典》第152条）。

须注意的是，《行政程序法典》第132条第1款之后半部分并非旨在填补——作为产生效力之单独要件——有关通知义务之欠缺履行，它只是扩大受影响的私人的防御途径，尽管该行为不具有效力，容许他们在该行为执行前，立即对该行为作出申诉。[307]

98. "既决案件"（"caso decidido" ou "caso resolvido"）之问题

现在须了解的问题是"行政行为可否如判决一样，产生*不可改变*（imutabilidade）及*排除性*（preclusivo）之效力"。[308]/[309]即"由于行政行为体现了国家当局的权力并从而产生强制力，有人提出行政行为所设定的法律状况是否应具有如判决所产生的法定真理一样的效力"。[310] 这正是行政上的《既决案件（caso decidido）》问题——该表述明显近似于"裁判已确定的案

---

304 参见 João Caupers，João Raposo，《行政上的司法争讼的注释及评论》，里斯本，1994年，第129页及续后数页。

305 关于行政行为之通知，更为详细的参见葡萄牙的 Pedro Gonçalves，《行政行为之通知（有关一项宪法规范的种类、范围、意义、后果的要点）》，载于 *AB VNO AD OMNES – 75 anos da Coimbra Editora*，1998年，第1091页及续后数页；Maria Fernanda Maçãs，《有通知则通知，有知悉则申诉（对最高行政法院于1997年的三个合议庭裁判的评注）》，载于 *CJA*，第13期，1999年1/2月，第22页及续后数页。

306 参见 Freitas do Amaral 及其他著者，《行政程序法典之注释》，第240页。

307 参见 Freitas do Amaral 及其他著者，《行政程序法典之注释》，第241页。

308 Rogério Soares，《行政法》，第219页。

309 亦见 Marcello Caetano，《*手册*》，第一至二卷，第214、462、480、491、494点；亦见 Vieira de Andrade，《对重新审核消极行政行为义务之司法监督》，*同上所述*，第65—68页。

310 Rogério Soares，《行政法》，第219页。

件”（caso julgado）的概念[311]——这尤其受到德国法律文献所关注（当中被称为 *Bestandkraft*）。[312]

为了更好地理解这方面的内容，须提前讲述有关诉讼法的若干概念。在此，对“诉讼关系上裁判已确定的案件效力”（força de caso julgado formal）与“实质问题上裁判已确定的案件效力”（força de caso julgado material）进行对比。前者是有关司法裁判不得被平常上诉所争议的——它是无懈可击的；后者所表达的概念是有关司法裁判对当事人具有强制性，尤其是，有关司法裁判在其后的审判中亦必须被遵从（ne bis in idem）。

那么，*这样*（qua tale）的概念可否从诉讼法转移至行政法？

有关诉讼关系上裁判已确定的案件效力，由于行政行为与判决之间欠缺完全的对应，因此该答案原则上是否定的。这是因为，一方面，在透过行政行为所形成的法律状况中，行政当局是具有利害关系的当事人，相反，法院则中立地去处理对其没有任何利益的争议；[313] 另一方面，判决与行政行为之间存在基本的差别：行政行为是处理一个动态的、随时间而改变的情况，至于判决，除了例外情况，都涉及过去发生的及不变的情况。[314] 因此，“与判决相反，行政行为是受自我控制的”，[315] 意思是，即使提出申诉之法定期限结束，仍可以随着公共利益之演变而以行政手段变更行政行为（参看《行政程序法典》第 140 条第 1 款）。

但不能因此而否定行政行为与判决之间可能存在的某些对应：我们可以称之为*诉讼关系上裁判已确定的案件效力*，这是指该行政行为是不得受争议的，不得以平常的行政途径或司法途径对其提起申诉。[316]

实质问题上，裁判已确定之案件的概念与行政行为的实质既判案效力的概念之间的对应就更少了。虽然行政当局必须遵从其自身的决定（行政行为对于作为相对人的私人或作出该行为的当局均有强制性），但其亦得在

311　关于裁判已确定的案件的概念，请参见葡萄牙的 Antunes Varela，《民事诉讼教程》，科英布拉，1985 年，第 683 页；Castro Mendes，《裁判已确定的案件的客观限制》，里斯本，1968 年。

312　例如，见 Hartmut Maurer，*Droit Administratif Allemand*，第 277 页及续后数页；Ernst Forsthoff，*Traité de Droit Administratif Allemand*，第 386 页及续后数页；Peter Badura，载于 Erichsen/Martens，*Allgemeines Verwaltunsgrecht*，第 490 页及续后数页。

313　见 Hartmut Maurer，*Droit Administratif Allemand*，第 278 页。

314　更具体的方面，见 Rogério Soares，《行政法》，第 223—224 页。

315　见 Rui Medeiros，《违宪方面的裁判》，第 639 页。

316　见 Hartmut Maurer，*Droit Administratif Allemand*，第 278—279 页；Rogério Soares，《行政法》，第 221—222 页。

具体情况中享有随着公共利益的转变而变更有关决定的有限权力。正如 Gomes Canotilho 所忆述的，“在当今*风险社会*中，增加对*临时行为*及*非长久性的行为*之需求，是为了让行政当局得以应对不断变化的事实状况，以及根据技术及科学上的新认知而重整公共利益的谋求”。[317]

有关行政行为是否具有实质问题上裁判已确定的案件的效力的问题，一般而言是不存在肯定或否定的答案的，一切视问题所牵涉的情况的具体细节而定。

那么，对于“某类行政状况，其中利益是可调整的及可变更的，因此无须去思考任何近似实质既判案件的东西——正如在行政当局的警察范畴内所发生的情况”。[318]

然而，在某些情况中，则可限制以行政手段终止先前行政行为的效力，例如，在衡量所牵涉的利益后，基于信用保护原则、法律安定性原则、善意原则及基本权利，得出的结论是，维持该行为的私人利益高于消灭创设该私人法律地位的先前行政行为的公共利益。在这类情况中，该行为是不得作为废止行为之目标的，换句话说，由于存在不可控制的情况，因此，对应判决所发生的情况，可称为行政行为的实质，即判案效力。[319]

当然，“在接纳一项行政行为有不被废止的能力之情况中，必须解决有关*限制*的问题”——主体及客体。总括来说，如 Rogério Soares 所指，*客体上*，既决案件不包括“该行为所依据的理由”，[320] 而仅包括该行为所载的结论规定。*主体上*，“不得将不被废止的能力扩大至参与程序的主体以外的人”。[321]

99. 行政行为之解释及填补

概念及要素——解释就是确定被解释的文本的含义及范围。在作出一个行政行为之前，先要确定它属于哪一个种类，当中所载的意思表示的内

317 见 Gomes Canotilho，《宪法及宪法理论》，第 258 页。

318 Rogério Soares，《行政法》，第 224 页；Forsthoff，*Traité de Droit Administratif Allemand*，第 392 页。

319 见 Hartmut Maurer，*Droit Administratif Allemand*，第 280—281 页；Rogério Soares，《行政法》，第 222—223 页。

320 见 Rogério Soares，《行政法》，第 226 页。

321 见 Rogério Soares，《行政法》，第 226—227 页。

容是什么，它产生或被法律赋予了什么效果，以及最终有什么法律操作及事实行动方可于法律或现实世界中落实机关或立法者想要达成的效果。[322] 总之，“行政行为之解释”就是*用来确定一个行政行为在相关法律上的含义及范围之法律操作*。[323]

解释者在查明行政行为的法律意义时须考虑哪些要素？解释者至少须知悉八项要素：

a）有关决定之文本，包括相关理据；

b）载于行政程序之数据；

c）行政当局或私人之嗣后行为；

d）行为之法定类型；

e）所适用之法律；

f）所谋求之公共利益，以及必须尊重之私人之权利及受法律保护之利益；

g）行政惯例；

h）行政法之一般原则。

在解释行政行为时，必须考虑若干重要的*推定*。例如：

推定机关不想违背其所作出行为的法定类型；

推定行政当局“在作出决定时，除另有明示指示外，不想采纳有别于其在解决类似情况时，或在解释、适用相同之原则或法律规定时惯常作出之做法”（《行政程序法典》第 124 条第 1 款 d）项）。[324]

谁可以解释

行政法院有权对行政行为之解释作最终决定。

然而，行政当局本身——在一般情况下，行政当局是每个行为之作出者——亦得透过被命名为*解释性行为*（actos interpretativos）或*澄清*（aclaraçõe-

322　参见 Esteves de Oliveira，《行政法》，第一卷，第 528 页。

323　参见 Marcello Caetano，《*手册*》，第一卷，第 488 页及续后数页。

324　关于行政法渊源的先例，见 Paulo Otero，《行政法》，第 346 页。

s)[325] 之次级行为去解释行政当局自己作出之行为。

倘若解释性行为是选择一个事实上被解释行为所包含的解释，因而前者在后者的范围内，则我们所面对的解释性行为是*确认性澄清*（aclaração confirmativa）；然而，倘若行政机关的解释超出被解释行为的范围，则有关解释不属澄清，而有关解释相反地是对先前行为的*废止*（revogação）或*变更*（modificação）：作出澄清的机关以所谓解释为掩饰，从而为先前的行政行为赋予一个（根据解释的一般原则）并非上述行政行为所涉及的含义。[326] 行政行为之废止制度，经必要配合，适用于替代性或变更性的澄清（《行政程序法典》第 147 条）。

正如我们所见，用以解释先前行为之行政行为具有追溯效力（《行政程序法典》第 128 条第 1 款 a）项）。

在解释行政行为时所考虑之法律及意思

正如以上所述，在作出行政行为之解释时，必须同时考虑法律之内容以及作出行为者之意思，去查明被作出之决定的含义及范围。

根据以上我们所采纳的立场，在*约束行为*的情况中，解释者尤其须查明*法律*之规定，并尽可能地根据法律所订的要求去解释该行为。

有关*自由裁量行为*，解释者尤其须查明作出该行为的行政机关的*真实意思*或心理的意思，倘若不存在该等意思，则尤其须查明该机关之*假定意思*，即有权限机关如事先知悉有关缺项则会作出之表示。[327]

解释的性质

最高行政法院传统上认为，对行政行为作出之解释一般属于*事实事宜*，因此，在诉讼程序中法院就该等事实事宜所作的裁判，不得透过向最高行政法院全会提出上诉予以争议，因为有关上诉属复审的上诉。[328]

然而，应该稍微放宽这一指引，因为对行政行为作出之解释中，可能必然地置入一些法律解释的部分，该等部分应被视为可以复审上诉所审理的*法律事宜*。

事实上，解释个人的心理意思是一件事，但解释法人机关的规范性意

---

325 参见 Afonso Queiró，《澄清》，载于《公共行政法律词典》，第一册，第 95—97 页。

326 参见 Esteves de Oliveira，《行政法》，第一卷，第 528 页。

327 参见《民法典》第 239—239 条。

328 见最高行政法院（STA-P）之合议庭裁判，27－10－82，AD 257，第 624 页，以及最高行政法院之合议庭裁判，27－11－86，AD 310，第 1279 页。

愿又是另一件事。而规范性意愿的形成必须考虑到法律的含义，当中可部分体现为法律上的问题。最高行政法院最近的司法见解似乎倾向于这一理解。[329]

行为之漏洞填补

相同的原则*经作出适当的配合*后，亦适用于行政行为之漏洞填补。

对于受约束行为之漏洞填补，尤其必须考虑有关法律之内容，而对于自由裁量行为之漏洞填补，则尤其须考虑作出行为者之假定意愿。

V. 非有效

100. 概况

以下我们将探讨行政行为之非有效（invalidade），即对行政行为造成影响之消极法律效力，使该行政行为在本质上不能产生应有之法律效果。[330]

行政行为违反法律即属违法行政行为。长期以来，违法性（ilegalidade）

329　有关行政行为之解释构成法律事宜的理解，例如，最高行政法院之合议庭裁判，1992 年 9 月 29 日，载于 C. A. Fernandes Cadilha 主编的《行政范围之精选司法见解》，里斯本，1999 年，第 259 页。

330　参见葡萄牙 Marcello Caetano，《*手册*》，第一卷；Esteves de Oliveira，《行政法》，第一卷，第 533 页及续后数页；Sérvulo Correia，《行政法概念》，第一卷，第 350 页及续后数页；Costa Mesquita，《行政行为之非有效》，载于《行政诉讼》，布拉加（Braga），第 125 页及续后数页；Freitas do Amaral，《行政行为的制度》，*同上所述*，第 104 页及续后数页；Marcelo Rebelo de Sousa，《违宪行为的法律价值》，第一卷，第 103 页及续后数页；同上，《行政行为之制度》，第 177 页及续后数页；Vieira de Andrade，《（行政行为的）有效性》，*同上所述*，第 581 页及续后数页；Paulo Otero，《行政行为》，《行政程序》之研究集 § 4°，*同上所述*，第 495 页及续后数页；Rui Medeiros，《违宪法律的法律上消极价值》，载于 *OD*，第 121 刊，第三卷，1989 年，第 491 页及续后数页；Bernardo Ayala，《对行政自由决定的边缘的司法监督（的逆差）》，第 186 页及续后数页。

其他参考书目，见 Gracia de Enterria，T. R. Fernández，*Curso de Derecho Administrativo*，第 1 卷，第 601 页及续后数页；René Chapus，*Droit Administratif Général*，第一卷，第 928 页及续后数页；Laubadère，Vanezia，Gaudemet，*Traité des Droit Administratif*，第一卷，第 636 页及续后数页；M. S. Giannini，*Diritto Amministrativo*，第二卷，第三版，第 299 页及续后数页；Aldo Sandulli，*Manuale di Diritto Amministrativo*，第一卷，第 689 页及续后数页；Wolff，Bachof，Stober，*Verwaltungsrecht*，第二卷，第 99 页及续后数页；Ernst Forsthoff，*Traité de Droit Administratif Allemand*，第 345 页及续后数页；Hans-Uew Erichsen，载于 H. -U. Erichsen，*Allgemeines Verwaltungsrecht*，第 279 页及续后数页；Hartmut Maurer，*Allgemeines Verwaltungsrecht*，第 223 页及续后数页；以及 Antoniolli，Koja，*Allgemeines Verwaltungsrecht*，第 559 页及续后数页。

被认定为非有效之唯一渊源。当时认为一切违法行为均为非有效的行为，而一切非有效的行为均为违法行为。非有效之唯一渊源正是违法性。

然而，现今则不是这样：我们认为，*除了违法性，仍存在其他非有效之渊源*——尤其是不法性（ilicitude）、意思瑕疵等。一个不法行为，又或一个在胁迫下作出的行为，属于非有效行为，但不属于违法行为。[331]

无论如何，我们先从*违法性*开始研究，因为现今它仍然继续作为行政行为之非有效的最重要的渊源。

101. A）行政行为之违法性

当一个行政行为被称为违法时，则该行为违反了法律，当中所指的“法律”是最广义者。[332]

在这个意义上，*合法性*（legalidade）包括宪法、普通法律、规章、行政合同、创设权利之行政行为等。总而言之，再次引用 Hauriou 的名言，这是用作衡量行政行为属合法或违法的一整套法律框架。

102. 同上：行政行为之瑕疵

行政行为之违法性具有若干形式。该等形式称为行政行为之瑕疵。因此，“行政行为之瑕疵”是指*行政行为之违法性可以披上特定形式的外衣*。

多年以来——从法国开始，再传至其他国家，尤其是葡萄牙——已倾向制定行政行为瑕疵之法定分类。基于实务上的需要，为了便利私人向行政法院提出上诉，就该等瑕疵进行了分类。

因此，亦正如法律之违宪性可被分为组织上、形式上或实质上的违宪性，行政行为之违法性基本上可被分为组织上、形式上或实质上之违法性。

葡萄牙有一法规——《最高行政法院组织法》——当中载有行政行为瑕疵之“官方”分类之规定。这就是《最高行政法院组织法》第 15 条第 1 附款，其规定如下：“行政上之司法争讼分庭具有管辖权：对涉嫌存在无

331 对于将非有效分为若干种类之反对，参见 Marcelo Rebelo de Sousa，《违宪行为的法律价值》，第一卷，第 219—220 页，当中的注释。

332 有关此概念的多种解释，参见 Jorge Miranda，《宪法教程》，第五卷，第 121—124 页；以及 Gomes Canotilho，《宪法及宪法理论》，第 623 页及续后数页。

权限、越权或权力偏差、形式上的瑕疵又或违反法律、规章或行政合同之（……）确定及具执行力的决定和决议提起之上诉。”由此产生以下之行政行为瑕疵类型：1. 越权；2. 无权限；3. 形式上的瑕疵；4. 违反法律；5. 权力偏差。

这一列举并非完全按照上述法律规定所订的顺序，而是为了方便解释所依照的逻辑顺序。

前两项瑕疵（越权及无权限）属于*组织上之违法*概念，第三项瑕疵（形式上的瑕疵）属于*形式上之违法*概念，第四、五项瑕疵（违反法律及权力偏差）属于*实质上之违法*概念。

另外，必须注意，应*狭义地*理解所列举的第四项瑕疵——*违反法律*，因为在广义上所有瑕疵均明显违反法律。然而，当*违反法律为特定瑕疵时*，我们只是将它视为行政行为之五项可能瑕疵中之一项瑕疵。

有人认为，根据分别于 1982 年、1989 年、1992 年及 1997 年修订之 1976 年宪法，关于私人提起之针对任何行政行为之司法上诉，法律不再要求有关司法上诉必须具体地识别或详细指出被上诉之行为所沾有之一个或若干瑕疵。该意见的支持者认为，概括地主张该行为之*违法性*，或指出私人之任何法律地位所遭受之损害，就已足够，而有关任何瑕疵之特别载明是非强制的。

该等想法之依据在于被转录之宪法第 268 条第 4 款之文本。然而，我们并不认为这项葡萄牙根本法律的规定是希望将上述普通法律的有关规定视为违宪，因为该等规定属于行政上之司法争讼的范畴，并且数十年以来一直要求详细阐明被上诉行为所沾有之一个或多个瑕疵。

事实上，该阐明对诉讼之经济性、清晰性及快捷性是有作用的，而有责任更好地在每类诉讼程序中维护这些价值的正是普通诉讼法，而非宪法。

真正需要以宪法本身的层次作出确保的是，保证一切涉嫌违法或违反私人的实体法律地位的行政行为均得被提起司法上诉。这正是我们现在分析的，第 268 条第 4 款中的部分有用及必须具备的功能，除此之外，我们可以推定，制定宪法的立法者不想干涉对公民的基本权利并不造成损害的诉讼技术方面的次要问题。

事实上，必须阐明被上诉行为之一个或多个瑕疵之要求，仅在最初对某瑕疵之认定所出现之错误不被容许作出嗣后修改时，又或当瑕疵之法定分类把特定违法性排除在其范围以外，而因此不得以该特定违法性提起司法上诉之依据时，方会损害基本权利。

但事实并非如此。一方面，最高行政法院一直认为法院得修改当事人所提出的瑕疵的法律定性，这意味着，当事人最初在识别瑕疵上所出现之错误，是完全不会损害当事人在司法上诉中的权利的。

另一方面，没有任何一个违法性因法律订立了瑕疵的官方分类而不受司法监察，这是因为存在一个*剩余瑕疵*或"万人坑"，当中容纳了任何所有不能定性为其余四项瑕疵的违法性，该项瑕疵就是*违反法律*。

因此，在撤销性司法上诉中，向利害关系人施加识别及指出其认为被上诉行为所沾有的一个或多个瑕疵的负担之法律规定，是不会为利害关系人带来任何不正当损害的。

然而，尽管《葡萄牙行政法院诉讼程序法》第 37 条及第 57 条之规范（当中仍然谈及*瑕疵*的）已被明示废止，且被不再要求将行为之违法性定性为该行为的瑕疵之其他规范取代，[333] 但对我们来说，这并不会当然地断定行政行为之瑕疵的理论失去其科学价值及作为解释的潜力。[334]

以下栏目，将按照《最高行政法院组织法》第 15 条第 1 附款所载之列举，分析行为瑕疵之界定及特征。

103. 同上：越权

第一，"越权瑕疵"是指*行政当局作出了立法权、节制权或司法权职责范围内的行为*。

这一瑕疵在于对分权原则之违反（参见宪法第 2 条及第 111 条）。严格来说，这一瑕疵不具独立性，并被引申至"无权限"，因为事实上这是更严重的无权限情况。

尽管如此，其独立性具有历史原因，当中涉及近代行政法的产生。它源于法国自 1789 年革命之后订定分权原则之时期。正如所知，当时所作的

---

333 这似乎是由 2000 年 1 月之《行政诉讼法典》版本所引致的。我们认为该方案未为恰当，因为它相当于将律师所争议且法院必须审理的违法性属何种特定方式作出严谨界定的工作转移至法官。实际上其结果肯定是除了加重行政法院的工作负担外，亦会使基于判决忽略审理而提出判决无效的争辩数量上升。关于对这一版本法案的一般评价，请参见最近的 C. A. Fernandes Cadilha，《行政上之司法争讼之改革：公开讨论（1）》，载于 *CJA*，第 20 期，2000 年 3/4 月，第 3 页及续后数页。

334 参见 João Caupers，《行政法绪论》，第 191 页。

“非正统”解释导致法院被禁止对行政问题作出审判。然而，亦需要规定禁止行政当局干涉司法问题。因此，出现“越权”之独立瑕疵。

基于此，Marcello Caetano 在没有讲述对立法权的侵占的情况下，将越权瑕疵定义为行政当局作出了*司法权*范围的行为。然而，如所界定之瑕疵是强调行政当局侵占国家的其他权力的，则在逻辑上没有理由排除对立法权之侵占及对节制权之侵占。

我们认为，越权因此被分成下列三类：

> 第一类是*立法权之越权*：行政机关作出立法权范围之行为；
> 第二类是*节制权之越权*：行政机关作出节制权范围之行为；
> 第三类是*司法权之越权*：行政机关作出司法权范围之行为。

关于立法权之越权，可指出的例子是一个创设税收的行政行为。创设税项仅得由立法权作出（宪法第 165 条第 1 款 b）项）。所以，倘若政府或地方权力机关透过行政行为（部长批示或市政议决）创设税项，便形成了对立法权之越权。

关于节制权之越权，可提到的例子是总理批示辞退共和国总统的职员或填补国务委员会的空缺。

关于司法权之越权，可举出的例子是某个市政厅决议宣告某民事合同无效，或命令单方解除非行政合同，又或甚至在仅法院方可命令作出相关拆除的情况下，命令拆除属私人财产的土地上所作的工程。

我们认为，当行政当局作出一个仲裁庭范围内之行为时，[335] 亦存在对司法权之越权。

104. 同上：无权限

第二，“无权限”，可被界定为*某一行政机关作出属另一行政机关职责或权限范围的行政行为*。

有必要将本瑕疵与上一个瑕疵作对比：行政权侵入*国家其他权力机关*的范围，属越权的情况；一个行政机关作出的行为侵占了*另一个行政机关*

---

[335] 见最高行政法院之合议庭裁判，18－3－55，Col.，第 194 页。

的职务，但又没有离开行政权的范围，则属无权限的情况。

无权限具有若干模式。根据第一个标准，可分为*绝对无权限*（incompetência absoluta）和*相对无权限*（incompetência relativa）。

“绝对无权限”是指*某一行政机关作出超越其所属之法人职责范围之行为*。

“相对无权限”是指*某一行政机关作出超越其权限，但属于同一法人之另一机关权限之行为*。

根据第二个标准，可分为四类无权限：*事项方面无权限*、*等级方面无权限*、*地点方面无权限*及*时间方面无权限*。

事项方面无权限是指*某一行政机关侵占另一机关因应事项性质而获赋予的权力*。法律有时因须处理的问题类型而分配权限：假如该分配不被遵守，则出现事项方面无权限。

等级方面无权限是指*某一行政机关侵占另一机关因应等级职能而获赋予的权力*，尤其是当下级侵占上级之权限，或当上级侵占下级之本身或专属权限之情况。

地点方面无权限是指*某一机关侵占另一机关因应地域而获赋予的权力*。例如，假如辛特拉市政厅作出属于卡斯卡伊斯市政厅权限的议决；又或假如阿威罗地区的道路局长作出属科英布拉地区的道路局长权限的决定。

时间方面无权限是指*某一行政机关针对过去或将来行使其法定权力*（但法律特别容许者除外）。行政机关必须针对现在行使权限。对过去行使权限会产生溯及既往的效力，而行政行为原则上不得具有追溯效力（《行政程序法典》第 127 条及第 128 条）。法律亦不容许对将来行使权限。例如，行政机关不得于今天委任某公务员担任一个在十年后将会空缺的职位，这属时间无权限的情况。

105. 同上：形式上之瑕疵

第三，“形式上之瑕疵”是指*违反主要手续或欠缺法定方式的瑕疵*。[336]

---

[336] 关于这一点及在更广义上，有关形式上之规定之法律效力问题，尤其参见葡萄牙的 Vieira de Andrade，《行政行为的明示说明理由义务》，第 310 页及续后数页；Barbosa de Melo，《行政行为之形式上瑕疵（若干考虑）》，多次复印版本，科英布拉，1961 年，各处；Pedro Machete，《在行政程序中之利害关系人之听证》，第 520 页及续后数页。

分为以下三类：

a）违反*作出行为之前*之手续（例如，行政程序中欠缺对利害关系人之预先听证，而该听证并非属豁免之情况）；

b）违反*与作出行为有关*的手续（例如，有关合议机关的表决规则）；

c）欠缺法定方式（例如，当法律要求以训令或法令之方式作出某行为时，却以批示作出该行为）。

应该强调的是，在作出行政行为*之后*违反手续，是不会引致行政行为之违法性（或非有效）的，而仅会引致其不产生效力。

为什么呢？

因为*行政行为之有效性，往往是透过该行为与其被作出时之法律秩序之一致性予以检验*。因此，在作出某行政行为时，行政行为得因违反法律或因其被作出之前触犯了若干违法性，而属非有效。但是，倘若在作出该行为后方发生手续之违反，则该行为不会因嗣后发生的情况而变得非有效：不存在*倒退反响*。在作出行为后所发生的，不会使该行为成为非有效。

举例：法律要求涉及开支的行政行为在作出后必须经审计法院批阅。倘若行政当局没有将该行为送交批阅，则行政当局明显违反法律，因为没有履行法律要求的主要手续。然而，该手续是法律所要求的在某行为被作出之后去履行的手续：首先作出该行为，之后将该已作出之行为送交审计法院作批阅。因此，倘若行政当局拟执行仍未获审计法院批阅的行为，则该行为不会基于没有这一批阅而转为非有效：行为没有经审计法院批阅，则不产生效力［《行政程序法典》第 129 条 c）项］。在这种情况下，并非该行为转为违法，而是该行为之执行成为违法，因为执行不产生效力的行为是违反法律的［《行政程序法典》第 149 条第 1 款及第 150 条第 1 款 c）项］。

106. 同上：违反法律

第四，我们须分析的是“违反法律”，它是指*行为之内容或目标与其所适用之法律规定之间存在抵触之瑕疵*。

所谓违反法律之瑕疵，其表现为实体性质上之违法性。在这种情况下，该行政行为之实质内容或该行为所载之决定违反了法律。在此，该违反并非出现在机关的权限上，亦并非出现在有关手续或行为所披着的方式上，亦并非出现在所谋求的目的上，而是出现在该行为的本身内容或目标上。

因此，在这种情况下，行政当局的行为所针对的具体状况的法律及事实前提，与法律所描述的抽象状况不相符，又或由行政当局确定的法律效果，与法律所命令的效果不一致。[337]

行政当局*行使受约束的权力*时，倘作出与法律所规范者不同的决定，又或没有就法律命令其决定之事宜作出决定，则通常产生违反法律之瑕疵。

例如：法律规定符合若干特定条件之人享有抚恤金之权利；某个符合该等条件之人申请该抚恤金，但因行政当局错误地理解该法律，认为该人并不符合法定条件而否决之。那么，这种情况是该决定的内容本身违反法律——拒绝发放抚恤金。又或者，法律命令发放 100 薪俸点的抚恤金，而行政当局仅发放了 50 薪俸点，那么该决定的部分内容违反法律。

然而，亦可能*在行使自由裁量权*中出现违反法律之瑕疵。这是近代学说上的新成果，因为传统上并不如此理解：以往认为，受约束的权力之特征性瑕疵为违反法律，而自由裁量权之特征性瑕疵仅是权力偏差。《最高行政法院组织法》第 19 条反映了这一传统上的理解，当中指出："针对自由裁量权之行使，仅得以权力偏差作出为提起司法上诉之依据。"

这是于 1956 年就该传统理解作出的法律规定。然而，其后学说确认，在行使自由裁量权时，亦可以出现违反法律之瑕疵。

在什么情况下出现呢？

就是在违反了以概括方式制约或限制行政自由裁量之一般原则之情况时，尤其是违反了宪法性原则：公平无私原则、平等原则、公正原则、适度原则、善意原则等的情况时。

所有这些原则都是以概括的方式去制约或限制自由裁量权的。因此，很有可能的是，在行使自由裁量权时，行政当局所作的行为并无权力偏差之瑕疵，但违反公正原则或公平无私原则或任何其他宪法性原则。而当违反这些原则时，则违反法律。该等情况的瑕疵是违反法律，而不是权力偏差。

---

337 参见 Sérvulo Correia，《行政法概念》，第 463 页。

现今我们可以肯定，倘若*权力偏差仅可能在行使自由裁量权时出现是正确的说法，那么违反法律不可能在行使自由裁量权时出现是错误的说法*。因此，权力偏差仍然是仅可能在自由裁量权范围内出现之瑕疵，而违反法律不再被专属地安置在受约束的权力的庇护所当中。总之，在行使受约束的权力时可以违反法律，而在行使自由裁量权时亦可以违反法律。

按照以上定义，违反法律分为以下若干类别。

a）*欠缺法律依据*（falta de base legal），即作出一个没有获任何法律准许作出该类行为之行政行为；

这亦会在*法律上的错误*（erro de direito）情况中发生。正如 Chapus 所指，当某一项规范不再产生效力，或该项旨在处理有别于行政实体拟处理者的其他状况，而行政当局以这一不可适用的规范为依据时，便犯下法律上的错误。[338] 现在，国际上的司法见解十分坚持，且我们亦认同，法律规则的错误解释或不当适用（法律上的错误）构成违反法律的情况。[339] 所以，以错误方式适用法律的行政行为，由于没有被可适用的法律所覆盖，所以是一个无法律依据的行为。[340] /[341]

b）*行政行为之内容不确定、违法或不能*。

c）*行政行为之目标不确定、违法或不能*。

d）*行政行为之内容或目标之有关前提不存在或违法*。

e）*由行政当局在行为之内容中加入从属要素（主要是条件、期限或负担）违法*，但按照从属要素的一般理论以该违法性属于重大者为限。

f）*行政行为沾有之不可转为另一瑕疵之任何其他违法性*。这意味着违反法律瑕疵具有*剩余特征*，此类瑕疵涵盖未被特定地包括在其他瑕疵的所有违法性。

338　参见 René Chapus，*Droit Administratif Général*，第一卷，第 947 页及续后数页。

339　参见 Marcello Caetano，《*手册*》，第一卷，第 502 页；及 Sérvulo Correia，《行政法概念》，第一卷，里斯本，第 469 页。

340　参见 Ernst Forsthoff，*Traité de Droit Administratif Allemand*，第 376 页。

341　见 Martine Lombard，《行政法》，其指出，“在作出决定时，行政当局不得忽略上级规范，即宪法之规范、国际条约之规范、法律之规范或司法见解之规范。违反法律是指忽略了对行政当局施加之合法性原则”。

107. 同上：权力偏差

第五，“权力偏差”是指*行使自由裁量权之主要决定性因由与法律授予该权力之目的之间不协调之瑕疵*。

大约在 1840 年的法国，依赖司法见解所作的努力，将权力偏差（法文：*détournement de pouvoir*）归入形式上之瑕疵及权限之瑕疵，从而以违法性为依据来展开司法上诉。在葡萄牙，《最高行政法院组织法》第 15 条以法律形式对这类行政行为瑕疵作出明确承认，尽管在这之前它已受学术界关注。[342] /[343]

因此，权力偏差是以法定目的与真实目的（或行政机关实际上所谋求之目的）不一致为前提的。为确定权力偏差瑕疵之存在，必须作出三个步骤：

a）查明法律向某行政机关授予该特定自由裁量权所旨在达成之目的〔*法定目的*（fim legal）〕；

b）调查作出有关行政行为的主要决定性因由是什么〔*真实目的*（fim real）〕；

c）确定该主要决定性因由是否与法律所定之目的相符：倘若一致，则该行为合法，因此该行为有效；倘若并不一致，则该行为基于权力偏差而属违法，因此该行为属非有效。

须强调的是，对于权力偏差的存在，无须了解行政机关是基于错误理解法律而偏离法定目的——基于*法律上的错误*（erro de direito）——还是行政机关基于故意地谋求一个违反法律之目的而偏离法定目的，即基于*恶意*。作出该区分是不重要的，因为该两种情况都出现了权力偏差。

权力偏差分为以下两个主要类别：

a）*以公共利益为因由之权力偏差*；

---

342 由此，参见 Sérvulo Correia，《行政法概念》，第一卷，第 445 页。

343 参见 Afonso Queiró，《行政当局之自由裁量权》，科英布拉，1944 年。

b) *以私人利益为因由之权力偏差*。

以公共利益为因由之权力偏差是*指行政机关旨在达成某个公共利益之目的，但该目的与法律所规定的不同*。例如，警察权力之行使，并非为了公共安全，而是为了公库取得财政收入。

以私人利益为因由之权力偏差是*指行政机关所谋求的不是公共利益，而是私人利益*——出于血亲关系、某私人之友谊或敌对、贪腐或任何其他属私人性质的原因。在上述任一情况中，该行为都沾有权力偏差之瑕疵，因此属违法及非有效。

最高行政法院之司法见解认为，仅在行政机关*故意地*作出以私人利益为由之权力偏差行为时，即具有意识及有预谋地谋求违法目的之意图，[344] 方使有关权力偏差具有可撤销性，但对于行政机关作出以公共利益为由之权力偏差行为时，简单的*错误*便足以使有关权力偏差具有可撤销性。[345]

然而，对于这一指引，我们不太认同。因为它实质反映的制度是，*阻挠较严重类别之权力偏差之举证*（由于它把私人利益凌驾于公共利益之上），而同时令*较不严重之权力偏差之方便举证*（当中某公共目的被同样属公共目的之其他不同之目的取代）。

所以该司法见解是不合理的：反行政贪腐是不容许在涉及私人利益因由之权力偏差之取证上存有无数障碍。要求有关行政机关在上述情况中存有故意，这是无根据且有损行政伦理的。

108. 同上：瑕疵之竞合

刚才已分析了我们必须认识的五类瑕疵，现在须指出的是，行政行为当中如出现一个瑕疵，即属违法行政行为——仅须出现一个瑕疵或违法性，便说有关行为构成违法——然而，如行政行为当中同时存在两个或以上的瑕疵，亦构成违法。

事实上，一个行政行为可以同时沾有多个瑕疵：瑕疵竞合。亦可能出现属相同类型的多个瑕疵的情况。例如，同一个行政行为内存在两个无权

344　见最高行政法院之合议庭裁判，11－2－1949，Col. 第 58 页。

345　见最高行政法院之合议庭裁判，27－2－1948，Col. 第 164 页及其他。

限、三个形式上之瑕疵、四个违反法律等。

有时，同一个行为违反了多部法律或同一法律内的多个规定；将法律的每项违反都视为一个瑕疵。因此，可以同时主张某行政行为有多个瑕疵。

然而，过往并非如此理解。长期以来，最高行政法院认为在一个司法上诉内不能容许同时提出违反法律及权力偏差的争辩。所基于的理由是：行政行为要么是受约束的，要么是自由裁量的。倘若行政行为是受约束的，则提出违反法律的争辩，而不得提出权力偏差的争辩。倘若行政行为是自由裁量的，仅得提出权力偏差的争辩。因此，倘若司法上诉人针对同一个行政行为同时提出违反法律及权力偏差的争辩，则该上诉基于存在的矛盾而被视为*不当*，故应被初端驳回。

然而，所发生的是，实务上并不存在完全受约束的行为或完全自由裁量的行为。正如我们所知，行为一般是部分受约束及部分自由裁量的，因此，针对同一行为提出违反法律及权力偏差是完全被允许的，*只要我们指出同一个行为的不同方面*，即由于我们对行为的一个或以上的*受约束*方面提出违反法律的争辩，而对同一行为的一个或以上的*自由裁量*方面提出权力偏差的争辩。

109. B）非有效之其他渊源

正如以上所述，除了违法性之外，行政行为之非有效亦有其他渊源。一个行为即使与违法性无关，可能是非有效的，并因此无效或可撤销。亦即一个行为可能是合法的、符合法律的，但存有使其成为非有效的原因。

110. 同上：行政行为之不法性

上述所指的第一个情况是*不法行为*（acto ilícito）。

原则上，行为之不法性会与违法性同时发生，即某行为是不法的，因为它违法。但我们认为，有些情况中的行为*是不法的但并非违法*，这是在无违法性下存在的不法性（这正如我们之后会分析的情况，一个行政行为可能是违法的但并非不法，并因而不对作出行为人构成赔偿义务）。

依我们所看，至少有四种这样的情况。

1. *行政行为未违反法律，但侵犯私人之权利及受法律保护之利益之情况*。侵犯私人之权利及受法律保护之利益之行为是不法行为。

2. *行政行为违反非行政的合同之情况*。根据葡萄牙传统，违反行政合同等同于违反法律。但违反非行政的合同则不会如此，而会有另一制裁：不法性。

3. *行政行为违反公共秩序或善良风俗之情况*。违反公共秩序或善良风俗是私法上法律行为之不法性之原因（参看《民法典》第280条第2款），亦应为行政行为之不法性之原因。

4. *行政行为具有暴利的形式之情况*，该形式亦是私法上法律行为之不法性之原因（参看《民法典》第282—284条），亦应为行政行为之不法性之原因。

总之，我们认为上述各情况当中没有违法性，但具有不法性并因此成为非有效的行政行为的第一类情况。

111. 同上：行政行为之意思瑕疵

第二个与违法性无关的行政行为非有效原因是*意思瑕疵，主要是错误、欺诈和胁迫*。

传统上，按照 Marcello Caetano 的见解，上述情况被视为违法性。基于错误、欺诈和胁迫而作出之行政行为被视为违法的行为，而该等情况则被归入违反法律的瑕疵中。[346]

然而，我们认为并非如此。倘若：行政机关就作出某行政行为所依据之事实弄错了而基于事实错误作出行为；又或行政机关被某个想得到某特定行政行为的私人所欺骗，而作出沾有欺诈瑕疵的行为；又或行政机关在胁迫之下被强迫作出某行为。严格来说，不可认为作出行为之人违反了法律。在该等情况下，行政行为并没有触犯或违反法律，该行为没有违反任何明文法律规定，亦没有违反任何法律一般原则。

把事实错误归类为违反法律还可能有其他疑点，主要理由是，认同

346 参见 Marcello Caetano，《*手册*》，第一卷，第501—504页。

“行政行为所依据之事实必然属真确”[347] 这个作为法律一般原则之概念（依我们来看，这个概念是过于牵强及强硬的）——这是扭曲事物的概念，因为法律之一般原则（正如法律规范一般）是指出人们必须如何作出行为，而非指出事实必定如何……

然而，若深入思考欺诈和胁迫的例子，就得知它们不能构成违反法律之情况：违反法律是指行政当局作出一个违背法律的行为，而在欺诈和胁迫的情况下，违法者是私人，而并非行政当局——因为这是私人以欺骗或暴力方式从行政当局得到或获取对私人有利的行为。在此，行政当局显然没有作出违反法律之行为，但不能认为这样的行政行为是有效的，它必然是非有效的。

在此出现了*欠缺一项法律要求的有效性要件*，即有关*行政当局作出意思表示时必须处于明了及自愿状况的要件*。

在作出行政行为时，尤其是在行使自由裁量权并作出行政行为时，根据法律，行政当局必须作出一个明了及自愿的意思表示。倘若行政当局基于错误、欺诈和胁迫而作出并非明了或自愿的意思表示，则存在意思瑕疵，这应是行为非有效之理据。

在该等情况下，指出行政机关违反法律是牵强的。更为恰当的说法是并未违反法律，而是欠缺法律要求有关行为有效所需的一个要件：并非所有法定要件之欠缺都构成违反法律（私法亦然，无行为能力使法律行为非有效，然而，对于一个由无行为能力人所作的法律行为，*该行为本身*并未违反法律，亦不是不法的）。

因此，这正是“非有效”的若干情况，尽管该非有效并非源自违法性，而是源自意思表示之瑕疵及缺陷。

多年以来，最高行政法院跟随 Marcello Caetano 的指引。因此，当撤销某个存有错误、欺诈或胁迫的行政行为时，要指出是基于违反法律而撤销的。随后，由于必然地意识到认定在这些情况中存在违法作为之理由是牵强的，司法见解转为仅以事实上的错误、欺诈或胁迫（在罕见情况下才有欺诈或胁迫）作为撤销行政行为的依据，而不指出该行政行为之瑕疵为何者，即不把“事实上的错误”归为一种违法性。因此，该看法至少含蓄地认同我们所支持的立场。

批评此立场的人认为，有关意思瑕疵的问题在行政行为的理论上不占

---

347 参见 Marcello Caetano，《*手册*》，第一卷，第 503 页。

任何位置，或至少不会有其独立位置：它是作为法律行为及私法所专属的问题，而在行政行为之层面上没有任何特别关系。

在葡萄牙，这样想的人，如 Marcello Caetano[348]、André Gonçalves Pereira[349] 及 Vieira de Andrade[350]。

Marcello Caetano 指出："无论是行使自由裁量权，还是行使受约束之权力，行政行为所表示的意思，均可能沾有瑕疵。但评价这些行为时，所依据的不是其本身的意思瑕疵，而是这些瑕疵为行为的合法性所带来的影响。所以，意思瑕疵是以产生行为之违法性而介入，及仅在该违法性及相关后果被交到审议时才被关注。"[351]

我们完全不认同这个看法。

对于*受约束之行为*，意思瑕疵对它们是不重要的，或者行政机关已正确地适用法律，而不会关心行政机关是基于对该法律有良好的理解还是当中出现了若干错误、欺诈或胁迫而作出行为，因此，该行为是有效的；又或者，相反地，行政机关违反法律，该行为基于违法性之任何理由或原因而属于违法的。

但是，对于*自由裁量行为*，情况则完全相反：行政机关的真正意思变得相当重要，因为法律赋予其自主权，是透过行使该权力作出决定的。法律不能容许非自愿及非明了的意思作为公共自治权之表现方式。在此，意思瑕疵具有独立的重要性——依我们所见，若干学者将基于错误、欺诈或胁迫而作出的自由裁量的行政行为归为违法的概念，是完全虚假及牵强的。

因此，在上述主张有关行政行为法律性质之一般概念中，我们认为意思瑕疵在受约束行为之情况中不具独立性，但在自由裁量行为之情况中，则具有完全独立性。因此，对于后者，意思瑕疵是非有效之独立渊源，不能归入违法性中。

112. 同上：实体性瑕疵之非有效问题

在意大利行政法中，还有不以违法性为依据的第三种非有效：*实体性*

348　参见 Marcello Caetano，《*手册*》，第一卷，第 491—495 页。

349　参见 Gonçalves Pereira，《行政行为之错误及违法性》，第 153 页及续后数页。

350　参见 Vieira de Andrade，《（行政行为的）有效性》，第 585—586 页。

351　参见 Marcello Caetano，《*手册*》，第 492—493 页。

瑕疵之非有效（invalidade por vícios de mérito）。

根据意大利的法律，在某些情况中，私人得请求行政法院基于实体性瑕疵而撤销一个行政行为，即是不适当或不适时的。行政行为属合法行为，但基于违反法律以外之规则而属不适当行为。[352] “然而，须注意的是，透过司法监察适当性是例外的，而仅在若干行政行为的类型且仅在法律规定的特殊情况中出现。由于法律允许就实体性瑕疵提起诉讼，意大利学说可以将基于 illegitimitá（即违法性）瑕疵之非有效与基于实体性瑕疵之非有效作出对比。”[353]

然而，葡萄牙法中，完全没有该等情况，因此，在葡萄牙并不存在基于实体性瑕疵之非有效。[354]

113. C）非有效之各个方式：无效及可撤销

现在我们将分析违法行为、不法性或意思瑕疵所产生的后果。即我们会探讨法律秩序对违法行为、不法行为或沾有意思瑕疵的行为所规定的后果。围绕这一问题，需要了解的是*行政行为非有效之各个方式*。

以前，这方面的法律规范载于 1936—1940 年《行政法典》第 363 条及第 364 条，随后转而载于前《地方自治团体法》第 88 条及第 89 条。现今，这方面的制度主要规范于《行政程序法典》第 133 条至第 136 条。

首先我们将探究“无效”及“可撤销”之概念及制度，之后分析该两者的适用范围。

114. 同上：无效

“无效”是最严重的非有效方式，具有以下特征。

1）*无效行为自始完全不产生效力*，不产生任何效果（《行政程序

---

352 参见 Zanobini，*Corso di Diritto Amministrativo*，第一卷，第 303 页及续后数页；第二卷，第 45 页及续后数页。

353 参见 Gonçalves Pereira，《行政行为之错误及违法性》，第 61 页。

354 然而，见 Rogério Soares，《公共利益、合法性及价值》，第 331 页及续后数页。有关对 Rogério Soares 之论文之批评，见 Gonçalves Pereira，《行政行为之错误及违法性》，第 61—74 页。

法典》第134条第1款）。因此，有些法律称之为“无效且没有任何效力的行为”。

2）*无效是不可补正的*，不管是以时间经过，还是透过追认、纠正或转换，均不可作出补正（《行政程序法典》第137条第1款）。无效行为不可能转变为有效行为，但这并不意味着，不可能因时间经过及按法律一般原则，而对从无效行为中衍生之事实情况赋予某些法律效果（《行政程序法典》第134条第3款）。[355]

3）*私人及公务员有权不服从任何包含无效行为的命令*。[356] 由于它不产生效力，其命令亦无强制性。

4）倘若行政当局仍然想强制执行一个无效行为，则私人有*消极抗拒权*（宪法第21条），私人对无效行为的执行的消极抗拒是正当的。

5）*得随时主张行为无效*，即该申诉是不受期限限制的（《行政程序法典》第134条第2款）。

6）*得向任何法院*提出认定行政行为无效（及不予适用之）的请求，而不仅限于向行政法院提出（《行政程序法典》第134条第2款）。

正如Vieira de Andrade所指，应将《行政程序法典》第134条第2款理解为容许任何法院对无效作出*审理*及不适用无效的行政行为，尽管仅行政法院才可以对有关无效作出*宣告*。[357] Esteves de Oliveira及其他学者同样指出：“如不想将当事人移送至行政法院，任何法院得在正在进行之诉讼中不适用无效行为，但只有在向行政法院提出的司法上诉中，作出行为者作为对立当事人参与该诉讼时，方能形成有关非有效的（一般）判决确定的案件。”[358]

7）无效亦得随时*由任何行政机关*认定（《行政程序法典》第134

355 司法见解早已接受，得在事实的行为人方面例外地保留无效行为的若干效果。亦见Marcello Caetano，《*手册*》，第二卷，第619页及续后数页。

356 赞同此见解者，参见Paulo Otero，《行政法中之代任权力》，第二卷，第579页；同作者，《行政等级的概念及依据》，第176页及续后数页；João Caupers，《行政法绪论》，第194页。不赞同此见解者：Gomes Canotilho，Vital Moreira，《葡萄牙共和国宪法注释》，第953页；Vieira de Andrade，《（行政行为的）有效性》，*在上述引文中*，第585—586页；Esteves de Oliveira，Pedro Gonçalves，Pacheco de Amorim，《行政程序法典》，第652页。然而，对这些学者来说，无效行为需强加于等级关系中，但引致实施犯罪除外。

357 参见Vieira de Andrade，《（行政行为的）有效性》，*在上述引文中*，第591页。

358 参见Esteves de Oliveira，Pedro Gonçalves，Pacheco de Amorim，《行政程序法典》，第654页。

条第2款)。[359]

亦正如 Vieira de Andrade、Esteves de Oliveira 及其他学者所指出的，我们认为《行政程序法典》第 134 条第 2 款应理解为，*只有*在个案中具监察权的行政机关方可*宣告*行政行为无效，并产生普遍约束力。如果并非在向作出行为者或其上级机关所提出的程序中宣告有关行为无效（具普遍约束力），则是不合常理的，而其他行政机关可以做的是，*对行为之无效作出认定及不适用之*。

8）司法确认存在无效情况所采用的形式是*对无效的宣告*，且具*单纯宣告之性质*。因此，如向法院就无效行为提出争议，则法院须宣告其无效，不得撤销其无效行为。如行为无效，则宣告其无效，而不得撤销之。

115. 同上：可撤销

"可撤销"是一个比"无效"较轻微的非有效方式，*具有与后者十分不同的特征*，这些特征如下。

1）尽管可撤销的行为是非有效的，但*直至被撤销或中止之前，它仍在法律上产生效力*。当其未被撤销或中止时，它是有效力的，正如它是有效的一样而产生法律效果（《行政程序法典》第 127 条第 2 款的反面解释）。

2）可撤销是*可补正的*，透过时间之经过，或透过追认、纠正或转换予以补正。这意味着，倘若可撤销的行为未被行政当局依职权废止或被利害关系人在一定期限内争执（《行政程序法典》第 136 条第 1 款及第 141 条第 1 款），它便成为无法驳斥的行为。[360]

---

359 参见 Vieira de Andrade，《（行政行为的）有效性》，*在上述引文中*，第 591 页；Esteves de Oliveira，Pedro Gonçalves，Pacheco de Amorim，《行政程序法典》，第 654 页。

360 关于这一学说，有人以很好的理据，参见 Vieira de Andrade，《（行政行为的）有效性》，同上所述，第 591 页；Esteves de Oliveira，Pedro Gonçalves，Pacheco de Amorim，《行政程序法典》，第 654 页。

3）当可撤销的行为未被撤销时，它对公务员或私人来说，是具*强制性的*。[361]

4）因此，针对可撤销行为的强制执行，是不得作出任何*抗拒的*，即使*消极*抗拒亦然。可撤销行为的强制执行是正当的，除非其不具执行力或被中止。

5）仅得在法律规定的*一定期限内*对可撤销的行为提出争执，而通常这一期限是短暂的。

6）撤销行为的请求*仅得向行政法院提出*，而不得向其他法院提出。因此，仅行政法院可撤销行政行为，其他法院不能这样做。

7）某一行为经法院认定为可撤销时，*该行为被撤销*。对某一可撤销行为作出的判决，是一个撤销行为的判决（具有*创设性质*），而对某一无效行为作出的判决是一个*无效的*宣告。换句话说，无效行为是被宣告为无效，而可撤销的行为是被撤销。[362]

行政行为的司法撤销具有追溯效力："在法律秩序上，其被视为像从未作出有关行政行为一样。"[363]

116. 同上：无效及可撤销之适用范围

在葡萄牙的法律中，*无效具有例外性质，而撤销具有一般性质*（《行政程序法典》第135条）。换言之，在葡萄牙行政法中，所有非有效的行政行为原则上是可撤销的，仅在例外情况下，非有效行为才是无效的。

为什么？

这基于法律秩序的安定性及确定性。我们不能接受基于无效的制度——尤其是，得在任何时间及由任何法院或实体宣告——而无尽地使行政当局之行为徘徊于是否合法、是否有效的疑问中。有必要在合理的短暂期限后，终止这些疑问，从而能够清晰地识别行政当局的行为是有效的，

361　然而，有关可撤销行为不被适用的现象，见Diogo Freitas do Amaral，载于*OD*，第98期，第57页及续后数页。

362　不得混淆"可撤销性"与"撤销"。可撤销性是一个行为在未被撤销时所具有的特征，而该行为得被撤销；撤销是撤销一个可撤销行为的法院裁判。

363　参见Marcello Caetano，《*手册*》，第一卷，第518页。

还是非有效的。

综上所述，*原则上非有效的行为是可撤销的：假使一段时间后，没有人提出撤销，则它转变为有效的行为*，即是说，它已被补正（见下文）。

基于无效行为只是例外的情况，在实务上，这意味着在分析行为的有效性时，须查明它是否无效。因为，假如行为不是无效的，则其将被归入一般原则为可撤销的行为中。

葡萄牙行政法上的*概括性*（genérica）指引是指“立法者十分谨慎地选择适用很严厉的制裁（无效的制裁）的情况，当中只限于少量*严重及明显的违法行为*”。[364]

117. 同上：无效之情况

接着，开始探讨哪些是无效之情况。

在葡萄牙法中，无效之情况载于《行政程序法典》第 133 条中。当然，特定情况下是可以（且是）由特别法予以规定无效情况的。[365] 而上述第 133 条是唯一一项载有无效列表的概括性规定。

以前，多年以来，我们须识别*基于法律确定之无效*（它们被法律明文规定为无效的）及*基于性质之无效*（尽管法律未明文规定为无效，但它们完全不适合于一般可撤销制度，因此它们必须被视为无效）。

然而，《行政程序法典》于第 113 条的列表中规定了之前由学说提出的基于性质之无效的一般情况。[366]

法律所采用的技术是，首先透过一般原则去列举无效的主要情况，然后进行具体列举。

让我们来看看。

一般原则

“《行政程序法典》第 133 条第 1 款规定，无效之行政行为，系指欠缺任何主要要素之行政行为，或法律明文规定属无效之行政行为。”[367]

---

364 参见 Marcello Caetano，《*手册*》，第一卷，第 518 页。

365 例如，见 12 月 16 日第 555/99 号法令第 67 条，或 5 月 3 日第 69/2000 号法令第 20 条第 3 款。

366 参见 Marcelo Rebelo de Sousa，《行政行为之法律制度》，*在上述引文中*，第 178 页。

367 该规定主要是 10 月 18 日法令第 169/99 号第 95 条第 1 款所重复的。

透过对这一规定的两个部分进行对比，无效行为是指欠缺任何要素的行为，又或指那些被特别法订定无效之制裁的行为，即使该等行为集合了行政行为之所有主要要素（这一现象正在增加，特别是在都市法方面）。

如何理解《行政程序法典》第133条第1款所规定之行政行为的“*主要要素*”？这是一个困难且复杂的问题，而可理解的是，立法者亦不想解决之，反而将此工作留给司法见解及学说。

然而，根据葡萄牙主流学说，可以肯定的是，“主要要素”这一表述一方面不*必然地*等于《行政程序法典》第123条第2款所规定的，应外显有关行为之文件所载之内容；[368] 另一方面，构成行政行为属必不可少的要素，当中包括那些构成每个种类具体特征的要素，肯定就是主要要素。[369]

欠缺任何主要要素之行为主要是指那些欠缺行为人、目标、内容、形式或公共目的之行为。

具体列举

除了上述内容，《行政程序法典》第133条第2款举例说明了以下行为亦属无效行为。[370]

a）有越权瑕疵之行为；

b）不属作出行为者所属部委或法人之职责范围之行为（《行政程序法典》第2条所指的）；

c）目标属不能、不可理解或构成犯罪之行为；

d）侵犯一基本权利之根本内容之行为；

e）受胁迫而作出之行为；

f）绝对不依法定方式作出之行为；

g）在不守秩序下作出之合议机关决议，又或在未具法定人数或未达法律要求之多数而作出之合议机关决议；

h）与裁判已确定之案件相抵触之行为；

---

368 参见 Esteves de Oliveira，Pedro Gonçalves，Pacheco de Amorim，《行政程序法典》，第642页。

369 参见 Vieira de Andrade，《（行政行为的）有效性》，同上所述，第587页；Marcelo Rebelo de Sousa，《行政行为之法律制度》，同上所述，第178—179页。

370 有关《行政程序法典》第133条第2款所指的无效行为具体列举的评论，见 Esteves de Oliveira，Pedro Gonçalves，Pacheco de Amorim，《行政程序法典》，第643页及续后数页。亦见 Vieira de Andrade，《（行政行为的）有效性》，同上所述，第587页；Marcelo Rebelo de Sousa，《行政行为之法律制度》，第178页。

i）随先前已被撤销或废止之行政行为而发生之行为，只要就维持该随后发生之行为并不存在有正当利益之对立利害关系人。[371]

d）项所载者是其中一个较难解释的规定：在这方面，何谓基本权利？须由司法见解及学说界定这一法律规范的意义及范围。然而，在葡萄牙，我们认为该条文所表述的基本权利只包含权利、自由及保障以及类似性质的权利，当中排除了不具上述性质的经济、社会及文化的权利。[372] 事实上，如所有侵犯并非类似权利、自由及保障性质的经济、社会及文化权利的行为，均视为无效行为，则无限扩张了无效行为的清单。例如，在社会保障范畴中，对所有基于事实错误或计算错误而侵犯了一项社会权利的行为，予以最严厉的无效制裁，对我们来说似乎并不合理。对于这个性质的行为，在出现非有效或意思瑕疵的情况时，基于法律的确定性及安定性的理由，较佳的做法是予以可撤销的制裁。同样，当涉及行政性质的公共权利（如信息权、预先听证的权利、通知的权利等）时，在葡萄牙，基于不涉及对人格尊严的保护，故违反该等权利将导致单纯的可撤销。然而，我们承认这是难以用一般规定去界定的问题——Esteves de Oliveira 及其他学者就形象地指出，针对这类问题，"司法见解才是女皇，（……）仅可按现实的具体情况作决定"。[373] /[374]

118. 行政行为之无效及不存在

在《行政程序法典》之前，相当重要的学说（如 Rogério Soares）及司法见解均认为"无效"及"不存在"是相同的——无效行为是法律上不存在的行为，而法律上不存在与无效相同。总而言之，他们认为，"'存在与

371 有关这项的意义，见 Freitas do Amaral，《行政法院的判决执行》，第二版，第 87 页；Vieira de Andrade，《撤销性判决的随后发生行为及执行（公职人员制度方面的典型个案）》，载于 *Revista Jurídica da Universidade Moderna*，第一卷，科英布拉，1998 年，第 29 页及续后数页。

372 参见 Freitas do Amaral 及其他著作者，《行政程序法典之注释》，第 243 页。在相同意义上，见 Marcelo Rebelo de Sousa，《行政行为之法律制度》，同上所述，第 179 页；及 Filipa Calvão，《行政法中的非长久行为及临时行为》，第 267 页。

373 参见 Esteves de Oliveira，Pedro Gonçalves，Pacheco de Amorim，《行政程序法典》，第 647 页。

374 关于这一题目，见西班牙的 Jusús Jornano Frega，"Nulidade los Actos Administrativos y Derechos Fundamentales"，马德里，1997 年。

不存在’的对偶性属自然范畴，而从未被认为是规范性归责的类别”，“除此之外，考虑效果时，不存在没想到的专门效果，因为其后果如无效的后果般，是完全不生效力的”。[375]

然而，我们不认同这类观点，相反，我们认同将“无效”从“不存在”中识别（现今仍然识别[376]）出来的学说[377]及司法见解，我们认为“倘若不存在可归责于行政当局的单方行为，倘若该行为并不在于当局权力之行使，倘若该行为之内容并不在于对某一具体行政法律情况作创新性的界定，倘若该行为并非以法律要求的公开方式作出，则我们所面对的正是一个不存在的情况”。[378]

所以（借着这一双关语），我们承认在法律上存在“法律上之不存在”。

现今，正如我们所见，《行政程序法典》第133条第1款规定了欠缺任何主要要素的行为属无效。然而，学说所提出的大部分“不存在”的情况正是那些欠缺构成行政行为的概念的一项主要要素的情况。由于这一规定的字面含义非常广泛，实际“不存在”的适用范围大幅减少，因此质疑此后继续对“不存在”与“无效”作区分是否仍有意义，尽管法典仍然将这两个方式明确地作出独立规定（参见第137条第1款及第139条第1款）。[379]

乍看之下，对我们来说，尽管《行政程序法典》规定之无效与法律上不存在之概念十分接近，然而，有关“法律上不存在”的概念仍是有意义的。[380] 这基于，一方面，不存在的行政行为是一个旨在冒充行政行为的*东西，但其仍欠缺使其得被识别为法定行政行为的若干构成要素*。例如，正

---

375 参见 Rui Medeiros，《违宪法律的法律上消极价值》，同上所述，第491页。

376 例如 Esteves de Oliveira，Pedro Gonçalves，Pacheco de Amorim，《行政程序法典》，第638页；Marcelo Rebelo de Sousa，《法律上不存在》，载于《公共行政法律词典》，第五卷，第231及续后数页；Paulo Otero，《行政法中之代任权力》，第二卷，第462页，注释；以及 Freitas do Amaral，Paulo Otero，《部长副署的政治上法律价值》，里斯本，1997年，第77页及续后数页。

377 例如，见 Esteves de Oliveira，《行政法》，第一卷，第533页及续后数页；Sérvulo Correia，《行政法概念》，第一卷，第350页及续后数页。

378 参见 Sérvulo Correia，《行政法概念》，第一卷，第350页。

379 参见 Marcello Rebelo de Sousa，《行政行为之法律制度》，同上所述，第178—181页；同上，《法律上不存在》，第241及续后数页；Freitas do Amaral，《行政行为的制度》，第106页；Paulo Otero，《行政行为》，《行政程序》之研究集§4°，同上所述，第492页。

380 在这个意义上，见 Paulo Otero，《行政法中之代任权力》，第2卷，第462页及续后数页；《行政法》，第404页。对比：Vieira de Andrade，《（行政行为的）有效性》，同上所述，第582页。

如上所述，一个不含有任何*内容的*行为是不存在的。相反，无效行为内其中一项主要要素的欠缺或部分严重瑕疵，并不妨碍将其识别为其所属的法定种类。[381] 在"不存在"之情况中，由于欠缺（形式的、实质的或组织性的）最低识别要件，因此不存在行政行为；相反，无效之情况中存在行政行为，但法律对其科以无效之制裁。因此，应以限缩方式去理解《行政程序法典》第133条第1款开始部分的规定，即*只有所欠缺的主要因素不会妨碍将该行为认定为所属的法定种类时，其方属无效之情况*。

另一方面，除了基于欠缺作为行政当局决定的最低识别要件而成为不存在决定之情况外，那些适用了法律上不存在的法律之行政决定亦同样是不存在的（例如，该法律尚未被颁布之情况）。[382]

然而，*实务上*，"不存在"之法律制度与"无效"之法律制度很相似。原则上，前者适用于后者的法律制度。

可是，上述制度之间，并不存在完全一致。《行政程序法典》第134条第3款规定，因单纯的时间经过及按法律一般原则（主要是善意原则），而可能对从法律上不产生效力的行为中衍生之事实情况赋予某些法律效果是无效行为制度的特点，而与不存在行为无关。例如，尽管若干事实公务员是透过无效行为获任用的，但由于其逾十年来都是"和平、持续及公开地"执行职务的，则这个情况受到法律保护（参见10月19日第413/91号法令）。然而，透过不存在之行为获任用的公务员则不会这样，且这一做法是没有意义的。

119. 同上：不当情事方面

正如所见，不履行若干程序性规范而没有引致行为非有效之情况是有可能发生的，不论是基于被违反的单纯指示性规范——规定非必要手续的规范——还是基于该不履行涉及的辅助性规定，而在具体个案中，由于受被违反的规范所保护的利益已透过其他途径完成，所以有关不履行并没有带来实质损害，这被称为*主要形式降级为非主要形式*。[383]

这些程序上的瑕疵——形式瑕疵的种类——构成了*不当情事*（irregular-

[381] 参见 Freitas do Amaral 及其他著者，《行政程序法典之注释》，第243页。

[382] 参见 Paulo Otero，《行政法》，第404页。

[383] 参见 Vieira de Andrade，《（行政行为的）有效性》，同上所述，第584页。

idade)[384] 的（较为罕见）典型情况，有关“不履行法定手续并不会对程序或决定带来明显害处”[385] 的例子，显示行政行为之违法性不一定导致其非有效。[386] 正如 Rogério Soares 所指，这是“一个由可宽恕的瑕疵产生的轻微遣责，当中并不影响行为的产生，但可能会出现从属效果”。[387] 不规则行为总是一个存在且有效的行为。[388]

在这类情况中，法律得（即使不是必须）向违反规定的公务员施加刑事或纪律制裁（leges minus quam perfectaes）。[389] 按照 Marcelo Rebelo de Sousa 所叙述的，“对不规则行为的制裁，并非行为的非有效，而是不妨碍其产生典型效力的次级或侧面效果”。[390] 不当情事的本质主要是将有效性与该次级或从属的效力结合。[391]

但是，须承认的是，除上述情况外，存在很多单纯指示性的法律，不遵守这些法律并不会引致任何制裁，包括从属性制裁（leges imperfectae）。[392]

然而，不当情事的概念可分为两种类型：一种是瑕疵不会影响行为的效力；另一种是瑕疵会影响行为的效力，它会减少或变更行为的效力，但不会阻止行为的效力。[393]

正如以上所见，葡萄牙行政法内的不规则行为的例子：根据授权或转授权而作出的行为，但没有指出有授权或转授权（《行政程序法典》第 123 条第 1 款 a）项之第二部分）。[394]/[395]另一个，例如，没有于《行政程序法典》

---

384 私法中的理解——最终，参见 Menezes Cordeiro，《葡萄牙民法条约》，第一册，第 578—579 页。公法中的理解，见 Marcelo Rebelo de Sousa，《违宪行为的法律价值》，第 271 页。

385 参见 Esteves de Oliveira，Pedro Gonçalves，Pacheco de Amorim，《行政程序法典》，第 658 页。

386 参见 Rui Medeiros，《违宪法律的法律上消极价值》，第 493 页。

387 参见 Rogério Soares，《行政行为》，载于 *Pólis*，1，col. 104。

388 参见 Marcelo Rebelo de Sousa，《违宪行为的法律价值》，第 271 页。

389 参见 Rui Medeiros，《违宪法律的法律上消极价值》（*Valores Jurídicos Negativos da lei Inconstitucional*），第 493 页。

390 参见 Marcelo Rebelo de Sousa，《违宪行为的法律价值》，第 271 页。

391 参见 Marcelo Rebelo de Sousa，《违宪行为的法律价值》，第 271 页。

392 参见 Rui Medeiros，《违宪法律的法律上消极价值》，第 493 页。

393 参见 Francesco Carnelutti，《法律总论》，科英布拉，1944 年（由 Afonso Queiró 及 A. Anselmo de Castro 翻译），第 461 页。

394 参见 Esteves de Oliveira，Pedro Gonçalves，Pacheco de Amorim，《行政程序法典》，第 226—227 页。

395 私法中的不当情事，例如，在不动产买卖中没有出示该物为转让人名下的登记，根据《物业登记法典》，这属于不当（且可能牵涉到公证员的责任）；然而，这不损害法律行为的有效性。见 Menezes Cordeiro，《葡萄牙民法条约》，第一册，第 579 页。

第99条第2款所指之三十日期限内发出强制且有约束力的意见书，但在有关请求作出后的第四十日才发出，该迟延不会使行为非有效，即使它可引致须对迟延负责的一个或多个公务员须承担责任。[396]

120. 同上：非有效方式之合并

现在，我们关注一个学术上经常忽略但实务上经常出现的问题，就是在同一行为内同时存在不同的非有效原因。

最常见的情况是某一个行为沾有两个或以上的瑕疵，即两个或以上的非有效。

另一个常见的情况是，在同一个行政行为中，同时存在一个或多个非有效及一个或多个意思瑕疵（如事实错误）。

在上述所有情况中，行为因一个以上的原因而非有效。现在须探究的是：在这些情况中，行为所沾有的哪种非有效形式会使其不产生效力。

可以分为三种情况。

a）倘若所有影响行为的非有效原因均导致*可撤销性*（anulabilidade），毫无疑问，这类行为是*可撤销的*（anulável）。

b）倘若所有非有效原因均导致*无效*（nulidade），则不用犹豫，这类行为是*无效的*（nulo）。

c）最后，倘若一个或以上的非有效原因是导致*可撤销性*（anulabilidade），而其他一个或多个原因是导致*无效*，则较严厉的制裁优先，此行为是*无效的*。

然而，在最后的情况中应指出的是，*仅“无效”的原因得被随时提出*：倘若没有在正常期限内提出司法上诉，则不得提出可能影响行为的“可撤销性”原因，这是由时间而造成的相关补正。在法定期限以外提起的上诉，仅得以“无效”的原因为依据，而不得以“可撤销性”的原因为依据。

---

[396] 相应的例子，参见 García de Enterría，T. R. Férnandez，*Curso de Derecho Administrativo*，第一卷，第641—642页。

121. D）瑕疵与非有效方式之间的相应性

我们认为值得提出有关行政行为瑕疵与法律规定作为其制裁的非有效方式之间的相应性框架，以结束这方面的内容。

我们先强调并非每个瑕疵均自动地相应于某个非有效方式，例外的情况为越权及权力偏差之情况，前者一定产生无效，后者则一定产生可撤销性，而其他的每一个瑕疵均产生可撤销性或无效。所有这些都是依据法律对这方面的规定。

那么，在欠缺相反的特别规定时，以及根据载于《行政程序法典》第133条及第135条的一般原则，该相应性框架如下。

a）*越权*

所有情况：*无效*。

b）*无权限*

（绝对）欠缺职责之无权限：*无效*。

（相对）欠缺权限之无权限：*可撤销性*。

c）*形式的瑕疵*

绝对不依法定方式：*无效*。

在不守秩序下作出之合议机关决议：*无效*。

在未具*法定人数*下作出之合议机关决议：*无效*。

在未达法律要求之多数下作出之合议机关决议：*无效*。

在未开考下不法地委任公务员的决议：*无效*。

其他方式上的瑕疵：*可撤销性*。

d）*违反法律*

《行政程序法典》第133条所指的违反法律的情况：*无效*。

任何其他的违反法律情况：*可撤销性*。

e）*权力偏差*

所有情况：*可撤销性*。[397]

---

397 缺少对打击贪污的关注，致使立法者从未就任何权力偏差的情况规定比无效更严重的制裁。这是需要修订的地方。

122. E）违法行政行为之补正

在结束有关行政行为非有效内容之前，须简述有关违法行为的补正（sanação）现象。[398]

正如我们以上所述，可撤销的行为——与无效行为相反——是可补正的，即可以转变为具有“既决案件”效力的行为。“补正”现象，主要指*违法行为转变为在法律秩序中不可被驳斥的行为*。

这个表面上不合逻辑的现象存在的理由是什么呢？

对违法行为予以补正的法律依据，正是*法律秩序中确定性及安定性的需要*。

不可能接受的是，年复一年无休止地承受某一法律上的行为属合法还是不合法，属有效还是非有效，而因此使行政当局及该行为的受益人未能确定该行为是否维持，行政当局是否废止该行为，被视为受该行为损害的人是否就该行为向法院提出争执，等等。

假若如此，法律生活将变得不可行，经济及社会活动自身则完全瘫痪，会对大家造成损害。

以往一直如此，现在考虑到公共行政当局对国家经济及社会生活的广泛介入，就更不用说了。

行政行为的补正得透过以下两个方式其中任何一者为之。

a）透过次级行政行为（参看《行政程序法典》第136条第1款）。

b）透过时间。

关于以另一种行政行为专门为此目的去补正一个行政行为，我们将在另一阶段作出分析（参看《行政程序法典》第137条，有关行政行为的追认、纠正及转换的内容）。

关于因时间而补正的情况，其前提如下：行政机关作出一个违法行为，其非有效方式属于可撤销，而法律订定可以就该行为提起司法上诉；倘若

398 最后，参见Rui Machete，《（非有效行政行为之）补正》，载于《公共行政法律词典》，第七卷，第327页及续后数页。

该期间无人提起上诉，则该行为被补正。此后，一切仿佛该行为没有任何瑕疵一样。该行为不得基于违法性而被废止，不得被司法申诉，亦不得被追认、纠正及转换。

至于这方面，亦须提出两点。

首先，葡萄牙有人提出，司法上诉之提起期限届满不会令行政行为之非有效消失。[399] 基本上，该论点有一个逻辑性依据：单纯之时间经过，根据法律，并不会使一个在特定时间内作出的违法的行政决定转变为合法行为。由此，行政行为一旦被认为是非有效的，便一直是非有效的。时间之经过仅使权利人丢失提起司法上诉的权利而已。

有关论点并非无懈可击。当然，姑且承认以时间经过而将一个原来违法的行为转为合法，是一个虚拟的构想。原来该行为与法律之间的不一致*事实上*没有消失：例如，时间经过，是不会奇迹地使一个实际上不具权限作出行为的机关，在该行为被作出之日变为合法有权限的机关。但对我们来说，倘若像上述论点的维护者所指出的，有关时间经过*仅导致*确定失去司法上诉的权利，则似乎更牵强，这是因为：一方面，无可争议的是，根据《行政程序法典》第141条所规定的非有效行为之废止制度，行政当局亦失去了废止该行政行为的权力——仅得根据载于同一法规第140条之有效行为之废止制度去废止；另一方面，亦由于时间之经过，同时意味着行政当局不可根据《行政程序法典》第137条之规定去追认、纠正及转换该行为。那么，上述两个例子，足以总结出时间经过之效果，不能如某些人所主张的一样，局限于使利害关系人失去上诉的权利。

对我们来说，*依照法律规定*（ope legis）的补正具有一个更充分的理由，并以此为依据——这就是，既然法律容许基于行政机关意愿的补正（《行政程序法典》第137条规定之对非有效行为之追认），那么亦应容许*依照法律规定*补正。

另外，补正行为不仅体现于合法性的层面，亦体现于合规范性的层面。有关行为基于司法上诉之提起期限届满而被补正，并不影响有关行为人承担损害赔偿义务，只要该行为对他人造成了损害。

对合法性之申诉及该行为所造成损失及损害的赔偿请求，属于实体上

---

[399] 参见 Rui Machete，《（非有效行政行为之）补正》，同上所述，第332页及续后数页；Vieira de Andrade，《（行政行为的）有效性》，同上所述，第591页。

及程序上独立的请求（参看第48051号法令第7条）。事实上，在该规则中，普通法律的立法者规定的是，在司法上诉未被提出时，只有那些“即使有关行为已被撤销且撤销性裁判已被执行仍会补偿的损害”方得被补偿，这体现了，“毫无疑问地，对行政行为提出单纯的申诉，并非消除违法行为的全部效果的合适方法，而是认同有关损害不能借着提起上诉且该上诉理由成立而被避免”。[400] 换言之，“基于行政法律关系中所要求的安定性及确实性，不提起撤销性上诉者不可恢复其私人权利及利益，这是合理的，但这不妨碍有损害赔偿之独立权利”。[401] 违法性在短期内得到补正（两个月、四个月、一年），而获得损害赔偿之权利时效所需的期限是相对较长的（根据第48051号法令第5条所*援引*的《民法典》第498条之规定，为三年或以上）。

Ⅵ. 消灭及变更

123. 概论

行政行为的法律效力得以不同方式消灭。首先，在若干情况中，这些效力随着行为的作出而立即终止。这发生在*执行内容具瞬时性的执行行为中*，其法律效力片刻或一次性耗尽或消耗。例如，警员在十字路口命令车辆前进或停止。

在其他情况中，行政行为的效力会持续一段时间，只有经过一段时间方会消灭：这发生在*持续执行的行为中*。例如，公产之专用特许，又或由行政当局许可一间制造企业在一段工作时间去持续运作。

某些行政行为则可以附设一个终期或解除条件：当期限完成或条件成就时，其效力终止。例如，给予为期一学年的奖学金，或在受益人维持一定平均分的情况下延长一年。

然而，亦可以出现的是，由于随后作出另一行为之内容与第一个行为相反，从而令该第一个行政行为消灭。在这些情况中，第二个行为取代第一个行为之位置，占据由原先作出的行为迄今所填充的空间。例如，对一

---

400 参见 Rui Medeiros，《国家基于立法行为之民事责任之论丛》，第142页。

401 参见 Rui Medeiros，《国家基于立法行为之民事责任之论丛》，第222—223页。

名公务员科以撤职处分：委任的法律效果便随着之后的撤职行为而终止。

然而，我们不会在以下数点中探讨上述这些情况。

除此之外，还有一种情况是行政机关作出一个行为，而该行为的明示目的为消灭之前作出的行为的法律效果。当这种情况出现时，便处于*废止*（*revogação*）的范畴——现在我们探讨的正是这个消灭行政行为的方式。

124. 废止

“废止”是指*旨在消灭之前行政行为效果的行政行为*。[402]

借着作出废止，或*废止性行为*，消灭*被废止的行为*之法律效果。

根据上述这样的表述，废止明显属于被称为*次级行为*或*行为上之行为*的类型：事实上，其法律效果是落实到先前作出的行为上的，因此，无法设想它可以脱离该先存行为而存在。

402　参见葡萄牙 Marcello Caetano，《*手册*》，第一卷，第 531 页及续后数页；Robin de Andrade，《行政行为之废止》，全部内容；《废止行政行为之权限》，载于《纪念 Marcello Caetano 教授之公法研究》，里斯本，1973 年，第 47 页及续后数页；Esteves de Oliveira，《行政法》，第一卷，第 603 页及续后数页；Sérvulo Correia，《行政法概念》，第一卷，第 471 页及续后数页；João Raposo，《行政行为之废止》，载于 *Contencioso Adminsitrativo*，布拉加（Braga），1986 年，第 167 页及续后数页；Vieira de Andrade，《行政行为之废止》，载于 *Direito e Justiça*，第六卷，第 53—63 页；同上，《葡萄牙法中行政行为之〈修订〉》，载于《行政程序法典研究》，INA，1994 年，第 185—202 页；Freitas do Amaral，《行政行为的制度》，同上所述，第 106—107 页；Pedro Gonçalves，《（行政行为之）废止》，载于《公共行政法律词典》，第七卷，第 304—325 页；João Caupers，《行政法绪论》，第 202—205 页；Paulo Otero，《行政行为》，同上所述，第 497—499 页；Freitas do Amaral 及其他著者，《行政程序法典之注释》，第 138 条及续后条文之下面；Esteves de Oliveira，Pedro Gonçalves，Pacheco de Amorim，《行政程序法典》，第 138 条及续后条文之下面。其他参考书目，见 García de Enterría，T. R. Férnandez，*Curso de Derecho Administrativo*，第一卷，第 642 页及续后数页；Garido Falla，*Tratado de Derecho Administrativo*，第一卷，第 517 页及续后数页；René Chapus，*Droit Administrative Général*，第一卷，第十版，第 1054 页及续后数页；Laubadère，Moderne，Delvolvé，*Traité des Contrats Administratifs*，第一卷，第 720 页及续后数页；Jacqueline Morand-Deviller，*Cours de droit Administratif*，第 330 页及续后数页；Jean Rivero，Jean Waline，*Droit Administratif*，第二卷，第 576 页及续后数页；M. S. Giannini，*Diritto Amministrativo*，第二卷，第 576 页及续后数页；Aldo Sandulli，*Manuale di Diritto Amministrativo*，第一卷，第 718 页及续后数页；Wolff，Bachof，Stober，*Verwaltungsrecht*，2，第 132 页及续后数页；Ernst Forsthoff，*Traité de Droit Administratif Allemand*，第 397—412 页；Hans-Uwe Erichsen，载于 H. -U. Erichsen，*Allgemeines Verwaltungsrecht*，第 310 页及续后数页，第 317 页及续后数页；Hartmut Maurer，*Allgemeines Verwaltungsrecht*，第 259 页及续后数页；Heiko Faber，*Verwaltungsrecht*，第 272 页及续后数页。

废止性行为的内容及目标是什么?

废止的*内容*是消灭被废止的行为所产生的法律效果，或者说是消灭这些效果的决定。

废止的*目标*必然是被废止之行为，这正是废止是次级行为的原因，它是其中一种最重要的“行为上之行为”。

必须强调的是，废止本身是一种*行政行为*。因此，对其适用行政行为法律制度的专有规则及原则。

在废止的问题上，亦必须适当考虑废止性行为与被废止之行为之间总是存在对立的紧张关系。例如，废止的合法性取决于被废止之行为之合法性或违法性。因此，须考虑有关废止性行为的问题与有关被废止之行为的问题，两者虽然不同但密切相联。

125. 类似之形态

须将对与废止相类似的若干形态予以区别。

a）第一，必须将废止与那些在*内容方面和先前作出的行为相对或相反的行政行为*作出区分。

正如上述之有关公务员在纪律程序中被撤职的例子。现在有另一个例子，基于公共工程承揽人在一个承揽判给的竞标中作出违法行为而吊销该公共工程承揽人的执照。

在这些情况中，行政当局作出一个新行为，其内容与先前的行政行为的内容相对立，但不属于废止的范畴，主要是因为行政当局在行使不同的权限。

作出委任，是在行使将某个特定的人安排到某个特定职位的权限；而将其撤职，是在行使纪律性质的权限。同样，给予承揽人某个执照，是承认其符合特定的专业、道德品格及技术上的要求；而吊销执照，是对其作出的违法行为科以制裁。亦同样发出建造一个楼宇的准照，是认定其建筑计划符合《都市法》的适用规则；命令禁止及拆除，是对有关建筑违反准照标准科以处罚。

因此，在上述情况中，被行使的权限并非旨在针对先前作出的行政行为，相反，这种被行使的权限旨在作出一个属不同法定类型的行为。

b）第二，必须将废止与针对先前作出的行政行为的*中止*（suspensão）作出区分。

显而易见，“中止”是一类行政行为，其内容是单纯暂停先前行政行为的效力。相反，正如以上所述，废止是消灭被废止之行为的效力。废止是消灭，而中止仅产生暂时的不生效力的状态。

c）第三，对错漏之*更正*（rectificação）或对先前行政行为之*澄清*（aclaração），亦不构成废止之情况。在此可以肯定的是，原行为的法律效果已开始并继续以其*原来的形态及幅度*产生效力，只是需要（在澄清之情况中）对其意思作出较佳的解释，或（在更正之情况中）对错漏或不明确之处作出单纯的改正[403]——上述任何情况均不对被澄清或被更正的行为的法律效果带来任何后果。[404]

d）第四，亦不可以将行政行为的*变更*（alteração）及*代替*（substituição）与废止相混淆。

在废止的情况中，行政机关“*具追溯效力*（ex tunc）或*不具追溯效力*（ex nunc）地”消灭先前行政行为的效果，而不对被废止之行为所规范的法律状况制定一个新制度。相反，*在变更及代替的情况中*，行政机关对先前行政行为所规范的生活状况订定新的法律制度。作出另一个行为，其法律效果部分（变更）或完全（替代）不同于被变更或被代替的行为。

尽管这些情况在概念上与废止不同，但在实务上，不论是*变更*还是*代替*的行政行为，确实与废止十分相近，因为它们均可（部分或完全）终止先前行政行为所产生的效果。基于此，可以理解立法者明示地提防它们（*变更*及*代替*）产生规避法律的作用，即行政当局使用它们以绕过有关废止的规则及（尤其是）那些对创设受法律保护的权利及利益的行为给予特别保护的规则。事实上，《行政程序法典》第147条规定，“如无特别规定，则规范废止之规定适用于变更及代替之行政行为”。总之，不得以变更及代替之行政行为作为违反废止之规范之掩饰：它们必须浮出水面，而不得被行政机关掩盖。

126. 种类

关于废止的种类，得根据不同的标准来细分，我们所强调的是以下四个标准——以*发起*、*作出行为者*、*依据*及*效力*为区分标准。

---

403 参见以下脚注。

404 然而，倘若借口对一个先前行为作出澄清或更正，继而消灭或变更该先前行为，则很明显，在此所谈及的是废止或变更。

a）*就发起*而言，废止得在*自发*（espontânea）或*诱发*（provocada）下作出：前者称为*依职权之废止*（revogação oficiosa），不论任何人是否提出过这方面的请求，有权限的行政当局均已作出之；后者是应利害关系人向有废止权限的机关作出之请求而为之（《行政程序法典》第138条）。

b）*就作出行为者*（autor）而言，废止得由作出被废止之行为之行为人或其他机关作出。前者之情况是*撤回*（retractação）；后者之情况（在下面会详述之）是指下级所作之行为，得由作出被废止之行为之机关之上级废止之，或有关获授权者或获转授权者已作出的行为，得分别由授权者或转授权者废止之，最后，在法律明文规定之情况下，受行政监督之机关作出之行政行为得由监督机关废止之（《行政程序法典》第142条）。

c）*就依据*（fundamento）而言，废止得以作为其目标之行为之*违法*（ilegalidade）或*不当*（inconveniência）为依据。当废止以前者为依据，所涉及的是*行政撤销*（anulação administrativa）。借此旨在恢复被违反的法律秩序，及消除由作出违法行为所引致的违反。相反，当废止以被废止之行为之不当为依据，则废止性行为之理由建基于对实体问题的判断，即按照公共利益，对先前行为的现存或潜在效果作出新的行政评估，而不取决于关于其合法性之任何判断。

d）就其*效力*（efeitos）而言，尽管废止一定消灭被废止之行为之效力，其得采取以下任一方式：单纯从*将来起*（ad futurum）终止被废止之行为之效力——称为*废除性废止*（revogação ab-rogatória）；完全地毁灭被废止之行为之效力——称为*撤销性废止*（revogação anulatória）。

我们透过一个例子来说明这个区分：António 于 1998 年 3 月 1 日获得经济部发出的 500 吨大豆的进口准照，依据该准照，António 在往后的两个月内进口 200 吨大豆，并售予若干葡萄牙企业。然而，于 4 月 30 日，经济部废止了之前授予的准照。倘若这次废止是废除性废止，则仅对将来产生效力，这意味着，该进口准照自作出废止时即终止效力。因此，首批 200 吨大豆的进口是合法的，只是从今以后 António 不得继续进口原先所批准的 300 吨大豆。相反，倘若于 4 月 30 日所作的废止是撤销性废止，则它具有追溯效力，这意味着，不仅被授予的进口准照自 4 月 30 日起不再产生效力，而且该准照在 3 月 1 日至 4 月 30 日期间所产生的效力亦在溯及既往下被消灭。因此，除了 António 不得进口尚余的 300 吨大豆之外，由于首批 200 吨大豆的进口已转为不合法，所以，António 必须将它们重新再出口，或至少须承受法律对于作出违法进口的人所科处的制裁。

由此可见，单纯终止被废止行为之将来效力之*废除性废止*，与完全地消灭被废止行为已产生之效力且显然亦阻止其将来继续产生效力之*撤销性废止*之间存在巨大的差别。

前者被称为*不具追溯效力*（*ex nunc*“从现在起”）；而后者则具有*追溯效力*（*ex tunc*“从当时起”）。

正如所理解的——基于撤销性废止之严厉及严重性，它不但支配将来，亦干涉过去，而且它与私人正当信赖的内容不同，从而动摇了公众对行政当局的信任——不论作出废除性废止还是撤销性废止，并非自由裁量的选择。

废除性废止适用于在有权限之行政当局改变看法而决定消灭其认为*不当的*先前行为（《行政程序法典》第 145 条）；撤销性废止，原则上，是法律保留废止一项非有效行为的情况。尽管如此，亦可例外地适用于先前行为属不适当的情况。这些情况必须是公众对行政当局的信任没有被影响的情况（《行政程序法典》第 145 条第 3 款）。

换句话说，如行政行为非有效，则它随后可被一个*具追溯效力*的撤销性废止行为消灭；如行为有效，但行政当局认为它属不当之行为，（原则上）只能透过*不具追溯效力*的废除性废止行为消灭该行为。

在刚才的例子中，倘进口准照之授予本身是违法行为而因此属非有效时，法律方容许具追溯效力地使已作出的 200 吨大豆的进口变为无效。

这些不同的制度是可以理解的：事实上，假如须被废止之行为原本是非有效的，则行政机关具有充分理由决定消除其全部后果；假如须被废止之行为，起初是有效的且现在继续有效，只是*目前*被认为是不适当的，那么以具追溯效力的方式消灭其法律效力是不合理的，因为被废止之行为之作出，是以作出日对公共利益最佳理解为基础的。倘若以另一方式去理解，会严重威胁私人的正当利益。那么，须重申的是，一般情况下，“（行政机关的）看法的改变只能够对将来产生影响”，[405] 而不能涉及过去。只有在例

---

[405] 参见 Marcello Caetano，《*手册*》，第一卷，第 531 页。

外情形下方可以对过去产生影响，例如，利害关系人本身赞同该废止。

127. 行政行为之可废止性之制度

在葡萄牙的行政法中，关于行政行为之可废止性或不可废止性，是否存有若干原则？

答案是肯定的，主要原则是：*在遵从一定限制下，行政机关可消灭先前作出的行为的法律效力，只要该行为被认为是非有效的或不适当的*。事实上，正如我们已提及的，本质上行政行为是可被废止的（法定之例外情况除外）：*可被废止性是行政行为之本身特征，与确定判决之不可被废止性恰恰相反*。

目前，关于废止之法律制度载于《行政程序法典》第 139 条至第 141 条中。这些条文相继地规范了不可废止之行为之情况（第 139 条）、有效行为之可废止性之制度（第 140 条）及非有效行为之可废止性之制度（第 141 条）。

首先，可以指出的是，总体来说，《行政程序法典》在上述规定中采纳了葡萄牙有关废止的主要学术观点。

然而，在该法典中，很明显至少有两个方面是创新的。

首先，从立法技术的角度看，在《行政程序法典》之前，《最高行政法院组织法》第 18 条为行政行为之废止方面的主要规定，当中主要对设定权利之行为和不设定权利之行为进行区分；相反地，现今《行政程序法典》第 140 条及第 141 条在订定行政行为之废止制度时，更准确地以另一标准作出区分，就是以*有效行为*（actos válidos）与*非有效行为*（actos inválidos）[406] 为区分基础。

其次，在对*设定受法律保护利益之行为*之废止方面，葡萄牙的立法传统没有将设定受法律保护的利益的行为与设定权利之行为作出区分，但正如刚才所述，现今的《行政程序法典》明确地将废止设定的受法律保护利益之行为等同于废止设定权利之行为（《行政程序法典》第 140 条第 1 款 b）项）。

---

406 有效行为（actos válidos）与非有效行为（actos inválidos）之间的区分是受到 1976 年德国行政法（Verwaltungverfahrenesetz）的规定所启发的。其实，该法规的第 48 条规定非有效行为之废止（Rücknahme），且第 49 条规定有效行为之废止（Widerruf）。

我们接续分析以下：

a）不可废止之行为之情况；
b）有效行为之可废止性之制度；
c）非有效行为之可废止性之制度。

128. 同上：a）不可废止之行为

某些行为无论在逻辑上抑或在法律上均是不能被废止的，这纯粹及仅仅由于没有可以被消灭的法律效果。这些行为仅得作为宣告相关状况的行政行为（或判决）之目标。

不能废止之情况主要是以下三种。

1）第一，不可废止*不存在之行为或无效行为*（《行政程序法典》第139条第1款a）项）。

正如所述，倘若废止是旨在消灭先前行为之法律效果，那么应明白，废止性行为之目的或宗旨，不能发生在那些在性质上不具条件产生任何法律效果之行为上，例如，无效行为及不存在之行为之情况。

2）第二，不可废止那些*已透过*司法争讼之撤销或撤销性之废止消*灭了效果之行为*（《行政程序法典》第139条第1款b）项及c）项）。

这些情况中，同样欠缺有关使废止性行为得以产生效果的法律效果。因此，之前经司法争讼而被撤销之行为，或被*具有追溯效力*之行为所废止之行为，亦不可能废止。

3）第三，不可废止*已失效或效果已完尽之行为*。*更准确的是*：这些行为不得成为废除性废止的对象，即对将来的废止，由于它们并非正在产生效果，因此，终止它们的效果是没有意义的。然而，它们可以成为撤销性废止的对象，即具有追溯力之废止，因为在该情况中，所考虑的是，追溯地消灭有关行为已产生的效果，且该等效果仍存在于法律秩序中（《行政程序法典》第139条第2款）。

129. 同上：b）有效行为之可废止性之制度

现在我们分析《行政程序法典》为本质上*可被废止但有效*的行政行为订定的制度。

必须在此强调的第一点是：《行政程序法典》第140条没有为全部有效行为订立唯一且统一的废止制度。[407]

仔细阅读下，可发现法律对以下行为作出区分：

可自由废止之行为（第1款之前言）；
被禁止废止之行为（第1款之a）项及c）项）；
被限制废止之行为（第1款之b）项及第2款）。

让我们看一看。

a）首先，从《行政程序法典》第140条之前言中可以得出，一般规则是有效之行政行为可自由被废止。该类废止不以非有效为依据，原则上只对将来产生效力（*ex nunc*）。

这个源自行政当局必须谋求公共利益的宪法原则[408]之规则很容易被理解。由于行政行为是行政机关按照法律实施且为了实现公共利益[409]而作出之明显反映其意愿的行为，因此该等机关得根据本质上多变的公共利益的嗣后演变和内涵，而认为不应继续保留该行为。

然而，须注意的是，可自由废止有关行为，并不等同于废止权完全不受限制。例如，平等原则可排除对一个不利的有效行为作出废止（假如不

---

407 参见 Vieira de Andrade，《葡萄牙法中之行政行为之“修正”》，同上所述，第197页；Pedro Gonçalves，《（行政行为之）废止》，同上所述，第310页；Esteves de Oliveira，Pedro Gonçalves，Pacheco de Amorim，《行政程序法典》，第676页；Vasco Pereira da Silva，《寻找毁坏的行政行为》，第459页。

408 参见 Paulo Otero，《行政行为》，同上所述，第498页。

409 参见 Marcello Caetano，《*手册*》，第一卷，第536页。

废止一个向 A 发出的命令，则亦不得废止相同内容的向 B 发出的命令，然而，得将这两个命令同时废止）。[410]

b）其次，有些情况是，行政机关并非遇到绝对不能作出废止之情况（《行政程序法典》第 139 条），然而，其仍不得废止先前所作出之行为，否则属违法。

现在我们所指的是*禁止废止*之范畴：倘若该禁止没有被遵守，则该废止性行为基于*内容违法*而沾有不可补正的法律上的违反。

须指出这方面的两个主要情况。

一方面，行政机关不应废止那些在行使*受约束的*（vinculados）权力及在严格地遵守*法律规定*（imposição legal）下所作出的有效行为（《行政程序法典》第 140 条第 1 款 a）项）。如这些机关根据法律规定并按照其订定的内容，依法作出一个有效行为，则不应随后废止该已作出之行为，因为该废止性行为将无可避免地引致违反原来所遵守的法律。因此，根据法律规定且由行政机关在该法律规定下有效作出的行为，也不应被该机关废止，否则该废止属违法。

另一方面，行政机关亦不应废止使作出行为者负有*法定义务*（obrigações legais）或具有*不可放弃之权利*（direitos irrenunciáveis）之有效行政行为，否则违法（《行政程序法典》第 140 条第 1 款 c）项）。该理解是正确的，这是因为：倘若该行为有效地宣示一项法定义务的存在，则该行为之废止意味着漠视该义务的存在，并因此违反设定该义务的法律规定。反过来说，倘若该行为赋予作出行为之实体一项不可放弃的权利，则废止该行为等同于放弃该被法律认定为不可放弃的权利。

c）最后，立法者认为*废止设定权利或受法律保护之利益之行为是受限制的*。

与上述在任何情况下均不可废止的规定相反，设定权利之行为或设定受法律保护之利益之行为是可被废止的，但须遵守法律安定性及信任保护之一般原则，[411] *仅在符合特定条件时方可被废止*（参看《行政程序法典》第

410　由此，见 Pedro Gonçalves，《（行政行为之）废止》，同上所述，第 319 页。

411　尽管它们之间存在非常密切的近似，而导致它们被一起考虑，然而，似乎应支持这两项原则之间的区分：法律安定性牵涉到法律秩序的客观方面——确保法律的稳定性、指导的安定性及权利的实现——而信任保护牵涉到法律安定性的主观构成部分，主要是个人对有公共权力行为的法律效果的可计算性及可预见性。参见 Gomes Canotilho，《宪法及宪法理论》，第 250 页。

140 条第 2 款)。

根据法律，这些行为赋予私人有利的主体法律地位。从这一刻开始，获赋予该等法律地位之人有权信赖行政机关，且有权在他们正当拥有的法律地位基础上开展其法律上的生活。事实上，且正如 Gomes Canotilho 所指，信任原则(最终来源于 1976 年宪法第 2 条对法治原则的概括性规范[412])所要求的是，市民有权相信，根据现行且有效之法律规定适用在其权利或法律地位上的公共决定，其效果与该等规范所设定及规定之法律效果一致。[413]因此，设定权利或受法律保护利益之行为之"倾向不可废止性"，是信任原则在行政行为上的反映。[414]

相反的，非设定权利或非设定受法律保护之利益之行为，可被行政机关自由废止。这正是因为，它们没有为任何人创设权利(或应受法律保护的利益)，故此，无须考虑对信任之保护。

那么，例如，市政厅给予某土地的所有人建筑准照，这类行为设定了一项以便在该土地建筑房屋的权利。因此，假如该行为是被有效地作出且遵循所有适用的法律规定，原则上，无论市政厅多么想改变主意或目前有对该区的新计划，这类行为都不得被废止：私人已信赖市政厅，并作出投资，开始建筑或已完成有关建筑；市政厅现在不得无因由地把诺言权当没有说过一样去废止准照，阻止利害关系人去完成正处于一半的建筑，或禁止其居住在已完工之建筑物内。这个*无限的*(ad infinitum)多重可能性，会造成混乱并妨碍经济及社会的正常发展。

但是，倘若市政厅驳回了利害关系人所提交的首项工程计划，且否决了其所请求之建筑准照，则该否决属不设定权利之行为，有关行为完全可在随后废止。例如，土地的所有人提交了一份被市政厅接纳的计划，又或市政厅改变了主意，且现时不认为批准先前被否决的建筑准照有任何不适当之处，在该情况下，行政行为之废止并没有损害任何私人之权利，这是法律所容许的。该废止没有破坏私人对行政机关之信任，亦没有妨碍经济及社会生活之正常进行。

如何确立对设定权利之行为与非设定权利之行为的区分?而又如何确立设定受法律保护利益的行为与非设定受法律保护之利益的行为的区分?

---

412 参见 Gomes Canotilho,《宪法及宪法理论》，第 258—259 页。

413 参见 Gomes Canotilho,《宪法及宪法理论》，第 250 页。

414 参见 Gomes Canotilho,《宪法及宪法理论》，第 258—259 页。

设定权利的行为，指*赋予他人新的权利，扩大现存之权利或消灭有关行使现存权利之限制的行政行为*。在这三种情况中，有关行为均属设定权利的行为，这意味着，行政机关不可随意及*不受限制地*废止该有效行为。

这是一个在行政法总论范畴中属于困难的内容，在这方面，葡萄牙学者一直没有达成共识。其实，在《行政程序法典》之前，我们的学说在这方面主要有两个不同的主流意见。

其中一个主流意见以 Robin de Andrade[415] 为代表。此主流意见属于限缩性见解，旨在减少设定权利之行为的数量，从而增加公共行政机关废止行政行为的情况。

首先，它主张只有实质地*创设新权利*的行为，方属设定权利之行为，那些对行使现有权利的限制予以消灭的行为，不属设定权利之行为。因此，按照这个观点，作为对行使现有权利的限制予以删除的典型行为，“*许可*”不属创设行为，因为它没有创设权利，只是容许一个现有权利的行使。其次，Robin de Andrade 指出，只有实质地*创设真正权利*的行为，方属设定权利的行为，那些创设权力、权能或对私人有利的一般法律状况的行为，并不是设定权利的行为。因此，对于 Robin de Andrade，仅仅不可以废止*设定权利的行为*，按照字面上的表述，即*真正设定真实权利之行为*。

第二个主流意见是 Marcello Caetano 所主张的，它较为宽松，将较多数量的行为视为设定权利的行为，从而使行政机关的废止权利受到更大限制。[416]

MarcelloCaetano 认为，设定权利的行为不只是那些创设权利或扩大现有权利的行为，还包括那些对行使已存在权利的限制予以消除的行为。具体来说，原则上“许可”（除了警察许可外）应被视为设定权利的行为。另一方面，为达此目的，Marcello Caetano 对权利亦有一个较广义的概念，不仅创设真正权利的行为，而且创设对私人有利的一般法律状况（尤其是权力、权能等）的行为，其均被视为设定权利的行为。该概念不包括那些创设*单纯期望*（meras expectativas）的行为。的确，它们不应受到有关法律对设定权利的行为所赋予的保障。

对于这类问题，我们认为 Marcello Caetano 是有理由的。

415　参见 Robin de Andrade，《行政行为之废止》，第 93 页及续后数页。

416　参见 Marcello Caetano，《*手册*》，第一卷，第 453 页及续后数页（载于第 455 页之脚注）。

事实上，我们认为，对设定权利之行为这一概念的理解，应与产生该概念的存在理由相一致：这类存在理由一直需要保护私人的既得权利，使法律关系安定及确实。我们亦补充指出：基于私人的安定性及法律关系的确实性，须对私人从行政当局中获得的利益之所有状况作出保护，以使他们可相信行政当局的诺言，而随后不会遭遇行政当局剥夺之前赋予他们的状况，从而觉得行政当局不能被信任。

我们将去举例说明我们的推论，而这一典型的例子正是第一个和第二个主流意见的分歧所在：“*许可*”（autorizações）之情况。许可行为是一个容许行使现有权利的行为，它不赋予权利，而只容许行使该权利。按照Robin de Andrade之逻辑，“许可”不属于设定权利的行为，因为从字面上看它没有创设权利，该权利已存在。但我们认为不能这样理解，因为结果是荒谬的。假如我们在这一问题上遵从Robin de Andrade的意见，*则我们对创设新权利的行为给予的保护大于对那些只容许行使已存在的权利的行为给予的保护*。换言之，我们对行政当局的行为所创设的权利给予的保护，大于对私人以其他名义（尤其是依法直接取得的权利）获得的权利给予的保护，而后者仅需许可就可实际行使。然而，我们不认为这样是有意义的。

根据上述内容，我们主张的是，假如须作出（而我们认为是没有必要的）区别，对那些已存在而只需许可便可行使的权利给予的保护，理应大于对那些由公共行政当局自由裁量地重新给予的权利的保护。总而言之，我们认为应该遵循较广义的意见，以便更好地保障私人的权利及正当利益。

现今，基于上述理由，我们实质上维持了这个立场。

然而须承认的是，在《行政程序法典》第140条的规定下，该争论在今天已失去了部分实际意义［关于行政当局可自由废止的主体法律地位的种类（或性质）］。事实上，随着法律对设定受法律保护利益的行为作出明确规范（我们将接着分析）以及在废止制度方面把设定受法律保护利益的行为等同于设定权利的行为，毫无疑问，那些对私人赋予有利法律状况（尽管不属真正的权利）的行为，以及那些可以使私人对其效果之稳定性建立正当信任的行为，均明确地受到保护，行政当局不可随意地对这些有效行为行使废止权。

如何区分“设定受法律保护利益之行为”与“非设定受法律保护利益之行为”？

以一概括公式细化*设定受法律保护利益之行为*的概念是非常复杂的工

作。首先，基于前提的*受法律保护之利益*（interesse legalmente protegido）的轮廓模糊。我们不会在此进行这类问题的讨论（参看以上所述），然而，我们相信，如果考虑到明显地使立法者将该类行为作独立规范之目的，则该概念之内涵将更为清晰，该目的明显为：倘在善意原则（《行政程序法典》第6-A条）下某些法律状况值得保护以抗衡行政当局随意行使废止权，则确保这些法律状况受到保护（即使在狭义的法律技术层面上不能被纳入为权利之概念亦然）。[417] 正如Sérvulo Correia所断言的，"就当局行使权力时对私人创设的法律状况的持续性方面，需要给予该私人一定程度的安定性，（……）而这份需要不仅体现于为其权利义务范围设定狭义权利的行为上，亦体现于可直接产生使私人受益的法律效果的行为上"。[418]

因此，可以指出的是，从第一个层面去理解这个概念，*设定受法律保护利益*之行为，虽然没有创设或扩大*狭义*（stricto sensu）权利又或消除对行使权利之限制，但在一个或多个相对人之权利义务范围内创设有利的法律状况，而根据善意原则及保护信任原则（《行政程序法典》第6-A条），行政机关不可随意行使废止权以终止有关法律状况。

因此，仅在具体情况中，且在权衡各种利益后，方可认定某一行政行为在其效果的稳定性方面是否能够使私人产生正当的信赖。因此，在逐渐深化关于设定受法律保护利益的行为的概念上，司法见解及学说担当着重要角色。

现在，将围绕设定权利的行为及设定受法律保护利益的行为的话题进行讨论，然后将在以下研究根据什么规定而使它们被废止。

《行政程序法典》第140条第2款订定了废止这些行为的两种情况：第一，废止仅涉及该行为内不利于相对人利益之部分；第二，所有利害关系人赞同废止该行为，且该行为不涉及不可处分之权利或利益［《行政程序法典》第140条第2款a）项及b）项］。

这些例外情况是有道理的。

第一种情况，假如私人要求100的请求被部分批准且行政机关仅给予75，则不得废止该批准行为中给予75的部分，而容许废止该行为有关否决其余的25的（不利）部分，这是有道理的。因此，随后，将第一个决定予

---

417 参见Esteves de Oliveira，Pedro Gonçalves，Pacheco de Amorim，《行政程序法典》，第680页。

418 参见Sérvulo Correia，《行政法概念》，第一卷，第500页及续后数页。

以修订并给予80、90以至100，则是正当的，因为对该行为的相对人没有损害，反而对其有利。另一个，例如，“一个设有负担的有利行为（……）基于不适当而被废止当中设定负担的部分，而有关创设权利及主观性利益的部分则继续保留，只是现在没有了先前设定的责任及负担而已”。[419]

第二种情况，如所有利害关系人均*同意*废止该行为内对其有利的部分，则是因为他们同意放弃其权利，只要不属于法定不可放弃之权利，则不妨碍作出废止。

《行政程序法典》第140条第2款a）项及b）项所指之两种情况之间有什么共同之处？共同之处是，在这两种情况中对设定权利或受法律保护利益之行为之废止，*均没有违背私人之意愿而损害私人之主体法律地位*：第一种情况，完全没有损害；第二种情况，在利害关系人之（合法）同意下作出损害。

因此，在这些情况中，私人绝不会在未经其本人同意下受到损害。因此，废止并不会危害对合法既得权利及利益之尊重，亦不会破坏私人对行政机关的诺言所形成的必要信任。

然而，除了这两种由法律明确规定的废止设定权利或设定受法律保护利益之行为的情况外（《行政程序法典》第140条第2款），法律亦规定*例外*废止这类行为的另一种情况。

事实上，可以发生的是，基于事实状况的变更或行政当局具充分理由的理念转变，公共利益使废止有利于私人之行为变为适当，甚至必须作出。[420] 在这些情况中，应对公共利益及私人利益作出权衡，如公共利益尤其强烈，而又没有理由保护私人对维持已创设状况所产生的信赖，则可作出废止，但原则上必须给予赔偿——该私人“甚至可能是恶意的，因为恶意并非必然引致行为之违法性”。[421]

明显的，《行政程序法典》第140条第1款b）项的*立法理由*（ratio legis）是“在私人的信任值得受到保护时，要对之作出保护”，[422] “倘若这一信任不存在，则没有需要保护的对象”。[423] 因此，“*必须协调，保护被管理者*

---

419 参见 Esteves de Oliveira，Pedro Gonçalves，Pacheco de Amorim，《行政程序法典》，第679页。

420 因此，参见 Vieira de Andrade，《葡萄牙法中之行政行为之“修正”》，同上所述，第196页。

421 参见 Vieira de Andrade，《葡萄牙法中之行政行为之“修正”》，同上所述，第196页。

422 参见 Filipa Calvão，《行政法中的非长久行为及临时行为》，第197页。

423 参见 Filipa Calvão，《行政法中的非长久行为及临时行为》，第197页。

对特定行为所寄予的正当信任的需要与将对该行为所作之法律规范适应于公共利益现实要求的需要”。[424]

此外，另一方面，正如 Pedro Gonçalves 所强调的，在一个“赋权予行政当局征收或征用被管理者之不动产（由此使其所有权变弱）或基于公共利益而单方终止行政合同”的制度中，[425] 没有理由否定行政当局具有废止设定权利或受法律保护利益之行为的权力。此一否定明显是欠缺理据的，因为主张“以行政行为设定之权利不可被行政当局消灭，而以合同设定的相同权利则可以”，[426] 是毫无意义的。

总而言之：如在具体生活中有依据地查明存在一项公共利益，而在对有关价值作出权衡后（适度原则之平衡部分），有关公共利益的满足又应优先于私人在维持该行为下所享有的私人利益，则只要保证善意的私人获得合理的金钱赔偿[427]（当出现相当的损害时）——在《行政程序法典》第 140 条下，仍可合法地废止设定权利或受法律保护利益之行为。

然而，须指出的是，这一情况显然是*例外的情况*而不得被滥用，否则便会推翻对设定权利之行为或设定受法律保护利益之行为作出保护的一般制度。

130. 同上：c）非有效行为之可废止性之制度

现在我们来研究有关废止非有效行为之法律制度的主要特点（《行政程序法典》第 141 条）。

1）*废止之唯一依据*是先前行为之非有效。因此，以不当性为依据去废止先前非有效的行为，属违法；以先前行为之违法性为依据去废止该先前行为，但最终未能证实该违法性，那么该废止亦属违法。在任一情况中，废止行为都违反法律。

424　参见 Pedro Gonçalves，《（行政行为之）废止》，同上所述，第 316 页。

425　因此，参见 Pedro Gonçalves，《（行政行为之）废止》，第 316 页；Vieira de Andrade，《葡萄牙法中之行政行为之“修正”》，同上所述，第 197 页。

426　参见 Pedro Gonçalves，《（行政行为之）废止》，同上所述，第 316 页。

427　基于合法事实之非合同责任之依据：见 1967 年 11 月 21 日，法令第 48051 号第 9 条。因此，参见 Robin de Andrade，《行政行为之废止》，第 378 页；Esteves de Oliveira，《行政法》，第一卷，第 632 页。

2）非有效行为之废止，得由*作出行为者*、*其上级*或*授权机关*或*转授权机关*，又或在法律明文规定之情况下由*监督机关*作出（《行政程序法典》第142条）。[428]

3）非有效行为之废止：i）必须在有关个案可提起司法上诉之法定期限内作出；ii）一旦已提起司法上诉，必须在截至司法上诉所针对之实体作出答复时作出（该实体可自行决定利用该答复去废止该行为，从而避免与法院发生争议，但在答复之后便不能作出废止，因为在这种情况下必须由法院单独审议被上诉之行为之有效性）。

可作出废止之期限与可撤销行为之司法上诉之期限相同，这是基于什么原因呢？

假如废止是以先前行为之非有效为依据，则仅在该非有效仍可被主张时，该废止方具有意义；然而，在司法上诉之期限届满后，如仍没有对该非有效行为提起任何适当上诉，则该非有效获得补正，所以该非有效不得再被提出。行政机关因此不得以该非有效为其行使废止权限之依据。

根据《葡萄牙行政法院诉讼程序法》第28条之规定，针对可撤销行为之司法上诉之法定期限是不同的，这取决于司法上诉人为检察院（一年）还是具利害关系的私人，至于后者，亦因其居所地点不同而有所不同。

废止非有效行为之期限所采用的是上述哪一个上诉期限？

正如《行政程序法典》第141条第2款的规定，该问题的答案必定是以*较长的*期限为准（检察院享有的期间），因此，行政机关得自违法行为作出之日起*一年内*废止该行为。

接下来的问题是：为什么采用较宽泛的期限，而非较短的。

因为只有该期限届满后方可绝对地排除针对有关行为之合法性提起司法申诉之可能性，该行为所沾有的瑕疵才被补正（根据上述规定及有关后果）。[429]

然而，须注意的是，倘若影响有关行为之瑕疵因司法上诉期限届满而被补正，这并不妨碍该行为随后基于其不当性而被废止（当然，第140条第1款b）项及c）项所定的限制除外）。事实上，不能接受有关行为享有

---

428 见下文。

429 参见Paulo Otero，《行政行为》，同上所述，第498页；Freitas do Amaral及其他著者，《行政程序法典之注释》，第254—255页。

一个比那些原本有效的行为更有利的制度。因此，倘若以恰当性为依据自由废止有效行为，那么那些非有效但已被补正的行为不能享有比前者更大的、不被废止的保证。这个保证只体现为从现在起禁止以非有效为依据对其作出废止。[430]

131. 废止之权限

谁具有废止之权限，及该权限之依据是什么？

a）*作出行为者*

首先，*作出行为者*本身有权限废止先前作出的行为。事实上，《行政程序法典》第142条第1款已如此规定。

该废止权限之依据在于作出行为者在其决定的事宜上享有*处分权限*，而法律对作出行为者赋予权限，以其按更好的理解处理有关事宜。

倘若作出行为者的废止权限的依据在于其对决定的事宜上的处分权限，可以理解的是，假如法律规定将该处分权限转移予另一个机关，则后者转为具有权限去废止由原先有权限机关作出的行为，同时，基于同样的原因，该原先有权限之机关失去权限对涉及该事宜的行为作出废止。也就是说，处分权限的变更与查明哪一机关具有废止权限是息息相关的。

就无权限之机关作出行为的情况，谁具有废止之权限？假设市政厅作出了一个属于市政议会权限的行为，这两个机关之间，哪一个废止之？是作出行为之无权限机关？抑或非作出行为的有权限机关？

有人认为，在上述假设的个案中，作出行为者及就该事宜具有决定权限的机关均有废止之权限：前者，是因为法律根据对合法性之自我监督原则给予作出行为者废止权限，当中没有排除无权限之情况；后者，基于其具有对该事宜的处分权限，因此而被称为权限之*主人*（dominus）。[431] 亦有人指出，“第三机关之无权限，不应排除有权限机关之废止权限，否则便会赋

430　这些规定，参见Paulo Otero，《行政行为》，同上所述，第499页。

431　在这方面，参见Robin de Andrade，《行政行为之废止》，第279—280页；Sérvulo Correia，《行政法概念》，第一卷，第484页；João Raposo，《行政行为之废止》，第170页及续后数页；Vieira de Andrade，《（行政行为的）有效性》，同上所述，第188—189页；Esteves de Oliveira/Pedro Gonçalves，Pacheco de Amorim，《行政程序法典》，第686页。

予该违法性积极影响力”。[432]

然而，我们不同意这个看法。我们认为仅*实际作出行为者*有权废止之，有权作出但没有作出该行为的有权限机关无权废止之，这主要基于法律秩序方面的顾虑。正如我们在其他地方所述，就无权限机关作出之行为，倘若接受对该行为具有处分权限者享有废止之权限，则“等同于接受行政当局中的每一级机关享有对其他机关的监管权，而这一权力根本不存在”。[433] 最高行政*法院之司法见解支持上述理解*。[434]

然而，我们承认这问题在《行政程序法典》面前是保持开放的，可从该法规中找到对两方论点有利的论据。

有利于第一方的论点的依据是《行政程序法典》第 137 条第 3 款。该规定容许有权限机关追认无权限机关作出的行为。因此，允许有权限机关追认而不允许其废止一项沾有无权限瑕疵的行为，似乎没有重大意义。毕竟在容许作出追认之后，立刻打开了作出废止的大门：有权限机关追认该行为后便可以废止之。[435] 那么，为什么不允许其立即直接废止该行为?

有利于第二方的论点是《行政程序法典》第 142 条第 1 款，该条文的规范内容与《行政程序法典》的先前草案所载的相反，[436] 没有明确规定有权限机关以无权限为依据来废止由无权限机关作出的行为的可能性。

我们认为，条文的历史性解释对第二方的论点有利。

b）*上级*

其次，作出行为者之上级有权限废止，但该行为属于其下级之专属权限除外（《行政程序法典》第 142 条第 1 款）。可基于上级本身之收回权力或利害关系人提出诉愿而行使这一权能。[437]

按照上述规定，上级没有权限废止下级专属权限之行为。由此出现的是，只有在共同权限及（被分开或保留的）本身权限之情况下，[438] 方存在上级之废止权限。

---

432 参见 Paulo Otero，《行政法》，第 417 页。

433 载于 Marcello Caetano，《*手册*》，第一卷，第 547 页。

434 参见最高行政法院（STA－1），24－11－72，Sofinol 个案，载于 *AD 128－129*，第 1169 页。

435 那么，参见 Esteves de Oliveira，Pedro Gonçalves，Pacheco de Amorim，《行政程序法典》，第 686 页。

436 参见 Freitas do Amaral 及其他著者，《行政程序法典之注释》，第 248 页。

437 参见 Paulo Otero，《行政法》，第 417 页。

438 参见 Freitas do Amaral，《课程》，第一卷，第 612—613 页。

倘是上级与下级的共同权限之情况，上级之废止权限依据的正是其就该事宜具有的*处分权限*（competência dispositiva）。相反，倘是（被分开或保留的）本身权限之情况，上级之废止权限来自*监管权*（poder de supervisão）——正如我们所知，它是等级制度的特征权力之一。[439]

然而，《行政程序法典》第174条，表面与同一法典第142条第1款之最后部分相反，允许上级在被私人透过行政诉愿如此要求时，废止属下级之专属权限之行为。

如何协调这些规定？

基本上存在两个可协调的学院。

第一个学院认为，在下级行使其专属权限作出行为时，立法者仅在废止是由私人发起之情况下才将废止权限保留予上级。因此，第142条第1款所载的范围仅限于自发性废止，[440] 既适用于对实体问题的废止，又适用于撤销性废止。

第二个学院认为（必须考虑废止的双重依据：实体问题及合法性），这两个规定对应两个不同的废止方式。第142条第1款仅涉及对实体问题的废止（下级对适当性作出之判断是至高无上的），第174条第1款则涉及撤销性废止（假如下级作出违法行为，那么其上级得废止之）。这是Vieira de Andrade、Esteves de Oliveira及其他学者的立场。[441] 对于这些学者，第142条的禁止仅适用于对实体问题的废止，因为在此如容许上级基于不当性作出废止，便等同于容许上级最终行使法律为下级保留的处分权限。另外，第174条的准许只对撤销性废止具有意义，这是因为上级基于违法性而作出废止是在行使监管权限，这并没有侵犯法律保留予下级的处分权限。

尽管我们并不抗拒第二个学说之理据，然而，我们认为第一个学说更准确，更符合历史及法律体制。[442]

c）*授权者*

对于获授权者或获转授权者作出之行为，授权者或*转授权者*在向他们

439　参见Freitas do Amaral，《课程》，第一卷，第642页。

440　在这个意义上，参见Freitas do Amaral及其他著者，《行政程序法典之注释》，第297页。

441　参见Vieira de Andrade，《葡萄牙法中之行政行为之“修正”》，同上所述，第191—192页；Esteves de Oliveira，Pedro Gonçalves，Pacheco de Amorim，《行政程序法典》，第686—687页。

442　关于这问题，亦参见J. Cândido de Pinho，《等级权限之简论》，科英布拉，2000年，第16页及续后数页。

转移之权力范围内，亦有权限废止之。

从前，法律没有明确规定授权者之废止性权限，即使其获司法见解及学说普遍接受亦然。现今，该问题被确定地规范于《行政程序法典》第 142 条第 2 款中，当中允许授权者（或转授权者）对获授权者（或获转授权者）作出之行为予以废止。

授权者具有废止权限的依据是什么?

在授权者作为获授权者上级的情况中，可能认为其依据应该在于我们以上所述的上级监管权，然而，我们不认为它必然这样。

我们认为，自下级机关从授权者处获取可以行使授权者的特定权限的一刻起，等级关系在这一明确的范围内暂时被“冻结”，在这一意义上，由于上级之授权者在该限度内提升了下级之“地位”，下级得按照相同条件作出行为。正如 Marcello Caetano 所强调的，“（……）基于授权，获授权者不再如下属般作出行为，其将代替授权者，行使其相同权限，而因此处于相同层面”。[443]

因此，如该学者所指，上级权限的依据应该“反而是基于授权者及获授权者的相关地位”。事实上，虽然作出了授权，面对获授权者，授权人仍然保持其上级地位，授权人是有关被委托职能的负责人，因此他仍然是专门行使该项被法律容许作出授权之权限的原先机关，而获授权者仅在作为授权行为的相对人以及该项授权仍然持续生效之情况下，方可行使该项权限。

此外，假如授权者得在任何时间废止授权行为，根据相似理由的逻辑，甚至根据“可以作出较多者亦可以作出较少者”的见解，[444] 应理解到，只要授权者认为根据该授权作出的行为属违法或不当，亦得将之废止，而不妨碍该授权的存续。

根据以上所述，获授权者在行使作为授权目标之权力时，不得废止授权者在该事宜上所作的行为，因为获授权者面对授权者时仍处于“下级”的地位。

d）我们最后须了解的是，*监督机关*（orgão tutelar）是否如授权者般，对受监督实体之机关所作的行为具有废止的权力。

---

443 参见 Marcello Caetano，《*手册*》，第一卷，第 525 页。

444 参见 Paulo Otero，《行政法》，第 418 页。

这个问题的答案是否定的：原则上，监督机关没有权力废止受监督的法人机关所作的行为。[445]

仅在该废止权限例外地被明文地列入监督权力下才会发生这种情况，这被称为“具废止权的监督”（tutela revogatória）。[446] 如今该方案规定于《行政程序法典》第 142 条第 3 款中。

132. 废止之形式及手续

既然已对废止的权限作出探讨，现在我们应关注废止行为的*形式*及该行为必须遵守的*手续*。

这方面必须掌握的第一个概念是，在废止范畴内，并不适用作为其他行政活动范畴原则之“形式自由原则”。

事实上，该原则在此对“*形式一致原则*”或“*形式相似原则*”作出了让步：须指出的是，只要是废止行为的手续或形式，均必须参照被废止之行为的手续及形式。即原则上，以作出行政行为的同样形式去废止该行政行为。[447]

然而，引起疑问的是，应以被废止之行为的*法定方式*，还是以该行为*实际上采用的方式为标准呢*。

前者的情况中，废止性行为的方式由法律规定，而不论被废止之行为采用的方式为何；后者的情况中，废止性行为的方式必须与被废止之行为的方式一致，而不论它是否符合法律规定。

有关这方面，应对废止性行为的手续及废止性行为之形式作出区分。

a）关于*废止的手续*，按照《行政程序法典》第 144 条规定之形式相似原则，我们须遵守由法律对被废止之行为所规定之手续，但有两个例外情况：一个是法律*明示的*情况——当法律规定了不同方式的情况；另一个是*暗示的*情况——可免除那些纯粹基于被废止之行为的原因而进行的手续（例如，一份意见书的发出）。

b）关于废止性行为的*形式*，学者的看法各有不同。这方面，对于

445　然而，参见 Paulo Otero，《行政法》，第 419 页。

446　参见 Freitas do Amaral，《课程》，第一卷，第 705—706 页。

447　参见 Marcello Caetano，《*手册*》，第一卷，第 552 页。

Marcello Caetano 来说，废止必须采用被废止之行为的*实际形式*，而不论法律规定什么形式；[448] 如 Robin de Andrade[449] 及 Sérvulo Correia[450] 则认为，必须遵守*法定形式*，而不管被废止行为所采用的形式是什么。

葡萄牙法律的一般原则是适用*法定形式*：应采用法律对被废止之行为所规定之形式作出废止性行为，但有特别规定者除外（《行政程序法典》第143条第1款）。

然而，上述原则存在两个例外情况，在这些情况中废止性行为均必须采用作出被废止之行为时所*实际*使用之形式（《行政程序法典》第143条第2款）。

它们是：

a）法律没有对被废止之行为规定任何方式；

b）被废止之行为在作出时所采用之方式较法律所定方式更为庄严，如训令（decreto-portaria）或训令批示（portaria-despacho）。这是为了避免以简单方式废止以庄严方式作出的行为，否则便漠视了法律赋予庄严方式的法律效力。

133. 废止之法律效果

我们已提及，就法律效果方面，废止可以有两种类型：*撤销性废止*（revogação anulatória）及*废除性废止*（revogação ab - rogatória）。现在须进一步阐述有关见解。

正如我们所知道的，撤销性废止的法律效果可追溯至作出被废止之行为之时刻。因此，被废止之行为之效果正如没有产生一样，被废止之行为之执行行为及随后发生之行为（原则上[451]）成为不合法，而最后，根据被废止之行为所作出的事实行为亦成为不法。该废止是*具追溯效力的*（ex tunc）。

---

448 参见 Marcello Caetano，《*手册*》，第一卷，第552页。

449 参见 Robin de Andrade，《行政行为之废止》，第334页及续后数页。

450 参见 Sérvulo Correia，《行政法概念》，第一卷，第492—494页及续后数页。

451 参见《行政程序法典》第133条第2款 i）项。

因此，在撤销性废止中，最终所有的一切有如该被废止之行为从未存在过一般进行——正如之前所述，这是原本影响该行为的不法性所导致的结果。

另一个不同的制度为*废除性废止*（revogação ab-rogatória）。在此，保留后来被认为不当的行为已经产生的效果，而仅终止该行为仍然能够在将来产生的效果。该废止是*不具追溯效力的*（*ex nunc*）。正如我们已知道的，这是以不当为依据的废止通则（《行政程序法典》第 145 条第 1 款）。[452]

因此，现在很清晰的是，一方面，一项之前因不当［*不具追溯效力地*（ex nunc）］而被废止的行为，可以随后被作出撤销性废止；另一方面，那些在上诉待决期间已因不当［*不具追溯效力地*（ex nunc）］而被废止的行为，可以透过诉讼撤销之。

因为这两种情况中，仍然存在有需要消除的法律效果，正是那些被废除性废止保留的效果，即在作出被废止之行为直至作出废止性行为期间所产生的效果。

然而，葡萄牙的有些行政司法见解并不如此认为：尽管持续地引来了一些批评，其认为上诉涉及被上诉之实体以单纯不当为依据废止一个原先行为时，上诉是没有目标的。法院的这种做法，无法满足私人的正当利益，因为私人是向有权限的审判机关请求撤销行为的*所有*法律效果，而不仅仅是被废止之行为将来可能产生的效果。

有关废止性行为对个人产生的效用问题（不论其以什么依据），参看本*教程*（*Curso*）的第三卷。[453]

134. 废止违法行为之强制性

关于废止，另一个值得探讨之问题是废止性行为之目的，当然，仅在认为废止是一项行政机关的权能而并非一项必须履行的义务时，[454] 这个问题方具有意义。

我们从后者开始——弄清行政机关是否对已作出的违法行为有*废止之义务*，还是具有这方面的自由裁量权——此问题除了毋庸置疑地在理论方

452　正如以上所述，法律容许在例外情况下，作出废止行为者得决定对以不当为依据的废止赋予追溯效力。

453　同时，参见葡萄牙，Robin de Andrade，《行政行为之废止》，第 350 页及第 384—385 页。

454　参见 Marcello Caetano，《*手册*》，第一卷，第 519—521 页。

面值得关注外，亦具有很大的实务意义：倘若认为行政机关负有义务废止违法作出的行为，则在有权限之机关被申请作出该废止时起，便开始形成默示驳回；相反，倘若废止之权力被理解为自由裁量权性质，则不存在作出决定之法律义务，亦绝不可能形成默示驳回。[455]

这问题并没有公认的解决方法。

多年来，我们认为不存在废止之义务，废止体现为一项单纯*权能*，即作为一项自由裁量权。[456]

然而，现今我们倾向于认为废止之义务是存在的，而对违法行为之废止是一项受约束的权力。

事实上，一个公共行政机关须服从合宪性及合法性原则的民主法治国家，难以接受行政机关没有法律义务消除其本身、其下级或其获授权者所作出的违法行为。

不能接受的是，行政机关在面对一个被认定为违法且可被废止的行为时，其没有义务废止该行为，反而正当地不作出废止，甚至拒绝作出废止。这是严重偏离合宪性及合法性原则的。[457]

确实，正如我们以前所论述的，有权限机关亦有补正有关违法行为或使该违法行为有效的权能，尤其是透过作出追认、纠正或转换的明示行为。

但（现今我们认为）这不应导致我们得出不存在废止义务之结论，反而，应以此作为依据，肯定行政机关在面对违法行为时，倘若不决定以明示行为作出补正，则有义务将之废止。因此，行政机关负有一项附有选择权能的义务。[458]

总而言之，行政当局不应有权作出的是，“袖手旁观”等待违法行为的默示补正。如果行政当局想补正该行为，则应明示地在法定期限内作出；如果不想这样做，则必须废止该行为。

明示补正及默示补正具有完全不同的道德及法律价值：在明示补正中，违法的情况被清除且法律秩序被重整，以便在法律秩序中存在*真正合法*的

---

455 当然，必须诉愿的情况除外，因为在此情况中上级总是有作出决定的义务。

456 参见 Freitas do Amaral，《行政法》，第三卷，第 400 页及续后数页。

457 在相同意义上，见 Paulo Otero，《行政法中之代任权力》，第二卷，第 580 页及续后数页；《行政法》，第 416 页；Gomes Canotilho，《宪法及宪法理论》，第 240 页，第 258—259 页。

458 关于这一概念，参见 Antunes Varela，《债法总论》，第一卷，第八版，科英布拉，1994 年，第 858—859 页；M. J. Almrida Costa，《债法》，第 641 页及续后数页。

行为；在默示补正中，*违法的情况仍然存在*（qua tale），只是时间使该行为变为有效及防止其受到法律上的破坏。

从民主法治的角度看，两者情况并不相同：前者应受到鼓励，后者则不应被允许。

简言之，现今我们认为行政机关有法律义务废止其所知悉的违法行为，除非行政机关决定且可以以明示方式在法定期限内补正有关违法行为。

135. 废止之目的

现在我们须了解什么是废止性行为的典型目的。

简单地说，我们认为须区分以下两种情况：

a）废止非有效行为之情况，旨在透过消除违法的行为，*维护合法性*；

b）以不适当为依据之废止情况，旨在借着重新审视具体个案并终止先前行为的法律效果，*从而较佳地谋求公共利益*。

因此，倘若所作出之废止性行为旨在谋求非属上述之其他目的，则该废止性行为沾有*权力偏差*的瑕疵。[459]

136. 废止之法律性质；恢复生效的效果

什么是废止之法律性质？

有学者认为，废止实质上是一个*消极性质或毁灭性质的行为*：透过它，行政机关以违法或不适当为依据消灭一个先前行为的效果，由此从法律秩序中删除或消除一个具体决定。废止性行为只能是这样——消除先前行为，而不会作出任何行为取代先前行为。当然，具有处分权限的机关得在作出废止时或之后，在废止中对同一具体个案添加新决定。但这个新决定所形成的是另一个与废止相异之行政行为。即使在同一时刻作出，它们亦是两

[459] 参见 Pedro Gonçalves，《（行政行为之）废止》，同上所述，第 318—319 页。

个独立的行为——一个是具有消除性质的次级行为，用以消灭过去的行为，而另一个是具有创新性质的原始行为，用以规范将来的情况。

其他学者认为，废止在实质上是*积极或创设性质的行为*：透过它，行政机关不仅仅消灭或消除了就某特定具体个案所作出的某个决定，还以另一个决定作出并取代之。事实上，这涉及以下其中一种情况：要么有权限机关在消除先前行为后，随即对该具体个案作出新决定，这种情况下的废止明显具有创设性质；要么有权限机关不作出任何新决定。然而，在后者的情况中，创设主义支持者认为废止必然引致*恢复生效的效果*（efeito repristinatório）。这即是说，针对一个特定行为（B）所作出的废止（C），将导致原先规管同一具体个案但受被废止之行为（B）所废止的行为（A）恢复生效。

假设一个情况：Manuel 从农业及渔业部获得了一个捕鱼准照，随后，该准照被废止，假如该废止之后又被废止，这是否意味着原先批给的捕鱼准照恢复生效了。

支持废止属*毁灭*性质者回答：并非意味着这样。第二次废止仅导致第一次废止之消除，但不会使最初的准照恢复生效。废止只是清除及开拓道路，以便能够给予新准照。如果发给新准照，则该新准照不会作为废止的一部分，而是作出废止时增加的一个新行为。

相反，支持废止属*创设*（construtiva）性质者指出：上述个案中存在恢复生效的情况。废止一个废止性行为，意味着被首个废止性行为所废止的行为自动恢复生效：消除了对捕鱼准照之废止后，Manuel 便可再次利用其原来的捕鱼准照，而无须申请新准照。[460]

这是一个复杂的问题。

在我们看来，“废止总是引致恢复生效的效果”不能作为一般原则。事实上，不能这样设置问题，在很多情况中恢复生效的效果是没有意义的。逻辑上，这只在面对两个连续的废止情况下才能够发生：假如行为（A）被行为（B）废止，而首个废止性行为（B）被行为（C）废止，那么确实可以探讨第二个废止性行为（C）是否使最初行为（A）恢复生效。然而，有

---

460 赞成行政行为之废止产生恢复生效的效果的学说，参见 Robin de Andrade，《行政行为之废止》，第 351 页及续后数页。持相反论调但没有作重大论述者，参见 Marcello Caetano，《*手册*》，第一卷，第 555 页。

些情况欠缺有关问题的逻辑前提：倘若 Manuel 在其人生中首次得到捕鱼准照，而在六个月后该准照被废止，询问该废止是否具有恢复生效的效果是没有意义的，因为在得到捕鱼准照之前，没有任何行为可以恢复生效。*经相应类推*（*mutatis mutandis*），这同样发生在对驳回一项由私人提出的申请予以废止的情况。在大多数情况下，废止没有恢复生效的效果，这纯粹是因为有关问题根本不存在。

在有关问题确实存在及具有意义之情况下，废止有恢复生效的效果吗？

再者，看来我们必须回想一下我们在行政行为之性质方面所阐述之概念。

倘若一个*受约束行为*之废止被废止，那么，该第二次废止因应法律规定的内容而有否恢复生效的效果？倘若最初行为符合法律规定，则第一次废止是违法的，那么对第一次废止的废止，应被理解为使该最初行为恢复生效，因为该最初行为是应有的；倘若最初行为是违法的，而其第一次废止是符合法律的，那么对该第一次废止的废止一定是违法且不能具有使最初行为恢复生效的效果，因为该第二次废止亦属于违法行为。

倘若一个*自由裁量行为*（acto discricionário）之废止被废止，则发生不同的事情。倘若有权限机关废止了一个可以按其意愿作出或不作出，又或赋予某一内容或其他内容的行政行为，那么我们并不认为恢复生效的效果与第二次废止必然联系是合规范的。有权限机关可以随之而希望将最初行为复活，亦可以仅希望消除障碍，以便对该事宜作进一步的重新考虑，而并非立刻承诺一个特定的方案。在这里，该行政行为具有自由裁量的性质且与法律行为相似，我们认为，是否产生恢复生效的效果，取决于行政机关对该方面所表达的意愿。倘若有权限机关赋予行为该效果，则会发生之；倘若其拒绝该效果，则不会出现之；如作出废止行为者并未如此表示，则不应推定为具有恢复生效的效果。[461]

这个理解现在已落实到法律规定中。《行政程序法典》第 146 条规定，“如一废止性行为被另一行为废止，则仅在法律明文规定或后者明文规定曾被前者所废止之行为恢复生效时，方产生此种效果”。

因此，倘若在大多数情况下废止不具有恢复生效的效果，以及该效果仅在法律或作出行为者明示时方可以产生，则我们可以断言，原则上，废

461　在这种意义上，参见《民法典》第 2314 条有关对废止性遗嘱之废止。

止具有*消极或毁灭的性质*，废止旨在消灭先前作出的行为，而不是使它们恢复生效。

仅在例外情况下废止方具有创设或使被废止的行为恢复生效的性质。

137. 行政行为之中止

行政行为之废止使其效果消灭：该行政行为曾作为特定效果之法律依据或凭证，从法律秩序中消失。

中止没有废止那么严重。它不会消灭有关行为的效果，而仅将这些效果停止一段时间；被中止的行为并没有从法律秩序中消失，它仍然存在并有效，只是变为不生效力的行为，暂时被“冻结”。与废止相比，中止较*轻微*。

因此，我们可以将行政行为之“中止”定义为*对一个行为之法律效果之暂时停止*。

可透过三种不同方式中止行政行为：

法律；
行政行为；
行政法院的裁判。

a）*按照法律*（ope legis）作出之中止或法定中止，是指根据法律规定，某些事实的发生可自动产生中止的效果。例如，行政行为附带*停止条件*（condição suspensivo）或*始期*（termo inicial）之情况；对不可径行提起司法上诉之行为提出之声明异议之情况（《行政程序法典》第 164 条第 1 款）；在提起诉愿之情况中，一般规则是有关诉愿之提起具有*中止效力*（efeito suspensivo）（《行政程序法典》第 170 条第 1 款）。

b）以行政机关之行为作出之中止或行政中止，是指有权限之机关决定透过行政行为中止先前的行政行为。

可能导致有权限之机关作出上述行为的动机是各种各样的：质疑有关最初行为的合法性或适当性；希望重新审议其内容及后果；必须缓解最初行为所造成的政治压力；需要“争取时间”；等等。

例如，根据订定“从事经营公共电信网络及提供公用地面流动电信服务的准入制度”（第 1 条）的 12 月 30 日第 381 - A/97 号法令第 32 条第 1 款之规定，“当获发牌照或已注册的实体不遵守任何适用的条件或方式时，葡萄牙通讯局（……）有权中止注册及发牌的行为最多两年（……），且不影响对其科处罚款”。

谁具有作出行政中止之权限？

获法律明示赋予上述中止权力之机关；

有权废止行政行为之机关（《行政程序法典》第 150 条第 2 款第一部分）；

获法律例外地赋予上述中止权力之监督机关（《行政程序法典》第 150 条第 2 款）。

具有废止权限之机关行使中止权限时，并没有较大问题，但应谨记之原则是，中止权限与废止权限一样，须遵守目标方面的限制（尤其是涉及设定权利或受法律保护之利益之行政行为）。

然而，当法律向没有废止权限之机关赋予中止之权力时，这一问题是复杂的。事实上，一个无期限的（sine die）中止被无限地延长，从而实际上转为单纯的废止。

为解决这一难题，法律有时会设定中止之持续期限，在该期限届满后，倘若该中止没有被取消，则视该中止失效，从而恢复最初行为之完全效力。在法律没有订定任何期限之情况中，葡萄牙行政法没有任何合适机制终结该中止。[462]

c）法院之裁判作出之中止或*司法*中止，是由有管辖权之行政法院在提起撤销性司法上诉开始阶段时决定的。

倘若私人不遵从一个已对其作出的施加义务、负担或拘束的行为，则该行为得立即被执行，即使这与该行为相对人的意愿相对立（倘属这类情况）。这就是预先执行特权。然而，倘若利害关系人决定对该行为向有管辖权之行政法院提出上诉，法律容许其——除了以主请求提出司法撤销被上诉之行为外——亦得对同一行为提出（《最高行政法院组织法》所称的）

462　必须为这方面制定，要么适用于所有行政中止之情况之一般期限，要么向有管辖权之行政法院要求定出特别的（ad hoc）期限之权利。

“中止执行力”或（《行政及税务法院章程》或《葡萄牙行政法院诉讼程序法》所称的）“中止效力”的请求。

值得注意的是，行政中止——作为一项自由裁量权——原则上不取决于任何要件，而司法中止则只能在同时具备法律要求的特定要件时，方得被法院准许（《葡萄牙行政法院诉讼程序法》第76条及续后数条）。[463]

138. 行政行为之更正

“更正”是*次级行政行为，旨在修补一个先前行政行为中存在的计算错误或错漏*。

更正并非如废止般具毁灭的功能，亦非如中止般具停止的功能，亦非如变更及替换般具变更的功能，而是具单纯修正的功能，即修改错误。

“计算错误”是指*数学运算上所出现的错误*（例如，“5 × 4 ＝ 25”）。“错漏”是指在撰写一个行政行为时出现的错误（例如，将“António”写成“Antunes”，或将“Herdade do Sal”写成“Herdade do Sol”）。

这两种情况所涉及的正是法律（《行政程序法典》第148条第1款）规定的“行政机关在表达意思时之错误”。该机关想说某件事，但说了另一件事。

更正有两种法律制度。

倘若计算错误或错漏是*明显的*，即不容置疑的、显而易见的、明显的，便适用于规定在《行政程序法典》第148条的一套相当快捷的特别制度。相反，倘若表达上的错误*并非明显的*，即隐蔽的、可疑的、难以察觉的，须以较缓慢及严谨的适用于废止的一般制度进行更正。

什么是更正*明显错误*的特别制度？

上述制度被规定在《行政程序法典》第148条中，其可被归纳为以下几项重点：

> （1）明显错误得由有权限作出废止有关行为之机关更正；
> （2）更正得被随时作出，纵使作出废止之最长期限已届满；

463 参见 Freitas do Amaral，《行政法》，第四卷，第301页及续后数页；更深入的，见 Maria Fernanda Maçãs，《行政行为之效力之司法中止及实际司法护之宪法保障》，科英布拉，1996年，第147页及续后数页。

(3) *更正得依职权或应利害关系人之请求而作出;*

(4) *更正具有追溯效力;*

(5) *更正应以被更正行为作出时所采用之方式及公开之方法为之。*[464]

在此,我们亦认为,当行政当局察觉到计算错误或错漏时,其具有法律义务更正之。容许行政当局姑息错误是无意义的。

139. 行政行为之追认、纠正及转换

现在分析的是旨在对先前行政行为的违法性作出*补正*(sanação)的次级行政行为。[465]

事实上,可能发生的是,当行政机关注意到其已作出一个违法行为时,在遵从*法律行为利用原则下*,行政机关拟"补救"该行为,清除其所沾有的瑕疵,而不是废止先前之违法行为。

综上所述,追认、纠正及转换亦属于*行为上之行为*之种类,其法律效果因此反映在被追认、纠正及转换的行为上,根据情况以及按其本质,该等效果*具追溯效力*(ex tunc),即追溯至违法性被补正之行为被作出之时刻。

这些行为(追认、纠正及转换)构成先前行为的*变更*(modificação),并使之能继续在法律秩序中生存,而不像废止般将先前行为消灭。

然而,基于上述见解,追认、纠正及转换之共同法律制度基本上与*撤销性废止*之法律制度一样。须特别强调的是,仅在容许废止非有效行为之情况及在相同限制下,可撤销之行为方得被追认、纠正及转换(《行政程序法典》第137条)。

以下简要地研究追认、纠正及转换的内容。

"追认"是指*有权限机关决定修补先前作出的非有效行为,以补正其沾有的违法性而作出之行政行为*。[466] 追认的例子有:以无记名投票的方式重新

---

464 参见 Esteves de Oliveira, Pedro Gonçalves, Pacheco de Amorim,《行政程序法典》,第696—698页。

465 参见 Esteves de Oliveira, Pedro Gonçalves, Pacheco de Amorim,《行政程序法典》,第696—698页。

466 最后,关于这类方式,见 José Pedro Fernandes,《(行政行为的)追认》,载于《公共行政法律词典》,第七卷,里斯本,第9—16页。

作出先前违法地以记名投票方式作出的表决；作出一个包含法律所要求的但原先欠缺载有的理由说明部分之行为；有权限机关承担一个由无权限机关作出的行为。

“纠正”是指为*保留先前行为中没有违法的部分而作出之行政行为*。例如，将一个违法批给为期三年的准照缩减为一年的准照；将某房地产的所有人排除于征收行为的相对人范围以外，因其拥有的房地产毗邻须征收的房地产，而作出行为者错误地将其认定为后者的共有人。

最后，“转换”是指为*利用违法行为之有效要素去形成另一个合法行为而作出之行政行为*。与纠正所发生的情况不同，转换意味着行为在法律上的“变身”。例如，确定委任的情况被转换为署任，基于前者仅符合法律对后者所规定的要求。[467]

哪些为追认、纠正及转换共同法律制度之共同规定？

(1) 不可对无效行为及不存在的行为作出追认、纠正及转换（《行政程序法典》第 137 条第 1 款）；

(2) 有关权限及期限之规定适用于废止非有效行为之规定（《行政程序法典》第 137 条第 2 款）；

(3) 原则上，追认、纠正及转换具有追溯效力，因为它们旨在消除违法性（根据《行政程序法典》第 137 条第 2 款所*援引*的该法典第 145 条第 2 款之规定）。

(4) 如属无权限之情况，则有权限作出有关行为之机关有追认该行为之权力。很明显，并非作出行为之无权限的机关有追认之权力（《行政程序法典》第 137 条第 3 款）。相反，“关于废止沾有无权限瑕疵之行为，所发生的是，*实际作出该行为者*具有权限，而对于追认、纠正及转换，具有该权限的是有权限作出有关行为之机关，因为这是重新对情况作出规范，所以只有那些掌握有关事宜的处分权限之机关，方可以作出追认、纠正及转换”。[468]

---

467 所有关于这点的内容，见 Marcello Caetano，《*手册*》，第一卷，第 556—561 页。

468 见 Freitas do Amaral 及其他著者，《行政程序法典之注释》，第 249 页。

Ⅶ. 执行

140. 概论

现在我们探讨《行政程序法典》第149条及续后数条[469]订定之行政行为强制执行的一般制度。

这已不是*教程*内的全新题目。在先前阐述的各个不同方面，我们均有机会介绍这个题目。因此，为了对这个问题有一个整体看法，我们须牢记三个要点。

第一，我们注意到，在我们的法律体制中，行政当局有能力以强制方式决定具体个案中所适用的法律，从而设定、变更及消灭其他实体的法律状况，当中的效果立即反射（或可以反射）在其权利义务范围上，且具有完全约束力并独立于任何司法裁判〔*宣示性自力救济之原则*（princípio da autotutela declarativa）〕。[470]

469　参见Marcello Caetano，《*手册*》，第二卷，第447页及续后数页；Afonso Queiró，《行政强制》，载于《公共行政法律词典（DJAP）》，第一卷，第443页及续后数页；Rogério Soares，《行政法》，第191页及续后数页；Esteves de Oliveira，《行政法》，第一卷，第530页及续后数页；Sérvulo Correia，《行政法概念》，第一卷，第335页及续后数页；Marcelo Rebelo de Sousa，《行政行为之制度》，第181页及续后数页；Maria Lúcia Amaral，《〈行政之非司法程序法典草案〉内之行政行为之执行》，里斯本，1984年；Paulo Otero，《行政行为》，《行政程序》之研究集§4°，同上所述，第497—499页；同上，《行政行为之执行》，第207页及续后数页；Rui Machete，《行政行为之执行》，载于《法律辞典》，第六卷，1992年，第65页及续后数页；Maria da Glória Ferreira Pinto，《对行政行为之强制执行之简单见解》，里斯本，1983年；Carla Amado Gomes，《对行政当局之事实行为及其司法监察之研究贡献》，第74—162页；Freitas do Amaral及其他著者，《行政程序法典之注释》，第149条及续后条文之下面；Esteves de Oliveira，Pedro Gonçalves，Pacheco de Amorim，《行政程序法典》，第149条及续后条文之下面。

其他书目，参见García de Enterría，T. R. Fernández，*Curso de Derecho Administrativo*，第一卷，第355页及续后数页，以及第761页及续后数页；René Chapus，*Droit Administrative Général*，第一卷，第1170页及续后数页；Laubadère，Moderne，Delvolvé，*Traité de Droit Administratif*，第一卷，第707页及续后数页；Aldo Sandulli，*Manuale di Diritto Administrativo*，第一卷，第614—616页；Wolff，Bachof，Stober，*Verwaltungsrecht*，2，第446页及续后数页；Hartmut Maurer，*Allgemeines Verwaltungsrecht*，第445页及续后数页；H. -U. Erichsen，*Allgemeines Verwaltungsrecht*，第341—349页。

470　Paulo Otero，《行政行为之执行》，同上所述，第208页。

第二，我们亦注意到，除了上述情况，根据《行政程序法典》第149条第2款之规定，当相关的相对人不自愿履行时，行政当局有权强制执行该项决定而不需任何预先之司法裁判〔*执行性自力救济之原则*（princípio da autotutela executiva）或*预先执行之特权*（privilégio da execução prévia）〕。如此“根据先前明文订定的规范对现实情况作出适应或改造”。[471]

上述之《行政程序法典》第149条第2款所采取的方案，介乎《非司法之行政程序法典第一草案》（P/COPAG－1）第231条订定的*专制*方案与《非司法之行政程序法典第二草案》（P/COPAG－2）第202条订定的*非常自由的*方案之间。

前者符合预先执行特权的*传统*概念，除法定例外情况外，行政行为*必定*可成为以行政手段作强制执行之目标。这是Marcello Caetano[472]及Marques Guedes[473]等学者的看法。

后者采纳了一个尤其得到葡萄牙的Rogério Soares[474]、Sérvulo Correia[475]、Maria da Glória Ferreira Pinto Dias Garcia[476]及近代Vasco Pereira da Silva[477]及Carla Amado Gomes[478]支持的*后现代*概念，当中主张仅在*行政警务*（polícia administrativa）方面及在法律明文就逐一*情况*作出允许时，方可以行政手段作强制执行。

《行政程序法典草案》的大部分起草人——政府亦同意——均认为上述任一方案都因过分极端而属不当：前者赋予行政当局过多的权力，而后者使行政当局在普遍情况中亦受到捆绑。

因此，上述的第149条第2款选取了一个折中*方案*：原则上，行政当局得以行政手段强制执行*具执行力的行为*，但该执行仅可按照《行政程序法典》规定或其他法律容许之*方式*及*方法*为之。即存在具执行力的行政行为的任何情况中，透过行政手段作强制执行均属正当，纵使有关强制执行并

471 Rui Machete，《行政行为之执行》，同上所述，第68页。

472 Marcello Caetano，《*手册*》，第一卷，第448页。

473 Marques Guedes，《公共行政》，载于*BDGCI*，1959年11月，第11期，第1628—1629页。

474 Rogério Soares，《行政法》，第192页及续后数页。

475 Sérvulo Correia，《行政法概念》，第一卷，第338页。

476 Mariada Glória Ferreira Pinto，《对行政行为之强制执行之简单见解》，第362页及续后数页。

477 Vasco Pereira da Silva，《寻找毁坏的行政行为》，第646页及续后数页。

478 Carla Amado Gomes，《对行政当局之事实行为及其司法监察之研究贡献》，第91页及续后数页。

没有被任何法律文本订定，但该执行的作出*方式*及*方法*必须遵守法律之规定。[479] 对我们来说，这类方案并没有任何违宪性。[480]

1996 年修订之《行政程序法典》于上述条文第 2 款中加入了“*本法典之规定*”的表述，目的在于澄清该法典第 155 条至第 157 条规定之执行方式及单行法律之其他*执行方式*，视其情况采用于任何行政决定之执行。[481]

第三，在我们对*具执行力*及*不具执行力*的行政行为作出识别时，我们曾阐述在什么确切条件下可以透过行政手段强制执行行政行为。我们曾指出，为作出上述强制执行，基本上必须：a）存在一个（可执行及有效的）行政行为，其以*立即*的方式，对私人设定或规定义务或负担，从而强制该私人作出特定给付；b）查明有关行为之相对人拒绝自愿履行；c）法律并不反对透过行政手段作出执行。[482]

当然，只有在行政当局并非该未履行的行为的相对人时，行政当局对行政行为的执行方具有意义；在行政当局是须执行行为的相对人的情况中（例如，行政当局因承认未支付报酬而拖欠私人/公务员债务），很明显，以行政手段强制执行并非合适的制度，因为行政当局强制地对其本身执行一个行政行为是没有意义的。[483]

在简短地回忆了这些内容后，我们现在来探讨葡萄牙现行制度[484]中有关行政行为执行[485]之较为重要的方面，并正式开始论述行政行为执行程序之一般原则。

479　然而，在批判所采纳的方案的违宪性的疑问上，见 Rui Machete，《预先执行之特权》，载于《公共行政法律词典》，第六卷，里斯本，第 448 及续后数页；Vasco Pereira da Silva，《寻找毁坏的行政行为》，第 646 页及续后数页；Carla Amado Gomes，《对行政当局之事实行为及其司法监察之研究贡献》，第 100 页及续后数页。

480　在这个意义上，亦见 Esteves de Oliveira/Pedro Gonçalves/Pacheco de Amorim，《行政程序法典》，第 701—703 页，我们主要关注的范围。

481　见 Freitas do Amaral 及其他著者，《行政程序法典之注释》，第 264—265 页。

482　见以上脚注。

483　García de Enterría，T. R. Férnandez，*Curso de Derecho Administrativo*，第一卷，第 763 页。

484　从比较法的角度，更深入的，参见 Carla Amado Gomes，《对行政当局之事实行为及其司法监察之研究贡献》，第 39 页及续后数页。

485　关于行政当局对私人强制施加的来自法律或行政法规的义务，见 Afonso Queiró，《行政强制》，同上所述，第 443—444 页；Rui Machete，《行政行为之执行》，同上所述，第 67 页。

141. 执行之一般原则

对于施加义务或负担而未被有关相对人自愿履行的行政行为，其执行基本上有五个原则，以下分别简述之。

第一个原则是*执行合法性原则*（princípio da legalidade da execução）。这是指，所有透过行政手段作出的强制执行必须以法律为依据并以法律规定之*方式*及*方法*为之（《行政程序法典》第149条第2款）。虽然预先执行特权在葡萄牙构成所有具执行力的行政行为的普遍原则。因此，行政当局需要执行某个未被有关相对人履行的强制性行为时，无须指出一项特别授权之规范，但事实上，对具体行政行为的执行仅得以先前法律所规定的*方式*及*方法*作出。

第二个原则是*行政行为在先原则*（princípio do acto administrativo prévio）〔*欠缺执行名义之执行属无效*（nulla executio sine titulo）〕：实务行为及执行行为在欠缺以先前行政行为——正被执行之行政行为——为基础使其具有正当性前，不得被行政当局作出，尤其是透过武力作出。

第三个原则是*适度原则*（princípio da proporcionalidade）：在强制执行行政行为时，应尽可能使用能确保完全实现行政行为之目的，但对私人之权利与利益造成较少损失之方法（《行政程序法典》第151条第2款）。

第四个原则是行政执行之*补充性原则*（princípio da subsidariedade）：只有在完全确定没有可能使相对人自愿履行行政当局的决定之情况下，行政当局方得以武力强制执行其决定。

第五个原则是*执行之人道原则*（da humanidade da execução）：明示规定于《行政程序法典》第157条第3款。根据这类原则，即使行政当局可对私人使用武力，但亦不可使用违反*基本权利*或违背*对个人应有的尊重*之手段，例如，酷刑或不当地使用枪械作出威胁，等等。[486]

142. 执行之条件

在了解了执行程序方面之一般原则后，现在我们探讨行政当局强制执

486 Freitas do Amaral，《行政行为的制度》，同上所述，第111页。

行一个行政行为所需的条件。

主要有三个条件：

a）*存在一个正被执行之行政行为；*

b）*执行方式及方法之法定类型；*

c）*向相对人作出之通知。*[487]

现分析之。

a）正如《行政程序法典》第151条第1款所指，“除非公共行政当局之机关预先作出行政行为，使得引致私人之权利或受法律保护之利益受限制之事实行为或事实行动具有正当性，否则不得作出任何该等事实行为或事实行动，但紧急避险之情况除外”。

因此，除了紧急避险之情况，存在一个正被执行之行政行为（acto exequendo），是在执行方面引致私人主体法律地位受限制之任何行为或事实行动之*必要*（sine qua non）条件。因此，行政行为是授权行政当局行事之*执行名义*（título executivo）。[488] 在欠缺事先的行政行为，又或正被执行之行政行为属不存在或无效之情况下，行政当局在法律上是不能使用强制执行程序的。倘若它这样做，我们所面对的是*事实上之*执行，可透过司法途径提出申诉（《行政程序法典》第151条第3—4款）。

然而，即使在行政行为属有效或单纯可撤销的情况下，有关强制执行亦只可在正被执行之行政行为的范围内作出，所有超越或变更正被执行之行政行为内容的行政执行，均被视为无正当名义（《行政程序法典》第151条第3款）。[489] 正被执行之行政行为，除了使行政当局有行事之正当性外，

487　这样，我们采纳了Paulo Otero，《行政行为之执行》，同上所述，第219页当中的术语。

488　关于这个概念，见以上所述之Antunes Varela，《民事诉讼手册》，第78—79页。关于执行名义的形成历史和法律性质，均参见José Alberto Dos Reis，《执行之诉》，第一卷，第二版再版，科英布拉，1982年，第68页及续后数页。由于预期将会在民事诉讼制度的教学中认识到有关基本知识，为了更好地了解有关方面，现在须了解的是，从载于《民事诉讼法典》第46条及第48条之尽数目录，可以呈现两大模式的执行名义：一方面是司法的执行名义［当中以给付判决的类型为单一类别，见a）项］；另一方面是非司法的执行名义（该类别对应第46条之其余各项以及特别法所指的其他文件）。给付判决是以事先存在宣告诉讼程序为前提的，而其余的名义上的特点正是以无事先宣告的程序之事实为执行之依据。

489　见Paulo Otero，《行政行为之执行》，同上所述，第220页。

同时亦确定了执行的内容及界限。正如 Otto Mayer 所指，执行必须“直线延续”被执行之行为。因此，倘若没有预先地作出任何正被执行之行为又或在超越其界限下作出执行行为，则可针对该执行行为提出行政申诉及司法申诉。

当然，正被执行之行政行为必须严谨地订定其相对人须履行之一个或多个义务。倘若基于不自愿履行而启动强制执行的机制，则仅向有关行政行为之相对人清晰及完整地施加一项义务，而该相对人在适当了解了该义务之内容后仍拒绝履行之，方会出现不履行的情况。[490] 正如一位学者总结指出的，“只有在行政当局享有一个确定的及可向私人要求履行给付的债权时，方可开展运行时间”。[491] 然而，须注意的是，该等义务之确切性，可以在作出被执行之决定后相继地予以澄清。“正如 Carla Amado Gomes 所指，区分有关情况时必须稍加小心：其一，是真正的执行行为，它们促使该执行决定得以有效实现；其二，是废止该执行决定之行为，用以代替该决定并补充之。”[492]

《行政程序法典》第 151 条第 4 款规定，“对被提出属违法之执行上的行为或行动，亦得提起司法上诉，只要此违法性并非由正被执行之行政行为违法而引致”。即倘若执行行为本身直接违反规范该执行类型行为的法律制度，则其亦可被行政及司法申诉。[493] 相反，倘若执行上之行为或行动之违法性来自正被执行之行政行为所沾有之违法性，则亦应对该正被执行之行政行为提起申诉，而不得单独针对执行行为。[494]

最后，亦正如我们所认知的，为了可以执行一个行政行为，该行政行为必须是一个已产生效力的行为（acto eficaz），即一个实际及当前产生法律效力的行为。

b）第二个条件：行政行为之执行必须“以该法典规定或法律容许之方式及方法为之”（《行政程序法典》第 149 条第 2 款）。

在讲述有关执行之合法性原则时，我们已提及这方面的内容。如今，再次总结指出：正如 Paulo Otero 所指，“行政当局每次使用预先执行特权来

490 Carla Amado Gomes，《对行政当局之事实行为及其司法监察之研究贡献》，第 127—128 页。
491 Carla Amado Gomes，《对行政当局之事实行为及其司法监察之研究贡献》，第 128 页。
492 Carla Amado Gomes，《对行政当局之事实行为及其司法监察之研究贡献》，第 128 页。
493 Esteves de Oliveira，Pedro Gonçalves，Pacheco de Amorim，《行政程序法典》，第 726 页。
494 Esteves de Oliveira，Pedro Gonçalves，Pacheco de Amorim，《行政程序法典》，第 726 页。

执行其决定时，均不需要明示向其授权的法律，而预先执行特权只可以本法典所规定或法律所容许之方式及方法作出”。[495]

亦正如我们所见，该法典第 155 条至第 157 条规范的执行方式及模式，连同单行法律所订定的其他执行方式，视乎情况而适用于任何行政决定之执行。[496]

c）最后，为了使行政行为之强制执行得以落实，亦必须将相关决定在开始执行前通知其相对人（《行政程序法典》第 152 条第 1 款）。尽管正被执行之行政行为是执行程序之合法性的*必要*（necessária）条件，但并非*充分*（suficiente）条件，（在大多数情况中[497]）须加上对不履行之私人作出执行之通知。

通知内除了应载明正被执行之行政行为之文本，亦应指明新的履行期限，以及在上述期限终结时，行政当局将会透过特别指定的手段强制执行该正被执行之行政行为。[498] 因此，在执行命令时，须指出在执行时将会作出的措施以及私人为避免该执行作出的最后期限。[499]

正如学说所强调的，《行政程序法典》第 152 条第 1 款正式表明了行政行为之执行程序在法律上独立于行政行为的形成及作出的程序，正如该法典第 1 条所承认的。作出行政行为后，仅在就执行程序作出通知后才可执行程序——必须在行政执行开始前作出通知。[500] 按照 Esteves de Oliveira 及其他学者所述，该决定将成为执行程序之中心行为。倘若没有就该行政程序作出通知，则行政执行之实质及法律上之行为便基于相关程序沾有瑕疵而属违法，从而使其相对人可（独立地）针对该等行为提起申诉。[501]

上述条文亦有双重目的。

一方面，首先是行政手段之经济目的：“倘若可促使私人自愿作出履行

495　Paulo Otero，《行政行为之执行》，同上所述，第 225 页。

496　Freitas do Amaral 及其他著者，《行政程序法典之注释》，第 265 页。

497　行政机关就即将执行之行为本身作出通知时，得一并就该行为之执行作出通知（《行政程序法典》第 152 条第 2 款）。

498　Carla Amado Gomes，《对行政当局之事实行为及其司法监察之研究贡献》，第 120 页。

499　那么，见 Carla Amado Gomes，《对行政当局之事实行为及其司法监察之研究贡献》，第 131 页；亦见同一学者，《关于 Saint Just 房地产公司之再审案件：曾经作出的强制执行》，载于 *CJA*，第 15 期，1999 年 5/6 月，第11 页。

500　那么，见 Esteves de Oliveira，Pedro Gonçalves，Pacheco de Amorim，《行政程序法典》，第 727 页；亦见 Rui Machete，《行政行为之执行》，同上所述，第 77 页。

501　那么，见 Esteves de Oliveira，Pedro Gonçalves，Pacheco de Amorim，《行政程序法典》，第 728 页。

从而减少行政当局的开支，应尽量使用此途径。因为即使所有执行费用——及其他不直接由执行产生但构成损失的费用——均由私人负责，但也应由行政当局预付资金。”[502]

另一方面，旨在允许私人“采取措施阻止行政执行”。[503] 换言之，就执行行政行为之决定作出预先通知，在向法院提出中止“被执行行为之效力的请求的情况中，起着辅助性作用，而在针对行政行为之强制执行提出行政上或司法上之任何其他禁止措施时，这就更显重要了”。[504] 事实上，《行政程序法典》第153条与民事诉讼法之内容相反，不容许被执行人透过*提出禁制*（dedução de embargos）之方法阻止执行，因为在传统上肯定及承认有关执行旨在实现公共利益的优越性。所以，有意停止行政行为之执行的利害关系人，必须针对其合法性提出争议及请求*中止其效力*。

143. 执行之目的及方式

根据《行政程序法典》第154条之规定，行政行为之执行的目的可以是以下其中之一者：

a）支付一定金额；
b）交付一定之物；
c）作出一事实。

在执行可达成之目的或后果方面，《行政程序法典》订定了与《民事诉讼法典》相类似的规范，[505] 即视乎行政行为所创设的强制给付的性质，[506] 又或者说，视乎行政行为所创设的义务的性质，而订定执行之目的。如行政行为设定了一项给付（dare）义务，则其执行将以支付一定金额或交付一定之物为目的。如行政行为设定了一项作为（facere）、不作为（non facere）或忍受（pati）（容忍、停止作为）义务，则执行是以作出（可替代或不可

502 参见 Carla Amado Gomes，《对行政当局之事实行为及其司法监察之研究贡献》，第116页。
503 参见 Paulo Otero，《行政行为之执行》，同上所述，第226页。
504 参见 Paulo Otero，《行政行为之执行》，同上所述，第227页。
505 参见《民事诉讼法典》第801条及续后数条。
506 参见 Esteves de Oliveira，Pedro Gonçalves，Pacheco de Amorim，《行政程序法典》，第727页。

替代的）事实为目的。[507] /[508]而执行的方式与方法是不同的，它们可以被行政机关使用以达成该等目的，而《行政程序法典》第 155 条至第 157 条对之作出规范。[509]

我们将在以下探讨它们。

144. 同上：a）支付一定金额之执行

“如基于一行政行为之效力或因一公法人之命令而向一公法人作出金钱给付，但在所定期限内未自愿缴纳者，须进行《税收程序法典》所规范的税务执行程序”（《行政程序法典》第 155 条第 1 款）。

葡萄牙法律并不允许以行政手段强制执行一个如决定税项、费用或罚款的行为。该等情况中，唯一可循的是*司法途径*，透过税务法院进行法律所规定的“*税务执行程序*”。[510] 这是葡萄牙法传统上规定的方案。[511] 此外，正如 Afonso Queiró 所指出的，“行政行为得（……）透过司法途径被强制执行，而不得如常地透过行政手段被强制执行，正如由行政人员或行政当局透过行政手段强制执行司法行为般，实属正当”。[512]

根据《行政程序法典》第 155 条第 2 款之规定（按照 1996 年所定的行文），“为此（上款规定之）目的，有权限之行政机关须依法发出一份用作执行的名义上之证明，并将该证明连同有关行政卷宗送交至债务人之住址或住所之财政厅”。因此，现今很明显的是，由税务法院负责监察税务之强制执行程序，以作为债权人的行政当局发出——以执行名义——的证明为基础，并将该证明交至债务人之住址或住所之财政厅。[513] 一如既往，这绝不会把支付一定金额之执行权限无限扩大，而只是规定有关执行须按税务执行的途径作出，并由有权限作出税务执行的当局领导。[514]

---

507 参见 Esteves de Oliveira，Pedro Gonçalves，Pacheco de Amorim，《行政程序法典》，第 727 页。

508 关于债之给付之若干种类，见 M. J. Almeida Costa，《债法》，第 603 页及续后数页。

509 参见 Esteves de Oliveira，Pedro Gonçalves，Pacheco de Amorim，《行政程序法典》，第 733 页。

510 关于了解该规定是否适用于依法履行行政职能的私法人的债务之问题，见 Esteves de Oliveira，Pedro Gonçalves，Pacheco de Amorim，《行政程序法典》，第 735 页；Carla Amado Gomes，《对行政当局之事实行为及其司法监察之研究贡献》，第 135 页。

511 参见 Afonso Queiró，《行政强制》，同上所述，第 444 页。

512 参见 Afonso Queiró，《行政强制》，同上所述，第 444 页。

513 参见 Carla Amado Gomes，《对行政当局之事实行为及其司法监察之研究贡献》，第 133 页。

514 参见 Freitas do Amaral 及其他著者，《行政程序法典之注释》，第 273 页。

145. 同上：b）交付一定物之执行

如私人不向行政当局交付其应交付之物（例如，基于公益原因而指定征用私人汽车），则行政当局须采取必需之措施，使*行政当局占有*（posse administrativa）该物（《行政程序法典》第156条）。

然而，行政当局占有一物是什么意思呢？[515]

行政当局占有一物，是指行政当局基于简单宣告其对该占有的*权利*，而可在该物之*体素*（corpus）中投入*占有心素*（animus possidendi），在必要时，行政当局得为了获得及维持该占有而使用公权力。[516]

所以，行政当局无须为了成为该等物的占有人而诉诸法院：立法者概括地赋予行政当局一般权力，使其在行政行为赋予其权利获得或使用一物时，可行政占有该物，即使该情况中并无允许该行政占有的特别法律规定亦然。[517]

146. 同上：c）作出事实之执行

a）倘若私人没有在行政通知所定之期限内作出其必须履行之*积极事实*——该期限不应"纯粹是华而不实的"，但亦无须是很漫长的，"犹如有关私人首次知悉该义务一般"[518]——则还须细分两种情况。

> *倘若这是可由他人代为作出之积极事实*（facto positivo fungível）（即，该事实可以由该私人或第三人作出，而对行政当局并无损害），则行政当局可选择自己直接作出执行，或透过聘请第三人作出执行。在任何情况下，一切开支均由不履行的私人负责（《行政程序法典》第

---

515 须记着，根据《民法典》第1251条之规定，"占有系指一人以相当于行使所有权或其他物权之方式行使所表现之管领力"。传统学说将该条文与同一法规之第1253条结合，得出占有之法定概念包含两个元素：体素（corpus）——对该物之实际之权力——及心素（animus possidendi），其正如用益物权人般作出行为的主观意向。例如，见Pires de Lima及Antunes Varela，《民法典注释》，第三卷，科英布拉，1987年，第5页。

516 参见Esteves de Oliveira，Pedro Gonçalves，Pacheco de Amorim，《行政程序法典》，第738页。

517 参见Esteves de Oliveira，Pedro Gonçalves，Pacheco de Amorim，《行政程序法典》，第738页。

518 参见Carla Amado Gomes，《对行政当局之事实行为及其司法监察之研究贡献》，第141页。

157 条第 1—2 款)，这被称为*代位执行*(execução subrogatória)。该等情况的例子有，拆走一面壁板或拆除一个建筑物。

相反，倘若这是*不可由他人代为作出之积极事实*(facto positivo infungível)(即必须由所涉及的私人作出的事实)，行政当局可强制义务人作出该事实给付。然而，须注意的是，“仅在法律明文规定之情况下，且必须在尊重宪法规定之基本权利及尊重个人的情况下”，方可强制义务人作出该给付(《行政程序法典》第 157 条第 3 款)。

CarlaArmado Gomes 认为上述第 157 条第 3 款违宪。该学者指出，“无论作出积极活动对维护或实现公共利益如何重要，都不可强迫当事人违反其意愿进行该活动。个人的自由决定权是身心完整权的核心部分(宪法第 25 条第 1 款)，基于此，这些容许针对不可由他人代为作出之积极给付作强制执行的法律规定，实质上是违宪的，且可引致负有相关义务之私人的正当抗拒(宪法第 21 条)”。[519] 我们对该论点有所保留。请衡量以下两个例子：强制移走一名自行占用水闸河床某特定位置并拒绝离开的私人；将外国人安置在边境。[520] 上述例子中的给付均属作出积极事实的给付，而非单纯*忍受*(pati)的给付。行为之相对人受行政上的约束而须作出特定活动(搬迁)，而并非单纯及简单地忍受他人的行为。一般情况下，在为维持公共秩序而进行的警察行动中，执法人员必须使用警力以分开抗争者或避免示威者不法地阻塞交通。另一方面，该学者所举的例子(强迫兵役的给付)属违反上述基本权利的方面，我们亦有所保留。例如，在战争情况中，履行兵役的国防公共利益应明显高于身心完整性，这种说法正确吗?

b) 倘若私人不作出其必须履行之*消极事实*(facto negativo)，则亦必须按照这是否可由他人代为作出之事实而再作细分。

在第一种情况(可消除的情况)中，以执行积极事实给付之方式为其执行方式。例如，行政当局禁止私人继续进行其所坚持的特定工程。

在第二种情况(不可消除之情况)中，严格来说，在技术上执行是不可能的。例如，私人泄露了被行政当局强制不得泄露的某特定秘密(例如，军事武器工厂所使用的化学方程式)。然而，倘若行政当局要求损害赔偿而

---

519 参见 Carla Amado Gomes，《对行政当局之事实行为及其司法监察之研究贡献》，第 151 页。

520 参见 Rogério Soares，《行政法》，第 217 页。

私人不愿支付之，则可以转换为支付一定金额之执行。[521]

c）最后，倘若私人不履行一个不可替代的*忍受*（pati）义务——例如，某人基于患有对公共卫生构成严重危险的疾病而须接受特定疫苗或某种医疗——须强迫其忍受之，尽管必须遵守宪法的重要限制，主要是限制基本权利时须遵守的适度原则（宪法第18条第2款）。按照 Carla Armado Gomes 所指，“私人受约束的需要以及维护公共利益之措施的适当性，是行政当局须遵循的适度原则所产生的要求。在确实遵守了上述条件后，亦必须衡量所施加限制的理由及所维护的公共利益的价值”。[522]

《行政程序法典》第157条第3款所规定之限制亦适用于此。

四 行政合同

Ⅰ. 概念

147. 前言

现在我们将研究另一类行使行政权力的形态，即行政合同（contrato administrativo）。[1] / [2]

---

521 参见 Castro Mendes，《民事诉讼法》，第三卷，里斯本，1989年（亦是1980）（原文如此，译者注），第535页及续后数页。

522 参见 Carla Amado Gomes，《对行政当局之事实行为及其司法监察之研究贡献》，第150页。

1 原文此脚注的内容空白。——译者注

2 见 Melo Machado，《行政合同的法律理论》，科英布拉，1937年；Marcello Caetano，《*手册*》，第一卷，第569页及续后数页；同上，《行政合同的概念》，载于《行政法研究》，1974年，第39页；Marques Guedes，《行政合同》，载于 *RFDL*，第三十二年，1991年，第9页及续后数页；Freitas do Amaral，《私人对公产的使用》，里斯本，1965年，第183—192页；同上，《J. M. Sérvulo Correia 学士的博士论文鉴赏：行政合同中的缔约合法性及独立性》，载于 *RFDL*，1988年，第161页及续后数页；Sérvulo Correia，《行政合同中的缔约合法性及独立性》，科英布拉，1987年；同上，《行政合同》，科英布拉，1972年（《公共行政法律词典》的第III卷的单行本）；Esteves de Oliveira，《行政法》，第一卷，第663页及续后数页；同上，《行政合同》，载于 *Polis*，第一册，cols. 1246及续后数页；Orlando de Carvalho，《行政合同及公共法律上的行为（对行政合同理论之贡献）》，载于 Escritos，*Páginas de Direito*，第一卷，科英布拉，1998年（重印），第165—246页；Luis S. Cabral de Moncada，《行政合同及新的计划合同的观点问题》，以特刊载于 BFDUC，《纪念 José Joaquim Teixeira Ribeiro 教授之研究》，1979年［现在亦刊登于《公法研究》，科英布拉，2001年，第7—49 （转下页注）

通常，公共行政当局透过权威行事并单方作出决定，就是作出行政行为。正如以上所述，行政行为仍然是行使行政权力的最具象征性的模式，并且是行政活动最普遍的形式。

然而，很多时候——现今侧重于用这一模式作出行为——公共行政当局以另一种形式作出行为，该形式是与私人合作，利用双务合同方式，实现法律要求行政当局达成的公共利益。这意味着，在这些情况中，行政当局必须与私人达成协议才能设定、变更或消灭行政法律关系，而不是由行政当局单方面订定其意愿。

例如，行政当局须进行公共工程而因此聘用私人企业为公共工程承揽

（接上页注 2）页]；Marcelo Rebelo de Sousa，《形成行政合同的公开招标》，科英布拉，1994 年，（尤其第 9—32 页）；Eduardo Paz Ferreira，《公共债务及国家的债权人的保证》，科英布拉，1995 年，第 313—377 页；J. Casalta Nabais，《税收合同（有关其采纳性的探讨）》，科英布拉，1994 年，第 9—84 页；Maria João Estorninho，《行政合同的编章》，科英布拉，1990 年；同上，《合法性原则及行政机关的合同》（载于 *BMJ*），里斯本，1987 年；同上，《公共行政当局的合同（自主权的课程概要）》，科英布拉，1999 年，第 39 页及续后数页，以及第 105 页及续后数页；João Martins Claro，《行政合同》，载于《行政程序法典》，里斯本，1992 年，第 131 页及续后数页；Luís Fábrica，《行政合同》，（由 Fausto de Quadros 统筹的《行政程序集体研究》，第 7 部分），载于《公共行政法律词典》，第六卷，第 524 页及续后数页；Barbosa de Melo，Alves Correia，《行政合同》，科英布拉，1984 年；Freitas do Amaral 及其他著者，《行政程序法典之注释》，第 178 条及续后条文的下面；Esteves de Oliveira，Pedro Gonçalves，Pacheco de Amorim，《行政程序法典》，第 178 条及续后条文的下面。

其他学说可参考以下，Hely Lopes Meirelles，《巴西行政法》，第二十四版，S. Paulo，1999 年，第 192 页及续后数页；Celso Bandeira de Mello，《行政法课程》，第十一版，S. Paulo，1999 年，第 439 页及续后数页；AA. VV.，Rafael Goméz-Ferrer Morant（org.），*Comentario a la Ley de Contratos de las Administraciones Publicas*，马德里，1996 年；AA. VV.，Federico Castillo Blanco（coord.），*Estudios sobre la Contratación en las Administraciones Publicas*，Granada，1996 年；E. Gracía de Enterría，T. R. Fernández，*Curso de Derecho Administrativo*，第一卷，第 663 页及续后数页；AA. VV.，J. J. Martínez López-Muniz-J. C. Laguna de Paz（coord.），*Contratación Pública*，马德里，1996 年；同上，*Contratación Pública*，II，马德里，1997 年；Jean Rivero，《行政法》，科英布拉，1981 年，第 128 页及续后数页；René Chapus，*Droit Administratif Général*，第一卷，第 1081 页及续后数页；Laurent Richer，*Droit des Contrats Administratifs*，巴黎，1995 年；Laubadère，Moderne，Delvolvé，*Traité des Contrats Administratifs*，第一卷，巴黎，1983 年，以及，1984 年；Jacqueline Morand-Deviller，*Cours de Droit Administratif*，第 362—427 页；M. S. Giannini，*Diritto Amministrativo*，第二卷，第 343 页及续后数页；Wolff，Bachof，Stober，*Verwaltungsrecht*，第二卷，第 199 页及续后数页；Ernst Forsthoff，*Traité de Droit Administratif Allemand*，第 414 页及续后数页；Hans-Uwe Erichsen，载于 H.-U. Erichsen（org.），*Allgemeines Verwaltungsrecht*，第 356—387 页；Hartmut Maurer，*Allgemeines Verwaltungsrecht*，第 337 页及续后数页。

人：在这种情况中，行政当局单方面强制承揽人作出某个特定工程是无意义的；它需要与承揽人协议实施该工程的条款及条件。同样，在其他情况中，私人企业与行政机关订立供应合同，合同内容为向医院供应药物或向公共教育场所提供教学材料的设备。

然而，在葡萄牙法的层面上，公共行政当局所使用的合同方式可以表示为两种完全不同的合同类型：倘若行政当局作出私法上的管理（gestão privada）活动，则利用民事合同、劳动合同或商法合同；相反地，倘若行政当局作出公共管理（gestão pública）的活动，则利用行政合同。正如刚才所述，公共行政当局所遵循的法律制度具有“双重结构”（Sérvulo Correia），这就是，私法作为适用于普遍人的一般法，规范私法上的管理（gestão privada），而行政法规范公共管理（gestão pública）。[3]

这意味着，行政合同并不是“公共行政当局与其他人签订的任何合同”的同义词，只有依据行政法所规定的法律制度而订定的合同才是行政合同。

我们亦不应将“公法上之合同”这一表述等同于“行政合同”的表述：前者是一个类别，而后者是该类别内的其中一个类别。[4]

除行政合同外，宪政合同（contratos constitucionais）亦是公法上之合同，它们由那些除享有行政自治权，亦享有政府自治权的实体签订。因此，该类合同尤其常见于联邦国家（如德国）或全面自治区化的国家（如意大利或西班牙）。[5] 公法合同和条约（tratados）及其他国际公约（convenções internacionais），都是受国际公法规范的协议合意例子。[6] 此外，还可以指出税收合同及财政合同（如公共贷款）。

在此，我们不会研究所有公法之合同，而只研究行政合同。

148. 行政合同的历史来源及因由

正如 Marques Guedes 所提及的，这个以合同方式与私人合作的方法是“自古就被广泛使用的。罗马法的历史记述了它是为国库制造收入及将公共职务委托予私人的程序。对后者的使用有两个优点，使行政当局免于承受

---

3 见 Sérvulo Correia，《行政合同中的缔约合法性及独立性》，第 394 页。

4 见 Marcello Caetano，《*手册*》，第一卷，第 579 页。

5 有关例子及参考书目，见 Casalta Nabaia，《税收合同》，第 14—15 页的脚注。

6 见 Sérvulo Correia，《行政合同》，第 5 页。

一个昂贵组织的负担及容许行政当局于同一时间内预先确定其所得到的收益。似乎也是基于这个原因，而使作为‘租税征收合伙’（societas publicanorum）的强大及繁荣的企业倍增，这些企业在共和国时期及帝国时期的初期，成为采矿、收取税款、海关事务、港务、盐场、街道、桥梁、水道及其他公共工程的特许人”。[7]

之后，在中世纪，某些国家以合同方式将同样的工作交予私人（法国的“fermiers généraux”），而战争时期亦不罕见地交由私人军事企业实行（意大利的“condottieri”）。

在19世纪末20世纪初，一方面公权力机关认为需要使一些较重要的具经济性质的服务得以营运。例如，城市及城市之间的集体运输、都市的公共照明。另一方面，缺乏由该等公权力机关确保这些服务的资金，而从理论的角度，奉行国家不干预经济活动的原则，因此，造成了批给合同的增加，并借此将公共工程的建设及经营转移予私人企业主。

João MariaTello de Magalhães Collaço对整个程序作出了细致的描述。该作者指出：“由于当时的思想仍然是过分的‘不干预主义’，令行政主体及国家不敢直接实践该等大型的公共工程，再加上财政紧拙以及其对该等工程的经济收益存疑，这些将要实施的公共工程的费用，普遍及必需的做法是由一私人投资承担，他们拥有权利在协议的时间内如同管理者一样，以公权力的名义及代表人身份，向使用其服务的私人收取一定费用（……）。”[8]

接着，他补充道：“行政主体（……）仿佛没有财产的贵族，由于不能直接耕种及经营农田，须将农田租予他人，以便这些他人借耕作完善及优化农田，亦可向行政主体提供部分所得到的收成。”[9]

因此，本世纪初叶，公共行政当局与私人企业之间签订了大量的批给合同（亦有承揽合同和供应合同），从而联同这些企业一起正常地履行行政职能。

初时，该等合同被认为是私法合同，实际上由《民法典》规范，而其

7　见Marques Guedes，《行政合同》，载于《行政法研究》，1963年，第70—71页；同上，《特许》，第一卷，第27—30页。亦见Rui M. Figueiredo Marcos，《庞巴尔时代的公司对葡萄牙的股份公司的历史的贡献》，科英布拉，1997年，第16—22页；Pedro Gonçalves，《公共事业特许》，第45—46页。

8　见Magalhães Collaço，《公共事业的特许——其法律性质》，科英布拉，1914年，第14页。

9　见Magalhães Collaço，《公共事业的特许——其法律性质》，第14—15页。

司法诉讼则由一般法院管辖，正如私人之间签订合同的诉讼一样。之所以称为合同（Contratos），是因为它表示了两个意思：一方面，是被特许人的意思，它须于特定时间内建设某项工程及经营之；另一方面，是作为特许人的行政当局的意思，它须向被特许人授予有关该公产的若干权力及许可被特许人向用户收取费用。之所以是私法合同，是因为“在面对被特许人及在特许行为中，行政主体放弃了其特权并如同一般订立合同的人一样出现”。[10]

然而，欧洲在19世纪中期后出现的政治、经济及技术上的重大转变，深刻地改变了这一理解，[11] 并且以“并非所有由行政当局签订的合同都具有相同的性质”[12] 为信念。

以下看一些例子。

1902年，法国国务委员会被要求就某城市与提供气体公共照明网络的被特许人的争议发表意见：电力发明后，该城市的市政厅强制被特许人将（特许合同规定的）气体照明系统转变为（合同内没有如此规定，但基于技术进步而为可行，且是当时公众意见所要求的）电力照明系统。市政厅辩称公共利益需要较先进的照明系统；被特许人反对并指出根据合同其只有义务以气体确保公共照明的服务。国务委员会认为市方有道理，宣布既然公共利益有这一要求，市方有权单方面更改合同中私人立约人的给付内容。基于此，学说的结论在私法框架下是不可能这样做的，特许合同不可以再被视为一个民事合同，应被视为一个行政合同，即作为一个不同性质的合同，须遵循另一个法律制度（在民事合同中，各当事人是平等的；而在行政合同中，行政当局为保证满足集体利益而对行政合同的私人立约人有绝对权力）。[13]

1910年，一个新个案被交予法国最高法院作出裁决：“电车”集体运输的承批人，被一个正在作都市扩张的市方要求开辟在合同中没有规定的新行车线。市政厅辩称为了公共利益要求开辟新行车线；承批人反对并指出

---

10 见 Magalhães Collaço，《公共事业的特许——其法律性质》，第18页。

11 关于在葡萄牙法律里行政合同种类的起源，见 Sérvulo Correira，《行政合同》，第14—24页。

12 Marques Guedes，《行政合同》，载于《行政法研究》，第71页。

13 见，Conseil d' État，Gaz de Déville-lés-Rouen，10-1-1902，载于 Long-Weil-Braibant-Delvolvé-Genevois，*Les Grands Arrêts de la Juisprudence Administrative*，第九版，1990年，第64页。关于法国的明照争议，见 Laubadère Moderne e Delvolvé，*Traité des Contrats Administratifs*，第I卷，第713—714页；以及，Angusto de Athayde，《行政当局对行政合同的单方权力》，里约热内卢，1981年，第13—14页。

它只需提供合同所规定的行车线。国务委员会认为市方有道理，重申公共行政当局有权力单方面更改行政合同的给付内容。[14]

最终，于1916年，基于当时正在进行的第一次世界大战，煤的价格大幅上升：气体照明业务的承批人就指出，如继续适用批给合同所规定的收费表，则无法继续公共服务的营运。在此，市方辩称承批人必须原原本本地遵守合同的规定；然而，私人立约人提出修改价格或由市政厅给予补贴，以令他们继续履行其义务。这一次，国务委员会认为私人有道理，确认他们有权得到所请求的补偿。学说结论认为，在基于情事变更而修改合同之情况下，这里适用了一个不存在于民法的原则——合同上财政平衡的原则。[15]

由此，法国便诞生了行政合同的理论，[16] 并从那里传扬至其他不同的欧洲国家（尤其是葡萄牙及西班牙）[17] 以及南美洲国家，[18] 而这种理论亦成为奉行执行性行政管理或法国模式系统的国家的行政法的一项重要支柱。

根据刚才简要概述的历史渊源，从该理论中可列出以下几个重点：

> 并非所有由行政当局与私人签订的合同都是私法合同，且属一般法院管辖。有些（数量不少）完全是公法合同，由行政法规范，属行政法院管辖，它们被称为行政合同。
>
> 这些行政合同的法律制度的主要要素是，在合同执行期间，为满足公共利益的新要求，其给付之内容可以变更。
>
> 必须遵循合同的财政平衡原则，不得牺牲私人的正当利益以使公共利益得到满足，而私人亦不可凌驾于公共利益获给予的必要保障之上。

14　见 Conseil d' État, *Cie Cénérale Français de Tramways*, 21 - 3 - 1910，载于 Long-Weil-Braibant-Delvolvé-Genevois, *Les Grands Arrêts de la Juisprudence Administrative*, 第136页。亦见 *Revue du Droit Public*, 1910年，第270页。

15　见 Conseil d' État, *Cie de Gaz de Bordeaux*, 24 - 3 - 1917，载于 Long-Weil-Braibant-Delvolvé-Genevois, *Les Grands Arrêts de la Juisprudence Administrative*, 第182页。

16　关于行政合同理论的形成，最后，综合见 Laurent Richer, *Droit des Contrats Administratifs*, 第18—20页。

17　至于比较法的观点，见 Luis S. Cabral de Moncada,《行政合同的观点问题》，同上所述，第6—30页）。

18　至于巴西的情况，见 Celso Bandeira de Mello,《行政法课程》，第443页及续后数页，第449页及续后数页。

然而，当探讨至此处，并且发现行政合同的制度具有“特别”、“独特”或“过大”的特征——之所以认为“过大”，是对比适用于私法合同所遵循的原则——学者们开始提出一定数量的疑问和问题。

其中第一个疑问是：在法律的层面上，在公法范畴内可否存在合同？这两个概念不是彼此不相容的吗。或者，换句话说，这些所谓行政合同是否真正的合同。

149. 合同在公法中的可采纳性

若干学者，尤其是德国的学者（Jellinek，Fleiner，Laband，Otto Mayer）认为合同与公法的精神及本质是不相容的：只有私法里才可以出现及形成合同的形态。[19]

为什么？

第一点是，国家作为主权机关不能基于合同而与一个私人有约束。

第二点是，合同以当事人之间的法律上的平等为前提，而这种平等只可以在私法范畴内存在，按照公法的本质，公法内没有当事人之间的法律上的平等，因为国家不能够放弃其当局权力。

第三点是，充其量只可接受公法里存在的一个特定形态，但它本质上与具有私法特征的合同不一样。这些学者认为，“公法合同”最终是两个单方行为的结合，这就是一个由行政当局作出的单方行政行为，以及私人的接受，后者体现为私法上的单方法律行为。[20]

对于以上论点，赞成在公法范畴内采纳合同本身是真实及纯正的合同的学者响应如下。

首先，必须不能忘记的是，并非所有行政当局都是国家。事实上，除国家外，存在不属主权机关的其他具有法律人格的公共实体。

其次，当国家在行政法范畴内作出行为时，它不是主权国家，而是一

---

19 要注意的是，今天该说法在德国已经完全过时——行政合同的形态（或更精确地说，在法律上被命名为“公法合同”，但该表述并非不受某些学说批评的）已明确地被独立及规范，尽管是以概括及“残缺不全”的方式为之（正如 Hartmut Maurer 所指），载于 Verwaltunsgsverfahrengesetz，《行政法》，1976 年，第 54—62 段。

20 关于这些学说的论述，见 Marcello Caetano，《*手册*》，第一卷，第 574 页及续后数页；Sérvulo Correia，《行政合同》，第 6 页及续后数页。

个行政机关国家。[21] 然而，尽管如此，人们不能否定国家面对其主权受限制的可能性及正当性，这是因为，否定对主权之限制，便是否定整个公法的本身基础，而我们知道，自从法国大革命之后，至少两个世纪，欧洲一致接受国家主权是可以及必须在法律上受到限制的理念。正如Marcello Caetano所教导的，"主权（在葡萄牙秩序中为最高的权力，而在国际秩序中则为独立的权力）是国家象征，国家依据主权予以建立及组织。然而，当国家一旦建立，即在设立须依照若干规则以表达国家意愿的机关后，其执行人员的行动在于按照国家所定限制及规定，行使一项源自该最高权力的派生权力（autoridade derivada）"。基于此，"当国家与市民发生了法律关系，这意味着，在这些关系中代表着当局权力的机关必须遵从法律规范，并且行政当局借这些规范承担及承诺履行义务"。[22] 此外，正如我们刚才从创设权利或法律保护之利益的行政行为理论中所得知的，国家得利用一个单方行为而在私人面前受到约束。[23] 倘若是这样，更有理由接受国家可以透过一个双方行为，亦即合同，在私人面前受约束。

再次，须考虑国家在行政合同里没有放弃其当局权力，行政当局没有失去其需要保留的当局权力。它在私人面前根据法律之规定约束自己，而这些规定亦包括允许行政当局在私人面前保留一定的绝对权力。这意味着，行政合同不是一个以当事人之间的严格的法律上的平等为基础的合同：在某方面，公共行政当局对私人立约人享有绝对的权力（单方变更共同订立合同人的给付内容的权力）。而另外，公共行政当局又须遵守特别限制，这些限制在私人之间订立合同时一般是没有的（例如，在订立合同前须进行一个旨在选择共同订立合同人的复杂程序的义务）。

此外，甚至今时今日的民法，亦不是所有合同都享有其本质存在的当事人之间的绝对法律上的平等：例如，最典型的例子是"定式合同"（contratos de adesão），它否定立约人之间有绝对法律上的平等。[24]

而且，更严格地说，合同所规定的当事人平等并不是当事人的地位平等［地位上平等（aequitas posicional）］，而是直接涉及给付的平等［给付上

---

21 Marcello Caetano，《手册》，第一卷，第574页及续后数页；Sérvulo Correia，《行政合同》，第6页及续后数页。

22 见Marcello Caetano，《手册》，第一卷，第576—577页。

23 见《行政程序法典》第140条第1款及第2款b）项。

24 例如，见M. J. Almeida Costa，《债法》，第211页。

平等（aequitas prestacional）]，以便一方当事人的给付是另一方给付的充分理由。[25] 换句话说，合同所要求的平等是基于双方当事人对合同的订立及持续所必不可少的合意的事实——当中派生立约当事人之间平等性（亦即同样的法律比重）的存在及其约束力。[26]

最后，有学者将所谓公法合同归结地视为不是一个合意，且不是一个双方法律行为，而是两个单方行为的总和，但我们认为该论述是错误的。其实并不是这样。

在行政法律的活动范围里，确实在一些情况中行政当局是透过单方行为的机制及随后的私人接受，而与私人建立关系的。但是亦有些其他不同的情况，行政当局与私人之间的法律关系源自一个合意或一个真正的合同。因此，应该将合同所产生的行政法律关系，以及由行政当局单方行为及随后的私人单方行为所产生的行政法律关系予以区分。[27]

这两种情况在公职中是普遍的。事实上，有两个基本途径让一个私人在行政当局的常备编制内被录取成为公务员：其一是委任（nomeação），由一个行政行为（单方行为）及接下来的私人接受组成（其单方行为）；另一程序是任用的行政合同（contrato administrativo de provimento）。在此，公职编制内职位的任用是典型的合同。这种情况与第一种情况相反，没有行政当局的委任行为及紧随之私人的接受行为。这里有的是意思的相汇，就同一目标有意思地结合，即他们的合意，或者说是，一个真正的合同。所以，这两种情况的法律制度在若干方面自然是不同的。

现在我们作出总结，在普遍的行政合同中，其形成过程并不是在作出一个单方行为后紧接另一个单方行为，而是相反地作出一个合意，或者，作出一个唯一的双方行为。所以，这是一个合同而并非其他的法律形态。[28]

150. 行政合同的范围：a）历史沿革

另一个要谈论的问题是了解行政合同的范围。

---

25 见 Casalta Nabais，《税收合同》，第 23 页。

26 见 Casalta Nabais，《税收合同》，第 23 页。

27 关于这一点，见 Marcello Caetano，《*手册*》，第二卷，第 654 页及续后数页；Sérvulo Correia，《行政合同中的缔约合法性及独立性》，第 350 页及续后数页。

28 关于这类事宜，最后见 Casalta Nabais，《税收合同》，第 17—48 页，当中论述及批评其他赞成在行政法范畴内不采纳合同形态的论点。

这是一个引起很多争论的问题，尤其是在葡萄牙法律中。[29] 就该方面，须述及三个时期。

第一个时期于1936—1940年随着《行政法典》开始，或者，更准确地说，是随着 Marcello Caetano 所主张的关于1936—1940年《行政法典》的解释开始。

这一法典从其1940年的版本起，于第815条第2附段规定："仅行政当局与私人为直接公益签订的公共工程的承揽及特许合同、公共事业特许合同及持续供应合同，方被视为行政合同。"

Marcello Caetano 一直将这条规定的含义理解为是对行政合同的尽数列举（enumeração taxativa），因此，只有《行政法典》的上述规定所列举的合同，方属于行政合同。不论是大部分的学说，[30] 还是我们最高行政法院的司法见解，在一段很长的时间里都认为是这样。

1937年，Melo Machado 在一篇关于行政合同的论文内，[31] 主张一个不同的见解：但是，在很长时间里，没有人附和其意见。

直至1965年，在我们关于"*私人对公产的使用*"的专题论文中，在某个意义上重新提出 Melo Machado 的想法。

以下是该学者的立场：为诉讼效力，行政合同只有法律所认定的合同类型，除此以外不包括其他类型，这是可以理解及接受的。确实是，为了指出哪些行为是行政合同并因而受行政法院管辖，法律指出"是这些而非其他以外的"，这是可以接受的。但是，为了实体法之效力，不能接受将行政合同的类型尽数列举，因为在这方面，不可基于法律已指出的哪些合同是行政合同，便排除解释者将该列举之外的其他合同定性为行政合同。换言之，法律完全可以规定行政法院的管辖权是审理该五个类型的行政合同，而不审理以外者。但是，法律未将实体适用于行政法制度的合同视为葡萄牙法律体制内的行政合同，这是无意义的。倘若除了第815条所列举的五类合同以外存在其他行政合同，而它们又依法必须适用行政法的制度，那么，它们必然是行政合同，并不由法律负责界定它们是不是行政合同。这属于学说及司法见解，所有实体上采用行政制度的合同通常被定性为行政合同，

[29] 关于行政合同类型在葡萄牙法律中的起源，见 Marques Guedes，《行政合同》，同上所述，第74页及续后数页；以及 Sérvulo Correia，《行政合同》，第14—24页。

[30] 相同论述，见 Marques Guedes，《行政合同》，同上所述，第77页。

[31] 见 Melo Machado，《行政合同的法律理论》，科英布拉，1937年。

而不受法律是否将它们明确定性为行政合同的事实所约束。

就我们而言，我们支持这一论点，尤其是关于公产使用的合同，这些合同不但涉及公产，而且我们认为其所采用的法律制度在内容及实质上是行政法的典型合同例子。诚然，由于民法规定所有以属公产之物为间接目标的合同无效（参看现在1966年《民法典》第202条第2款及第280条第1款[32]），所以，不可能存在与公产的财产有关的民事合同。然而，法律允许存在公产使用合同，这是因为其法律制度必须受行政法规范，并因此成为真正及专门的行政合同。

因此，我们支持以下的立场：从实体法的角度看，所有采用行政法制度的合同都是行政合同；从司法争讼或诉讼的角度看，只有《行政法典》第815条第2附段认定为行政合同之合同所产生之争议，才属于行政法院管辖的范围。换言之：上述《行政法典》第815条第2附段之规定旨在确定行政审计的管辖范围，而不是为了在实体法效力上堵住将其他合同界定为行政合同的可能性。

由此产生了一个重大效果。出现了两个行政合同的概念：其一是建基于实体法的广义概念，包括所有实体上适用行政法制度的合同；其二是建基于程序法的狭义概念——当中只包括被法律明确规定为行政合同的合同，即《行政法典》第815条第2附段列举的及其他单行法所规定的。

在采纳了这一立场之后，于1965年，若干单行法规开始将第815条第2附段以外的其他合同视为行政合同，而接着于1966年，《酒精总局通则》[33] 规定，除了《行政法典》第815条第2附段所列举的行政合同，该总局为设置部门或寄存而租赁固定资产的合同亦被视为行政合同。之后，于1971年，《水域的土地法》[34] 指出，水域公产的土地专用特许合同（contratos de concessão de uso privativo de terrenos do domínio público hídrico）属于行政合同。尽管当时没有法律订明，但有很多讨论，提出行政当局特许一个私人在若干地区经营幸运博彩的赌场经营特许合同（contratos de concessão de exploração dos casinos de jogo）是否行政合同，而根据我们的观点，它们是行政合同。

---

32 亦见1867年《民法典》第372条及第380条。

33 由1966年11月24日之第47/338号法令核准的。

34 见11月5日之第468/71号法令第18条第2款。该法规随后被2月22日之第46/94号法令及相同日期之第47/94号法令所修改。

上述全部情况均显示，随着时间流逝，学说及单行法例越来越向《行政法典》第815条第2附段这个“坚不可摧的要塞”施压：逐渐承认该条文所规定者以外的行政合同存在。[35]

直到这个阻力塌了，于1984年公布了一个法规——4月27日第129/84号法令，其核准了《行政及税务法院的通则》——重组了葡萄牙行政上司法争讼的制度。该法规于1985年1月1日开始生效，第9条第1款规定，“为了司法争讼管辖权的效力，行政合同被视为合意，基于此合意而设定、变更或消灭一行政法律关系”，并在第9条第2款中补充了：“行政合同尤其包括公共工程承揽合同、公共事业特许合同、公产专用及博彩经营之特许合同，以及行政当局为直接公益而签订之持续供应及提供劳务之合同。”

借着第9条，“葡萄牙行政法的发展翻开了十分重要的一页”。[36] 事实上，由此对之前的法律产生了以下很重要的改变：

> 法律订定了行政合同的实体定义；
>
> 不再尽数列举行政合同的种类，转为采用纯粹举例列举的方式；
>
> 法律所指出的种类名单中，明示地增加了两个特定的种类，就是公产专用特许合同及博彩经营特许合同。

这些修改将行政合同以往适用的封闭概念改变为开放概念，许多当时仍在行政合同概念以外的其他合同类型（或至少被排除在行政法院管辖权的范围以外的合同类型）此后得以加入其中。

所以，这种法律上的革新值得我们高度赞扬，因为它符合我们一直支持的上述论文的内容。当然，它可以引来某些解释上的困难：事实上，不能在采用一个“广泛及开放的”行政合同概念的同时，又在“管辖权上，避免因对行政合同识别的疑问而造成的犹豫”（参看《行政及税务法院的通则》前言）。某些疑问是存在的，但并不严重，甚至不是新的。在《行政法典》第815条第2附段生效时，尽管有尽数列举，但对某些合同应定性为民事合同还是行政合同仍产生了不同疑问——只有透过上诉至冲突法院作终审时方得被澄清。

---

[35] 在这方面，见 Sérvulo Correia，《行政合同》，第66页及续后数页；及 Esteves de Oliveira，《行政法》，第一卷，第641页及续后数页。

[36] 见 Sérvulo Correia，《行政合同中的缔约合法性及独立性》，第355页。

后来，有一个实体性法规“理直气壮地”订明了行政合同：它就是《行政程序法典》。事实上，于1991年公布且于1992年生效的《行政程序法典》第178条第1款，正如我们接下来所看到的，采纳了行政合同的实体上的概念。

151. 同上：b）概念

《行政程序法典》第178条第1款规定，“行政合同为一合意，基于此合意而设定、变更或消灭一行政法律关系”。而根据同一条文第2款，行政合同尤其包括下列者：公共工程承揽合同、公共工程特许合同、公共事业特许合同、公产专用特许合同、博彩经营特许合同、持续供应合同，及为直接公益提供劳务之合同。除了公产专用特许合同外，该列举与《行政及税务法院的通则》第9条第1款的内容是互相对应的。

行政合同的现行法定概念与Marcello Caetano所一直主张的概念完全不同。

事实上，按照1936—1940年《行政法典》第815条第2附段的规定，Marcello Caetano教导应按以下模式去确定行政合同的概念：行政合同是“行政当局与私人订立的合同，旨在于一定期限内由私人透过提供物品或服务负责常规履行行政职责，按照协议的方式给予回报，并保留行政法院审理当事人之间有关合同条款的效力、解释及执行的争议。”[37]

这个定义的要点是，（除了合同的有偿特征外）公共行政当局与另一立约人在行政合同中建立了一个*持久及特别的联系*，目的在于委托该私人履行行政当局的本身职能。当行政当局不能单凭自己的力量确保这些职能时，便利用私人的协助，并透过合同授予其长期协助者的地位：（工程、服务或公产的）被特许人、公共工程的承揽人、供应者、公务员……他们全部都是私人，于指定时间内，透过合同被任命持续及特别地去协助履行属公共行政当局的典型职能的工作。关于特许合同，Marques Guedes坚持同一方向，并进一步维护行政合同（或至少特许合同）的是“行政当局，临时或于一定期限内，向一个自然人或法人授予*其间接行政机关*的地位”。[38] 这是

[37] 见Marcello Caetano，《*手册*》，第一卷，第588页。

[38] 见Marques Guedes，《特许》，第一卷，第165页。

极端地逻辑延伸了 Marcello Caetano 所主张的概念，然而 Marcello Caetano 认为这种延伸属过度而不认同之。[39]

然而，我们一直认为 Marcello Caetano 所采纳的推论方向并不是最正确的：该方向可以完全涵盖某些类型的行政合同，但不能说明可以归入行政合同类别的所有合同类型。

确实是，行政当局借着某些行政合同委托私人协助去行使其行政职能，而且这可能是最大量的。但也有与这种合同非常不同的其他类型的合同：当国家授予一个公产专用特许时，私人并不是以行政当局的协助者身份去执行一个行政性质的公共活动，而是以行政当局的承租人身份作出具有经济内容的私人业务（然而，这是行政合同，因为其目标是一个公物）。另一方面，当国家与私人企业订立辅助出口的合同时，这些企业主不会转变成行政机关，亦不会转变为行政机关直接或间接的人员，亦不是在履行行政职责——行政当局辅助他们更好地继续其私人企业活动。最后，当国家特许博彩经营时，私人不会联同行政当局一起谋求行政职责，而且经营博彩行业不是国家的特定工作……被特许人只是管理国家的某一财产而已。

要指出的是：有些行政合同旨在委托私人与公营部门合作以便其履行行政活动，有些行政合同亦是——恰恰相反——旨在由公共行政当局去协助私营实体，而私人继续作出其私人业务。在第一种情况中（正如 Marcello Caetano 所指），行政合同使私人履行行政职能；在第二种情况中（我们所加入的），行政合同使行政当局作出私人业务。依我们所看，尊敬的学者给予的定义只体现在某一部分内容中。

今天，以“从属于行政法的法律制度”来界定行政合同：如合同的法律制度受行政法规范，则该合同是行政合同；民事、商业或劳动合同则不一样，它们的法律制度主要受民法、商法或劳动法规范——之所以说“主要”，是因为适用于行政活动[40]的私法总是受到社会整体利益的影响且具有特殊性。这与私人之间的关系所适用的私法完全不同。[41] /[42]

39　见《手册》，第五版，1960 年，第 521—522 页。见本教程的第一卷，第 563—565 页。

40　见《手册》，第五版，1960 年，第 521—522 页。见本教程的第一卷，第 563—565 页。

41　见 Prosper Weil，《行政法》，第 100 页。亦见 Vital Moreira，《自治行政当局及公共团体》，第 280 页及续后数页；Maria João Estorninho，《对私法的逃避》，第 167 页及续后数页。

42　见葡萄牙的，宪法第 266 条第 2 款，《行政程序法典》第 2 条第 5 款，及 6 月 8 日第 197/99 号法令第 7 条至第 15 条。

行政合同与行政机关的私法合同都属双方的合意，二者的区别在于其效力的法律性质有所不同，[43] 或从另一个角度讲，在于前者特别集中于履行“公共利益”的元素。按照 Barbosa de Melo 及 Alves Correia 的解释，可以说“公共利益作为行政合同之目的，渗入其内部塑造给付及按照其变化而*同步地*更新它们”。[44] 或者，在 Marcelo Rebelo de Sousa 的概述中，“使行政合同成为独立合同的原因是，行政当局所追随的公共利益不仅存在，而且凌驾于私人利益，并因此排除了适用私法制度，从而订定了积极的法律状况或强加于他方的消极法律状况”。[45]

然而，在 Maria João Estorninho 于 1990 年科英布拉作出的硕士论文《*行政合同编章*》中，其认为将行政合同在行政法的框架内独立起来是无法被解释的，因为相对于私法合同，行政合同完全没有任何“独特”、“特别”或“过度”之处。他尤其指出，“行政合同法律制度本身与一般的合同法兼容”（第 183 页），即，公共行政当局于行政合同中享有的所有特别或过度的权力，在其他许多民事合同中亦可找到等同权力，所以在行政合同制度里没有任何新的或不同的地方。

我们并不赞同这种立场。我们认为在行政合同和私法合同之间，事实上有很多不同之处（以及是很重要的不同），因此，有充分理由去呈现行政合同的形态，1991 年《行政程序法典》的立法者亦这样认为。

但是，鉴于《行政程序法典》第 178 条第 1 款之内容，我们应如何理解行政法律关系呢?

（在实体、程序、诉讼或任何其他的效力上）将行政法律关系的概念具体化是困难的工作，因为这取决于首先衡量行政法本身的*存在理由*，并且涉及探讨公法与私法之间越来越灰色的边界。这一模糊不清的概念，亦被制宪立法者接受（参看宪法第 212 条第 3 款），尽管也可理解地认为制宪立法者并没有界定该概念。

无论如何，对我们来说，原则上，行政法律关系向私人面前的行政当局授予当局权力或施加涉及公共利益的限制，又或向行政当局面前的私人赋予权利或施加公共义务。França Prosper Weil 亦有类似见解，他指出行政

---

43 关于行政当局的私法合同活动，见 Ricardo Rivero Ortega，*Administraciones Públicasy Derecho Privado*，马德里，1998 年，全部内容。

44 见 Barbosa de Melo，Alves Correia，《行政合同》，第 8 页。

45 见 Marcelo Rebelo de Sousa，《形成行政合同的公开竞投》，第 12 页。

合同的特征主要是一个特权与约束的原始组合，它们均由行政活动之目的所引发。[46]

类似上述含义，葡萄牙的 Vieira de Andrade 亦指出，应该将行政法律关系视为，在这些关系中，为了实现法律所定的公共利益，至少其中一个主体以公共当局之身份作出行为，而具有统治（imperium）的权力。[47] 该学者将源自合同的行政法律关系定性为“不对称”，即该关系是“在积极与消极、相互关联的地位上，任何一方当事人同时向对方享有权力”。[48] /[49]

因此，倘若合同的相关目标涉及行政职能的内容，则该合同为行政合同，而原则上这体现在公共部门的运作、公共活动的实行、公产的管理、公务人员的任用或公共款项的使用所涉及的给付中；反之，倘若该目标不是以上任一者，则只有当合同旨在达成公益目的时，它才是行政合同。[50] /[51]

152. 同上：c）行政合同之使用

在明确地确立本质上的行政合同后，葡萄牙的立法者大大拓宽了该形态的适用范围。正如我们所看到的，它不再局限于所谓的典型（típicos）或有名（nominados）的行政合同（这是立法者逐步承认或构造作为行政诉讼的方式），反而亦（尤其）包含非典型（atípicos）[52] 的行政合同，它们可以

---

46 见 Prosper Weil，《行政法》，第 67 页。

47 见 Vieira de Andrade，《行政公正（课堂讲义）》，第 68—72 页。

48 见 Vieira de Andrade，《行政公正（课堂讲义）》，第 68—72 页。

49 关于行政法律关系的含义，在葡萄牙亦有不同的见解，见 Sérvulo Correira，《行政合同中的缔约合法性及独立性》，第 396 页；Esteves de Oliveira，Pedro Gonçalves，Pacheco de Amorim，《行政程序法典》，第 811 页；Barbosa de Melo，Alves Correia，《行政合同》，第 16 页。

50 见 Freitas do Amaral，《J. M. Sérvulo Correia 学士的博士论文鉴赏：行政合同中的缔约合法性及独立性》，同上，第 167—168 页。

51 正如我们所接纳——且认为这属于我们法律——的上述文章，目标之标准（在某些情况下，以目的之标准来作补充）作为将行政合同定性的基本标准。然而，在葡萄牙学说中，这不是公认的见解。之前，Sérvulo Correira 主要接纳所指的章程规定的标准。还可以被提及一些其他的。关于行政合同的标准问题，总括地可见，Sérvulo Correira，《行政合同中的缔约合法性及独立性》，第 353 页及续后数页。亦见 Luis S. Cabral de Moncada，《行政合同与新的计划合同的标准问题》，全部内容；见法国，Laubadère，Moderne/Delvolvé，*Traité des Contrats Administratifs*，第一卷，第 125 页及续后数页；以及，较为近期的，Laurent Richer，*Droit des Contrats Administratifs*，第 77 页及续后数页。

52 关于这个内容，见 Rui Pinto Duarte，《合同的典型与非典型》，科英布拉，2000 年，第 79 页及续后数页；Pedro Pais de Vasconcelos，《非典型合同》，科英布拉，1995 年，第 21 及续后数页。

具有多重形式，[53] 甚至是混合（mistos）合同。[54]

在深入讨论了这些理论后，应指出的是，目前，根据《行政程序法典》第 179 条第 1 款之规定，行政合同是以下任一者的一个选项。[55]

行政行为；

行政当局的私法合同。

这样，倘若行政机关在履行其所属公法人的职责范围时，没有任何法律明示或默示（规定只可作出行政行为）禁止采用行政合同，而所建立的关系性质与该行事方式兼容（这显然不会在纪律程序的范围内发生），那么，行政机关得按照《行政程序法典》第 179 条所定的一般授权规定（norma geral de habilitação），使用合同的模式以取代行政行为，从而设定、变更或消灭行政法律关系。

例如，尽管在落实《电信纲要法》（8 月 1 日第 91/97 号法律）的 12 月 30 日第 381 - A/97 号法令所载的从事经营公共电信网络及提供公用地面流动电信服务的业务发牌法律制度中，设定有关牌照是一个单方行政行为，但根据《行政程序法典》第 179 条第 1 款之规定，应接受的是，没有任何规定禁止采用行政合同作为创建这一牌照的法律上的行为，而不采用单方行为。关于这个例子，有一个学者指出，“假如基于某些义务的性质，依法可将之‘强加’于经营者（如提供整体服务），则肯定可向行政当局及经营者提供建立合同关系的机会”。[56]

然而，正如刚才所述，行政机关亦可采用行政合同取代私法的若干典型合同。例如，只要行政当局清晰地被赋予相当权力，它就得在其私产的不动产租赁合同内加入私法性质的合同所不能接受的条款（例如，在约定期限完结前具有实时效力的单方终止）。当然，前提是，该等私法合同的性质及功能，不会与该合同内加入的行政法一般原则条款不兼容[57]——如果是

53 见 Casalta Nabais，《税收合同》，第 80 页。

54 关于在行政合同的总论范围内混合合同形态的适用，在众多之中，见 Sérvulo Correira，《行政合同中的缔约合法性及独立性》，第 642 页。

55 关于这个问题，见 Luís Fábrica，《行政合同》，同上，第 527—530 页。

56 见 Pedro Gonçalves，《电信法》，科英布拉，1999 年，第 180 页。

57 见 Sérvulo Correira，《行政合同中的缔约合法性及独立性》，第 679 页。

这样的话，则行政当局不可采用私法合同。

因此今天，行政当局有权设定更适合其拟采用的合同目标之公法合同类型。[58] 因此，除了“基于法律或拟建立的关系的性质而另有规定外”，原则上，行政当局有权订立其他——非典型或无名的——行政合同，从而取代行政行为的作出或私法合同的订立。

最后总结，可指出的是，1936—1940 年的《行政法典》第 815 条第 2 附段所定的行政合同尽数列举制度，现在变成了能普遍适用的行政合同制度，且在创设法律效果方面，与行政行为及行政当局的私法合同并存，而以往这些效果只会被规定为行政当局的单方决定或私人法律行为的后果。[59]

Ⅱ. 种类

153. 行政合同的主要种类

正如我们所记起的，《行政程序法典》第 178 条第 2 款举例指出行政合同的八个种类，它们被称为“经典的行政合同”。[60]

以下我们简述之。

154. 公共工程承揽[61]

当公共行政当局进行公共工程时，它有三种做法：要么透过直接行政管理（administração directa）——现在是行政当局的本身业务，通常由国家

58　见 Robin de Andrade，《在公法的经营转让合同》，载于《卫生法及生物伦理》，里斯本，1996 年，第 260 页。

59　见 Esteves de Oliveira，Pedro Gonçalves，Pacheco de Amorim，《行政程序法典》，第 817 页。

60　见 Casalta Nabais，《税收合同》，第 80 页。

61　关于该合同，见 Marcello Caetano，《*手册*》，第二卷，第 1004—1010 页；Paulo Otero，《公共工程承揽的合同稳定性、单方变更及财政平衡》，载于 *ROA*，第二卷，1996 年，第 913 页及续后数页；José Alberto Alexandrino，《公共工程承揽的合同前程序》，里斯本，1997 年；Romano Martínez，Marçal Pujol，《公共工程承揽》，科英布拉，1994 年；J. M. Marques Leandro，《公共工程承揽、期限控制及程序》，科英布拉，1995 年；Jorge Andrade da Silva，《公共工程承揽的法律制度》，第六版，科英布拉，2000 年。特别见，Antonio Cianflone，*L' Appalto di Opere Pubbliche*，第九版，米兰，1993 年；以及 Jean Dufau，*Droit der Travaux Publics*，巴黎，1998 年。

部级或市政厅负责执行公共工程；[62] 要么透过承揽（empreitada）；或者最后，回到我们之后会谈及的第三种方法，特许（concessão）。[63]

根据现行的法定定义，[64] "公共工程承揽"是指"透过支付一项不论属任何形式之价金，由公共工程定作人与公共工程承揽人所签订的行政合同，其目标可以是执行，或者是设计与执行第 1 条第 1 款所载的工程，以及有关从事及维持公共工程承揽活动制度的法规所载的次种类内的工程及工作，而该等工程及工作将以任何方式作出且满足定作人指出的需要"（参看第 55/99 号法令第 1 条第 3 款）。[65] /[66]

因此，公共工程承揽的根本特征是，由私人企业执行公共工程，而行政当局负责支付相关价金。

原则上，一些小型及中型的公共工程以该模式去完成，因为这被视为更经济和收益更好的程序。在承揽中，行政当局不再承受组织人手及必需物资的重担去执行工作〔直接行政管理（administração directa）〕，而是透过支付一个价金，将这类工作交给共同缔约人，在承揽人之间存在的竞争中受惠。[67] 另一方面，对于基于大型工程的本身性质或其他类型的条件，而不采用批给制度（例如，建设一座法院楼房、一个水坝、一幢总局大楼），采用承揽亦是适合的程序。

基于这种行政合同的重大实务意义[68]以及其详细的法律规定——很多时候被补充适用于其他类型的行政合同——有需要就承揽合同的重要侧面的详细特征作扼要阐述。

需要指出的是，按照承揽人的报酬模式，存有三种公共工程承揽的类

---

62 最终见 T. de la Quadra-Salcedo, "La Ejecucion de Obras Por la Administracion", 载于 AA. VV., *Comentario a la ley de Contratos de las Administraciones Publicas*, 马德里, 1996 年, 第 707—752 页。

63 有关执行公共工程的若干制度，一般见 M. A. Carnevale Venechi, *Operer Pubbliche(ordinamento)*, 载于 *EdD*, XXX, 第 366—375 页。

64 这意味着 7 月 18 日第 93/37/CEE 号指令所载的欧洲共同体对承揽的定义被转换为葡萄牙法律。

65 3 月 2 日第 59/99 号法令第 1 条第 1 款规定，"为本法规之效力，公共工程是指不动产之任何兴建、重建、扩建、变更、修葺、保养、清洁、修复、改建、修缮及拆除工程，旨在自己履行一个经济或技术的职能，替公共工程定作人去执行"。

66 设立求取及维持公共工程承揽活动制度的法规是现行的 3 月 2 日第 61/99 号法令。

67 Antonio Cianflone, *L' Appalto di Opere Pubbliche*, 第 86 页。

68 葡萄牙有关这一合同的主要司法裁判的简短摘要，见 José Manuel Marçal Pujol，《有关承揽合同的二十五年的司法见解》，s/l，ANEOP，1995 年。

型：总额承揽（empreitada por preço global）、系列价金承揽（empreitada por série de preços）及百分比承揽（empreitada por percentagem）。

总额承揽是指以一项金额，订定完成作为合同目标之工程或部分工程之实施而需全部工作之报酬之承揽（参见第59/99号法令第9条及续后条文）；系列价金承揽是指按合同所订定将实施之每类工作之单价，乘以实际完成之工程量，计算出承揽人报酬之承揽（参见第59/99号法令第18条及续后条文）；百分比承揽制度是指承揽人以相应于其成本的价金去执行工程，并增加一定比例以支付行政负担及公司的人员报酬（参见第59/99号法令第39条至第44条）。

然而，要注意的是，区分不同承揽类型的事实并不妨碍在同一承揽内，就工程的不同部分或不同工作类型，采取不同回报方式。

总额承揽（preço global）[亦称为价金上的全套（à forfait）、整体，或固定（per aversionem）]，一般适用于仅以工程图则为依据便计算材料与聘请工人之费用的工程，当中发生错误计算的可能性较小。系列价金承揽（série de preços），一般适用于那些就施工所需工作之数量并不十分确切的工程。[69] 最后，百分比承揽（empreitada por percentagem），特别适用于承揽施工过程中所实施之在承揽规则中没有规定的若干工程。[70]

在任何上述三种公共工程的承揽类型中，承揽人须对非因遵守由监察实体传达之书面命令或指引，或非因监察实体透过工程簿册登录之其同意而产生之所有施工错误（erros de execução）承担责任（第36条）。

视乎施工方案数据是由定作人或承揽人提供，定作人或承揽人须对有关工程之设计错误（erros de conceptção）或同类错误承担责任。然而，如图则或其变更是由承揽人编制，但其依据为定作人以不设保留之方式提供之实地数据、研究或预测，则须由定作人对因其提供之资料、研究或预测之不准确，而引致之图则或其变更之缺陷或错误承担责任。这些解决方案的理由是容易理解的（第37条）。[71]

上述责任，一方面，引致责任人须进行必要的工程、修改及修葺以适

69　对于上述两种承揽类型的深入区分，见 Freitas do Amaral，Rui Medeiros，《意见书》，载于 Azeredo Perdigão Advogados，《公共工程、承揽之提前竣工之奖金支付》，科英布拉，2001年，第57—60页。

70　见 Marcello Caetano，《*手册*》，第二卷，第1007页。

71　见 Romano Martínez，Marçal Pujol，《公共工程承揽》，第71—72页。

当弥补已出现之缺陷；另一方面，引致责任人须对他方或第三人造成之损害作出赔偿（第 38 条）。在这项规定中，立法者设定了合同不履行之一般原则所产生的一般后果。这项规定所指的责任，除了确保恢复原状之原则外，亦规定侵害人有义务补偿受害人所遭受的损失（danos emergentes）及所失的利益（lucros cessantes）。

订立公共工程承揽合同前，可以进行以下各种程序以确定共同订立合同人：公开招标、限制招标、磋商招标及直接磋商。[72] 原则上是以公开招标的方式作出（参看第 47 条第 1 款）。

承揽合同须采用书面形式（第 115 条），但并不是所有来自立约人意愿的条款都采用书面形式。即，公共工程的承揽人不单受到载于招标方案及承揽规则中的合同条款的约束，亦受到所适用的法律规定的约束，当中最为明显的是我们已提及的第 59/99 号法令所载的规定。

合同签订后便作出委托工程（consignação），即向承揽人提供施工场地以及施工所需之图则补充图文数据（第 150 条）。这必须自合同签订之日起二十二日内进行（第 152 条第 1 款）。承揽人接管被征收的土地或其他土地、机械、用具及图文数据。委托工程得为全部委托或部分委托，后者基于工程之规模及重要性而令有关交付需时较长，或基于其他原因而不能全部进行交付（第 153 条）。合同所定之施工期须自委托工程日起算（第 151 条第 1 款）。

接着便开始工作之实施。开工日期须为工作计划所定之日期（第 162 条第 1 款）。工作计划旨在确定承揽所包括之每一类型工作之实施次序、期限及进度，并详细说明承揽人拟采用之实施工作之方法，包括其须对应的支付计划（第 159 条第 1 款）。承揽人得就工作的设计图、形状、尺寸或质量提出任何更改建议，但在未经有权限实体核准并以变更本附入承揽合同时，不得实施该等更改（第 160 条）。

另外，承揽人须实施所有工程上之修改及所有定作人以书面方式命令在法律限制下增加之工作，定作人须按照所规定的价金支付增加之工作，但如这些修改或工作加重所规定的其他类型的工作，则承揽人有单方解除合同的权利（第 26 条、第 27 条及第 45 条）。

对工作实施情况之监察，须由定作人进行，由工程监察（fiscal da obra）

[72] 有关这些程序的意思，见上述。亦可见第 59/99 号法令第 47 条。

之主管负责。监察之职能是，透过作出命令、通告、通知、审查或计量，从而监督并审查对图则及其修改、合同承揽规则及正在施行之工作计划之严格履行（参看第 178 条及续后条文）。

工程竣工后，拥有工程的实体命令进行相关的检验，及确认是否具备合同所载的条件，从而进行临时接收（recepção provisória），并缮立笔录（第 217 条及续后条文）。

自此日起，便开始计算保养期（prazo de garantia），旨在验证工程之质量及良好完成。保养期为五年，但基于工作之性质或所规定之工程使用期限属合理，承揽规则中可设定较短的期限（第 219 条及第 226 条）。

保养期届满后，倘透过新的检验及检查显示工程是否处于良好状况，则可以作出确定接收的行为（第 227 条及第 228 条）。

在核实承揽的其他义务已被履行，而且没有尚拖欠之损害赔偿后，有权限之实体须核准确定接收之笔录，该核准是作为承揽人的总体受领证书。

承揽人从他的工作中应得的款项，一般会分段结算，并按其将会实施且以每月计量的工程比例作出支付；这些支付将计入临时接收后以合同价金为基础，并计入施工期间作出的扣除及增加的最后结算中，并在经常账目中适当核实及到期账目结算。

公法的承揽与私法的承揽（《民法典》第 1207 条及续后条文）之间的实体差异及程序差异，长期以来在葡萄牙法律中存在，[73] 与其他法律体系所规定的不同，且源自法国。按照 Pedro Roman Martínez 所说的，“从比较法上作简单的概述，可发现在意大利，行政法院只对由公共工程承揽合同的形成所产生的争议享有管辖权，然而，对于它们在执行上所产生的争议，则一般法院享有管辖权。在巴西、比利时及卢森堡，所有由公共工程承揽合同所产生的问题均在一般法院解决，没有其他具特别管辖权的法院”。[74] 法律制度方面，在巴西、法国、意大利、比利时、卢森堡、德国及瑞士，可发现的是，公共工程承揽合同，除了在某些细节上不同（尤其是关于它的

73 “随着 Mouzinho da Silveira 的行政改革，特别是 1932 年 5 月 16 日第 23 号法令，它十分接近于法兰西第一共和国第八年第五个月（《Pluviôse》）第 28 日的法律，当中首次给予行政法院（省议会）审理任何租金收入的企业主与竞买得主之间、工作与公共供应及行政当局之间，所产生的有关合同条款的意思和执行的难题及问题。从当时到现在，行政管辖法院从没有失去在行政合同事宜上的管辖权，尽管它的范围（及合同之表述）已差距很大。”见 Sérvulo Correira，《行政合同》，第 15 页。

74 Pedro Romand Martínez，《债法（分则）》，科英布拉，2000 年，第 293 页。

形成）外，会受到《民法典》所订定的相关规则的约束。在该等国家中，公共工程承揽的合同是受私法规范的合同。[75]

然而，尽管公共承揽不同于私人承揽，对于公共承揽制度、规范类推情况的行政法律及行政规章，以及行政法的一般原则未作规范之事宜，适用于《民法典》的规定（参看第55/99号法令第273条）。

同样地，在私法合同中，当事人亦经常引用公共工程承揽的规则，尤其是公共工程承揽制度及补足法例所订定的价金修订制度。[76] 然而，须注意上述法规的若干规范基于其公法性质而明显不适用于私法的承揽合同。[77]

国际工程合同，亦经常引用标准的规则，特别是FIDIC——*国际咨询工程师联合会*（Fédération Internationale des Ingénieurs Conseils）——的规范，而这些规范又参照了*土木工程师学会（英国的组织）的合同条款*［Condictions of Contract da Institution of Civil Engineers（ICE）］。[78]

155. 公共工程特许

对于需要巨额资金的大型工程（如公路桥梁、道路、发电厂、*管道*等），基于本身的性质，它的实施需要私人性质的企业资金及灵活性，故此，主要采用*特许*（concessão）程序。长期以来，很多国家本身没有技术及财政能力以实施大量的庞大工程。然而，即使它拥有该能力，亦需要为了经济能够增长而持续地创造及扩大现存的大型基础设施，这样（在理论类型上，主要仍是福利国家[79]）公共投资不得不投向教育、卫生、公共及社会保障的领域。[80] 由此，采用公共工程特许制度（及其以私人融资为前提），

---

75 见Pedro Romand Martínez，《债法》，第293页。

76 见José Manuel Marçal Pujol，《公共承揽制度于私人承揽的适用》，载于*ROA*，54年，里斯本，1994年7月，第505页及续后数页。

77 见Pedro Romand Martínez，《债法》，第293页；亦见Maria João Estorninho，《比较民法的承揽与公共实体订立的承揽》，载DJ单行本。

78 关于在国际工程合同中对适用规则的选择所产生的疑问，参见Justin Sweet的“International Contracting: Bridging the Gap”，载于A. M. Odams（ed.），*Comparative Studies in Construction Law: The Sweet Lectures*，伦敦，1995年。

79 见Freitas do Amaral，《Vasco Pereira da Silva的博士论文鉴赏：寻找毁坏的行政行为》，载于*DJ*，第十册，1996年，t. 2，第263—265页。

80 关于国家在经济上的宪制性责任，在葡萄牙最终可参见Paulo Otero，《国家企业部门的法律形态约束及自由》，第13—58页。

今天是作为其中一个主要方法来解决对于实施基础设施的大型工程带来的巨大经济重担，否则，按一般情况，它会引致预算赤字及公共负债。

根据现行法律之规定，“公共工程特许”是“体现了上款所确定的相同特征——公共工程承揽的特征——的行政合同，以有关工程的经营权为回报，附带或不附带价金的支付”（第59/99号法令第2条第4款）。

公共工程的承揽与特许的形式分别在于共同缔约人的报酬模式。在承揽中，行政当局直接向私人作出支付，最终完成了工程的占有及经营归于行政当局。相反地，在特许中，一般情况是被特许人自行支付实施工程的费用，但将合同所定的确定期限内对该工程的经营权作为报酬。[81] /[82]

公共工程的特许与承揽在其他方面亦有差异。我们仅举两个例子。一方面，在特许中，被特许人本人不必是具备专业资格的主体以作出公共工程承揽人的工作，而正如我们所知，这却是承揽合同的先决条件。[83] 甚至可以说，原则上在今天的公共工程特许中，被特许人聘用了承揽人，后者在前者的监管下完成了项目建筑的一系列工作。[84] 这亦是容易理解的：其一，一些需长年经营才能得到回报的大规模工程，是很难使一些建筑企业在经济上感兴趣并融资实施的；其二，由于该等合同涉及实现巨大经济价值的工程，将其实施分配予不同企业原则上符合公共权力机关的利益。

另一方面，与只有一个阶段（完成一个特定种类的工作）的公共工程承揽的情况相反。公共工程特许中，清晰地分为两个十分不同的阶段：工程之实施及于嗣后的若干年内的经营。

但是，因为欧洲经济共同体所引入的概念——而今天亦在葡萄牙法的概念中——公共工程特许的共同缔约人亦得以行政当局所支付的价金作为报酬，这种概念稍微淡化了这类合同与公共工程承揽合同之间的传统上的

81　见 Marcello Caetano，《*手册*》，第二卷，第1011页；及 Rafael Gomez-Ferrer Morant，*Et contrato de obras. La concession de obras Públicas como Contrato*，载于 AA. VV.，*Comentario a la ley de Contratos de las Administraciones Publicas*，马德里，1996年，第607页及续后数页。

82　以下是对于期限订定的观察上所得的一般标准：该被预定的时间必须相当于分期摊还、在一般条件下的经营收益性、实施工程所需的资金。关于这一点，见 Marcello Caetano，《*手册*》，第二卷，第1117—1118页。

83　见 Antonio Cianflone，*L' Appalto di Opere Pubbliche*，第29页。

84　例如，在里斯本特茹河（Tejo）过境公路批给的第二份合同所发生的，于1995年3月，葡萄牙国家与 Lusoponte-Concessionária para a Travessia do Tejo em Lisboa 股份有限公司订立的合同，又或，与 Brisa 股份有限公司订立公共工程合同，以建筑及经营收费的国家网络的高速公路（见附于10月24日第294/97号法令的第二十六纲要）。

分界。Philippe Godfrin 建议，从今往后，两者之间的识别标准可能是行政当局向私人支付的价金有否关键作用：如果有，“这个协议不是一个特许，而是一个承揽（la convention ne serait pas une concession mais un marché）”。[85]

现今，公共工程承揽的规则（参看第59/99号法令第2条第2款）及第59/99号法令第243条至第252条的“特定的规范性规定”（参看序言），经适当配合，适用于公共工程特许。

近年，普遍在葡萄牙订立的公共工程特许合同（正如 Lusoponte/特许及普遍的公路特许的情况），均使用一种被习惯称为*项目融资*（project finance）*的方式*作为背后的融资模式。以下我们很概括地探讨它是什么。

所谓*项目融资*，是指一个对于中型或（尤其是）大型规模的公共或私人的基础设施融资的模式，始于20世纪70年代英美法系国家（且尤其是在英国及美国）的能源范畴项目——特别是开发油田的建筑及经营。从此便广泛地流传到很多其他国家（特别突出的是东南亚的新兴工业国家）及扩大应用于其他活动范畴项目——例如，公路和铁路运输、天然气管道、港口及机场、液压工程的建筑。[86] 欧洲范围内，最著名的由公共实体促进的项目的例子是 Canal da Mancha 下面的“欧洲隧道”（Eurotúnel）（1987年）。[87]

然而，由于它涉及许多不同情况，所以很难对它作出定义。尽管如此，P. K. Nervitt 所作的先驱性定义深得认同。对于此，*项目融资*是指一个“*特定的经济单位，当中的贷款人以该经济单位的现金流和收益为还款来源，及以该经济单位的财产作为贷款担保*”的融资。[88]

以上两点似乎将概念上的特征赋予该类模式。一方面是*项目的财产自治*。其实，在大多数个案中，相关项目的发起人将本身的其他活动与其需融资的项目在法律上及经济上隔离，并成立*专门*（ad hoc）公司，即该公司仅以落实该项目作为经营方向〔*特殊目的公司*（special purpose vehicle compa-

---

85 见 Philippe Godfrin，*Droit Administratif des Biens*，第五版，巴黎，1997年，第226页。注意文章里的“marché”不是解作市场（mercado），而是承揽（empreitada）。

86 见 G. Girotto，A. Tapi，*Project Financing* 及 *Finanziamento di Grandi Infrastructture*，载于 *Il Project Financing*（*org. Draetta/Vaccà*），米兰，1997年，第151页及续后数页。

87 关于该项目，见，所有的，Alberto Ruiz Ojeda，*El Eurotúnel. La Provision y Financiación de Infraestructuras Públicas en Regimen de Concesión*，载于 *Revista de Administración Pública*，第132期，1993年，第469页及续后数页。

88 见 Peter K. Nevitt，*Project Financing*，第四版，伦敦；*Euromoney Publications Limited*，1983年，第3页。

ny）］[89]

另一方面是*项目的本身收益*。意思是，融资*在很大程度上*依赖于项目有充足的*现金流*（*cash flows*）以偿还及回报贷款本金的一定利率的能力，而只从旁依赖借款人所提供的大量担保及工程所涉财产的价值[90]——*项目的技术及经济上的绩效皆是项目融资的核心*。[91] 此外，特许范围内的主要财产在很多时候是公有财产，所以不得作为传统的抵押品而被设定负担，例如，公路的情况。[92]

*项目融资*有很多不同的模式。对于借贷本金的偿还担保，当融资人只可使用*现金流*去经营项目时，其被称为*无追索的融资项目*（nonrecourse project finance）［或纯粹*项目融资*（project finance）］。除此之外，亦可附带地使用由发起企业及（或）第三人所给予的担保，称为*有限追索的融资项目*（limited-recourse project finance）。[93] 明显地，两个模式的选择视每个工程的经济可行性程度而定。通常使用的模式是*有限追索的融资项目*。[94] 这是葡萄牙在公共道路工程的新特许中所使用的基本*项目融资*模式。

对于项目的性质，*项目融资*有不同的种类：*兴建、营运及移转*［Build, Operate and Transfer（BOT）］、*远期产品购买（出售）合同*［Forward Purchase（Sale）Agreement］、*生产支付*（Production Payment）等。所谈及的是*照付不议的安排*（Take-or-Pay Arrangements）。[95] 在葡萄牙，基于所涉及的项目性质，较为普及的模式是 BOT：“*在这类框架下，私人实体获得建设及营运一个项目的权利，要不然该项目便须由作为项目主人的政府发展、拥有及营运*。”[96] 位于里斯本特茹河的华士古达伽马大桥就是其中一个采用这种

89　见 Girotto，Tapi，*Project Financing* 及 *Finanziamento di Grandi Infrastructure*，同上所述，第 150 页。

90　见 Girotto，Tapi，*Project Financing* 及 *Finanziamento di Grandi Infrastructure*，同上所述，第 151 页。

91　见 Scott L. Hoffman，*The Law and Business of International Project Finance*，The Hague/London/Boston，1998 年，第 4—6 页。

92　通常，当此出现时，抵押资产净值与债务的比率处于 10/90 或 20/80。

93　关于这类项目的融资人的担保问题，见 Vítor Neves，《在担保中的将来收益分配》，载于 *Themis*，第一年，第 2 期，2000 年，第 153—188 页。

94　见 Miscali，*La Struttura delle Operazioni di Project Finance*：*Aspetti Giuridici e Fiscali*，载于 *Il Project Financing*（*org. Draetta/Vaccà*），米兰，1997 年，第 83 页。

95　关于这些概念，见《项目融资》，Freshfields，第 10 页。

96　见 Scott L. Hoffman，*The Law and Business of International Project Finance*，第 68 页。

融资模式的具体例子。[97]

156. 公共事业特许

在葡萄牙传统的学术方面，[98]《公共事业特许》合同[99]是指*私人负责（设置及）经营一项公共事业并收取用户所支付的使用费作为回报。*[100]

在那个时期，很难界定*公共事业*的概念。首先，这是因为它被立法者反复地采用，但没有以严谨的一致性使用之。[101] 正如我们所知，“粗略的概念很难与准确的概念兼容”，必须对称为公共事业的词义作出分类并从中选出那些与法学相称的词义。[102] 尽管有些不同理解，多数学说认为公共事业仅指行政当局依法拥有及有责任提供的服务性给付〔原则上*为个人的服务*（uti singuli）〕。[103] 因

---

97 这些及关于项目融资（Project Finance）题目的其他方面，是由 Dr. Lino Torgal 于 2001 年 3 月 6 日在新里斯本大学法学院的关于国家与法律研究的常设研讨会的第十五场公共会议中提出及展开的，会议的题目名为“公共工程特许”，由我们主持，及一贯由里斯本大学法学院的 Paulo Otero 教授作出评论。就 SPEED 起源、内容及宗旨的描述，见 Carlos Ferreira de Almeida，《关于国家与法律研究的常设研讨会》，载于 *Themis*，第一年，第 2 期，2000 年，第 327—329 页。

98 见 Marcello Caetano，《*手册*》，第二卷，第 1099 页。

99 对于公共事业特许这类表述的渊源，是由一位卓越的法国行政法学者 Maurice Hauriou 于 1904 年在一篇刊登于专门杂志的文章中首次使用。接着，高卢的两位行政法重要人物：Leon Duguit 及 Gaston Jeze 随即采用这个表述。在葡萄牙，Guimarães Pedrosa 是第一位采用公共事业特许表述的人，刊登在 20 世纪最初十年于科英布拉出版的大学教程内容中。这些数据可参考 João Maria Tello de Magalhães Collaço，《公共事业的特许——其法律性质》，第 71 页。

100 在葡萄牙，见 João Maria Tello de Magalhães Collaço，《公共事业的特许——其法律性质》，各处；Marcello Caetano，《公共事业特许理论研究的参考资料——法律性质》，上述引文，第 89 页及续后数页；及 Pedro Gonçalves，《公共事业特许》，他将这类合同定义如下：“一个拥有一项公共事业的权利人向另一人赋予其本身名义去组织、经营、管理这类服务的权利的行政法律关系的创设行为。”（第 130 页）

101 比较法的角度，见 AA. VV.，“Le Service Public. Unité et Diversité”，载于 *L' actualite Juridique Droit Administratif-AJDA*，特别号，1997 年 6 月，第 130—158 页；近期的，见 Pedro Gonçalves，《公共事业特许》，第 25—43 页；José Pedro Fernandes，《公共事业》，载于《公共行政法律词典》，第七卷，里斯本，1996 年，第 390 页；Pedro Garcia Marques，《电视公共事业》，载于 DJ，第十四卷，第二册，2000 年，第 135 页及续后数页（尤其见第 137—169 页）；Rui Machete，《公共事业之概念以及被特许人与特许人及用户之间关系性质的演变》，载于《纪念 João Lumbrales 教授之法律及经济研究》，里斯本，2000 年，第 1011 页及续后数页。在巴西，见 Celso Bandeira de Mello，《行政法课程》，第 477 页及续后数页；及 Hely Lopes Meirelles，《巴西行政法》，第 297 页及续后数页。

102 见 Marcello Caetano，《公共事业特许理论研究的参考资料——法律性质》，上述引文，第 93 页。

103 对于学术上讨论的演进，见 Pedro Gonçalves，《公共事业特许》，第 25—38 页。

而传统上我们将公共事业视为一个组织上的实质开放概念。然而，按照盛行的教条准则，“公共事业”的定性并不适宜纳入未公有化之活动。

在行政法课程的教学中，我们也一向忠于这一个观点。而我们亦看不到实质上要修改的理由。当代，公共事业失去了以前保留予它的重要位置中的若干部分。从今往后，它只涵盖那些必须由公共实体才能适当从事的活动，因此，它缩减为必不可或缺的服务。

然而，在实践上，我们不能忽略的是，正如 Pedro Gonçalves 所强调的，“基于其整体性，*公共事业制度*最终被扩展开来，并独立于本义的公共事业之外”。[104] 这体现在两个不同的方面。

一方面，“虽然行政当局的某些活动*不属于公共事业，但在法律上受公共事业制度约束*，这种情况并不罕见”。这意味着“从事这些活动所适用的公共事业的制度，与规范公共事业特许的制度是相同的”。[105]

另一方面，正如该学者所强调的，“私有化活动的法律制度须非常类似于公共事业传统法律制度这一原则，并未因公共事业的私有化而被质疑。这发生于须向所有市民提供服务的*私人业务*（*电信*、*邮政*）或负有*公共事业义务的私人业务*”。[106] 其实，“在*实质意义上*，由于向所有市民提供的服务须受某类规范，最终使其功能与公共事业概念的功能没有两样，尤其是，预设必须向市民提供某些服务且在经营上必须遵从实现满足‘公共利益’的要求（基于此，维持了公共事业的传统原则，可以没有多少风险地说，向所有市民提供的服务是依照*公共事业*制度经营的）”。[107]

上述定义尚有（至少）一个需要更新的内容，是关于*被特许人的报酬方式*。正如葡萄牙[108]及葡萄牙以外的其他国家[109]的法律、司法见解及学说所肯定的，

---

104 见 Pedro Gonçalves，《公共事业特许》，第 35 页。

105 见 Pedro Gonçalves，《公共事业特许》，第 35 页。

106 见 Pedro Gonçalves，《公共事业特许》，第 35 页。

107 见 Pedro Gonçalves，《电信法》，第 47 页。

108 见共和国总检察长办公室第 1/94 号意见书，载于 1994 年 6 月 21 日，《共和国公报》，第 141 期，第二组，第 6083—6084 页；及相同内容见 Pedro Gonçalves，《公共事业特许》，第 142 页。

109 见葡萄牙以外的其他国家的 Laubadère，*Moderne Delvolvé*，*Traité*，第一卷，同上所述，第 285 页；François Llorens，*La Définition Actuelle de la Concession de Service Public en Droit Interne*，载于 *La Concession de Service Public Face ou Droit Communautaire*，巴黎，1992 年，第 37 页；Christian Bettinger，Gilles le Chatelier，*Les Nouveaux Enjeux de La Concession*，第 12 页；Jean Dufau，*Concessions de Service Public*，载于 *Juris Classeur Administratif*，fasc. 530，第七卷，第 32—34 页。

对服务用户征收的费用再也不是公共事业被特许人的报酬的唯一方式，而仅可作为若干可能方式的其中之一，例如，由特许人或第三者给予的财政援助、广告收入等。[110] 它可能是给被特许人报酬的主要方式，但不是唯一的方式。在此意义上，共和国总检察长办公室第 1/94 号意见书指出，“公共事业特许合同，虽然在开始时其定义包含被特许人透过向用户征收费用作为报酬的元素，但在随后的发展中，最终改变了其概念框架，并总结为用户支付的费用或给付并非构成被特许人报酬的唯一方式”，而且“从被特许人除可获得特许人的财政援助外，亦获得非来自特许人或用户的其他资源，就可证明上述的结论”。[111]

因此，存在与公共工程特许相同的现象，但现今有关现象被应用于公共事业上（天然气、电力、自来水的销售，卫生、集体运输系统的经营，等等）：私人首先需要装备有关服务，[112] 以其资金投资，随后经营该服务，向用户征收相关费用或获得其他方式的适当报酬；最终，经过一定期限，最初的投资将被摊还，而该公共事业将会被行政当局收回。[113]

然而，公共事业特许的特质是赋予被特许人在一定期限内对被特许的公共事业进行*管理*的*权限*。这意味着，借此将有关某个事业的组织及*运作模式*（modus faciendi）的主要决定权由公共范围转移至私人范围。[114] 如果不是这样，所面对的可能只是一个为公共目的而订定的提供服务之合同。[115]

在葡萄牙，没有对这类合同下定义，亦没有为其制定一般法律制度。此外，3 月 2 日第 59/99 号法令的强制适用范围明示地排除了公共事业合同，“即使它包含部分工程亦然”（参看第 1 条第 6 款）。[116]

---

110 在这意义上，亦见，Pierre Delvolvé，*La Concession de Service Public et le Droit Communautaire*，载于 *La Concession de Service Public face au Droit Comunautaire*，巴黎，1992 年，第 109 页。

111 共和国总检察长办公室第 1/94 号意见书，同上所述，第 6083—6084 页。

112 然而，有些并不出现这种情况的特许，例如，被称为“第二代”的特许。

113 除了特许，仍有其他由私人管理公共事业的模式。关于这类课题，见 Laurent Richer，*Droit des Contrats Administratifs*，第 356 页及续后数页；以及 Pedro Gonçalves，《公共事业特许》，第 143 页及续后数页。

114 见 François Llorens，*La Définition Actuelle de la Concession de Service Public en Droit Interne*，同上所述，第 32 页。

115 参见下文。

116 关于以现行葡萄牙法的特许经营的公共事业及关于共同体法的公共事业概念，见 Pedro Gonçalves，《公共事业特许》，第 40—43 页及第 209—212 页。而关于第二个方面，亦见 Fausto de Quadros，《公共事业与共同体法》，载于《纪念 Manuel Gomes da Silva 教授之研究》，科英布拉，2001 年，第 641—668 页；Maria Luísa Duarte，《欧洲联盟及欧洲共同体法律研究》，科英布拉，2000 年，第 201—210 页。

本义的（proprio sensu）公共事业特许有别于其他亦以私人（间接[117]）管理一项公共事业为目标之“近似”合同。以下我们提出了三个在法国尤其常见的，例如，*有利害关系的管理*（a gestão interessada）、*竞买*（a arrematação）及*管理*（a gerênica）。[118]

有利害关系的管理（法文：“régie interessé”）是指行政当局资助公共事业，将相关管理赋予私人（“régisseur”），并为此承诺与私人分摊经营该事业之收益的合同。

*竞买（法文：“affermage”）与传统的*公共事业特许的不同之处在于私人无须兴建或资助特许的场所，因为它已存在。[119]

*管理*是由私人管理公共事业，以*承包定额*作为报酬，私人无须同时承担经营的风险（这由行政当局承担）。

157. 公产经营特许

“公产经营特许”（concessão de exploração do domínio público）是指委托*私人管理或经营一项公产的行政合同*。

我们所继续探讨的，是特许合同的一般形态，但这次不再以公共工程或公共事业作为目标，而是以一项公产作为目标，即由于该财产用于公众用途和公共利益，因此对其的保护制度超过一般法律的有关制度。[120] 被特许人代替行政当局管理有关公产，而且行政当局不向有关私人（被特许人）作出支付，反而是以向公众征收费用作为支付——这里涉及一项由公众直接使用的财产（例如，一个游艇码头、船坞或沙滩的经营特许的情

117　关于公共事业的管理模式，见 Marcello Caetano，《*手册*》，第二卷，第 1070 页及续后数页，及第 1092 页及续后数页；Pedro Gonçalves，《公共事业特许》，第 30 页及续后数页。

118　见 Laurent Richer，*Droit des Contrats Administratifs*，第 366 页及续后数页。Pedro Gonçalves，《公共事业特许》，第 146 页，所有这些方式均是公共事业特许的例子。

119　见 Jean Rivero，《行政法》，第 516—517 页及续后数页；Jean Dufau，*Droit der Travaux Publics*，第 147—148 页。

120　公产的范围，主要载于宪法第 84 条。这个条文是于 1989 年修正宪法时引入的，以建制去保障于葡萄牙存在的国家公产（第 1 款）——除此之外，亦有自治区及地方自治团体的公产（参见第 2 款）——而且，除了那里区分的范围种类（宪法所订的公产），亦允许法律将其他财产确定为公产。关于公产的概念，葡萄牙学说见 Marcello Caetano，《*手册*》，第二卷，第 879 页及续后数页；及最近的 Menezes Cordeiro，《葡萄牙民法条约》，第一册，第二卷，科英布拉，2000 年，第 43 页及续后数页。

况）——或以该财产的经济营运作为支付，公众并不直接使用有关财产（对一个矿山、药用矿泉水的泉源等的特许）。[121]

公产经营特许可以附属或不附属于其他特许，其中一个附属于其他特许（公共工程特许）的公产经营特许的例子是公路的特许。由于被特许人于规定的期限内占有所生产的公产，因此，必须将这些财产的使用权连同保养的负担转移予被特许人。[122]

相反，采矿的特许是不附属于其他特许的公产经营特许。这正如药用矿泉水的泉源的情况，国家在那里亦将其经营权转移予管理财产的私人，并按其性质及目的享用它们。[123]

158. 公产专用特许

“公产专用特许”（concessão de uso privativo do domínio público）是指*行政当局授予私法上的主体，以公益作为单独目的，专属地在经济上使用一个属公产范围的对象或项目的行政合同*。[124]

此情况尤其是，公共水域的利用、海上或河流航行的支持服务设施、道路的燃料售卖站设施、盐场及沼泽的利用、海边和河流及湖泊地区旅游业场所的建筑、河床或湖床沉淀物的提取等的公产专用特许。

不应将*公产专用特许*与上一点提及的*公产经营特许*相混淆：*公产经营特许*赋予私人自行及承担风险地管理所涉及的全部公产职能，犹如行政当局一般；而*公产专用特许*只是准许私人，基于一个个别的法律依据（单方或双方的），主要为公共利益或私人的利益，而使用及享益部分公产。[125] 即是说，在经营特许中，被特许人是有关公产的管理人，履行行政当局的职责及取代行政当局的位置；不同的是，在专用特许中，被特许人只是公共

---

[121] 关于这类合同的形式，全面地见 Marcello Caetano，《第 2.105 号法律的解释若干要点》，载于《行政法研究》，第 286—287 页；及 Freitas do Amaral，《私人对公产的使用》，第 15—16 页及第 183 页及续后数页。亦见 J. L. Bonifácio，《地质资源的私人权利的法律制度及性质》，里斯本，1994 年。意大利法，见 M. S. Giannini，*Diritto Amministrativo*，第二卷，第 651 页及续后数页。

[122] 见 Marcello Caetano，《手册》，第二卷，第 949 页。

[123] 见 Marcello Caetano，《手册》，第二卷，第 949 页。

[124] 关于此形式的发展，见，Freitas do Amaral，《私人对公产的使用》，第 165 页及续后数页。

[125] 见 Afonso Queiró，《行政法》，第二卷，1959 年，第 28 页。

实体所管理的公产的单纯用户，公共实体继续履行其公共职务，而被特许人继续从事其私人业务。[126]

公产专用特许可以有两种类型：一方面是*立即利用的特许*(concessões de aproveitamento imediato)；另一方面是*间接利用*或*设置服务的特许*(concessões de aproveitamento imediato ou para instalação de serviços)。第一个情况，被特许人拟从公产物件中得到利益（例如，以水灌溉）；第二个情况，被特许人只拟将该等财物作为开展一项公共事业的物质条件（例如，铺设电线杆及安置基础设施）。[127] 这区别于不同制度上的后果，例如，立即利用特许引致费用的支付，而间接利用的特许则原则上是免费的。

159. 博彩经营特许

"博彩经营特许"（concessão de exploração de jogos de fortuna ou azar）是*指私人承担设立及经营娱乐场，并以博彩收入所赚到的利润为其报酬的行政合同*。[128]

该机制与其他特许相约：私人以其资金投资，设立娱乐场或其他博彩场所，自行并承担风险去经营它，从该经营中获得其所投资的资金的报酬，而最终，向国家退还该场所。在之后的期限内，将由国家直接经营或再次向提供更好的条件者授予特许或租赁。[129]

---

126 公产专用特许得以牌照，甚至或透过公法租赁合同为凭证——该租赁包含公法及私法的次类型。在此，见 Freitas do Amaral，《私人对公产的使用》，第 178—180 页。

127 见 Marcello Caetano，《*手册*》，第二卷，第 939 页及续后数页。亦见 Pedro Gonçalves，《公共事业特许》，第 88—89 页。

128 关于此合同，见 Freitas do Amaral，《塔马里斯的个案——批判性司法见解的研究》，里斯本，1965 年；Oliveira Ascensão，Menezes Cordeiro，《博彩区域的特许》，载于 *RDP*，第二年，第 3 号，1988 年，第 53 页及续后数页；C. Monta Pinto，A. Pinto Monteiro，J. Calvão da Silva，《博彩及投注》，1982 年（Santa Casa da Misericórdia de Lisboa 的出版物）。

129 见《丰沙尔（Funchal）博彩区域特许合同》，公布于《葡萄牙政府公报》，第 75 期，第二组，1968 年 3 月 28 日；《菲盖拉 - 达福甚（Figueira da Foz）博彩区域特许合同》，公布于《共和国公报》，第 169 期，第三组，1981 年 7 月 25 日；《埃斯托里尔（Estoril）博彩区域特许合同》，公布于《共和国公报》，第 197 期，第三组，1985 年 8 月 28 日；《埃斯品浩（Espinho）的博彩区域特许合同》，公布于《共和国公报》，第 37 期，第三组，1989 年 2 月 14 日；《*波华迪华森*（Póvoa de Varzim）的博彩区域特许合同》，公布于《共和国公报》，第 37 期，第三组，1989 年 2 月 14 日；《阿尔加维（Algarve）博彩区域特许合同》，公布于《共和国公报》，第 50/96 期，第三组，第 14 副刊，1996 年 2 月 28 日。

葡萄牙对这些合同的立法追溯至20世纪初期。1927年12月3日第14.643号法令结束了悠久的禁止博彩传统，而以专营特许制度准许在称为博彩区域[130]的特定地区经营幸运博彩。[131] 事实上，博彩特许事宜随后相继受1958年3月18日第41.562号法令及1969年3月18日第48.912号法令规范，该类合同由1月19日第10/95号法令修改的12月2日第422/89号法令（以下简称“博彩法”）第9条规范。

根据现行的法律规定，“幸运博彩是因纯粹或根本上依靠运气而结果不确定之博彩”（第1条）。然而，很难界定“幸运博彩的类似方式或博彩的其他方式”的概念，正如第159条第1款，“（……）向公众提供之博彩活动是当中联合博彩者运气或机灵，或仅靠运气，而赢得之博彩活动，并给予具经济价值之物作为奖品”。[132] 这些幸运博彩的类似方式的经营取决于负责内政的政府成员的准许（第160条第1款）。

为更好地了解其特征，最好亦将博彩经营特许与另外两种特许作出区分，即使粗略地亦然；这两种“经典的”特许是——因为这是很多立法规范及学术的目标——公共事业特许及公共工程特许。

博彩经营特许与公共事业特许之间有清晰的界限。正如后者一样，在前者中“博彩经营也是公法人批给的特许目标。私人有权进行一项昔日被禁止的活动，即享有一项专营权，发展一项对公众有利的利益活动。虽然在一定条件上从属于一般利益，但由其自行承担从事活动的风险”。[133]

然而，它们亦有重大不同之处。最主要是：博彩业，毫无疑问是作为一项公共利益的活动，可是它不是一个公共事业。诚然，正如我们所见，公共事业是一个颇受争议的概念。正如上文所提及的，即使这样，它可以被理解为法律规定公法人须提供的利益活动，而其提供应遵守“Louis

---

130 该准许是基于这个信念，“绝对禁止幸运博彩的制度（……）本身使非法赌博法活动及不尊重法律蔓延。此外，对黑市赌博进行必要的监督是困难的甚至不可能的。另一方面，国际旅游需求加重了绝对禁止所带来的弊端。然而，不是因为游客偏好前往他们可以博彩的中心，而是作为国际水平的旅游区，很难在博彩经营以外找到他们所需要的巨额收入”。见《塔马里斯的个案——批判性司法见解的研究》，同上所述，第200页。

131 关于博彩现象的历史渊源，见 Monta Pinto，Pinto Monteiro，Calvão da Silva，《博彩及投注》，第33—54页；及 Sérgio Vasques，《罪恶的税项》，科英布拉，2000年，第150—154页。

132 见 Rui Pinto Duarte，《博彩与权利》，载于 *Themis*，第二年，第3期，第69页及续后数页。

133 见 Freitas do Amaral，《塔马里斯的个案》，同上所述，第203—204页。

Rolland 提出的著名指引性原则（……）：*连续性*原则（……）；*平等*原则，禁止不公平地对待服务的用户；*适应当下需要*原则，因而不存在对维持规范公共事业的规定的既得权利（……）。”[134] 因此，不能说博彩经营旨在“满足个人感觉到的集体需要，不能在一开始便说进行幸运博彩活动是一项集体需要。而另一方面，毫无疑问，对一般公众进入博彩厅设定很大的限制的事实，亦不符合公共事业旨在使公众容易获得服务的原则（……）。博彩业在以前或现在都不是公共事业。国家可借着为它而设的制度，达到一项或多项的公共利益：在任何情况下，这不足以在技术上将其看待为一项公共事业”。[135]

在幸运博彩经营特许与公共工程特许之间亦存在值得注意的近似。首先，正如后者所发生的，在这里共同缔约人须承担完成（公共）工程的义务，作为其于一定期限内享有专属经营权的回报。

然而，很明显的是，“在合同中规定由私人承担特定的公共工程，不足以将之定性为特许。特许的核心必须体现为公共权力移转并以此作为合同的主要目标。博彩的情况不是如此。《博彩特许》的法律制度围绕着一个核心内容：*国家给予私人以专营制度经营幸运博彩业的许可*。很清晰，这才是合同的目标：私人参与竞投是为了获得许可，他为了自己利益，自行承担风险经营博彩。所有其他内容都从属于这个目标。特别是，被特许人承担那些义务是以从国家的手中获得专营作为回报的。这是国家对其强加的负担，因为国家许可博彩经营，因此须从大量收入的来源中取出利润造福公共利益。这不是合同的主要目标”。[136]

另一方面，并不是所有被特许人必须完成的工程都被视为公共工程。“例如，酒店就不可以引用这个概念”。[137]

幸运博彩经营特许与公共事业特许或公共工程特许的分别在于，作为被特许人，由于他从合同订立中所得到的好处，有义务向作为特许人的国家给付（首次及每年的）财政回报。

正如所知，在其他特许中，一般情况下被特许人不承担回报特许人的义务。通常，除了从用户中收取费用外，被特许人亦获得由特许人给予的

134 见 Prosper Weil，《行政法》，第 86 页。

135 见 Freitas do Amaral，《塔马里斯的个案》，同上所述，第 203—205 页。

136 见 Freitas do Amaral，《塔马里斯的个案》，同上所述，第 205—206 页。

137 见 Freitas do Amaral，《塔马里斯的个案》，同上所述，第 205 页。

财政援助。[138]

160. 持续供应

"持续供应"是指*私人在特定期限内向行政当局规律地提供为公共服务正常运作的特定必要物品的行政合同*。

举例：国家印务局与一些向其定期供应纸张及墨水的企业订立持续供应合同，如果缺乏这些物品则不可能运作；医院亦订立为提供药物、食物等持续供应的合同等。

要强调的是，只有*持续*（contínuo）供应的合同才是一个真正的行政合同，而单独一次的供应合同则不是。

161. 为直接公益提供劳务

"为直接公益提供劳务"之合同是指*私人与行政当局订立的合同，前者因而须实施一个直接公益的活动*。

这个形式与公共事业特许之间的具体区别存有很多的疑问。我们认为一般可指出以下区别：劳务提供合同与公共事业特许合同的分别，可以从倾向上说。与后者所发生的相反，在劳务提供合同中，共同缔约人所进行的活动主要是以行政当局为相对人［*对内*（ad intra）］，而不是以公民为相对人［*对外*（ad extra）］[139]。之所以从倾向上说，这是因为提供劳务合同有"对外"的情况，而特许公共事业合同亦有"对内"的情况。前者的例子有：在结构上等同于无代理权的委任的（行政）合同。[140] 后者的例子有：多个城市的联合组织给予一个私人企业于特定期限内对固体废物处理厂进行构思、建筑，提供资金及建筑的特许，而被特许人的主要报酬是由该组织支付按

138 见 Pierre Delvolvé, *La Concession de Service Public et le Droit Communautaire*，同上所述，第 109 页；François Llorens, *La Définition Actuelle de la Concession de Service Public en Droit Interne*，同上所述，第 37 页；Christian Bettinger, Gilles le Chatelier, *Les Nouveaux Enjeux de La Concession*，第 12 页；以及 Celso Bandeira de Mello，《行政法课程》，S. Paulo，1999 年，第 500—501 页。

139 见 Pedro Gonçalves，《公共事业特许》，第 160 页及续后数页；及 José Manuel Sala Arquer, *El Contrato de Servicios*，载于 Contratación Pública，马德里，1996 年，第 266 页。

140 见，所有的，关于这个形式，Fernando Pessoa Jorge，《无代理权的委任》，科英布拉，2001 年（重印），第 381 页及续后数页。

照每顿存放的垃圾计算的价金；[141] 又如，将电视公共事业特许予 RTP, S. A.，“被特许人的报酬（对于其履行公共事业的义务）只是特许人给予的报酬”[142] ——依照 7 月 14 日第 31 - A/98 号法律（电视法）第 47 条的规定。因此，葡萄牙法中，没有任何法律原则或规范阻止将公共事业特许定性为“许可”一个实体“管理一项公共服务”的行为，而规定仅由特许人支付报酬，以回报管理者。只要有关行为涉及履行“公共服务”的职责且是一个“行政法律关系”的渊源，有关定性就是被推荐及必然的。[143] 正如 Pedro Gonçalvas 所指的“*对个人*（uti singuli）的给付（在被特许人与用户之间建立特定的法律关系）已不再作为特许的根本要素”。[144]

因此，关键的区别标准是另一者：在劳务提供之中，并不改变管理服务的责任，有关责任由行政当局承担（私人只是协助履行为完成服务的若干条件）；在特许合同中，行政当局将公共服务的管理转移予共同订立合同人。[145] 总而言之，被特许人自行管理服务；提供服务者协助行政当局执行若干工作以取得回报。然而，要注意的是，提供服务者如被特许人般，亦可以其本身名义作出活动（这在无代理权的委任合同中发生）。我们用意大利学者们的启示性词语，可以说，在公共事业特许中所发生的是“私人实体对行政当局的工作的代替”（sostituizione di un privato nei compiti propri dell' amministrazione），[146] 相反，单纯的劳务提供中，所发生的是请求私人协助“以一定的费用提供特定的给付”（che verso un corrispettivo si obbliga ad una determinada prestazione）。[147]

传统上，学术及司法见解认为，为直接公益提供劳务之合同在根本上包含两个完全不同的种类：运送合同（contrato de transporte）及任用合同（contrato de provimento）。[148] 事实上，Marcelo Caetano 在教《行政法典》时所指的“提供劳务的概念”，源自塞亚布拉（Seabra）《民法典》所规定的广

141　关于合同形成的程序的若干变迁，可以参考共和国总检察长办公室第 1/94 号意见书，载于 1994 年 6 月 21 日，《共和国公报》，第 141 期，第二组，第 6083—6084 页。

142　见 Pedro Gonçalves，《公共事业特许》，第 141—142 页。

143　在此，见 Pedro Gonçalves，《公共事业特许》，第 141 页。

144　见 Pedro Gonçalves，《公共事业特许》，第 160—161 页。

145　见 Pedro Gonçalves，《公共事业特许》，第 161 页。

146　见 Domenico Sorace-Carlo Marzuoli，*Concessioni Amministrative*，载于 *Digesto delle Discipline Pubblicistiche*，第三卷，第 298 页。

147　见 Antonio Cianflone，*L' Appalto di Opere Pubbliche*，第 150 页。

148　此意义上的所有内容，见 Marcello Caetano，《*手册*》，第一卷，第 584—586 页。

义的概念，但须抽出已成为独立规范目标的承揽合同，以及抽出委托合同、关于提供艺术及自由职业活动的劳务合同（……），因为后两者没有将服务提供商的活动归类于接受服务之实体的机关领导之特征要素。将这些部分排除后，只剩下任用合同和运送合同。[149]

然而，这个理解已经是过时的。今天——在法律上存在行政合同的实质概念——为直接公益提供劳务合同，包括其他种类，而不仅包括上述两种传统意义上的种类。[150]

然而，以下我们分析这两种传统的提供劳务之合同。

“运送合同”是指由*私人负责确保由行政当局负责的在指定的地点之间运送人或物的行政合同*。例如，在邮电司（CTT）与铁路运输的被特许人之间运送合同，后者每日将邮件由一地运送到另一地。

“任用合同”是指*私人加入行政当局的常备编制而必须按照公职通则向行政当局提供其职业活动的行政合同*。

不应将任用合同与公职职位的其他任用方式（如委任）相混淆。正如我们所知，公务员的任用可有若干不同的方法，当中最主要的两种是委任及任用合同：倘若以委任的方式作出任用，在法律上表示为现在所面对的是一个行政行为，是单方行为，而该私人随后可接受或不接受，而任用合同却源自一个真正的行政合同。

如果以委任的方式作出任用，首先存在一个被作出及公布于*共和国公报*的单方行政行为，甚至它在利害关系人作出是否接受的声明之前就存在。

任用合同的情况则不同，只有在公共行政当局与私人两者之间联合而达成合意时才存在合同，而这种合意由双方在同一份文件上签署表明。在此，私人的接受是合同的组成、构成要素。

任用合同与*民法的劳务提供合同之间*存在另一个重要的区别。任用合同是将私人转变为公务员的行政合同，民法的劳务提供合同的目标是向一个私人委托特定工作，但没有将他转变为公务员。例如，倘若工务部要建造纪念4月25日的纪念碑，可以与一个建筑师订立一份合同，以便其绘画设计图。这是一项特定工作，建筑师绘画设计图，将之交予该部，收取价金，在此，便完结了其与行政当局的关系。这不是一个行政合同，不是一

149 见 Marcello Caetano，《*手册*》，第一卷，第584页。

150 关于导致传统学说保留将提供劳务合同定性为上述两个例子的原因，见 Sérvulo Correira，《行政合同》，第25页。

个持久的合同，且没有将私人加入到国家的常备编制内；相反，它是一个民法的劳务提供合同。

任用合同与*劳动合同*（contrato de trabalho）亦存在另一个区别。劳动合同是私人转变为一个雇主实体的雇员的私法协议。这是加入雇主实体的企业的常备编制。[151]

简言之，劳动合同具有特定的法律制度，而任用合同则具有另一法律制度。后者的制度被称为公职制度，而劳动合同制度是私人企业的劳动者的一般制度。劳动合同是一个私法合同，任用合同则是一个行政合同。

然而，要注意的是，一般情况下，公共企业的员工适用劳动合同的制度，而不是公职制度，因为公共企业遵循私法上的管理。[152]

162. 行政合同的其他种类

除了以上所述的合同外，亦有些其他法律没有作明确识别的合同，但是它们体现了所有被认定为行政合同所需及充分的特征。

若干例如，

国家私产的临时让与合同；[153]

房屋发展合同；[154]

都市化合同；[155]

---

151 关于这类合同，见 Bernardo G. L. Xavier，《劳动法教程》，里斯本，1993 年，第 283 页及续后数页。

152 关于本书所作的各种区分，见 Marcello Caetano，《*手册*》，第一卷，第 584—586 页，及第二卷，第 654—657 页。关于公法与私法上的管理的区分，见本教程，第一卷，第 139 页。亦见 Ana Fernanda Neves，《公职雇佣的法律关系》，科英布拉，1999 年，第 147 页及续后数页。

153 见 Nuno Cabral Basto，《让与》，载于《公共行政法律词典》，第二卷，第二版，里斯本，1990 年，第 375 页；Marcello Caetano，《*手册*》，第二卷，第 993 页。《临时让与》的法律制度似乎亦载于 1934 年 9 月 13 日第 24. 489 号法令。

154 规范于 5 月 7 日第 165/93 号法令中。

155 关于此制度，法律上现时规范于 12 月 16 日第 555/99 号法令第 55 条中，见 Freitas do Amaral，《都市化法律》，第 122 页；Carlos Fernandes Cadilha，《合同事宜……》，第 397—401 页；Luciano Marcos 及 Manuel Jorge Goes，载于 AA. VV，《都市化法律的根本法例》，第二卷，里斯本，1994 年，第 606—607 页；关于 12 月 31 日第 400/84 号法令的制度，见 Maria do Patrocínio da Paz Ferreira，Luís Ferestrelo de Oliveira，《都市土地的新法律制度注释》，科英布拉，1985 年，第 77 页及续后数页。

公众用水的引导、处理与分配，排放物的处理与排除，以及固体废物的收集与处理等的市政系统特许合同；[156]

减少污染负荷的计划合同；[157]

市与街坊或街坊团体就都市基础设施以及绿化及公共使用区域的合作协议；[158]

电信基本网络电路租赁合同；[159]

等等。[160]

163. 行政合同的分类

行政合同可有若干分类。主要如下。

a) *行政当局与私人之间的行政合同、公共实体之间的行政合同及私人之间的行政合同*。此分类着重于行政合同的*主体*。最典型的行政合同类别，就是作为历史产物的行政当局与私人之间的行政合同：一方是公共的立约人（一个公法人）；另一方是私人的立约人（一个私人或一个私法人）。例如，承揽合同、普遍的特许合同及持续供应合同。

但此类别并不是唯一的，因为事实上可以有（且已有）仅由*公共实体之间*或仅由*私人之间*订立的行政合同。

*在公共实体*之间的行政合同中，全部主体都是公法人：国家与一个市之间，两个市之间，一个市与一个堂区之间，一个市与一个公务法人之间，两个公务法人之间，等等。[161] 葡萄牙行政法的实践中，经常将该等合同称为

---

156 载于及规范于 11 月 5 日第 379/93 号法令及 6 月 21 日第 147/95 号法令。

157 载于《环境纲要法》第 35 条。见 Paulo Castro Rangel，《环境的协调规划及法律》，科英布拉，1994 年，第 47 页及续后数页。

158 载于及规范于 12 月 16 日第 555/99 号法令第 46 条。

159 规范于 7 月 21 日第 198/94 号法令。见 Pedro Gonçalves，《电信法》，第 140—141 页。

160 关于更详尽的清单，尽管它已有些过时（它是 1986 年的），见 Sérvulo Correira，《行政合同中的缔约合法性及独立性》，第 420—427 页。

161 见 Sérvulo Correira，《行政合同中的缔约合法性及独立性》，第 409 页及续后数页。于法国，见 Laurent Richer，*Droit des Contrats Administratifs*，第 111 页及续后数页。

协议、*议定书*、*约定*等。在很长一段时间内，这些合同是一些国家（如德国或意大利[162]）所认为可予接纳的唯一一种行政合同。

*在私人之间订立*的行政合同中，全部主体都是私法实体。例如，对一个特许的*转特许*或*顶让*的情况：[163] 基于其目标及其行政法律制度，不得不认定这些合同为行政合同。[164] 须注意，此形态（以及由私人实体订定的行政规章及由私人作出的行政行为形态）确证了我们于本*教程*第一卷所提及的行政法概念，当中我们强调此法律部门的特征性标志并不是公共行政当局必须在场，而是对公共行政活动的法律规管。

b）*协作合同及归属合同*（Contratos de colaboração e de atribuição）。*在此着重于目的准则，或作用原因准则*。

协作合同是指“其中一方当事人透过收取报酬向另一方提供临时协助以履行行政职责之合同”。[165] 在这些合同中，“主要给付是合同的共同订立合同人确保履行作为合同另一立约人的职责”。[166] 可以公共事业特许作举例。

依照 Sérvulo Correira 的解释，归属合同是指“在作用原因方面向行政当局的共同订立合同人赋予一定好处的合同。在这些合同中，行政当局的给付是主要及具特征性的，被管理者的给付仅是其所获得的好处的回报、后果或条件。在这些情况中，公共利益的实现，更多是依靠向私人立约人授予某些权利，而并非对义务的承担”。[167] 都市化合同可以作为该类合同的例子。

c）*隶属合同及合作合同*（Contratos de subordinação e de cooperação）。*此定义着重于行政当局与共同缔约人在合同平衡中的相对地位*。

162　见 Casalta Nabais，《税收合同》，第 68—69 页的指引。

163　关于“顶让”与“转特许”，见 Marcello Caetano，《*手册*》，第二卷，第 1127—1129 页。

164　关于私人之间的行政合同的课题，见 Sérvulo Correira，《行政合同》，1972 年，第 29—31 页；同上，《行政合同中的缔约合法性及独立性》，第 411 页及续后数页；Esteves de Oliveira《行政法》，第 658 页；Freitas do Amaral，《J. M. Sérvulo Correia 学士的博士论文鉴赏》，同上所述，第 168 页。亦见法国的 Laurent Richer，*Droit des Contrats Administratifs*，第 103 页及续后数页。

165　见 Sérvulo Correia，《行政合同中的缔约合法性及独立性》，第 420 页。

166　见 Sérvulo Correia，《行政合同中的缔约合法性及独立性》，第 420 页。

167　见 Sérvulo Correia，《行政合同中的缔约合法性及独立性》，第 421 页。

在一些情况中，行政当局作出指示、命令、领导、监察及处罚（例如，公共事业特许、公共工程承揽或任用合同的情况），而私人必须服从。这就是*隶属协作*（colaboração subordinada）合同。

然而，在另一些情况中，行政合同使当事人之间处于平等关系，彼此于相同层面合作——这就是*平等合作*（colaboração paritária）合同（可以是公共实体之间的合同，也可以是私人实体之间的合同，甚至是行政当局援助私人领域的合同）。

d）*主要合同及次级合同*（Contratos primários e secundários）。正如我们从行政行为中看到的例子，行政合同中亦可分为*主要合同*及*次级合同*。

所谓的*主要合同*，是指直接规范行政法律生活上的情况（特许、承揽、供应）。所谓的*次级合同*（secundários），是指关于先前行政合同的合同（双方协议解除、转特许、次承揽、特许之顶让等）。

e）*设定性合同、变更性合同及消灭性合同*（Contratos constitutivos, modificativos e extintivos）。这是以合同在行政法律关系中所担当的功能作为标准（参看《行政程序法典》第 178 条第 1 款）而分为*设定性*、*变更性*或*消灭性合同*。

例如，《行政程序法典》第 178 条第 2 款所列举的行政合同是设定性合同；而特许之顶让、转特许或次承揽，以及更改先前合同条款的合同，[168] 均是变更性合同；最后，关于消灭性合同，例如，双方针对生效的行政合同解除（废止）协议。

f）*典型行政合同及非典型行政合同*（Contratos administrativos típicos e atípicos）。所谓的典型，是指在法律中找到定义及特征的行政合同。

168 例如，根据 10 月 24 日第 294/97 号法令核准的附件，《布里萨（Brisa）的特许纲要》，第 II 纲要第 2 款的规定，当中规定“特许目标得以被特许人与国家之间的协议去更改”。另一个例子，第 59/99 号法令（《公共工程承揽制度》）第 27 条第 6 款规定，“增加之工作之实施，应以附于承揽合同之补充合同形式制定”。

例如，公共工程承揽或公共工程特许的情况（参看《行政程序法典》第178条第2款a）项及b）项，以及3月2日第59/99号法令第2条第3款及第4款），甚至博彩经营特许合同（参看《行政程序法典》第178条第2款f）项）。

相反的，所谓的非典型，是指法律没有界定及订定特征的行政合同，但公共行政当局得在行使公法之合同自治权时依法创设*全新的*（ex novo）合同。如援助合同、津贴合同等。而那些被法律称为行政合同但没有为其制定最基本的法律制度的合同，亦非典型合同。[169]

正如我们所见，葡萄牙长久以来认为行政当局只有权订立典型行政合同，不得创设法律所明确规定及规范以外的其他合同模式。可是，正如我们所知，现在情况是不一样的，原则上，行政当局除可作出行政行为或订立私法合同，亦有权选择订立其他的——非典型或无名的——行政合同，“但因法律规定或因建立之关系之性质，而不得订立行政合同者”，不在此限。

然而，须注意——这个说明与是否可采用合同以设定、变更或消灭行政法律关系无关，而仅与其内容有关——根据《行政程序法典》第179条第2款，“行政机关不得要求不适度的或与合同目标没有直接关系的合同给付”。这项在1996年于《行政程序法典》第179条新增的条文中，[170] 不仅旨在强调适度原则在行政合同范畴的适用，而且为了阻止公共立约人在合同规定中加入与合同目标无关的条款，而仅仅为了“剥削”私人立约人订立

169　关于典型合同与有名合同的分别，见 Oliveira Ascenaão，《物权的种类》，里斯本，1968年，第47页；Menezes Cordeiro，《债法》，第一卷，里斯本，1980年，第418页。

170　在《行政程序法典》中新增该条文是很“崎岖”的。虽然在附于第6/96号法令的重新公布的《行政程序法典》中有载明第179条第2款，但基于明显文误，并未在被修改的条文列表原文本中载有这款。这事实上导致一些学者（Esteves de Oliveira，Pedro Gonçalves，Pacheco de Amorim，《行政程序法典》，第820页）认为这款因此而不生效，既然“法典的重新公布并不相应于立法权限的行使（……），而只是对法律本身所载作出（原文及系统化的）转录，而对于法律的缮写员或汇编者的权力，是未获赋予加入或增加立法者所发表的规范的”。此争论是恰当的。一般情况下，很清晰的是，在出现实质性差异的情况时，修改的法律文本优先于合并的文本，而这正指明这些修改被有效地核准（在这方面，亦同样见 Gomes Canotilho，Vital Moreira，《葡萄牙共和国宪法注释》，第1058页）。可是他们不具有理由，而我们相信在第6/96号法令第4条第2款有“重新公布经11月15日第442/91号法令核准的《行政程序法典》，当中加入了本法所作的修改及必要的实质修正”。而在该重新公布中，第179条载有两款。

合同的意愿。[171] 这是基于发现不良的趋势，其中，我们的公共行政当局滥用其当局权力，在合同磋商中要求私人立约人相当过分的（不适度的）给付，该给付本身甚至与合同目标无关。现在，根据《行政程序法典》第179条第2款之规定，这类要求是违法的。如行政当局尽管在这条法律规定下，仍强迫加入不适度或与合同目标无关的条款，则私人立约人可以签署该合同（因不想失去生意上的机会），而在随后，可提出合同（部分）无效之诉以作出缩减。

总结而言，*代替行政行为的行政合同*，不得被用来强迫私人在合同中接受那些只能以行政行为设立的负担，相反亦然。亦不可透过合同给予那些不可透过行政行为获得给予的利益（给予比依法可获得更多的津贴）。[172]

例如，在都市化合同中（参看12月16日第555/99号法令第55条），对私人规定执行都市化工程，而工程的价值远远超出从该土地经过由耕种土地转变为都市化土地的改造所获得的价值，这是违法的。同样，行政当局与申请批地及都市化工程准照的申请者协议，由他们完成及投资一些与他们旨在开展的具体运作无任何直接关系的工作（例如，须在批地范围以外的地方实施工程），这亦是违法的。最后，原则上，在都市化合同中规定私人须基于其他目的向市政厅赠予土地，才可订立该都市化合同，亦是违法的。

g) *目标与行政行为兼容之行政合同及目标与私法合同兼容之行政合同*。这个行政合同分类，是葡萄牙 Sérvulo Correia 在学术中针对非典型合同所建议的，[173] 此引发人们注意到行政合同目标之有趣的双重性：有些合同以可受行政行为管规的法律状况为目标（例如，公共工程特许或公共事业的特许）；另一些合同则以可作为私法合同目标之法律状况为目标（如承揽、租赁、借贷、劳务提供、津贴等）。

一个特定行政合同属于上述任一种类的事实，无论在行政当局磋商由大或小的层面，还是在合同的非有效制度方面，均具实务上的重要性。根

---

171 见 Freitas do Amaral 及其他著者，《行政程序法典之注释》，第305页，及其他作品。亦见 Sérvulo Correira，《行政合同中的缔约合法性及独立性》，第748页。

172 见 Esteves de Oliveira，Pedro Gonçalves，Pacheco de Amorim，《行政程序法典》，第819页。

173 见 Sérvulo Correira，《行政合同中的缔约合法性及独立性》，第428页。

据法律，这是基于行政合同本身具有与行政行为兼容之目标（此情况将适用于行政行为的非有效制度）或具有与私法合同兼容之目标（此情况将适用于《民法典》规定的法律行为的非有效制度）而有所不同。参看《行政程序法典》第 185 条第 3 款。之后我们将回到这一点。

Ⅲ. 法律制度

164. 前言

行政合同的法律制度是由向行政机关赋予当局特权的规范以及向行政机关强制特别义务及约束的规范所组成的（而私法合同制度中均没有相类似的规定）。该法律制度主要由行政法（由《行政程序法典》及行政法之一般原则）订定，但亦由财政法的若干规范（参看《行政程序法典》第 189 条所准用规范公共开支之法律规定）及共同体法订定。

以下我们将研究行政合同法律制度中的三个阶段：

合同之形成；
合同之执行；
合同之终止。

165. A）行政合同之形成：a）共同体法

前言

一个真正的*欧洲单一市场*的成立及运作需要共同体的各机关在公法上之合同范畴之国家法例中采纳近似的法律措施。考虑到该范畴的巨大经济重要性，必须避免在各成员国中透过订立公法之合同而推动限制性措施从而危害这个目标。[174] 在此思路下，共同体中有权限的机关制定了一系列关于公共合同的形成程序的指令。而它被称为《公法上之合同的订立的共

174　见 Ricardo Rivero Ortega，*Administraciones Públicasy Derecho Privado*，第 203 页。

同体法》。[175] /[176]以下让我们一起来看。

原共同体法(Direito Comunitário originário)。严格地说，不可单从共同体的指令（即衍生共同体法）的角度去看这个题目。[177] 既然在原共同体法那里可以找到欧洲联盟及共同体须遵守的规范的起源，亦可从该角度去看。因此，以下对载于欧洲联盟条约（TUE）相关内容的主要指引作简要描述。[178]

首先须注意的是，尽管订立公法上之合同之范畴对完全实现共同体的内部市场[179]具有“重要性”[180] 或“关键性”，但该条约中并没有任何关于订立公法上之合同的规定。[181] 而此事宜是“*被1957 年条约的作者所遗忘的*”(a été passée sous silence par les auteurs du Traité de 1957)。[182] 可作出解释的事实是，上述订立公法上之合同的范畴的重要性及关键性在共同体的起始阶段并不明确，因为当日在不同的国家系统之间就此存在相当差异并因而无法取得共识。[183]

然而，对于共同体制度在订立公法上之合同的范畴内有关开放竞争及由此禁止歧视性做法的重要方面，条约有若干规范条款。[184] 例如，第 12 条（规定不因国籍而歧视的原则）和第 23 条及续后条文（关于货物自由流

---

175 见 Piňar Maňas，“El Derecho Comunitario de la Contratacion Pública，Marco de Regerencia de la Nuvea Ley”，载于 *Comentario a la ley de Contratos de las Administraciones Publicas*，马德里，1996 年，第 25 页。

176 关于共同体法与行政法的关系，见 Jűrgen Schwarze（ed.），*Le Droit Administratif Sous Línfluence de L' Europe*（*une Etude sur la Convergence des Orders Juridiques Nationaux Dans L' Union Européene*），Baden-Baden/Bruxelles，1996 年。亦见葡萄牙的 Fausto de Quadros，《行政法的新规模》，科英布拉，1995 年，各处。

177 关于这些概念，见葡萄牙的 Mota de Campos，《共同体法》，第二卷，第三版，里斯本，1990 年，第 24—156 页；及 Rui Moura Ramos，《欧洲共同体》，载于《欧洲共同体、共同体法的研究》，1994 年，第 70 页及续后数页及第 82 页及续后数页。

178 根据 1999 年 5 月 1 日生效的（1997 年 10 月 20 日签订的）《阿姆斯特丹条约》所加入的内容修改。

179 1986 年，在不计入公共企业的合同下，公共合同占共同体的葡萄牙生产总值的大约 9%。

180 见 Antonio Carullo，*Lezioni di Diritto Pubblico dell' Economia*，第二版，米兰，1999 年，第 211 页及续后数页。

181 除了偶然提及的第 163.2 条。关于此事宜，见 Sue Arrowsmith，*The Law of Utilities and Public Procurement*，伦敦，1996 年，第 78 页及续后数页；José M. Fernández Martín，*The EC Public Procurement Rules. A Critical Analysis*，牛津，1996 年，第 5 页及续后数页。

182 见 Christian Bettinger，Gilles le Chatelier，*Les Nouveaux Enjeux de La Concession*，第 99 页。

183 见 Moreno Molina，*Contratos Públicos*：*Derecho Comunitarioy Derecho Español*，马德里，1995 年，第 71 页。

184 见 Piňar Maňas，*El Derecho Comunitario de la Contratacion Pública*，第 25 页。

通）、第 43 条及第 49 条（分别解除关于对自由场所的限制及为自由提供劳务的限制），或第 86 条（须遵守条约的条款，尤其是，拥有特别及专属权利的公共企业，以及负责具有一般经济利益的服务的管理或具有垄断特征的企业的竞争规则）。总体上，旨在*“设定确保竞争不会在共同市场中被扭曲的制度”*（l' établissement d' un régime Assurant que la concurrence n' est pas faussé dans le Marché comum）。[185] 基于此，禁止在公共合同范畴内的歧视性做法。[186]

须注意，欧洲共同体法院在近期（2000 年 12 月，*Caso Telaustria*）认定，基于欧洲联盟条约的各个一般原则，国家成员应透过规范为公共事业批给合同之形成设定竞争性程序，尽管不存在任何这方面的特定指令。[187]

衍生的共同体法（Direito Comunitário derivado）。从时序性的角度看，对有关订定公共合同的共同体指令作系统整理后，[188] 可以将之分为三个阶段：（a）*最初阶段*；（b）*巩固阶段*；（c）*法典化及被排除范畴规范的深化阶段*。

a）*最初阶段*，在不妨碍对此作出局部规范的之前指令下，[189] 对订立公法上之合同自由化的最初指令是：

> 1971 年 7 月 26 日的第 71/305/CEE 号指令，关于工程（排除了特许）的公共合同的判给程序的协调；
>
> 1976 年 12 月 21 日的第 77/92/CEE 号指令，关于供应合同的判给

185　见 Michel Bazex，*La Concession de Service Public et le Traité de Rome*，如上所述，第 74 页。

186　见 Piñar Mañas，*El Derecho Comunitario de la Contratacion Pública. Marco de Referencia de la Nueva Ley*，如上所述，第 28 页。

187　关于上述裁判所带来的问题的详细解释，见葡萄牙的 Bernardo Diniz de Ayala，《选择公共事业特许的共同订立合同人的方法——欧洲共同体法院于 2000 年 7 月 12 日在 P. C - 324/98 所作的合议庭裁判》，载于 *CJA*，第二十六册，2001 年 3—4 月，第 3—25 页。

188　关于这题目，见 Piñar Mañas，*El Derecho Comunitario de la Contratacion Pública*，如上所述，第 29—34 页；Martín Razquin Lizarraga，*Contratos Públicosy Derecho Comunitario*，潘普洛纳（Pamplona），1996 年，第 39—101 页；Moreno Molina，*Contratos Públicos：Derecho Comunitario y Derecho Español*，马德里，1995 年，第 113—197 页；Laurent Richer，*Droit des contrats administratifs*，第 281—286 页。亦见葡萄牙的，Margarida Cabral，《行政合同的公开竞投》，科英布拉，1997 年，第 38—50 页；Esteves de Oliveira，Esteves de Oliveira，《行政批给的竞投及其他程序担保的渊源》，科英布拉，1998 年，第 18 页及续后数页；Regina Quelhas Lima，《认识一体化市场：公共合同》，1994 年 5 月，第 11—13 页；Miguel Catela，*La Adaptación Portuguesa al Derecho Comunitario Europeo de la Contratación Pública*，载于 *Documentación Administrativa*，2000 年，第 257—258 页，第 129 页及续后数页。

189　其中须强调第 71/304/CEE 号指令。

程序的协调。

这些第一代的指令，公开表明了其目标为减少判给实体在选择共同缔约人时的自由裁量权，但没有确定地保证共同体内的公共合同的开放。此基于三个主要原因：（i）其适用的范围相对有限（不包括自来水、电力、运输、电讯的范畴）；（ii）其概括性规范不能被适当地转变为葡萄牙法；（iii）针对判给实体的决定订定旨在确保私人可提起有效上诉的相应共同体规定。[190]

b）*巩固阶段*。为了弥补第一代的指令所导致的不良效果，[191] 欧洲联盟透过 1985 年白皮书，明确了首要任务是须深化有关订立公法上之合同的现行规范。尤其是，必须确保当特定类型的合同涉及一定规模的经济价值时，国家实体订立有关合同的程序必须透明。这是透过以下指令达成的：

1988 年 3 月 22 日的第 88/295 号指令，关于供应的公共合同的判给程序的协调；

1989 年 7 月 18 日的第 89/440/CEE 号指令，关于工程的公共合同的判给程序的协调；

1989 年 12 月 21 日的第 89/665/CEE 号指令，关于供应及工程的公共合同方面的上诉程序所适用的法律、规章及行政的规定；[192]

1990 年 9 月 17 日的第 90/531/CEE 号指令，关于自来水、电力、运输及电信范畴的合同形成程序；

1992 年 2 月 25 日的第 92/13/CEE 号指令，关于自来水、电力、运输及电信的供应实体的合同判给方面的共同体规范所适用的法律、规章及行政的规定的协调；

经 1997 年 10 月 13 日的第 97/52/CEE 号指令修改的 1992 年 6 月 18 日的第 92/50/CEE 号指令，关于服务的公共合同判给程序的协调。[193]

---

190 见 Antonio Sachettini，*La Comunidad Europea y los Contratos Públicos. Nociones Básicas y Desarollo Reciente*，载于 *Contratación Pública*，马德里，1996 年，第 99—100 页。

191 正如 Sue Arrosmith 在 *The Law of Utilities and Public Procurement*，第 54 页中所指出的，“不幸的，这些最初指令广泛地被蓄意忽略或视而不见，极少尝试执行有关规则”。

192 在葡萄牙，仅于 1998 年透过 5 月 15 日的第 134/98 号法令作出转换。

193 关于此指令，见 Sue Arrosmith，*The Law of Utilities and Public Procurement*，第 131—141 页；Jean-Bernard Auby，*Perspectives D' évolution de la Concession de Service Public*，载于 *La Concession de Service Public Face au Droit Communautaire*，巴黎，1992 年，第 92 页及续后数页。

c）*法典化及被排除范畴规范的深化阶段*。最后，1992—1993 年，这方面的共同体规范成为第三次改革的对象，目的主要在于：一方面，对有关工程及供应的指引内容作出协调；另一方面，对所谓“被排除范畴”的服务合同作出规范。

第一个目的是透过 1993 年 6 月 14 日的第 93/37/CEE 号指令（公共工程承揽及公共工程特许的合同）及 1993 年 6 月 14 日的第 93/36/CEE 号指令（供应合同）予以实现的。第二个目的是透过同样于 6 月 14 日核准的第 93/38/CEE 号指令（被排除范畴）予以实现的，它取代了第 90/531/CEE 号指令，并加入了对于这些被排除范畴的服务合同方面的重要革新。

关于上述两个指令，一位西班牙学者 Moreno Molina 有理地指出，虽然这些指令加入了若干实质更新，但它们被核准的主要目的是简单地订定集中的文本，以向法律工作者提供十分清晰的文本及随之而来的法律安定性。[194] 事实上，这些指令的文本表明其旨在将之前的指令系统地法典化。值得表扬的是，这样做，有助于从已十份分散的立法中整理出一个有关法律范畴的规范。

在订立公法上之合同方面，今天仍生效的衍生共同体法的制度包括：6 月 14 日的第 93/36、93/37 及 93/38/CEE 号指令，关于工程及供应合同；1992 年 6 月 18 日的第 92/50/CEE 号指令，有关服务的公共合同；最后是 12 月 21 日的第 89/665 号指令，订定工程、劳务提供及财物提供的公共合同范畴的上诉事宜。

另一方面，欧洲委员会发出了一个*共同体法内有关特许的解释知会*（公布于 2000 年 4 月 29 日的*欧洲共同体公报中*），透过这个知会，指出“鉴于经营人在这种联合（特许）的形式中所提起的上诉日益频繁，主要是针对基础建设的大型工程以及若干服务，（旨在）确保（……）有关经营者及公共权力当局知悉视为适用于特许的规定”，[195] 换句话说，旨在“根据迄今被研究个案的处理所获得的经验，就现行适用的法律框架作出说明”。[196]

共同体制度的主要内容。概括地说，以下是共同体制度中关于其所规范的各种公共合同的形成的主要内容：

194　见 Moreno Molina，*La nuevas Directivas Sobre Contratos Públicos*（93/36，93/37 y 93/38/CEE，de 14 de junio de 1993），载于 *Estado & Direito*，第 13 期，1994 年，第 65 页。

195　见共同体法内有关特许的解释知会，p. C 121/2。

196　见共同体法内有关特许的解释知会，p. C 121/2。

仅适用于超过一定价值的合同。

界定*竞投人的选择标准*，基于此，提交投标书（或被邀请加入）的有利害关系的私人必须符合判给实体所设定的一定数量的条件。

界定订立合同前的三个可行程序类型：公开竞投、限制性竞投及磋商程序。

设定两种对投标书的判给标准：一方面，以报价最低之投标书为标准；另一方面，以在经济上较有利之投标书为标准——判给实体在程序开始时应指出将会适用于哪个标准。

强制在竞投公告中指出所有的判给标准。

强制在开始竞投的公告及行为中采纳技术制度上的一般规则，以避免欺诈地加入技术上的特别要求以排斥竞投人。

规定公开的特定原则，特别是，要求在*欧洲共同体公报上*公布竞投的公告，借此使所有利害关系人得以知悉在其他国家将订立的合同及自行评估提交投标书的利益。

从这个衍生的共同体法的制度中，可以总结出在有关公共合同订立的共同体指令中，欧洲联盟条约（TUE）在*不歧视*及*竞争*方面的原则正反映在了*透明原则上*。其实，有关*透明度*的核心思想正好反映在：招标的开放（公开或非公开）、由判给实体提供的组织及信息、所有行为或至少较重要行为的公开（在欧洲共同体公报的公告）、订定足够长的期限以便共同体的潜在有兴趣者可以竞投，以及订定有关如何选择判给的客观标准的规范。

将关于订立公法上之合同的共同体的指令不妥地转移至成员国的葡萄牙法的后果——倘若欧洲联盟的成员国在指定期限内不将共同体的指令转移到葡萄牙法上，或不妥地作出时该如何？

此问题具有特别重要性，因为众所周知按照欧洲联盟条约（TUE）的规定，共同体的指令是不能直接适用的。其实，根据其第249条，“指令在欲达成的结果方面约束成员国，但选择达成有关结果的形式和方法”的权限是留给成员国的。

因此，共同体的指令是共同体的有权限当局——委员会或理事会——规定其相对人（国家）须达成为共同体利益订定的结果之行为，但准许它们选择较适当的方法或方式——从葡萄牙法、葡萄牙的现实或国家的本身利益的角度——去达到条约的目的。

遵从首先由共同体法院于1974年12月4日在Van Duyn合议庭裁判所主张的理解，我们亦支持该已达成共识的看法，认为在上述情况（在指定期限内没有转移或不妥地转移）中，基于共同体法优先于葡萄牙法的原则，前者有*垂直性直接效力*（efeito directo vertical）——私人向葡萄牙的公共当局主张其权利时，得援引该等规定——但被援引的规范必须符合*清晰*、*准确*、*充分*及*不受条件约束*的要求。[197]

这是可在共同体法制度上深化的方面。

166. 同上：b）一般原则

阐述

正如欧洲联盟条约的情况，1976年的葡萄牙宪法在总体上亦未在行政或私人的公共合同形成方面作出任何规定，而仅在第296条提及公共竞投。[198]

因而，应由立法者评估每个情况所牵涉的利益，在遵守特定的一般限制下，制定其认为较为适当的程序性制度。这些限制包括规范行政活动的实质性（第266条）及程序性（参看第112条第7款、第8款及第241条）基本原则。

我们会扼要讲述适用于行政合同订立的程序[199]的一般原则：谋求公共利益原则，以及尊重私人之权利及受法律保护之利益原则；合法性原则及公共自治原则；平等原则；适度原则；公正原则；无私原则；善意原则。

---

[197] 关于这些要求，尤其见，C. Koenig，A. Haratsch，*Europarecht*，第三版，Tübingen，2000年，第91—92页；Rui Moura Ramos，《欧洲共同体》，如上所述，第97页，及最后的Paula Quintas，《共同体指令的直接效力的问题》，波尔图，2000年，各处。关于违反共同体法的国家的责任，参看Marta Machado Ribeiro，《违反共同体法的国家的责任》，科英布拉，1996年，各处。

[198] 其实，当中所指出的是，“由在职的议员以绝对多数通过，规定将1974年4月25日以后被国有化的生产数据及其他财产的所有权及经营权重新私有化的纲要法，遵循以下基本原则。a）将1974年4月25日以后被国有化的生产数据及其他财产的所有权及经营权重新私有化，一般及优先地透过公开竞投，于证券交易所或公开认购中进行募集”。

[199] 作为详细解释的，见葡萄牙的Marcelo Rebelo de Sousa，《形成行政合同的公开竞投》，第33页及续后数页；Esteves de Oliveira，R. Esteves de Oliveira，《行政批给的竞投及其他程序担保的渊源》，第85页及续后数页。关于巴西的《出价竞投》所适用的原则，见Celso Bandeira de Mello，《行政法课程》，第377页及续后数页；以及Hely Lopes Meirelles，《巴西行政法》，第247页及续后数页。

我们已认识到它们总体上的意义。[200]

然而，以下我们将看到它们在行政合同形成方面，特别在*竞投*（*concursos*）方面（参看《行政程序法典》第 182 条及第 183 条）较为重要的反映——典型的订立合同前程序。

我们在此将不讨论谋求公共利益原则以及尊重私人之权利及受法律保议之利益原则，亦不讨论公正原则，因其一般含义在此并没有值得探讨的特殊性。相反，尽管以简单方式说明，但我们将特别地探讨竞投程序的三个特征性原则：竞争原则、公开原则及透明原则。

亦要指出的是，这些原则的普遍性亦适用于行政当局的私法合同的形成。众所周知，倘若行政当局在有需要时可使用私法作为工具。必须明确的是，尽管它被视为一个私人，但它仍然是原来的模样，而绝不会具有私人所具有的自治权。[201]

a）*合法性原则*（Princípio da legalidade）。首先，*合法性原则*要求任何判给的程序必须基于一个立法行为作为其规范性的依据。判给实体要启动判给程序，需要一个来自立法权的授权性规范。该规范应清晰地描绘出一个*基本框架或内容*，以充分划定行政机关在私人的权利义务范围内可作出权威性行为的范围，并区分组成行政当局的各公法人机关的行为范围。[202]

诚然，对立法者要求的立法细致度往往取决于所涉及事宜的性质。然而，特别是在招标的程序上，肯定不允许在未*预先*公布对其规定的规范下展开公开招标。[203] 在招标的程序步骤及在对共同订立合同人的选择方面，法律可以授予招标的发起人或多或少的自治权。但是，有一个在任何情况下都不得被违反的条件：自治权必须具有作为其依据及准则的法律。

---

200 作为详细解释的，见葡萄牙的 Marcelo Rebelo de Sousa，《形成行政合同的公开竞投》，第 33 页及续后数页；Esteves de Oliveira，R. Esteves de Oliveira，《行政批给的竞投及其他程序担保的渊源》，第 85 页及续后数页。关于巴西的《出价竞投》所适用的原则，见 Celso Bandeira de Mello，《行政法课程》，第 377 页及续后数页；及 Hely Lopes Meirelles，《巴西行政法》，第 247 页及续后数页。

201 见 Tomáa Ramón-Fernández，*Las Transfomaciones del Derecho Asministrativo a Resultas de las Provatizaciones*，经多次复印的（但会适时发布）——第四届葡萄牙与西班牙的行政法会议中的讲座（由 J. C. Vieira de Andrade 主持）提出的，科英布拉，2000 年 4 月 6—7 日。葡萄牙，关于立即适用于行政当局的私法行为方面的公共法律上的约束的课题，见 Maria João Estorninho，《对私法的逃避》，全部内容。

202 见 Sérvulo Correira，《行政合同中的缔约合法性及独立性》，第 492 页。

203 见 Fausto de Quadros，《形成行政合同的公开竞投》，同上所述，第 701 页及续后数页（特别是第 704—707 页）。

尤其是，即使并不牵涉立法者确定的其他约束，判给实体亦不可以完全自由地作出行为。事实上，判给实体的自由裁量权亦受到它自己所核准的规范的约束。即尽管在没有被法律保留原则所覆盖的范围内，行政当局在竞投中，仍然要事先订定及公布竞投的游戏规则。“正如 Marcello Rebelo de Sousa 所言——所有这些对判给的选择都具有重要的数据，必须于开始竞投时明确界定；判给的标准亦应如此。”[204]

正如从历史及比较法中所得知的，竞投程序的若干法例不仅订定竞投人可以查阅竞投规则及竞投方案，同时规定该等文件须将所涉及的竞投程序中要遵守的最低标准体现出来。之所以作出这样的规定，是因为它体现了竞投程序中的重要元素：立法者旨在透过此途径，确保判给实体事先公布其将作出的所有事宜，以及其将作出决定的方式及直到决定的最后一刻将会发生的事。须注意的是，这并不意味着法律本身必须详细地挑选及规范由行政当局遵行的程序。相反，立法者只是强制行政当局必须公布其自己采用的规则。后者的情况中，关键在于公开有关资料，行政当局须受有关资料的自我约束，或者，须受自己的承诺所约束。因此，判给实体的自由裁量权的限制不仅仅来自法律直接规定的约束，而同时——在若干的情况中，特别是——来自法律所创设的主要义务：自我约束的义务。[205]

b) *适度原则*（Princípio da proporcionalidade）。总括而言，*适度原则*规定了行政合同订定之前的程序必须确保市民之间以及他们与行政当局之间的关系的平衡，禁止在一个或多个权利主体所获得的利益与其他人所承受的牺牲之间，有不能容忍的落差。[206]

一方面，透过此原则，在法律的限制内，经衡量使用有关程序所产生的成本和利益后，应选择为谋求公共利益为最适当的程序；另一方面，于程序步骤中，只应采用及作出为谋求其正当的旨在达到的目标所必要的措施和行为。[207]

c) *平等原则*（Princípio da igualdade）。*平等原则*在行政合同的形成中具

---

204 见 Marcelo Rebelo de Sousa，《形成行政合同的公开竞投》，第 75 页。

205 见 Margarida Cabral，《行政合同的竞投》，第 79 页。

206 见 Marcelo Rebelo de Sousa，《形成行政合同的公开竞投》，第 34—35 页。

207 见法令第 197/99 号第 10 条。

有明显的重要性。[208] 事实上，除了确保在合同性法律状况中不存在不平衡外，平等原则是立法者优先选择竞投程序作为行政合同的形成方式的背后原因（参看《行政程序法典》第 182 条及第 183 条）。立法者所选择的程序，正是为了确保公开性、透明性，以及特别是，在程序及竞投的决定中不歧视利害关系人（第 197/99 号法令第 9 条第 2 款）。[209]

在此事宜方面，正如 Marcello Rebelo de Sousa 所指出的，平等原则要求“在整个公开竞投程序中不歧视地对待竞投人，具体要求按照投标书本身及有关客观实体内容对其作出评审”。简言之，正如该学者具体指出的，“有关决定不可以利用竞投人当时作成的投标书内容以外的其他事项”。因此，在有关决定的效力方面，竞投人重新作成投标书是违反平等原则的，即使这是以便利或令可以作出相关比较为借口亦然。每份投标书都具有一个总体的逻辑，倘若按照行政当局为比较效力所采用的重新制定的标准而作出重新调整，则任何人都无法保证相关竞投人的行为将会如何。[210]

d) *无私原则*（Princípio da imparcialidade）。在行政法律的合同活动层面上，*无私原则*禁止不合理地对任何潜在的共同订立合同人给予袒护或施加不利，亦禁止因行政当局对所涉及的其中一个私法主体的地位作出识别而产生不平等（参看第 197/99 号法令第 11 条第 2 款）。[211]

除此，亦透过特别的方式要求，行政当局有义务在作出决定前衡量所有该决定可能涉及的公共利益及私人利益（参看第 197/99 号法令第 11 条第 1 款）。即在一个行政合同的形成中，行政当局必须深思熟虑所牵涉的利益，为此当然须完全掌握与它们有关的事实资料。[212]

e) *善意原则*（Princípio da boa - fé）。*善意原则*亦在行政合同形成方面（尤其是在竞投程序中）具有特别的重要性，而招标程序的特点正是为判给实体及潜在共同订立合同人之间创设法律上的信赖关系。[213]

对信赖的保护，是善意原则的基本要素，并特别反映在维持开展招标行为所限定的法律框架上。即在竞投程序中，相关利害关系人已对该框架

---

208 见 Laubadère，Moderne，Delvolvé，*Traité des Contrats Administratifs*，第一卷，如上所述，第 609 页及续后数页。

209 见 Marcelo Rebelo de Sousa，《形成行政合同的公开竞投》，第 23 页。

210 在此，见 Marcelo Rebelo de Sousa，《形成行政合同的公开竞投》，第 74—75 页。

211 见 Marcelo Rebelo de Sousa，《形成行政合同的公开竞投》，第 40 页。

212 见 Marcelo Rebelo de Sousa，《形成行政合同的公开竞投》，第 41 页。

213 见 Margarida Cabral，《形成行政合同的公开竞投》，第 92 页。

的维持产生期待。不单涉及透明度及平等的保证，亦涉及在竞投的开展及程序中需要遵守的规则稳定性、清晰性及准确性的保证。[214] 事实上，鉴于判给实体之前的行为及其具体为竞投开展对游戏规则所作的事先说明，因此，这些个案中存在判给行政实体的清晰的自我约束，从而出现了一个独特的信赖关系。[215] 这个关系建基于行政当局在竞投行为中的立场，被竞投人视其为投标书的指导性标准。明显的，因行政当局采取新立场以致损害这一信赖而产生的负面后果是不可以落在竞投人的身上的。特别是，在过程中变更游戏规则，或作出违反这些规则的最终决定，将构成行政当局方面的*违反法律*。[216]

f) *竞争原则*(Princípio da concorrência)。此原则“作为宪法秩序的客观价值或其客观价值的体现”,[217] 载于宪法第 81 条 e）项以及第 99 条 a）项及 c）项，而且在第 197/99 号法令第 10 条作出独立规范，旨在尽可能地确保公共实体在满足获付托的行政利益（当中导致公帑花费及出让行政财产及利益）时，以对公众最有利的方式作出。[218]

然而，须注意的是，竞争的实行不是“按照一个单一的模式或类型，亦不经常以相同方式作出，更不会在所有程序中都有同样的严谨程度。竞争原则在公开拍卖及公开竞投中最强（……），在限制性竞投以及磋商竞投或程序中，该原则在要求及保证方面渐渐减弱，这基于这些程序本身的性质，对规则的遵守可容许有较大的偏差（……）”。[219]

竞争原则的两个主要表现：一方面是对*投标书的比较*，另一方面是*投标书的不可改动*。[220]

因此，一方面，为了存在一个真正及有效的竞争，必须“确保所有竞投人对相同的竞投问题及要求（或对其一个基本核心）作出响应，从而可*以对各投标书作完全的比较*，可以就合同对同类问题的答复作出对比，最

---

214 见 Marcelo Rebelo de Sousa,《形成行政合同的公开竞投》，第 26 页及续后数页。

215 见 Baptista Machado,《信赖的保护》，同上所述，第 378 页。

216 见第 197/99 号法令第 13 条及第 14 条。

217 见 Manuel Afonso Vaz,《经济法》，第四版，科英布拉，1998 年，第 235 页。

218 见 Esteves de Oliveira，R. Esteves de Oliveira,《行政批给的竞投及其他程序担保的渊源》，第 101 页。

219 见 Esteves de Oliveira，R. Esteves de Oliveira,《行政批给的竞投及其他程序担保的渊源》，第 101 页。

220 接着，见 Esteves de Oliveira，R. Esteves de Oliveira,《行政批给的竞投及其他程序担保的渊源》，第 102 页及续后数页。

终可以客观及无私地得知市场上所提供的最佳竞投人和最佳投标书”。[221]

另一方面，一旦递交投标书，各竞投人便受到相关投标书的约束，因此，直至作出判给行为或相关的有效期届满，他们都不得收回或修改投标书。[222] 当然，磋商竞投的情况除外。

g) *公开原则*（Princípio da publicidade）。公开原则是与竞争原则和平等原则不可分离的。它的含义是什么？

一方面，正如 M. Esteves de Oliveira 及 R. Esteves de Oliveira 所指的，它意味着“在投标申请（开始时或各阶段出现的）的范围内，判给实体或竞投委员会在竞投程序中作出的任何重要决议，必须让所有潜在利害关系人及现存利害关系人知悉（视所涉及的行为是在递交标书之前或之后作出）”。[223]

另一方面，亦正如上述学者所提到的，“竞投的公开原则体现于（……）审查*现存的竞争*或在订定*每项投标申请或投标书的文件上及实质上的*主要*条件*的行为或阶段（尤其是在形式上作为竞投的主要行为的开标），*须在利害关系人面前公开进行*”。[224]

h) *透明原则*（Princípio da transparência）。最后，*透明原则*是另一个特别适用于行政合同形成程序的基本原则（参看宪法第 267 条及第 268 条）。

通常，此原则“除了象征一个法律所明确的制度外，亦是行政当局应担当的模式，并作为衡量行政当局所开展活动之目的或标准”。[225] 在行政合同形成方面，透明原则（且结合上述适用于判给程序的所有主要原则[226]）概括地要求公共行政当局为其行为说明理由，确保作为利害关系的私人享有完整听证权，以及不得向他们隐瞒与其有直接利害关系的程序进展或对他

---

[221] 见 Esteves de Oliveira，R. Esteves de Oliveira，《行政批给的竞投及其他程序担保的渊源》，第 103 页。

[222] 作为详细了解，见 Esteves de Oliveira，R. Esteves de Oliveira，《行政批给的竞投及其他程序担保的渊源》，第 104 页。

[223] 见 Esteves de Oliveira，R. Esteves de Oliveira，《行政批给的竞投及其他程序担保的渊源》，第 119 页。

[224] 见 Esteves de Oliveira，R. Esteves de Oliveira，《行政批给的竞投及其他程序担保的渊源》，第 121 页。

[225] 见 L. F. Colaço Antunes，《行政透明的虚构与现实》，载于《纪念 Afonso Rodrigues Queiró 教授之研究》，第二卷，科英布拉，1993 年，第 2 页。

[226] 见 Esteves de Oliveira，R. Esteves de Oliveira，《行政批给的竞投及其他程序担保的渊源》，第 122 页。

们作出的确定决议的信息。[227] 这亦于第 197/99 号法令第 8 条第 1 款中被规定："判给之标准及拟订立的合同的重要条件，须于展开程序前确定及自展开之日后让所有利害关系人得悉。"

在判给程序所适用的行政法的一般原则的意义与作用时，最后须指出的是，所有上述原则在逻辑上并非向决策机关强制指出具体方案，而是在合同订定的过程中为其确定方向。它们为行政当局指引正确方向，但不会强加一个实质决定。[228]

另一方面，须牢记的是，倘若所有上述原则在抽象上具有相同的规范价值，那么在具体上，即在面对一个需要解决的特定情况时，可能会体现各样价值。倘若是这样，则须作出相应的实务上的协调，此时，其中一个原则的实现可能会正当地导致牺牲部分其他原则或若干其他原则的内容。

当然，在有关程序的任何阶段对任何这些原则的严重违反，将沾污整个程序及最终的行为。

综上所述，合同程序的各项结构性原则具有双重意义：*事先的*（a priori），指引行政当局的程序行为；*事后的*（a posteriori），倘被违反，则基于行政当局一方的*违反法律*，而构成司法上使其成为非有效的依据。[229]

167. 同上：c）程序制度

行政合同形成的行政法规则，属于特别严厉的规则，当中设立了一个明确的典范，由此使行政当局所受到的限制及约束远远高于那些在私法范畴内对一般私人所作的限制及约束。

这些均是针对行政合同基本要素（签订合同的权限、反映于行政合同的双方共识的取得、对合同所定公共开支的核准，以及行政合同订定的方式与手续）的规则。

有两个方面值得一提，合同的准备程序及共同订立合同人的选择。

以下将按此次序作出分析。

---

[227] 见 M. Rebelo de Sousa，《形成行政合同的公开竞投》，第 42 页。

[228] 见 Bernardo Ayala，《选择公共事业特许的共同订立合同人的方法——欧洲共同体法院于 2000 年 7 月 12 日在 P. C－324/98 所作的合议庭裁判》，同上所述，第 17 页。

[229] 见 Bernardo Ayala，《选择公共事业特许的共同订立合同人的方法——欧洲共同体法院于 2000 年 7 月 12 日在 P. C－324/98 所作的合议庭裁判》，同上所述，第 17 页。

168. 同上：合同的准备程序

该事宜的基本原则是很重要的，规范于《行政程序法典》第 181 条中，当中规定："本法典关于行政程序之规定，在作出必要配合后，适用于行政合同之形成。"

以明确的字句说出：行政合同之形成是透过一个准备程序作出的，目的在于选择共同订立合同人及确定合同内容；此程序是第一级的程序，而原则上，遵循《行政程序法典》第三部分对行政行为之形成所订定的规则。

基于此，公共行政当局一方正确及清晰地形成订立合同的意思，须按照一般的行政程序的阶段及手续，尽管会根据情况而作出相关配合和特别规定，然而，倘若特定行政合同的形成程序是由特别法律所规范，则并不会发生上述情况。在该等情况中，《行政程序法典》第三部分的规则，即使作出了必要配合，亦只会被候补适用（《行政程序法典》第 2 条第 7 款）。特别是公共工程承揽及公共工程特许的情况，合同的形成程序明确由上述第 59/99 号法令所规范，而若干行政合同的形成则由第 197/99 号法令规范。

一个有趣的问题是，行政合同的形成应否亦采用《行政程序法典》第 100 条及续后条文所规定及规范的利害关系人的事先听证。[230] 撇开特别的个案不算，我们倾向于一个肯定的原则性答复。在其他可进一步提出的理由之中，使我们印象深刻的是以下几个论点。

> 对利害关系人的事先听证，明显是《行政程序法典》对行政行为所明确独立规定的两个一般原则的体现：*行政当局与私人合作原则*（o princípio da colaboração da Administração com os particulares）（第 7 条）及*参与原则*（o princípio da participação）（第 8 条）。而根据同一法典第 2 条第 4 款之规定，"本法典所订定之行政活动之一般原则，适用于行政当局实行之所有活动"；基于此，行政法方面的订立合同行为本身作为行政活动的典型体现方式，应遵从体现这些一般原则的机制，具体而

[230] 关于此问题，见 Pedro Machete，《在公开竞投程序中对利害关系人的听证》，载于 *Cadernos de Justiça Administrativa*，第 3 期，1997 年 5/6 月，第 40—46 页；Margarida Cabral，《行政合同的公开竞投》，第 187 页及续后数页；以及，Martins Claro，《行政合同》，第 131 页及续后数页。

> 言，应进行对利害关系人的事先听证的手续。
>
> 宪法第 267 条第 4 款规定，“行政活动程序的进行（……），在形成与他们相关的决定及决议时，须确保（……）利害关系人的参与”。一般判给的行政程序中的两个典型行为（拒绝行为及判给行为），均为上述类型的行为。

这个方案除了是我们原则上所捍卫的之外，亦明确载于规范若干行政合同的形成程序（且不限于此）的单行法律中。例如，6 月 8 日第 197/99 号法令第 108 条第 1 款之情况，当中规定“负责许可支出的实体在作出最后决定之前，必须进行对竞投人的书面听证”。

因此，应采用 Sérvulo Correia 的启发性表述，私人在参与一个行政合同时先后涉及两个参与形式：*对话式参与*（participação dialógica）（在对利害关系人之听证中进行）及*共同形成的参与*（participação co-constitutiva）（在订立合同中发生）。[231]

在订立行政合同前，往往须作出一个行政行为，它就是判给行为。在这之前，则是其相关的行政程序。

过程是这样的：程序、行政行为、合同。

“判给”是指*由有权限的机关选择较优的投标书的行政行为，并挑选有关私人以便行政当局决定与其订立合同*。[232]

不可混淆判给及行政合同的订立：判给是订立行政合同之前的行为，旨在选择将与行政当局订立合同的人，亦订定合同的*标准*。判给是一个行政行为，即一个单方法律行为，而合同则是一个双方法律行为、一个合意。由此，亦须指出的是，判给行为并不构成完整的行政合同，即使判给行为将受程序保护的竞争性期望转化为受实质保障的竞投人面对判给行政当局时的权利［按照其所作成（或磋商）的投标书与行政当局订立合同］亦然。[233] /[234]

231　见 Sérvulo Correia，《对信息的权利及参与的权力》，同上所述，第 147—149 页。

232　见 Reop 第 110 条及 6 月 8 日第 199/99 号法令第 54 条。

233　见 Esteves de Oliveira，R. Esteves de Oliveira，《行政批给的竞投及其他程序担保的渊源》，第 547 页。

234　判给行为之后所订立的合同，确实可以加入若干新的条款，但只能是“纯粹次要的性质，反映了一个或多个之前的行政行为所列举的要素相关的逻辑衍生连贯”。事实上，“这些条款的功能纯粹是细节化的，以及须作必要的填补漏洞”。认同此学说者，见 Sérvulo Correia，《行政合同中的缔约合法性及独立性》，第 589 页。

相反，在西班牙的法律中，判给是确定创设合同关系的行为。事实上，(1995年）公共行政当局合同法（Ley de Contratos de las Administraciones Públicas）第54条规定，当有权限的机关作出判给时，合同便径行成立。当中载明，“相关合同随着有权限订立合同的机关作出判给时径行成立，而不论所使用的判给程序和形式为何者”（los contratos se perfeccionan mediante la adjudicación realizada por el órgano de contratación competente, cualquiera que sea el procedimiento o la forma de adjudicación utilizados）。[235]

同样，在意大利，亦认为在若干类合同中，尤其是公共工程承揽的（私法）合同中，判给（而非本义的订立）已构成创设法律行为之时刻。[236]

之所以有这个区分，是因为有时判给的权限属于一个机关，而签订合同的权限又属于另一个机关。因此，第一个机关挑选与其订立合同的人，而随后由第二个机关与该人订立合同（签署）。

在葡萄牙，经常由部长理事会负责判给，而订立合同（签署）的权限则属于管理该程序相关职务的部长。

有时，法律亦区分*临时判给*（adjudicação provisória）及*确定判给*（adjudicação definitiva）。例如，根据12月2日第422/89号法令（博彩法）第12条：“经营娱乐场幸运博彩的特许系透过部长理事会的决议临时判给的”（第1款），而“确定判给是透过特许合同的签署而作出的”（第2款）。*确定判给*是创设权利的行政行为，而*临时判给*则没有此稳定性。这点特别体现在废止制度的内容中。[237]

可以在合同形成程序中作出的其他典型行政行为，包括*对签订合同的许可*及*对合同草拟本的核准*，这些行为有时亦是由有别于负责判给机关的行政机关作出的，这一切都取决于法律为每个情况所订定的签订合同权限。

最后须强调的是，“形成签订合同的意思的行政程序，亦得以不与任何人签订任何内容的合同的决定作为终结”。[238]

首先，倘若在具体情况中发生了在招标文件预先指明容许判给实体不

---

235 关于此内容，见J. Tornos Mas, *Actuaciones Relativas a la Contratación: Pliegos de Clausulas Administrativas y de Prescripciones Tecnicas, Perfeccion y Formalizacion de los Contratos, Perrogativas de la Administracion*，载于*Comentario a la Ley de Contratos de las Administraciones Públicas*，马德里，1996年，第274页。

236 见Antonio Cianflone, *L' Appalto di Opere Pubbliche*，第367—368页。

237 见Antonio Cianflone, *L' Appalto di Opere Pubbliche*，第367—368页。

238 见Esteves de Oliveira, Pedro Gonçalves, Pacheco de Amorim,《行政程序法典》，第832—833页。

遵行其对最佳的投标书作出判给的承诺的情况，[239] 则属上述情况。例如，10月2日第267/97号法令［载有SCUT（不向用户收取费用之“影子收费”，或称为“shadow tolls”）特许的竞投制度的法规］第10条规定：“在每个竞投的磋商阶段的任何时刻（……），倘若按照政府对是否能达成目标的自由评估，认为直至当时所获得的成果未能满足公共利益，又或有关竞投人的答复或建议明显不充分、含糊或没有在所设定的期限内提供，则政府保留中断磋商的权利，或仅中断与个别被挑选的竞投人磋商的权利。”

同样，除了在招标文件中预先设定作出不判给决定的前提外，假若所有投标书都显示出未能达到行政当局旨在借着订定合同而满足的公共利益，则亦会发生上述情况。实际上，我们所持的一般原则是，为了不放弃拟借订立合同及开展竞投谋求之公共利益，如所有投标书均不能满足合同所追求的目的（此目的体现于行政当局订定的判给标准中[240]），那么行政当局应不作判给。须注意的是，此义务不意味着有关权力是受约束的权力，而是视招标中的投标书是否符合合同的宗旨，而判给实体具有自由裁量权决定是否作出判给。[241] 正如Margarida Cabral所指出的，“这个以竞投人的投标书为由而不作出判给的义务，隐藏于订立合同的决议及随后的竞投开展中，且是行政当局行使公共自治权的时刻：这是订立合同的自由所固有的。在此意义上，这个可能性无须于法律或竞投方案中载明”，尽管第59/99号法令（第107条第1款）及第197/99号法令（第57条第1款a）项）作出了规定，且后者所规定的范围亦较大。[242]

169. 同上：共同订立合同人的选择

在这方面，首先必须牢记协作合同（contrato de colaboração）与归属合同（contrato de atribuição）的区别。

这是因为只有前者对应于《行政程序法典》第178条第2款所指的一般合同，并适用该法典第182条所确定的制度。其实，根据该条文第1款，

239　见Esteves de Oliveira，Pedro Gonçalves，Pacheco de Amorim，《行政程序法典》，第832—833页；亦见Margarida Cabral，《行政合同的公开竞投》，第208页及续后数页。

240　见Margarida Cabral，《行政合同的公开竞投》，第208页及续后数页。

241　见Margarida Cabral，《行政合同的公开竞投》，第208页。

242　见Margarida Cabral，《行政合同的公开竞投》，第209页。

"除法律另有特别规定外，就旨在联同私人持续履行行政职责之合同，应透过以下任一方式选择共同订立合同人：a）公开竞投；b）预先评定资格的限制性竞投；c）没有提交投标申请的限制性竞投；d）有或没有预先公告的磋商；e）直接磋商"。

关于协作合同，挑选私人作为共同订立合同人须遵守十分严格的规范。这样的情况是基于若干原因的：要么是基于该类合同原则上引致公共款项的庞大金额开支，而该支出必须经明智决定及受监控；要么是基于该类合同很多时候将公共性的权力及巨大的责任转到私人手中，而必须证明他们具有可以承担这项棘手工作的技术才干、经济能力及道德品行；要么是基于在大多数情况中，成为一个行政合同的判给人，相当于接到一个成千上万康托的订单，这对很多企业来说，是一个值得争取的生意，故必须确保私人共同订立合同人选择程序时的透明性及严谨性，以及提交各份投标申请时的机会平等性。

葡萄牙法例（以及正如我们所见的共同体法例[243]）在这类合同中的精神是，正如我们刚才已指出的，以最好的方式来维护所涉及的各项公共利益（作出最好的选择，确保共同订立合同人的才干、能力及品行，挑选程序的透明性及严谨性，各利害关系人的机会平等性），从而以*公开竞投*[244]方式选择订立合同的私人。因此，原则上，《行政程序法典》第 183 条规定，"行政合同应先经公开竞投程序方订立，但有关作出公共开支之规定或特别法例另有规定者除外"。

公开竞投，确实是在形成订立合同的行政意愿中要求较为严格及复杂的程序。[245]

应如何界定之？对我们来说，公开竞投是一个*由公共实体主动展开并开放予获接纳的利害关系人进行自由竞争的程序，各被接纳的利害关系人的投标书完全平等并向行政当局主张与其订立合同的意愿，以便行政当局*

---

243 至于巴西的情况，见 Celso Bandeira de Mello，《行政法课程》，第 380 页及续后数页。

244 须牢记的是，（公开、限制性或磋商）招标亦可以于行政行为的形成中使用。由此，例如，根据 12 月 30 日第 381 - A/97 号法令第 2 款之规定，确定"涉及使用第 22 条所指的频率计划内界定的频率，必须以竞投方式作出牌照的判给，相关竞投的规章将由负责电信范畴的政府官员以训令核准"。

245 关于公开竞投的各种作用，见 Margarida Cabral，《行政合同的公开竞投》，第 110 页。关于公开竞投程序的法律性质，见 Marcello Caetano，《*手册*》，第一卷，第 579—604 页；Sérvulo Correira，《行政合同中的缔约合法性及独立性》，第 600 页及续后数页；及 Marcello Rebelo de Sousa，《形成行政合同的公开竞投》，第 45 页及续后数页。在私法上，最后，见 Ferreira de Almeida，《合同》，第一卷，科英布拉，2000 年，第 97—103 页。

可从中选择最能满足公共利益的投标书。

在此方向上，现今《行政程序法典》第182条第2款规定，符合法律所定的一般要件之所有实体，均应获接纳参与公开竞投。*公开竞投*的第一个特征是，事前不知道*哪个人*或实体会参与竞投，而且亦没有对竞投人的数目设定（数量的）限额（这是因为所有符合一般要件的人均被接纳参与竞投[246]）。因此，那些设定了特别接纳要件的竞投，只要该等要件是关于种类而不是关于事先指定的主体的，则亦可被视为公开竞投。[247]

公开竞投可分为若干种类。

在这些种类之中，以下为较突出的种类：

判给的公开竞投及挑选的公开竞投；

主体判给的竞投及客体判给的竞投（公开拍卖）。

*判给*的公开竞投是指依据投标书而决定谁人为共同订立合同人；*挑选*的公开竞投是指决定哪些实体被接纳在判给的随后程序中提交投标书。[248] *主体判给*的竞投是指在对投标书或投标申请作出行政上的选择时，着重于竞投人个人相关的因素（如技术能力、财力等）；*客体判给*的竞投或*公开拍卖*是指对于竞投人的个人（例如，对其专业上的适当性及技术能力）都不感兴趣。第二种类型的竞投与其他竞投的不同之处，在于“相关的判给只取决于（所提出或提供的）价格，而原则上仅取决于利害关系人之间的口头出价，他们连续‘出价’，提出最高价格者胜出”。[249] 正如所知，通常只有涉及国家在私法法律上的物权及债权（如土地、楼宇、机器、债权等）的转让的情况，才采用这种公开竞投方式。

对于*旨在与私人联合规律地履行行政职责的合同*，以（预先评定资格或无交投标申请之）*限制性竞投*、（预先公布公告或未预先公布公告之）*磋商或直接磋商*选择订立合同的私人，均属例外情况。原则上，应采用公开竞投方式。[250]

---

246 由此，见 Esteves de Oliveira，《行政批给的竞投及其他程序担保的渊源》，第177页。

247 见 Margarida Cabral，《行政合同的公开竞投》，第118页及续后数页。

248 见 Esteves de Oliveira，《行政批给的竞投及其他程序担保的渊源》，第187页。

249 见 Esteves de Oliveira，《行政批给的竞投及其他程序担保的渊源》，第188页。

250 关于其他程序的意义，简要的，见 Esteves de Oliveira，Pedro Gonçalves，Pacheco de Amorim，《行政程序法典》，第836页及续后数页。

应清晰探讨有关原因：公开竞投在容许利害关系人自由竞争以及没有将任何人排除在外的前提下，是一套更好地保障私人自由求取订立公共合同的权利之制度，这基于所有利害关系人之间的机会实际平等，以及行政当局作出选择时的严谨性、透明性及无私。免除公开招标的法律制度规范于6月8日第199/99号法令，按照该法规第183条及第189条的规定，该法规适用于《行政程序法典》所规范的合同。

《行政程序法典》第182条第1款所指的选择共同订立合同人的其他程序有什么意义?

限制性竞投（concurso limitado），仅容许"作出判给的行政机关挑选的实体"（《预先评定资格之限制性竞投》）或"（由作出判给的行政机关）按判给实体（……）的认识及经验而获邀请的实体"（《无预先交投标申请之限制性竞投》）提交投标书——《行政程序法典》第182条第3—5款。

磋商程序是一个近期出现的方式，来自共同体法，值得深入分析。这个概念源自共同体法，而如今在很多关于订立公共合同的指令[251]中，亦与"开放的程序"（open procedure）及"限制的程序"（restricted procedure）共存。Sue Arrowsmith使我们想起了它受到法律规范的若干理由："开放和限制的程序（……）是十分正规的，并具有严格和详细的规则，以确保不存在歧视性的考虑，并使机关难以作出变相的歧视性决定。然而，在一些情况中是不可使用有关程序的，即使重大合同亦然。这些情况包括：基于购买之特定性质（因为规格不可能被精确地作出定义，或只有一个可行的供货商）；因为在这种情况下程序的优点被缺点所抵消（在极端紧急的情况下）；曾经尝试采用正式程序，但没有产生令人满意的结果。在这些个案中，法律允许使用更多非正式程序，简称为磋商程序。"[252] 一方面，特定合同关系涉及利益特殊性；另一方面，订定某些合同时所出现的若干类型的变化，简而言之，是过去及现今规范及使用磋商程序（negotiated procedures）时的主要理由。[253]

葡萄牙行政法的磋商竞投亦是较为人所熟悉的。其实，在葡萄牙，该

---

251 对订立公法合同的共同体衍生法关于磋商程序之比较，见*Conor Quigley*，*European Community Contract Law*，第一卷，伦敦，1997年，第342—343页。

252 见Sue Arrosmith，*The Law of Utilities and Public Procurement*，第255页。

253 见Bernardo Ayala，《选择公共事业特许的共同订立合同人的方法——欧洲共同体法院于2000年7月12日在P. C -324/98所作的合议庭裁判》，同上所述，第19—21页。

制度是透过12月10日第405/93号法令（参看第47条第1款、第51条第2款及第119条）所引入的，这是关于公共工程承揽的法律制度的法规，经作出适当之调整，亦适用于公共工程之特许。[254] 随后，关于租赁及取得物品及劳务之公款支付，以及动产及劳务租赁及取得[255]的公共合同订立的3月27日第55/95号法令（参看第35条、第36条，及第88条至第92条），亦对之进行规范。该法规将*有预先公告及无预先公告*的磋商程序的识别引入葡萄牙。

经1月31日第31/96号法令作出修改的《行政程序法典》，正如我们所见，亦对磋商程序作出规范（参看第182条）。[256] 其包含两个形式：*有预先公告的磋商*（negociação com publicação prévia de anúncio）及无预先公告的磋商（negociação sem publicação prévia de anúncio）。关于前者，有兴趣的投标人应申请参与磋商，而公告并不需要逐一指出判给的标准。这是一个真正的竞投，判给实体会接纳利害关系人的参与请求。随后，行政当局邀请被挑选的投标人提交投标书，并由一个委员会带领及与每一位利害关系人进行磋商。[257] 在无预先公告的磋商的程序中，判给实体挑选出特定数目的竞投人，并邀请他们提交标书：在此，无须竞争，而只是由行政当局作出选择。接下来的步骤是与被挑选的参与人磋商这些投标书的内容。[258]

在订立取得军事性质的物品及服务的公法合同方面，同样制定了一个专门程序，其规范于2月5日第33/99号法令中，容许透过*以挑选磋商投标书的招标*（concurso com selecção de propostas para negociação）选择共同订立合同人（参看第3条）。第33/99号法令规定的这个程序，在若干方面与第197/99号法令[259]规定的不同。一个予人深刻印象的差异是与第197/99号法

254　该法规被3月2日第59/99号法令废止。第59/99号法令第133—135条对磋商竞投的事宜作出规范。上述的首个规范确定："本法规中关于有公告之限制性竞投的规定，经作出适当配合，适用于磋商竞投，直至评定各投标人的阶段为止，而定作人须负责管理程序的各后续阶段，除了担保的提供及合同的订立外，这两个阶段亦须遵循为有公告之限制性竞投而订之规则。"

255　此法规亦被6月8日第197/99号法令废止。第197/99号法令第78条第1款d）项及第5款、第80条及第132—150条对磋商程序予以规范。根据第143条第3款之规定，强调"必须同时与所有的竞投人作出磋商"。为此，这些竞投人"必须至少提前三日同时被通知进行磋商的日期、时间及地点"。

256　见Freitas do Amaral及其他著者，《行政程序法典之注释》，在第182条下面。

257　见Margarida Cabral，《行政合同的公开竞投》，第208页。

258　见Margarida Cabral，《行政合同的公开竞投》，第208页。

259　正如所述，该法规废止了第55/95号法令，"规定租赁及取得物品和劳务所作出的公共开支制度，以及关于租赁及取得动产及劳务的公共合同的订立制度"。

令订定及规范的磋商有所不同，前者规定该阶段被挑选的投标书的磋商“由委员会与每个竞投人个别进行（……）”（第23条）。[260]

由此可知，在葡萄牙没有磋商招标的一般制度。该制度只是订定及规范于（以及以不完全一样的方式）行政当局的特定类型的（私法或行政的）合同。因此，*一般来说*，它是一个非典型程序。然而，不得放弃的是，任何磋商程序，都应适用于宪法及法律对行政活动所确定的若干一般原则（参看宪法第266条第2款及《行政程序法典》第2条第5款），尤其是平等原则、无私原则、透明原则及善意原则。

关于这类判给程序，最后值得强调的是：竞投中的磋商是有限制的。

其实，对于一个竞投，投标书的磋商性不是绝对的，否则，便没有竞争了。在完全磋商性的情况中，被排除参与磋商者理所当然地指出，在关于获判给的投标书的若干重要方面并没有竞争，换句话说，在没有竞投下作出选择，而使其在开始时所确定的期望落空。

基于此，尽管竞争与磋商是兼容的事实，但它们是不可能一起被完全实现的，因而须在它们共存的程序中进行实务上的协调。投标书的完全及绝对磋商性与竞投的概念对立，而在性质上，投标书的不可改变性并不配合磋商的方式。

原则上，该协调在基础上遵从了一个简单的概念：磋商的投标书的最初文本与最终文本的主要内容应保持一致。

这自然衍生了两个原则。一方面，磋商不可脱离招标规则所规定的主要事宜，因此，这构成了首个限度或限制。[261]

另一方面，“须了解讨论及磋商所涉及的是竞投人的投标书及为更好地配合判给实体的目标而作出的调整，应避免将磋商中的投标书完全‘改变’，以致获最终判给的投标书的内容完全不同于竞投人最初提出的内容”。[262] 换句话说，即使不考虑任何竞投文书，尤其是竞投规则上所订定的一般要求，在最终的投标书中，亦可以说它与最初的一样，是以相同模式

---

260 该法规的若干参考，见 C. Branco de Morais，António Araújo，Alexandra Leitão，《国防法及武装部队》，里斯本，2000年，第451页。

261 见 Esteves de Oliveira，Esteves de Oliveira，《行政批给的竞投及其他程序担保的渊源》，第219页。

262 见 Esteves de Oliveira，Esteves de Oliveira，《行政批给的竞投及其他程序担保的渊源》，第220页。

满足竞投文书中所定下的公共利益，而不能因此出现竞投时的投标书与最后确定的不同。举例来说：为购置*轮船*（*ferry boats*）而进行竞投，显然，不容许之后就一份供应轻型飞机的投标书予以磋商及判给。

最后，*直接磋商*（ajuste directo）的特征是“在甄选中，竞投人不需要事先提交任何为行政当局事先透露的计划而草拟的投标书”。[263] 该程序在下列典型情况中被使用：

合同的价值低微；

紧急需要订定合同；

共同订立合同人的不可替代性。

归属合同（Contratos de atribuição）。《行政程序法典》第 183 条规定的公开竞投之必要性的原则并不适用于归属合同。[264]

这类行政合同的订立过程，并不存在甄选共同订立合同人的问题，正如 Sérvulo Correia 所指，“这些合同的产生，不是因为行政当局有所需要而又不论谁是另一方缔约人，相反，是出现了具体的情况以致有订立合同的需要及可能性，因此，该共同订立合同人在一开始就已被确定（……）。此外，在有关程序中引致订立这些合同的推动行为，并不是*订立合同的决定或决议*，相反，是由倘有的共同订立合同人所提交的请求或建议”。[265]

正如我们所见，都市化合同是这类协议的例子，因为行政当局基于职能原因而对共同订立合同人赋予一定利益，即透过都市化地段开发及工程实施的准许，给予其建设有关土地及将该土地用于市区建设的机会，以及随之而来的由本身的升值所带来的经济利益。[266] 另一个例子，是环境纲要法所规定的*减少污染程度的合同*：“只需了解预先协议对订定关于降低污染程度计划的合

263　见 Sérvulo Correira，《行政合同中的缔约合法性及独立性》，如上所述，第 692 页。

264　在此意义上，面对《行政程序法典》原来的版本，见 Paulo C. Rangel，《协调，环境规划及法律》，第 90 页。

265　关于此问题，更深入的，见 Sérvulo Correira，《行政合同中的缔约合法性及独立性》，第 690 页及续后数页。

266　见 Carlos Fernandes Cadilha，《都市土地开放的合同方面，都市化合同》，载于 *BFDUC*，科英布拉，1986 年，第 403 页，16 脚注。正如该学者在那里所指的，既然“都市化合同的前提是预先确定作出都市化工程准照请求的申请人，以作为行政当局的共同订立合同人，那么公开竞投的机制并不符合都市化合同的性质和制度”。

同的好处，就会明白基于其功能并不适合使用‘竞争出价的机制’。”[267]

另一种说法是，这些合同涉及特定地点的土地，于开始时，已由特定私人所有：公共行政当局要么与他签订所设想的合同，要么不能与任何其他人在该地点上作出任何事情。

170. 同上：d）行政合同之方式

在学术上，普遍及经常地以*要式性*（solenidade）、*思考性*（reflexão）及*证明性*（prova）为理由去解释某些合同须受特别方式之限制。[268] *要式性*是指基于某些法律行为只有被法律群体的成员知悉及认识，才能完全产生其效力，而要式性方式的存在正提供了这个可能性；*思考性*是指形式上的要求一般会带来一定的时间推迟，所以容许各方当事人考虑清楚相关合同将会创设、变更或消灭的方案；*证明性*是指文书的存在可以在日后证明它的发生。[269]

行政合同订立的范畴中，一般采用书面方式。正如《行政程序法典》第 184 条的规定，“行政合同必须以书面形式订立，但法律另定的其他方式者除外”。当中要补充的是，这些其他方式的庄严程度可以高于或低于普通的书面方式。

此法定方法的理由在于此范畴特别需要法律安定性。[270] 原则上是没有口头行政合同的，因为如普遍采用口头方式，则会为整个法律秩序带来严重后果：纪录欠缺、内容不确定、证明困难等。

然而，该原则可以有例外情况，例如，第 197/99 号法令第 59 条及第 60 条所规定的情况。[271]

171. 同上：e）行政合同之非有效

有关行政合同非有效之内容被规范于《行政程序法典》第 185 条中，

---

[267] 见 Paulo C. Rangel，《环境的协调规划及法律》，第 89 页。

[268] 见 Menezes Cordeiro，《葡萄牙民法条约》，第一册，第 319 页及续后数页；及 Mota Pinto，《民法总论》，第 430—431 页。

[269] 见 Menezes Cordeiro，《葡萄牙民法条约》，第一册，第 319 页及续后数页。

[270] 例如，见 Freitas do Amaral 及其他著者，《行政程序法典之注释》，如上所述，第 311 页。

[271] 关于这项目的内容，见法国的，Laubadère，Moderne，Delvolvé，*Traité des Contrats Administratifs*，第一卷，第 653 页及续后数页。

该条文于1996年被大幅修改，当时该法典被第6/96号[272]法令修订。

a）*程序之非有效*（Invalidades procedimentais）。正如《行政程序法典》第185条第1款所规定的，“订立行政合同所取决之行政行为无效或可撤销时，该行政合同亦为无效或可撤销，且适用本法典之规定”。这就是*行政合同与订立该行政合同所取决的行为同时失去法律价值的一致原则*。[273]

这样，倘若实际上行政合同所取决的行政行为被适时地作出申诉且被法院撤销，则该行政合同亦属可撤销；倘若事实上行政合同所取决的行政行为被宣告无效，则该行政合同亦属无效。这个*必然非有效*的原则适用于所有的行政合同，而不论有关行政合同之目标是否可成为行政行为目标抑或可成为私法合同目标。例如，倘若一个公共工程承揽合同的判给行政行为基于绝对无权限而无效，则续后所订立的行政合同亦属无效。又例如，倘若订定合同的决定是由一个合议机关在未够*法定人数*的会议中作出，则该决议无效，而基于该决议所订定的合同亦属无效。[274]

b）*自始之非有效*（Invalidades originárias）。《行政程序法典》第185条第2款及第3款，相应地规定了行政合同之自始非有效。现分析如下。

《行政程序法典》第185条第2款规定，“《民法典》有关意思欠缺及瑕疵之规定，适用于任何行政合同”。

对《民法典》有关意思欠缺及瑕疵制度的准用，“从理论角度上讲，是有其道理的：一方面，行政法并无行政意思的总论；另一方面，正如私法合同一般，行政合同亦是一个*合意*，在该部分中，与私法的合意没有本质的分别，因此，在相关意思上，适用《民法典》的规范”。[275] 然而，须注意的是，对于任何类型的行政合同，依据《行政程序法典》第185条第2款之规定，不仅适用《民法典》第240—257条所规定的*非有效形式范围之制*

---

[272] 关于这内容，尤其见葡萄牙的 Jorge Pereira da Silva，《行政合同之非有效》，载于《法律与公正》，第十卷，第二章，1996年；西班牙的，见 Santamaria Pastor，*La Invalidez de los Contratos Publicos*，载于 *Comentario a la Ley de Contratos de las Administraciones Publicas*，马德里，1996年，第291页及续后数页；法国的，见 Dominique Pouyaud，*La Nulité des Contrats Administratifs*，巴黎，1994年；德国的，见 Wolff，Bachof，Stober，*Verwaltungsrecht*，第二卷，第222页及续后数页。

[273] 见 Paulo Otero，《行政法中之代任权力》，第444页。

[274] 例如，见 Freitas do Amaral 及其他著者，《行政程序法典之注释》，在第185条之下。

[275] 见 E Esteves de Oliveira，Pedro Gonçalves，Pacheco de Amorim，《行政程序法典》，第842页。法国学说中，见 Laubadère，Moderne，Delvolvé，*Traité des Contrats Administratifs*，第一卷，第531—543页。

度（各项本义上的瑕疵、相关的重要要件及其消极后果的确定）；当这类合同沾有其中一项上述瑕疵，尽管法律并无明文规定，亦对其适用《民法典》第285条至第294条所规定的“*狭义的*”*非有效形式之法律制度*［regime jurídico（stricto sensu）das formas de invalidade］（无效制度及可撤销制度：期限、正当性、知悉的方式等）。[276] 这基于一个简单的原因：只有《民法典》对该类瑕疵作出规范，当其中一项上述瑕疵影响了一个具体行政合同的效力时，逻辑上，应适用的“*狭义的*”*非有效形式*的法律制度就是《民法典》的相关制度。[277]

另外，《行政程序法典》第185条第3款，透过双重准用，就意思欠缺及意思瑕疵以外的行政合同自始非有效制度（例如，签订合同的机关无权限、形式或程序的瑕疵、权力偏差等）作出规范。

针对目标可成为行政行为目标之行政合同，适用《行政程序法典》第133条及续后条文规定之行政行为非有效之制度［参看第185条第3款a）项］。例如，倘若法律规定，国家对文化活动的财政津贴的金额高于一定限额，其必须以公文书的形式作出，因此文化部长以私文书方式订定的向一个剧场赋予津贴之合同，根据《行政程序法典》第185条第3款a）项所准用之行政行为制度（参看《行政程序法典》第135条），为可撤销的。

针对目标可成为私法上合同目标之行政合同，适用《民法典》第285条至第293条规定之法律行为非有效之制度（参看第185条第3款b）项）。基于此，倘若一个属于国家私产的不动产的租赁合同在具体上以私文书的形式作出，而法律规定须以公证书作出，则该合同根据《民法典》第294条之规定为无效，当中适用的非有效制度由《民法典》第285条至第293条所规范。

因此，行政合同的“实体上”及“程序上”非有效制度，依其目标可成为行政行为目标，还是可成为私法上的合同目标而有所不同。

为什么《行政程序法典》第185条第3款作出双重准用？

我们逐一去分析。

a）项之目的，明显是使行政当局不能透过合同途径取得法律禁止以单

---

276 在广义的非有效制度的范围内，关于非有效之形式之范围制度与“狭义的”非有效之形式之法律制度之间的识别，见 Jorge Pereira da Silva，《行政合同之非有效》，同上所述，第106页。

277 在这方面，（尽管这是根据《行政程序法典》第185条的之前文本所撰写的），见 Jorge Pereira da Silva，《行政合同之非有效》，同上所述，第158页。

方行为得到的效果。因此，被显示出来的是，根据所有后果，目标可成为行政行为目标之行政合同，其制度“不能背离在具体情况中相同目标及相同规范下的行政行为的合法性制度”。[278]

b）项之目的，考虑到无效作为私法上的合同非有效的原则性效力（参看《民法典》第294条），不同于行政法所规定的以可撤销为非有效的原则性效力（参看《行政程序法典》第135条），避免行政当局“只是为了利用较有利的非有效制度，才以行政方式签订私法上的合同”。[279] 由此，“迫使”行政当局在订定私法上的合同与（对目标可成为私法上的合同目标之）行政合同之间作出选择时，仅考虑公共利益的理由或标准。

因此，基于这类实务性质的考虑，行政合同之非有效制度（就意思欠缺及意思瑕疵以外的非有效制度）才会不是单一的（乍看之下，行政法的科学自主性要求存在该单一性）。

最后须指出的是，根据法律规定，只有合同的当事人才具有正当性提出与非有效有关的诉讼（参看《行政法典》第825条）。现今，此规范成了一个巨大的疑问，然而，我们不在此解释它。该内容应在行政上的司法争讼中被探讨。[280]

172. 同上：f）行政合同的解释

行政合同的解释有什么一般规定？

关于行政合同的解释，《行政程序法典》第186条第1款规定“解释合同条款之行政行为（……）属不确定且不具执行力之行政行为”。从同一条文第2款得出，对于行政合同条款的解释，适用《民法典》第236条及续后条文所定法律行为解释的一般规定，[281] 但各缔约人已明确表示不适用该等规定者除外。另一方面，《行政程序法典》第189条规定，“本法典未有明文规定者，行政法之一般原则适用于行政合同，而规范公共开支之法律规

278　见 Sérvulo Correira，《行政合同中的缔约合法性及独立性》，第641页。亦见 Jorge Pereira da Silva，《行政合同之非有效》，同上所述，第157页及续后数页。

279　见 Jorge Pereira da Silva，《行政合同之非有效》，同上所述，第162页。

280　关于这一点，见 Maria João Estorninho，《公共行政当局的合同的司法争讼的若干问题》，里斯本，1996年；及 Alexandra Leitão，《公共行政当局的合同的司法争讼的对第三人的保护》，科英布拉，1998年。

281　在该意义上，见 Freitas do Amaral 及其他著者，《行政程序法典之注释》，第314页。

定，以及规范订立公法上合同之特定方式的规定，经作出必要配合，亦适用于行政合同”。

行政合同为（双方）*法律行为*，因此，逻辑上行政合同的解释应首先遵守《民法典》第236条及续后条文所载之法律行为解释的一般规则。虽然这些规则载于《民法典》内，但应将它们视为在法律上订立合同时所适用的一般原则，而不论是私法上抑或公法上的合同。[282] /[283]

但是，由于行政合同亦作为*行政法上*的法律行为，基于其特定性质，须遵循有别于其他一般合同所适用的法律制度，而解释者可以根据《行政程序法典》第189条准用行政法一般原则，并适时地偏离《民法典》若干一般原则的适用。

总结：上述《民法典》一般规则连同行政法的一般规则（《行政程序法典》第186条第1款）及一般原则，构成了解释行政合同须遵守的指引。

这里显然不适合叙述这些《民法典》规定的制度。[284] 然而，此时值得询问的是：在解释行政合同时，哪些是应特别强调的行政合同法的特定原则。

Marcello Caetano 教导，在解释行政合同时，必须考虑其特殊性质所产生的以下原则：(1) 典型性；(2) 在订立合同前的程序中了解当事人的真实意思的重要性；(3) 私人对行政当局的从属协助；(4) 对共同订立合同人的私人利益的保护；(5) 解释合同条款的行政行为仅具提供意见的性质。[285]

然而，须指出的是，并非所有这些由尊敬的行政法学者所提出的原则，于今天仍维持其完全的实效性。首先，须知道现行的法律框架订定了一个行政合同的实质定义（参看《行政程序法典》第178条第1款及《行政及税务法院通则》第9条第1款）。除了传统的典型合同（参看《行政程序法典》第

---

282 这亦是在法国的体制中被主流学说主张的方案。全部内容见，Laubadère，Moderne，Delvolvé，*Traité des Contrats Administratifs*，第一卷，第701页及续后数页。

283 同样，关于法律解释之规定，尽管基于历史原因而正式地载于《民法典》（见第9条及续后条），但在确定民法性质以外的商法规范或劳动法规范时亦具主导作用，并特别适用于公法上的规范。

284 关于法律行为的解释方面，见葡萄牙的 Pires de Lima 及 Antunes Varela，《民法典注释》，第一卷，第236条及续后数条；Mota Pinto，《民法总论》，第444页及续后数页；Dias Marques，《民法基本教程》，第七版，里斯本，1992年，第67页及续后数页；Menezes Cordeiro，《葡萄牙民法条约》，第一册，科英布拉，第467页及续后数页；Carvalho Fernandes，《民法总论》，第二卷，第462页及续后数页。亦见 Pedro Pais de Vasconce-Los，《国际统一私法协会合同之解释（国际统一私法协会规则与葡萄牙法规则之比较）》，载于 *Themis*，第一年，第2期，2000年，第235—246页。

285 见 Marcello Caetano，《*手册*》，第一卷，第610页及续后数页。

178 条第 2 款)，亦存在无数*非典型性*合同。故此，不能将行政法律行为的*典型性*作为对相关行为的解释的首个*一般*原则。但这并不意味着，倘若所涉及的是一个典型行政合同，便不能借助该合同对应的法定类型的主要因素作出解释。

另一方面，于今天，正如我们所知悉的，并不是所有行政合同都是协作合同（contratos de colaboração)，即旨在联同私人恒常履行行政职责的合同。除此之外，同时存在多种合作合同或归属合同。因此，亦不能继续一概而论地指出以下是对行政性质合同的法律解释的一般原则，“订立合同的私人绝对致力于公共利益的实现，与行政当局联同以协助之，并遵守规范合同宗旨所涉及活动的法律及规章”（底线由我们定)。[286] 这个法律解释的指引仅在若干行政合同中具有价值——协作合同。

然而，关于 Marcello Caetano 所指出的原则，除了载于《行政程序法典》第 186 条第 1 款之原则（解释合同条款的行政行为仅具提供意见性质，或换句话说，禁止行政当局在行政合同解释上作出具执行力的行为[287]）外，以下的原则仍完全有效：（1）在订立合同前之程序中了解当事人的真实意思的重要性；（2）尊重共同订立合同人的私人利益。除了其*完全效力*外，这两个原则亦是最显著的原则。因此，以下将探讨它们的意义。

Marcello Caetano 曾指出，“原则上，行政合同是经过一个非司法程序形成的，当中产生了不同的预备行为，了解该等预备行为对于理解最终合意是必不可少的”,[288] “对于最终订定的合同内容有疑问时，在有关合同条款含糊不清的情况中，该等疑问可透过查阅竞投公告及相关的方案、招标规则，开启标书阶段的会议记录，获得确定判给的投标书的文本，由获判给人于程序中所提出的异议及对这些异议所采取的决定、合同的草稿等解除”。[289] 对这些订立合同前阶段的文件作出审阅,[290] “可以揭示当事人的真实意思，正如其过程中所体现的一样，借此解除合同最终表达的意思所产生的疑问”。[291] /[292]

---

[286] 见 Marcello Caetano，《*手册*》，第一卷，第 611 页。

[287] 见 Esteves de Oliveira，《行政合同》，col. 1254。

[288] 见 Marcello Caetano，《*手册*》，第一卷，第 610 页。

[289] 见 Marcello Caetano，《*手册*》，第一卷，第 610—611 页。

[290] 在没有任何详尽要求下被指出（正如从所使用的省略暗示中得出的结论）。

[291] 见 Marcello Caetano，《*手册*》，第一卷，第 611 页。

[292] 行政合同方面的较卓越的外国学者的教程是相同的。当中两个法国学说的例子是：Laubadère，Moderne，Delvolvé，*Traité des Contrats Administratifs*，第一卷，第 701 页及续后数页；Laurent Richer，*Droit des Contrats Administratifs*，第 173 页。

另外，这位受尊敬的教授提到，在解释行政合同时，“必须对私人缔约人的私人利益作出考虑”，[293] 亦即“虽然私人缔约人一直是作为实现公共利益的合作者，但在合同自由的逻辑下，基于合同条款的强制规定及完全实现行政宗旨的要求，应尊重私人利益”。[294] 亦提及：“破坏私人缔约人的私人利益，不但不可在合同中订定，而且违反合同规定的精神：私人利益是一个使私人行为有效率的鼓励，而行政当局正是希望透过合同利用之，而由此产生的相关利益是必须保留并承认的。涉及有偿合同时，《民法典》第 237 条对这类法律行为之解释所规定的原则便适用，当中规定须考虑能达至‘较均衡之给付’之含义（……）。”[295] 最后，以下转录载于《*手册*》，第 1 卷中的一段话，“按照定义，所有行政合同中，都有一个私人与行政当局之间的自由及有报酬的合作，当中必须以给付平衡为前提：为了取得合同保证的利益，私人提供服务或交付物品。所以，合同建基于一个特定的财政公式（其中一方缔约人所承担的负担与另一方缔约人所保证给予的利益相对应），而合同关系的发展必须以订定合同条款时所确立的平衡性为基础”。[296]

实际上，若细心观察，这些行政合同解释的特定规则与刚才上述《民法典》所订定的一般规则并没有太大偏差。事实上，一方面，在寻求当事人的真实意思时，《民法典》亦没有排除须考虑从行为形成阶段取得的资料；另一方面，该法典第 237 条明确规定，假如就一个有偿法律行为的特定条款的解释存有疑问，则采用体现为较均衡之含义。然而，关于后者，须指出的是，当适用民法时，它是作为一个候补的角色，有别于在行政法中，它是处于首位的，无须在其他解释规则不能实际生效时方适用之。

总的来说，可以说，我们已作阐述的两个行政合同解释规则，虽然不是真正的原创解释规则，然而，这些解释规则之所以具有特别重要性和强度，是因为在订立这些合同之前，不但存在一个要式的、漫长的及有持续纪录的阶段，而且原则上涉及双方巨额的财政负担。

---

293 见 Marcello Caetano，《*手册*》，第一卷，第 611 页。

294 见 Marcello Caetano，《*手册*》，第一卷，第 611 页。

295 见 Marcello Caetano，《*手册*》，第一卷，第 612 页。

296 见 Marcello Caetano，《*手册*》，第一卷，第 613 页。

173. B）行政合同的履行：a）行政当局的权力

现在我们探讨上述行政合同法律制度的第二个方面，也就是合同的履行。[297]

一旦订定行政合同，便须履行之。

在行政合同的形成过程中，公共行政当局需要遵循若干限制及约束，而私人在行使其私人订立合同的能力时，并不存在该等限制及约束，但在行政合同的履行中，行政当局却以具备当局权力之身份出现，而私人在他们之间订立私法上的合同时不能享有当局权力。[298]

在行政合同的履行中，行政当局依法享有五项主要的当局权力：单方变更之权力、指挥履行之权力、单方解除合同之权力、监察履行之权力，及最后的，科处为不履行合同而定之处罚之权力（《行政程序法典》第180条）。

以下将逐一探讨。然而，由于严格地说，单方解除合同之权力与合同的履行并无关系，而与其终止有关，故此，我们仅在现阶段探讨其余四项。

作为前言，再指出一些内容。

一方面，一个合同被定性为行政合同的事实，依法并不导致行政当局获赋予《行政程序法典》第180条所规定的全部权力。事实上，亦正如《行政程序法典》第180条的主文明确指出的，“除因法律规定或因合同之性质而另有规定外（……）”，若干特别法律禁止行政当局拥有这些权力的全部或部分，或基于一个具体行政合同的本身性质，在该合同中可以禁止这些权力部分或全部存在。因此，第180条各项中所指的行政当局的各项权力，没有必要在全部及任何行政合同中同时出现。基于合同性质而不能出现这个或那个权力的情况，须由司法见解及学说指出。

另一方面，除了第180条所指的权力，当然，行政缔约人及私人缔约人

---

[297] 特别的，见 E. García de Enterría，T. R. Férnandez，*Curso de Derecho Administrativo*，第一卷，第722—741页；及 Federico A. Castillo Blanco，*Las Prerrogativas de la Administración Pública en la Contratación Pública*，载于 R. Castillo Blanco，*Estudios Sobre la Contratación en las Administraciones Públicas*，第199—236页。

[298] 关于公共行政当局在行政合同的法律制度中的优越地位，见 Augusto de Ataíde，《行政当局对行政合同的单方权力》，如以上所述。

之间的行政合同中亦可以出现法律秩序以上或以下的其他过大的权利或权力。[299] 例如，某些属国家财产的不动产租赁合同的法律制度就规定了，行政当局具有实时及具约束力的单方终止合同且无须作出任何赔偿的权力。[300]

现在我们探讨《行政程序法典》第 180 条所指的行政当局在行政合同中之各项权力。

174. 同上：单方变更之权力

概论（Generalidades）。很多行政合同都是长期合同（例如，最典型的是特许合同）。因此，有时候，所订立的条件或情节在合同履行期间会发生变化，这意味着，由当事人*在开始时*所订定的合同内容，从质量上说，以后可能不会再被视为谋求公共利益的最好方式（记得以上所述的在法国所发生的若干例子）。而在另一些时候，在较短期限的合同中（如公共工程承揽合同或持续供应合同），可能发生的是，从数量的角度看，以合同规定的由私人作出的给付低于公共利益随后要求的给付（例如，公共工程承揽中，需要作出更多的挖掘，动用更多的人力及物力资源等）。

在这些情况中，葡萄牙[301]很早就认定了行政当局具有单方变更合同内容之权力，以将之调整至符合公共利益的新要求。今天，葡萄牙的立法者亦这样进行。事实上，《行政程序法典》第 180 条 a）项规定，“除因法律规定或因合同之性质而不得作出下列行为外，公共行政当局：（……）*单方变更给付之内容*，但须符合合同目标及维持其财政平衡”。

---

299 见 Esteves de Oliveira，Pedro Gonçalves，Pacheco de Amorim，《行政程序法典》，第 827—828 页。

300 见 Freitas do Amaral，João Caupers，《国家出租不动产，里斯本自来水的公共企业》，载于 *CJ*，第十六刊年，第五册，1991 年，第 51 页及续后数页。

301 见葡萄牙的 J. Magalhães Collaço，《公共服务的特许》，第 35 页及续后数页及第 87 页及续后数页；J. Melo Machado，《行政合同的法律理论》，第 170 页及续后数页、第 204 页及续后数页及第 220 页及续后数页；Marcello Caetano，《*手册*》，第一卷，第 615 页及续后数页。其他学说，例如，见 Laubadère，Moderne，Delvolvé，*Traité des Contrats Administratifs*，第二卷，第 461 页及续后数页；Antonio Cianflone，*L' Appalto di Opere Pubbliche*，第 542 页及续后数页；Concepción Horgué Baena，*La Modificatión del Contrato Administrativo de Obra. El ius Variandi*，马德里，1997 年，第 21—71 页；以及 E. García de Enterría，T. R. Férnandez，*Curso de Derecho Administrativo*，第一卷，第 728 页及续后数页。

回复合同财政平衡的义务。然而，正如司法界及学说亦于很早以前就拥护之见解，倘若通过行使*可作变更的权力*（potestas variandi），对订立合同的私人产生一个在没有施加变更时私人不会承担的财政负担，并使私人牺牲正当期待的盈利或蒙受在施加变更之前并不存在的损失，那么法律指出，作为排除适用合同稳定性原则的代价，行政当局应向私人的共同订立合同人作出确保，在未获私人同意下被变更的债权关系将会继续向私人提供相同程度的满足。[302] 事实上，按照合同内的利益互相依赖原则，任一方当事人不可以在没有给予对方应有补偿下从对方那里取得好处，该补偿根据合同的规定作出，[303] 或在没有相关规定时，根据给付的公平均衡原则作出。因此，倘若公共利益要求强加高于私人预备承担的负担，则须对报酬条款作出修订或支付一个合理的补偿。[304]

然而，很清晰的是，合同的财政平衡并不意味着对共同缔约人的企业的平衡管理作出担保。任何合同（亦包括行政合同）“在正常条件下，会包含风险，使拟获得利益的当事人可能得不到利益，甚至面临损失”，[305] “这是一个企业所承担的经济风险之正常后果且不会构成不公平，因为它是由可归责于缔约人的预计错误、对交易的无知或不良管理所导致的”。[306] 因此，财政平衡是指对*行政风险*的抵销，而不是对*合同的正常风险*的抵销。

总而言之：在合同履行期间，行政当局必须一直尊重最初的财政平衡，而只有这样才可严谨地保证“合同给付的合理对等”的原则。[307]

这个有关合同财务平衡的原则（对于一些人来说，清晰反映了禁止不

---

302 见 Sérvulo Correira，《行政合同》，第 33 页。财政平衡的经典等式，当中 Péguignot 的财政等差的数学方程式得到最大的认同，其实是考虑到当事人之间的给付于开始时存在的对比，而在变更其中一方的给付时，要求按照双方之间原来维持的关系方式变更另一方的给付。在动态质量学上，行政合同的平衡可以表现为 a/b = a' /b'。关于这方面，见葡萄牙的 Augusto de Athayde，《对行政合同的理论：行使行政当局单方变更的权力的限制和效果》，载于《纪念 Marcello Caetano 教授之公法研究》，里斯本，1973 年，第 91 页及续后数页。

303 见 Marcello Caetano，《*手册*》，第一卷，第 621 页。

304 见 Marcello Caetano，《*手册*》，第一卷，第 621 页。

305 见 Sérvulo Correira，《行政合同》，第 33 页。

306 见 Marcello Caetano，《行政法的基本原则》，第一卷，科英布拉，1996 年（重印），第 203 页。

307 在了解倘若订立合同人的行政当局作出不正确计算——而因此，在行政当局强加单方变更之前已遭受损失——的情况下，可否不采纳财政等差的数学方程式，此问题可见，Augusto de Athayde，《对行政合同的理论：行使行政当局单方变更的权力的限制和效果》，第 94 页及续后数页。

当得利的法律一般原则[308]），正如 Paulo Otero 所强调的，当今可在对私有财产权（宪法第 62 条第 1 款）及因公法行为被剥夺具财产价值的私法法律地位而获合理赔偿之权利（宪法第 62 条第 2 款）［是类似权利、自由及保证的权利，因而，此亦适用这些基本权利之实质制度（参看宪法第 17 条及第 18 条第 1 款）］的保护中，以及在信赖原则（第 2 条）、公正原则及善意原则（第 266 条第 2 款）及在尊重私人的正当权利及利益下谋求公共利益的原则（第 266 条第 1 款）中，找到宪法上的依据。[309]

遵守合同目标之义务。[310] 另外，法律亦指出，行政当局在行使单方变更的权力时，仍必须遵守*合同目标*。

然而，这是什么意思呢？

在《行政程序法典》开始生效之前，这个问题被广泛讨论。

对于一些人来说，合同目标是指合同所包含的主要活动。[311] 而由此得出："行政当局具有修改约束私人的合同给付的权力，但是不得向其要求合同目标没有包含的其他给付。"[312] 清楚的结论为：行政当局得更改合同，但不得改为另一合同。倘若行政当局想改为另一合同，则必须行使对特许之赎回权。[313] 这个不仅是为了保护被特许人的利益，亦为了保障关于特许判给的行政程序的透明度、客观性及中立性等公共利益。无限变更的权力可以演变成把被订立的合同完全改变为另一合同，从而危及作为确立合同目标的订立合同程序的透明度及公开性。[314] 因此，行政合同的目标不可变动性原则是肯定存在的。

对于其他人，这个理解是过分宽松的。相反的，他们所坚持的是，由缔约人承担的给付本身才是合同的"目标"。合同目标由双方当事人一起承担的整体给付构成。单方变更合同条款内容的行政权力，当然是针对合同目标之权力。[315] 因此，否定行政合同目标不可变动性原则的存在。

---

308 关于这方面，见 Alexandra Leitão，《公共行政当局的不当得利》，里斯本，1998 年，第 55 页。

309 关于财务平衡原则的宪法上的依据，见 Paulo Otero，《公共工程承揽合同中的合同稳定性、单方变更及财务平衡》，载于 *ROA*，1996 年，第三卷，第 944—946 页。

310 Marcello Caetano，《*手册*》，第一卷，第 618 页。

311 见 Pedro Gonçalves，《公共事业特许》，第 258 页。

312 Augusto de Athayde，《对行政合同的理论：行使行政当局单方变更的权力的限制和效果》，第 74—75 页。

313 见 Pedro Gonçalves，《公共事业特许》，第 258 页。

314 见 Pedro Gonçalves，《公共事业特许》，第 258 页。

315 在此，Sérvulo Correira，《行政合同》，第 28 页，第 32—33 页。

此争论失去了实质意义，因为《行政程序法典》第180条a）项之规定一般性地比较了共同订立合同人的给付*内容*与合同*目标*，从而确认了上述第一个立场。因此，需要分辨“*合同目标*”与“*共同订立合同人的给付内容*”，因为前者是不可被单方变更的，而后者则是可以的。我们认为，该区分应该是以下这样：*合同目标*的意思是*双方之间具体约定的合同给付的主要类型*，或换句话说，是*私人为满足特定的公共需求而进行的活动*；*给付内容*则是指履行*这些给付的技术上及法律上的独有方式*。

该立场确实是占有主导地位的。对于Augusto de Ataíde，“（……）单方变更的权力——遵从目标之不可变动性（……）——必须牵涉到有关私人将会发展的活动之条件及组成该活动的有关给付方式或数量”。[316] 同样，Esteves de Oliveira指出，遵守*合同目标*之强制规定，旨在表明“行政当局得修订共同订立合同人有关数量、模式、质量、履行的技术及法律条件的义务，但不得命令其进行不同于之前所承诺的活动”。[317]

这样，倘若行政当局单方变更所约*定的给付的类型*，则产生*目标之*（不被允许的）修改。例如，强迫为北方乘客提供*公路*运输公共事业的被特许人发展波尔图—布拉加的*铁路*公共事业。

然而，倘若行政当局向其共同订立合同人所强迫的，仅仅是特定给付的另一种履行方式（在技术或法律的层面上），这里，只产生（被允许的）*给付内容之变更*。例如，行政当局命令其供货商提供在特征上不同于原来所约定的且亦由其销售的货物（例如，以不含氯的纸代替含氯的纸），或在同一例子中，更改与原来约定不同的提供货物的法律上的条件（方式、地点、时间等的情节）。[318]

然而，很明显的是，并非所有的合同条款都是涉及合同目标或涉及给付的技术上及法律上的履行方式。有一些合同条款并不涉及合同目标，但涉及当事人相互的权利及义务。例如，特许人向被特许人保证于一定期限内专营约定的活动的条款；特许人承诺给予被特许人财政补助的条款；向

316 见Augusto de Athayde，《对行政合同的理论：行使行政当局单方变更的权力的限制和效果》，同上所述，第79—80页。

317 见Esteves de Oliveira，《行政合同》，第一卷，第699页。

318 其他例子：强制一个公共工程承揽人在作为实施工作所依据的图则中作出更改。亦有另一个例子：向公共工程或事业的被特许人强制作出变更，为了满足一定的集体需要而使其不断更新不可或缺的技术上的条件。见Marcello Caetano，《*手册*》，第一卷，第619页。

被特许人保证在采取若干决定之前，享有被行政当局听取意见的权利的条款。

这些（狭义上）“不属于界定合同目标之条款”，[319] 不得被行政当局单方变更。反而，根据《民法典》第 406 条第 1 款规定之切实履行合同（pacta sunt servanda）的一般原则，它们不得被变更，否则行政当局须负合同责任。恒久以来，此简单的结论没有使葡萄牙的行政法学者产生任何疑惑。例如，Esteves de Oliveira 于 1980 年指出，“单方变更”上述类型的合同条款“并不导致行政当局须承担维持财政平衡的义务，而是使行政当局须承担行政法的一般规定订定的合同责任”。[320]

综合结论。 总之，现行的行政法对这些情况所规定的制度表现为以下两个方面：一方面，行政当局获赋予单方变更共同订立合同人的给付内容的权力，对该等给付作出更新须取决于公共利益的新需求；另一方面，强制行政当局必须认同合同*目标*（*行政当局的单方变更权力不可触及的空间*[321]）以及维持合同的*财政平衡*，透过该方式保障私人的正当权利及利益。

为此，再一次得到证实的是，我们在开始时指出的行政法的主要特征：于公共利益需求及私人权利保障之间寻求持续的平衡。

公共利益需要一个在私法上并不存在的当局权力吗？是的。法律向行政当局赋予这个权力。然而，为了不使订立合同的私人过度牺牲（因这样可导致其陷于破产），法律强制规定行政当局须尊重合同目标及其财政平衡［这样尤其会导致合同条件的更改（如价格），又或行政当局向订立合同的私人给付一项补偿性的赔偿］。

Maria João Estorninho 在其引人注目的著作《*行政合同编章*》（同上所述，第 130—138 页）中，认为单方变更权力的制度于今天并不能将行政合同与私法合同区分，当中《民法典》第 437 条亦在很大程度上容许“*可作变更的权利*（jus variandi）”，*而只*在次要方面有所区别。

然而，关于此要点，我们并不同意其论述。

第一，在所有行政合同中，公共行政当局都拥有单方变更的权力，这是行政合同所固有的，而此权力（倘若它存在）只存在于少数的民事合

---

319 见 Esteves de Oliveira，《行政法》，第一卷，第 701 页。

320 见 Esteves de Oliveira，《行政法》，第一卷，第 701 页。关于这一问题，见法国的，Laubadère，Moderne，Delvolvé，*Traité des Contrats Administratifs*，第一卷，第 107 页。

321 见 Esteves de Oliveira 及其他，《行政程序法典》，第 825 页。

同中。

第二，无论合同本身有否规定，单方变更的权力都存在于行政合同中；相反，一般的民法合同，只有在明确规定及在合同中经双方同意下，或在双方同意其行使时，方存在该权力。

第三，单方变更的权力是作为公共缔约人的行政当局之权力，而作为私人缔约人的个人必须服从。而《民法典》第437条所规定的制度不是这样的，当中的合同变更得由一方当事人向另一方当事人请求作出。

第四，单方变更的权力是由行政当局单方面施加予另一方当事人（原则上，透过作出行政行为）。在民法合同中，则不是这样，其中一方不能单独地作出该行为，必须向法院请求命令作出所要求的变更：决定*是否强制*作出被要求的变更的一方是法院，而不是行使该权利的当事人。

第五，于《民法典》第437条所规定的制度中，当出现使合同无法维持其原来内容的情事变更时，法律规定的主要解决方法是解除合同。然而，受害当事人亦得选择维持经适当变更的合同。行政法的体制精神却是完全相反的：法律确认对行政当局享有单方变更的权力，而附同对订立合同的私人赋予合同财政平衡的权利，这意味着，私人在一定限度下，必须接受经行政当局强制变更的合同，并不能自由选择解除合同，而只有在行政当局变更合同目标或拒绝遵守合同的财政平衡时，私人方有权解除合同。这是因为，“公共事业及行政活动的持续性原则”不容许承认订立合同的私人在面对情事变更时有权解除合同。原则上，解除合同意味着暂停相关公共事业的运作。

第六，在财政平衡原则下对行政合同内容的变更，使私人有权获得经济上的补偿。在民事合同中，出现的合同变更，则依据“衡平原则之判断”。

基于所有上述原因，在我们看来，仍然有充分理由指出，*单方变更的权力*是行政合同制度的主要特征，作为该制度与民事合同制度之间的重大区别，是因为后者并不存在同样的权力。

行使单方变更权力的方式。首先，得透过行政行为行使单方变更权力（参看第186条第1款的反面解释），它本身便制约了订立合同的私人，而不须依赖法院裁决。至于私人在法院的防御方面，如他想对行政行为提出争议，可提起撤销性司法上诉，如共同订立合同人选择行使解除合同的权利或获得一项补偿性赔偿，则可提起一个诉讼。

另外，正如葡萄牙[322]及其他各国[323]都承认的（尽管对以这种方式发生的变更后果存在一些分歧），单方变更的权力（及随之而来，对共同订立合同人的给付加重财政负担）亦可透过一般性质的行为（法律或规章）作出。这被称为“*王子特权*”（fait du prince）（历史上源自专制主义的表述，虽然当时适用于另一情况：皇室不履行协议的权力）。[324] 正如Sérvulo Correira指出的，“行政主体缔约人透过概括性措施作出单方变更而并非透过仅于特定债权关系产生效力的行为进行，此做法没有改变问题的本质。无论如何，单方更改合同条款的权力都是为谋求公共利益而获赋予的当局权力，而公共利益的谋求亦是其建立的合同关系拟达成的宗旨。‘*可作变更的权力*’被认为暗含于所有行政合同中，而它只反映了在谋求集体利益时重新订定行政当局与私人之间的法律状况的更广阔的权力”。[325]

然而，并非所有归入“*王子特权*”概念的概括性行为都一定有相同的法律效果：原则上，一项由专门针对特定合同目标之概括性措施间接加重的负担，可被接受为赋予缔约人获得合同财政平衡的权利[326]（例如，一个规章要求在火车车厢内安装指定类型的防火系统，因而超出了铁路公共事业被特许人的业务范围[327]）。可是，加重合同负担的概括措施既牵涉缔约人，亦牵涉该活动范畴或另一范畴的其他企业，则有关缔约人不可取得合同财政平衡的权利（例如，法定增加国家的最低工资金额或特定税项的税率[328]）。在第二种情况中，例如，“有关措施所牵涉的不是作为行政当局的共同订立合同人本身，而牵涉作为企业主的共同订立合同人”，除非可引用“不可预见”之理论，[329] 否则他应“服从由此而产生的后果”（这与其余企业主所面对的一样）。

---

322 见Marcello Caetano，《*手册*》，第一卷，第622—623页；Sérvulo Correira，《行政合同》，第33—34页；Esteves de Oliveira，《行政法》，第一卷，第706页及续后数页。

323 例如，法国的Laubadère，Moderne，Delvolvé，*Traité des Contrats Administratifs*，第一卷，第389页。

324 见García de Enterría，T. R. Férnandez，*Curso de Derecho Administrativo*，第一卷，第731页。

325 见Sérvulo Correira，《行政合同》，第33—34页。

326 在此，见Esteves de Oliveira，《行政法》，第一卷，第709页，根据其所附同的内容。

327 假使合同变更的概括性强加不是由公共的订立合同人（如一个市政厅）作出，而是由国家作出，很明显的是，在符合所需的前提下，必须由后者作出赔偿，而不是由市政厅。见Marcello Caetano，《*手册*》，第二卷，第1122页及续后数页。

328 见Esteves de Oliveira，《行政法》，第一卷，第709页。

329 见Esteves de Oliveira，《行政法》，第一卷，第709页。

当然，亦须指出的是，基于公共利益的变化而对共同订立合同人给付的内容作出变更，亦得以双方之间的协议作出。正如我们所见，原则上，得透过单方或双方途径去设定、变更或消灭行政法律关系。《行政程序法典》第179条第1款赋予行政机关权力，以便在设定、*变更*或消灭行政法律关系时可利用合同方式，而不采用行政行为方式。行政当局可以透过单方的行政行为，在一定的限制内变更一个行政合同的给付内容（参看《行政程序法典》第180条a）项），亦可以透过与其共同订立合同人达成之协议为之。利用合同的方式更符合现今宪法及一般法所期望的在行政当局与提供协作的被管理者之间的关系中存在的合作及善意精神。这里置于各方当事人自主权之上的重要限制，就是必须符合合同的最初目标。根本上，这是公开及竞争之原则所要求的。否则，各方当事人以改变合同内容为借口，在彼此均对原来关系不满意的情况下，以直接磋商方式订立新的协议（从而违反须透过公开竞投形成协作性行政合同的一般原则）。为了确保遵守竞争方面的规则，保持最初合同与被修改的合同之间的*目标*一致性是相当重要的，这是因为，须重复的是，如赋予各方当事人无限的自由以“变更”最初的合同，则这些规则便会失去所有价值。[330]

另外，在变更共同订立合同人的给付内容的协议方面，当事人可根据公共利益自主设定对合同给付被加重的立约人予以补偿的适当方式，可以不以金钱的方式为补偿，而以另一种可享有同样利益或满足的对等给付方式作补偿。这些可选择的方式，包括在特许合同中将专营权延长至新的期限。另一个例子是 Lusoponte-Concessionária para as Travessias Rodoviárias sobre o rio Tejo，em Lisboa，S. A. 与葡萄牙国家于1995年3月24日订立的*第二份特许合同*中的第101条款第7点规定。当中指出，“每当恢复特许的财政平衡，且在不妨碍第29.2点及第101.8点之规定下，这个恢复得按照特许人之选择，以以下其中一个方式作出：a）延长特许期限；b）增加特别收费标准；c）由特许人给予直接补偿；d）上述方式的联合，或双方达成协议之任何方式”。

理论依据（Fundamento teórico）。最后，对于了解行政合同的单方变更权力的理论依据的问题，有很多的讨论。特别是，有些人认为它是行政合同属性的固有权力，另一些人则认为，基于公共行政当局为了更好地谋求公

330　在此，见 L. Richer, *Droit des Contrats Administratifs*，第208—209页。

共利益而使用公权力，它是合同以外的权力。对于这两个主要见解，一个认为这是基于行政合同的本身性质而赋予公共行政当局的权力，而相反的见解认为，这是基于公共行政当局的本身性质而给予行政合同的权力。[331]

对我们来说，在葡萄牙，只有当法律未规定在一般情况下是否存在单方变更行政合同内容的权力时，这个学术争论才有意义。因此，在法律沉默时，才有些许理由提问。是否存在单方变更的权力？而假使它是存在的(几乎所人都这样认为)，它的依据是什么？是行政当局的权力，还是合同的性质？然而，如今法律以明示的方式赋予行政当局单方变更的权力，所以，它是直接来自法律的。

175. 同上：履行合同的指挥权

合同一经订立，行政当局便有权要求私人共同缔约人作出相关履行。然而，公共缔约人无须被动地辅助私人当事人完成该履行，私人当事人亦无权要求行政当局作出任何种类的干涉以方便其履行合同。根据法律，公共行政当局有权“指挥履行给付之方式”[《行政程序法典》第 180 条 b)项]，即有权指出应如何完成这项工作。

此权力在不同行政合同中有不同的表现及范围，甚至与某些行政合同的性质不兼容。此权力在劳务提供合同及任用合同中是很正常的。而此权力在公共工程承揽及若干特许中亦很明显，尽管行政当局的另外一些类型的共同订立合同人应给予在运作上较大的自主权。[332]

正如指挥权所专有的，行政当局发出*命令*（ordens）*及指引*（instruções）以指挥合同的履行，而订立合同的私人必须遵守之，但以它们在合同的目标及内容的范围以内为限。例如，“中止工作的命令，只不过是定作人于公共工程承揽合同所享有的指挥权的许多可能表现形式中之其中一种”。[333]

从本质上说，这个权力在于行政当局强制其共同订立合同人履行其最初承诺的义务，[334] 以及履行后来由行政当局透过行使单方变更合同内容的权

[331] 关于此问题，特别见 Angusto de Athayde，《行政当局对行政合同的单方权力》，第 39—69 页。

[332] 见 Pedro Gonçalves，《公共事业特许》，第 243—246 页。

[333] 见 Laubadère，Moderne，Delvolvé，*Traité des Contrats Administratifs*，第二卷，第 450 页。

[334] 见 Pedro Gonçalves，《公共事业特许》，第 245 页。

力而对其强加的新义务。

然而，如公共缔约人发出的命令或指引，要求私人作出其仍未履行的特定给付，而该命令或指引没有被该私人遵守，则行政当局没有预先执行的特权。因为《行政程序法典》第187条很清晰地指出，“透过行政法院，方得强制执行未履行之合同上之给付，但法律另有规定者除外”。在这情况中，适当获得该效果的方法是行政当局针对有关私人提起*关于合同之诉*（acção sobre contratos）。

指挥权亦基于它作为“填补合同的权力”而具重要性，[335] 因为共同订立合同人所承担的义务的定义可能不太明确（例如，以“对用户的最大安全、具操作性的条件、有效率、安全的方式履行义务等）。[336]

不可将单方变更权与指挥权相混淆。诚然，在一个水库与一个污水处理厂之间以混凝土管道兴建输水管的承揽，如定作人随后命令承揽人必须以地道方式完成部分管道的修建，而不是采用混凝土管道的方式，那么此所面对的毫无疑问是单方变更权的行使。相反，单纯的指挥权是定作人维持着以混凝土管道兴建的最初方案，但是须向承揽人作出命令，例如，应该如何放置混凝土管道的渠道；每日必须放置多少数目的管道；为预防斜坡的倒塌应作出怎样的操作；等等。然而，在一些情况中是不容易区分这两类权力的。[337]

176. 同上：合同履行的监察权

该类权力指行政当局作为行政合同的公共当事人，有权监察及查核合同之履行，以确切知道有关私人如何履行合同。[338]

透过此权力来避免行政当局一直不知悉或为时已晚才知悉那些有损公共利益的突发情况。另外，监察权亦可使行政当局透过知悉有关情况，更好地行使指挥权及/或处罚权。

有一整套规则来界定及限定此权力，并订定私人立约人须承担的相应义务及约束。显然，私人立约人不可以反对或拒绝行政当局采取其想实行

335 见 Esteves de Oliveira，Pedro Gonçalves，Pacheco de Amorim，《行政程序法典》，第825页。

336 见 Pedro Gonçalves，《公共事业特许》，第246页。

337 见 Pedro Gonçalves，《公共事业特许》，第259页的一个例子。

338 见 Angusto de Athayde，《行政当局对行政合同的单方权力》，第103—105页。

的措施（审计、检查及检验、笔录、鉴定等）。[339]

须注意的是，监察的行使不会减轻或解除共同缔约人的技术责任及本身的负担，除非更高的公共利益中所衍生的例外情况中[340]行政当局明示免除共同订立合同人的责任。在这些情况中，行政当局发出与合同规定不同的命令，或要求进行与技术规范或专业道德规定相悖的工作。

177. 同上：处罚权

公共行政当局在行政合同履行中所享有的第四种权力是，基于私人立约人（完全或部分）不履行合同或迟延履行或任何其他方式的不完整或瑕疵履行，基于私人立约人在未经行政当局的适当准许而将合同转让予其他人等情况，向有关私人科以处罚的权力。[341]

这种权力的两个典型方式是*科处罚款*（aplicação de multas）及*暂时接管*（sequestro）。

科处罚款并未带来任何值得我们在此探讨的特别困难的问题。仅须指出的是，合同性罚款既可作为处罚，亦可作为一项强迫性措施（按日科处，直至违约人完成履行）。“没有必要为每一项合同义务的具体违反而规定其罚款［*尽数列举原制*（princípio da taxatividade）］。”[342]

暂时接管包含以下：当私人立约人放弃行使行政合同向其赋予的公共权力或不善行使该权力时，行政当局有权承担该私人在合同上的权力及义务，而行政当局在该情况持续期间的一切开支，将由私人立约人负责。公共行政当局代替私人立约人履行合同义务，并由公共行政当局自己履行合同，而当这个危机情况尚未有清晰出路时（私人的态度正常化、向私人发出恢复业务的行政命令又或解除合同），以此名义作出的一切开支必须由私人立约人的财产承担。暂时接管的处罚性特征在于，当暂时接管持续时，被特许人除了需要负责有关服务的开支外，亦被剥夺了该服务的营运权及处理相关收入的权利。

暂时接管的一个具体例子是，经 8 月 4 日第 274－C/93 号法令核准及以

339 关于行使这权力的方式，见 Pedro Gonçalves，《公共事业特许》，第 248 页。

340 在此，见 Hely Lopes Meirelles，《巴西行政法》，第 211 页。

341 至于巴西的法律，见 Celso Bandeira de Mello，《行政法课程》，第 461—462 页。

342 见 Pedro Gonçalves，《公共事业特许》，第 252 页。

附件形式公布的《天然气输入以及以高压网传输及供应天然气之公共服务纲要》之第25纲要。该纲要之第1点指出："当有关传输网设置及接收站工程之工作瘫痪或出现迟延超过期限三个月时（……），当出现或即将出现服务之全部或局部停止或中断时，又或当其本身在组织运作或设施、设备上出现严重不足而影响到确保服务的规律性时，特许人（……）暂时接管该特许业务。"第2点亦指出："在出现暂时接管时，被特许人须承担特许人为履行特许而产生的一切负担，以及为恢复正常服务而需作出的额外费用。"第3点规定："导致暂时接管的原因一旦消失而特许人又认为适当时，被特许人会被通知在指定日期恢复正常经营特许业务。"

合同性处罚是由行政当局透过行政行为科处的，因此不需要（正如在私法中一样）预先获得宣告违约人不履行合同的司法裁判。

178. 同上：b）不可预见的情况；修订价格

不可预见的情况（caso imprevisto）。正如 Marcello Caetano 所教导的，不可预见的情况是指基于*与缔约人双方的意愿无关的事实而于大范围经济环境引起的变化，致使一方当事人在合同履行中须承受的负担，远远高于通常包含在合同内的正常风险*。[343]

实际上，尤其是当合同在一段相对长的期限内延续时，可以发生若干"当事人意料之外的经济变化，使缔约人必须承受毁灭性的负担"。[344] *在这种情况下，履行合同在法律上及实质上仍然是可能的*（*否则就是*遇到不可抗力情况，缔约人获免除其义务），*但这在经济上是灾难性的*。[345] 这时，不可预见性理论的介入是为了确保公共事业或公共工程的持续性，将（经济的）亏损风险由缔约人双方分摊，并要求公共主体帮助陷于困境的缔约人，使其得以继续履行合同。[346] 换句话说，如经济局面已破坏了所设定的财政平衡，且在订立合同时又不可能预见该情况，而又必须继续履行行政合同，则行政当局应*分担*所出现的损失或*修订*合同，以便恢复双方给付的对等性，

---

343 见 Marcello Caetano，《*手册*》，第二卷，第625页。

344 见 Jean Rivero，《行政法》，第150页。

345 见 Jean Rivero，《行政法》，第150页。

346 见 Jean Rivero，《行政法》，第150页。

这对依法承认合同的有效性是非常重要的。[347] 因此,《民法典》第 437 条关于解除合同的权利,不适用于普遍的行政合同。需要指出的是,在私人之间的合同,当证实出现第 437 条的前提时,受害缔约方有权解除合同,而在行政合同中,私人并不享有这个权利,因为他与行政当局连手谋求公共利益,而实时解除合同将会影响其根本目的。[348]

不可预见的情况 与单方变更的权力的区别在于:前者,所发生的是“经济上的亏损风险”,即经济变化的出现,破坏了共同订立合同人所确定的经济上的财政平衡;后者,所发生的是“行政上的亏损风险”,即因公共当局向共同订立合同人行使其特权而加重履行合同的条件。虽然它们是不一样的,这两个机制原则上规定了由行政当局负责使合同恢复财政平衡,尽管当中的标准不完全相同。[349] 对于此情况,仅举一个例子,第 59/99 号法令《公共工程承揽制度》第 198 条规定,如当事人按照谨慎及善意规则作出订立合同之决定所依据之情事遭受非正常及不可预见之变更,致使施工的费用大幅增加而超出正常的风险时,承揽人有权要求修订合同,以便按照衡平原则,获得实际承担之费用增加之补偿或调整价金。

关于 Conseil d' Etat 创造的理论(1916 年之 Campagnie de gaz de Bordeaux),1914 年的战争造成煤炭价格上升,以致天然气的被特许人不能按照合同所订的费用继续经营,否则便陷于倒闭。[350] 在私法中,倘在该时期发生了该等情况,则该等情况对合同中产生的义务是不会产生任何效果的。然而,行政法官排除了这一严厉的方案。这是因为如适用这个严厉规定而使共同订立合同人倒闭,会使持续满足公共需求的要求受到不利影响。[351] 因此,强制行政当局有义务向被特许人补偿其“基于不可预见的情况”所承受的损失。

不可预见性理论广泛地在法国的司法见解及学术上发展。适用该理论的前提基本上被具体化,而另一方面,该理论之典型效力亦被详细解释。[352]

透过立法的途径,该理论迅速由法国引进到葡萄牙。在经济受到两场

347 见 Marcello Caetano,《手册》,第一卷,第 630 页。

348 见 Alexandra Leitão,《公共行政当局的不当得利》,第 58 页。对比,Pedro Gonçalves,《公共事业特许》,第 270 页。

349 见 Jean Rivero,《行政法》,第 148—149 页,及葡萄牙的 Paulo Otero,《公共工程承揽合同中的合同稳定性、单方变更及财务平衡》,如上所述,第 940 页。

350 见 Jean Rivero,《行政法》,第 150 页。

351 见 Jean Rivero,《行政法》,第 150 页。

352 见 Jean Rivero,《行政法》,第 150 页。

战争影响的期间，为了避免由解除合同所引致的对公共利益的“严重伤害”，[353] 不少法规为特定类型的行政合同订定了不可预见情况的前提及效果，尽管各法规在这方面的规定有一定差异，特别是供应、承揽及公共事业特许的合同。这些前提及效果中，明确贯穿了一个想法，倘基于双方当事人作出订立合同之决定所依据之情事遭受了嗣后的*某种（非正常）变更*而产生了*某种损失*（且是*无法忍受的牺牲*），则应承认受害的共同订立合同人拥有获得损害赔偿的权利，或更常见的*调整所订定价格*的权利。[354]

然而，（葡萄牙的）经济在近几十年发生的动荡和巨大危机，使不可预见性的理论经常被适用于行政合同的范畴，[355] 并透过单行的立法措施采纳了该理论，以减小经济变化产生的合同失衡，而调整价格的权利（实现不可预见情况所引致的损害赔偿的特征性方式）亦普遍被规定于若干种类的行政合同（如承揽合同之情况）所适用的法例内，基于确定性，该权利亦*从一开始*便被订定于合同内，作为维持及恢复合同财政平衡的机制，以对抗不正常的变更。

调整价格。不可预见性理论及调整价格方面的立法改革并没有因此停止，这是因为作为之前时期特点的安全性已消失，[356] 尤其是，基于反复持续的经济通胀局面，立法者被迫放松对不可预见性理论的严格要求，“对于既不是非正常，也不是不可预见的情况，亦允许这样做，因为若非如此，将明显地使私人失去与行政当局订立合同的兴趣，或迫使他们提出很高的价格，以便可以无困难地应付他们知道肯定会在合同履行期间发生的重大涨价”。[357] 实际上，大家转而认为调整价格的权利是一项公共利益及秩序的权利，其赋予是为了避免投标者不参与关于行政合同订立的竞投。[358]

因此，在合同中加入了可因生产成本而调整收费的公式，或采用旨在按照该等成本随着时间发生的变化而更新价格的指数。[359] 正如 Esteves de Oliveira 所指出的，由此导致，“调整合同价格的权利，虽然开始时只作为获得不可预见的损害赔偿的一个手段，但借着法律、规章或合同的制度，它

353 见 Fernando Guerrero，《行政合同中的价格修订》，第 242 页。
354 见 Marcello Caetano，《*手册*》，第一卷，第 633—634 页。
355 见 Esteves de Oliveira，《行政法》，第一卷，第 715 页。
356 见 Marcello Caetano，《行政法的基本原则》，第 204 页。
357 见 Esteves de Oliveira，《行政法》，第一卷，第 715 页。
358 见 Fernando Gurrero，《行政合同中的价格修订》，第 243 页。
359 在这方面，见 Marcello Caetano，《行政法的基本原则》，第 205 页。

被扩展至可预见的通货膨胀情况，而通货膨胀不应被视为非正常的情况，要指出的是，它并不会很大程度地震撼到合同的经济”。[360]

不得不认为这个发展是有些矛盾的：调整价格源自不可预见的风险的学说，事实上，该学说是以它作为合同不可预见的经济风险的权宜之计，通货膨胀却是恰恰相反的极端，是可预见的风险。[361]

然而，无论是否自相矛盾，事实是，这个不可预见性理论的扩展版本充分地体现于所有主要行政合同所适用的法例之中。

其中首个明显的例子是，第55/99号法令第198条及第199条第1款。其实际规定了一个调整价格的双重制度。第一条规定了一个调整价格的*例外*制度（相当于不可预见性理论所指的不正常及不可预见的情况）；[362] 第二条确定了一个*正常*的调整制度（相当于生产成本增加的可预见情况）。[363] 正如一位学者在这方面所强调的，“这是确保维持合同公正的两个补充制度（当中的构想应回到不可预见性的理论依据）。前者规定一个由衡平原则而确定的补偿；后者则按照预先确定的公式定出新价格”。[364]

另一个例子是6月21日第147/95号法令，它（亦）规范了市政供水系统、卫生及固体废物处理之特许合同所适用的制度。该法规第5条第2款在服务的生产成本上的可预见变更上，要求竞投方案必须订定调整收费表必须遵守的条件。该规定亦补充指出，该等条件必须符合初始确定收费所遵从的相同原则，即它们当中的基础是所作出的收费表必须是一个*经济的*收费表，而非*政治的*，即在正常管理的情况下（排除被特许人无能力的情况）容许向其支付“不仅覆盖相关费用的款项，而且亦覆盖更新场所、分期摊还投资本金（……）及给予（……）合理收益”。[365]

因此，特许合同中调整收费的条款，从结构角度的观点看，完全与公共工程承揽合同所规定的调整价格条款相类似。

---

360 见 Esteves de Oliveira，《行政法》，第一卷，第716页。

361 见 Fernando Guerrero，《行政合同中的价格修订》，第243页。

362 由此指出的是：“在当事人按照谨慎及善意原则作出决定所根据的情况受到不正常及不可预见的变更时，履行合同上的负担会加重而不能纳入正常风险内，承揽人有权为得到由于实质承受加重负担的补偿而按照衡平原则修订合同，或进行价格调整。”

363 当中规定：“公共工程承揽价格的修订必须强制地按照合同所载之条款，然而，该等条款必须遵从所适用的特别法规定的基本原则。”该法律是现行的10月16日之第348－A/86号法令。须注意，它被强制必须加入修订程序的合同中，欠缺它时便为无效。

364 见 Andrade da Silva，《公共工程承揽的法律制度》，第四版，科英布拉，1995年，第363页。

365 见 Marcello Caetano，《*手册*》，第二卷，第1124页。

然而，如出现不正常的风险，不可预见性理论并不因此而不适用于这些合同。即在“特许合同中订定调整收费的条款并不会阻止被特许人援引不可预见性，如果基于某种原因，调整收费条款‘不能按照当事人期望的正常条件有效运作’，例如，基于与所选择的参数不同而出现价格浮动”。[366] 这种说法的成文法依据：针对由不可预见的情况而引致重大损失的调整价格权利，源自行政法的一般原则，并按照《行政程序法典》第189条之规定而适用于任何行政合同。

因此，调整价格制度的作用是容许对成本价格起制约作用的*参数*（原料价格、工资等）产生*正常*变动时，[367] 调整原来订定的价格。该途径，保证了在整个合同生效期间，最初订定的单价系统中的每一费用的平衡。[368] 因此，它是一个手段，在各当事人之共识下，容许在市场出现可预见的变动时及在良好管理业务下，财政上有一个正常的结余。

从另一个角度看，要指出的是，调整价格的条款不允许将公共服务转变成“税务收益的来源”。“被特许的私人企业，总是被怀疑在其业务专营及其给付必然地被公众消费的庇护下追求暴利”。[369] 那么，这些条款旨在“避免不公平的超额利润”。[370] 概括来说，调整价格的条款意味着“考虑到双方合作的共同利益，从而取代双方利益对立的思想”。[371]

然而，须注意的是，调整价格的机制并不强制地引致准确及全面恢复合同*原来的*财政平衡。众所周知，无论从历史或比较法上，尤其是在公共工程承揽合同中，过去及现在经常约定工程中的一部分价格不受调整（通常是20%）；另外，有关其余部分，过去及现在亦经常规定共同订立合同人必须承担一定限度的价格增加风险（增至系数1.025，即2.5%的价格增幅），而行政当局亦须承担一定限度的价格下降风险（至系数0.975，即，至2.5%的价格减幅）。在这个意义上，可以指出的是，调整价格（除双边性质外，即视每个情况中价格变化的内容，既可惠及行政当局，亦可惠及

366　见 Lauradère，《公共经济法》，科英布拉，1985年（法国版为1979年），第406页。

367　见 Lauradère，《公共经济法》，第396页。

368　该收费标准正是“为了一个服务的各种给付方式去为通用货币设定强制单价表，当中包括使其正确应用所必须的规范性规定”。见 Marcello Caetano，《对出售高压电力的收费调整》，载于《行政法研究》，里斯本，1974年，第255页。

369　见 Marcello Caetano，《*手册*》，第二卷，第1098页。

370　见 Marcello Caetano，《*手册*》，第二卷，第1098页。

371　见 Lauradère，《公共经济法》，第396页。

私人立约人[372]）并不排除行政当局与私人在若干限度下，按所确定的比例分摊风险。[373]

特许的收费表内所载的价格及费用调整，是透过双方所协议的一个或多个*公式*而确定的系数予以实现的。

调整收费的公式是指一个由指定的*参数*构成的代数公式，透过该公式可以确定一个系数，并于合同所规定的特定时刻（如年度）向现行收费表适用该系数，从而订出新收费。[374]

179. C）行政合同的终止：概论

最后，在合同终止方面，行政合同制度具有一定的特征，当中突显了行政当局权力和对私人立约人的利益保障。[375]

事实上，公共行政当局亦在此拥有若干当局权力。除了正常的行政合同终止原因（特别是，由于失效或期限届满[376]）及其他较少见的原因（解除条件成就、嗣后之绝对不能、法院撤销、私人立约人死亡又或被宣告破产或无偿还能力，而行政当局并没有允许由其继承人或债权人继续履行该合同）外，另一些需要考虑的特别原因为：双方当事人协议之终止（废止）、行政当局单方决定之终止（*解除*）及基于与当事人无关之法律事实之终止（*不可抗力的情况*）。接着我们会分析后两者。

首先，仅要谈及的是，解除合同在某些有限的情况下，亦可以由私人立约人主动作出。主流学说认为，基于行政当局严重及明显违反合同[377]或基于向私人要求的修订超出合同目标之限制，[378]私人可以向法院要求解除行政合同。倘若行政当局同意终止合同，则合同不用透过法院，可透过协议终止（废止）。

---

372 见 Fernando Guerrero，《行政合同中的价格修订》，第 247 页。

373 见 Fernando Guerrero，《行政合同中的价格修订》，第 249—250 页。

374 见 Marcello Caetano，《收费调整》，如上所述，第 256—257 页。

375 关于这观点，见 Jean Rivero，《行政法》，第 152—153 页；Hely Lopes Meirelles，《巴西行政法》，第 217 页及续后数页；以及更深入的，Maria Concepción Barrero Rodríguez，*La Extinción de los Contratos Administrativos*，载于 R. Castillo-Blanco，*Estudios Sobre la Contratación en las Administraciones Públicas*，第 319—386 页。

376 关于作为特许终止原因的期限，见 Marcello Caetano，《*手册*》，第二卷，第 1140—1142 页。

377 见 Sérvulo Correira，《行政合同》，第 39 页。

378 见 Paulo Otero，《行政法》，第 444 页。

然而，行政合同的法律中，一般不存在*合同不履行之抗辩*（exception non adimpleti contratus）。[379] 事实上，须知道，私人受制于公共利益，因此，除了上述各种情况外，私人不得因行政当局之违约而中止履行合同。[380] 这源于“有必要保护公共利益，以免私人以轻率的解释作为逃避履行义务的借口”。[381]

关于公共事业特许合同的个案，当中有关私人主张行政当局不履行下，继而拒绝履行其对待给付（以海上运输的方式邮往葡萄牙非洲殖民地的），João de Magalhães Collaço 指出，主张邮政局的总行政管理层不履行承诺“绝对不足以使有关企业获得不运送包裹的权利”。这是因为，“服务在运作上达不到法律条件时，任何人均不能使用该项服务，倘若此说法是正确的，则被特许人或任何拟提供该服务的人的首要责任是不作出任何干扰或妨碍其正常运作的事（……），这正是公共事业的真正本质”。[382]

然而，“当行政当局一方的不履行（例如，在长期供应中不作出其应作出的支付）是明显的，且严重地不利于另一方履行合同的可行性时，那么法院不得不考虑该等情况，以审查各方缔约人的责任”。[383]

180. 同上：a）处罚性解除

行政解除，是以行政当局的单方决定终止合同。基本上有两种模式：

处罚性解除；

赎回。

379　该制度被规范于《民法典》第428—431条中，其内容在于，双务合同中未就双方给付定出不同履行期限者，在对方立约人尚未为其应作之给付或不同时履行给付时，他方立约人拒绝作出其原来从属之给付。见 M. J. Almeida Costa，《债法》，第308页及续后数页。

380　关于此问题，见 Marcello Caetano，《*手册*》，第一卷，第638页；Esteves de Oliveira，《行政法》，第一卷，第704页；Maria João Estorninho，《合法性及行政机关的合同》，第31页；以及 J. Andrade da Silva，《公共工程承揽的法律制度》，第六版，科英布拉，2000年，第561页，附司法见解的指引。至于与该文章相对的，见 Pedro Gonçalves，《公共事业特许》，第274—275页。法国方面，见 Laurent Richer，*Droit des Contrats Administratifs*，第207—208页。

381　见 Marcello Caetano，《*手册*》，第一卷，第638页。

382　见 J. M. Magalhães Collaço，《公共事业特许》，第60—61页。

383　见 Marcello Caetano，《*手册*》，第一卷，第638页。

以处罚为由解除合同，是最严厉及严重的制裁。当私人立约人过错不履行或不完全履行其义务，以致公共事业受到严重损害时，则出现上述制裁。[384]

基于其严重性，“在可用的若干处罚中，解除必须被认定为例外性处罚，且仅作为*最后手段*采用”。[385] 引致该处罚的违反本身必须是一个对被规定的义务之“严重违反”（较不严重的违反通常引致*合同罚款*），从而使在可归责于共同订立合同人的事实中维持合同关系的可能性成为疑问。[386] 在特许合同中，以下是行政当局合理行使解除的情况：偏离合同目标；被特许人的解散；在未经特许人预先准许下将特许顶让；被特许人拒绝保养及维修特许场所；屡次反对行政当局行使监察权；重复不遵从特许人的正当命令；不履行司法或仲裁的裁判；等等。[387]

处罚性质的解除可以产生不同的效果。一方面，共同订立合同人完全及自动丧失向行政当局提供的担保；[388] 另一方面，亦特别是在特许合同中考虑到的，将位于特许场所内的特许人财产归还特许人，以及向特许人转让该场所内由被特许人购买且已协议将会转让予特许人的财产。[389] 在上述第二方面，须知道的是，*在没有相反规定的情况下*，[390] 特许人须向被特许人支付尚未折旧摊销之由被特许人购买该等财产的价金。否则，除了造成（*特许方的行政当局*）*因他人有损失而得利外*，亦因此构成一个解除以外的单独处罚。[391]

解除合同可具有双重性质，视相关合同有否作出有关规范而定［参看《行政程序法典》第 180 条 e）项］。倘若有规定，毫无疑问，一个具体的解除行为相当于一个可透过司法上诉争执的行政行为。倘若没有任何（法律或合同上的）特别授权，那么，行政解除只有法律行为意思表示的效力

---

384 见 Marcello Caetano，《*手册*》，第二卷，第 1139 页。

385 见 Pedro Gonçalves，《公共事业特许》，第 340 页。

386 见 Marcello Caetano，《*手册*》，第二卷，第 1139—1140 页；以及 Pedro Gonçalves，《公共事业的批给》，第 340 页。

387 若干这些例子，可见 8 月 4 日第 274 - C/93 号法令核准及以附件公布的《天然气分销及转输的特许纲要》的第 38 纲要。

388 在此意义上，见 10 月 24 日第 294/97 号法令核准及以附件公布，以及经 7 月 28 日第 287/99 号法令修改的《建筑、经营及保养高速公路的特许纲要》第 45 纲要的第 6 点。

389 例如，见 6 月 15 日第 164/94 号法令核准及以附件公布的《Lusoponte 特许纲要》第 92 纲要的第 1 点。

390 例如，于 6 月 6 日第 248 - A/99 号法令核准及以附件公布的《Aenor 的特许纲要》第 79 纲要的第 8 点所出现的。

391 见 Pedro Gonçalves，《公共事业特许》，第 343 页。

(在这种情况下，只能由审理有关合同的法官施加行政解除。[392]

181. 同上：b) 赎回

赎回是行政合同解除的另一个典型情况，尤其会在特许中出现。“赎回”［在巴西被称为*归还*(encampação),[393] 在其他英美法系的国家，被称为 buy back］是指*行政当局在合同的期限完结之前，决定借着支付合理之损害赔偿，取回私人立约人正在负责的行政职能而作出的行政行为。这不是一个处罚，而是为了配合公共利益*［参看《行政程序法典》第 180 条 c) 项］。

现实中，事情是这样的：基于情事变更，为更好地配合公共利益，当前由私人企业借着特许从事的某些业务（直至由被特许的私人企业经营）须由行政当局直接履行（或由第三实体以不同的方式负责），以取代该私人继续发展该等业务，行政当局有权作出赎回的决定以终止合同。

借着赎回，行政当局恢复了行使那些已转移予私人的公权力，但须根据公正原则及私有财产权的基本权利（宪法第 62 条）赔偿被特许人，因为赎回为被特许人带来经济损失。赎回的赔偿正是旨在借着恢复被特许人的财产，重建“被扰乱的平衡”。[394] 在此，赔偿具有的特征是，赎回所应付的损害赔偿不仅旨在向私人立约人支付尚未被适当分期摊还的场所价金，亦旨在支付按合同原定存续期计算该特许尚余期间所失的利益（lucros cessantes)，这个被称为*基于收回之溢价金*(prémio de evicção）或*产业损害赔偿*(indemnização industrial)。

另一方面，借着赎回，特许人须承担被特许人为发展特许目标所涉业务而与第三人签订的转包合同中所产生的全部权利和义务。[395]

另外，赎回亦包含将特许业务范围内的特许人财产归还予特许人，以及在已有协议的情况下，将某些属于被特许人的财产转让。尽管如此，须注意的是，有关这个协议，现时《征收法典》第 7 条第 1 款规定“在赎回

---

392 见 Pedro Gonçalves,《公共事业特许》，第 343 页。

393 见 Hely Lopes Meirelles,《巴西行政法》，第 353 页及续后数页；亦见 Augusto de Athayde,《行政当局对行政合同的单方权力》，第 95—102 页。

394 见 Pedro Gonçalves,《公共事业特许》，第 356 页。

395 例如，见 6 月 15 日第 164/94 号法令核准及以附件形式公布的《Lusoponte 特许纲要》的第 87 纲要第 2 点。

公共工程或公共事业的特许及特权时，倘若被特许人的财产继续用于有关工程或服务，则征用之”。

通常，如特许的保养期仍未届满（倘若无其他特别的规定，则是合同期限的三分之一），[396] 不得行使赎回权。

正如刚才所提及的，在特许的行政合同中，处罚性质的解除与赎回之间的区别尤其明显。但须强调的是，具有公共职务性质的任用合同中，亦有同样的概念，只是其名称不一样罢了。此是指*基于纪律原因的撤职*及*基于工作需要的免职*。

我们在这里再次面对相同的分别：在撤职方面，一个公务员由于作出严重的纪律违反行为而被从编制中开除，而撤职是作为处罚适用的；在基于工作需要的免职方面；相反，工作人员没有作出任何纪律违反行为，而是基于若干公共利益原因而被开除。当然，后者情况的法律制度是不相同的，公务员的权利是较重要的，一般可以得到被称为“无理解雇”的赔偿，这在纪律性质的撤职中不会出现。

182. 同上：c）不可抗力的情况

行政合同亦由于出现不可抗力的情况而终止。

当一个不可预见且一旦发生便确定不能履行合同的情况出现时，便视为*不可抗力*（força maior）的情况（英美法系的专门术语为 acts of God）。而它是一种*引致绝对不能履行合同义务的不可预见且与缔约人之意愿无关的事实*。[397]

发生这种情况，其后果是解除因此而不能履行合同义务的缔约人的责任，这与不可预见的情况不同。[398] 当然，只有在行政当局同意该情况为不可

396 有关此保养期所依照的原因，见葡萄牙的 Marcello Caetano，《*手册*》，第二卷，第 1132 页。例如，根据（6 月 2 日第 189－B/99 号法令附件所核准的）《Fertagus 特许纲要》第 11 纲要之规定，“自签订特许合同之日起十五年后，方得赎回特许，但不妨碍按照本合同所载之情况及规定而适用例外赎回”。有关赎回的提前通知的法律性质，见 Alves Correia，《在公共利益事业的私人保障》，科英布拉，第 74 页及续后数页。

397 见 Marcello Caetano，《*手册*》，第二卷，第 624 页。见西班牙的 J. L. Villar Palasí/J. L. Villar Escurra，*Fureza Mayor*，载于 *AA. VV. Comentarios a la Ley de Constratos de Administraciones Publices*，第 675—693 页。

398 见 Marcello Caetano，《*手册*》，第二卷，第 624 页。

抗力时，或法院在被要求下为此命令终止共同订立合同的私人的责任时，方产生这个不可抗力情况的解除义务效果。[399] 因此，必须经证实方可确定不可抗力的情况。

不可抗力的情况，例如，一场地震，破坏了私人因公共工程承揽合同正在兴建的水坝工程。假使该情况发生，且合同中没有规定这属于由承揽人负担的风险，则不只免除其对另一方的责任，而且亦有权从另一方得到该事件引致的损害赔偿。[400] 因此，民法中的"*损失属于所有人*"（res perit dominio）原则在行政合同法中是没有效力的。另一个例子是，假设博彩特许经营的赌场完全被烧毁，便终止经营该特许的合同义务。

10 月 24 日第 294/97 号法令核准的附件，《布里萨（Brisa）的特许纲要》第 47 纲要第 2 点指出不可抗力情况的其他例子："（……）战争或颠覆行为、流行病、核子辐射、火灾、雷击、严重水灾及其他对特许之工作造成直接影响的自然灾害。"

183. D）行政合同的司法争讼：浅论及参照

概论（Generalidades）。此内容会在第三卷深入分析。尽管如此，在此值得一提，第一审的行政法院有管辖权审理被提起的围绕任何行政合同的争议问题。[401] 上述争议问题原则上是透过*诉*（acção）提出的（《行政程序法典》第 186 条第 1 款及第 187 条），但如在法律赋予公共行政当局于行政合同中作出行政行为时，则上述争议问题亦可以透过撤销性司法上诉提出。

仲裁（Arbitragem）。现今，普遍接受在行政合同的争讼内采用仲裁（在此意义上，参看宪法第 211 条第 2 款及《行政及税务法院的通则》第 2 条第

399　见 Esteves de Oliveira，《行政法》，第一卷，第 719 页

400　现时，关于公共工程承揽，见第 55/99 号法令第 195 条第 2 款。

401　最后，见 Vieira de Andrade，《行政公正（课堂讲义）》，第 140 页及续后数页及第 180—181 页；Maria João Estorninho，《公共行政当局的合同的司法争讼的若干问题》；同上，《公共行政的合同的司法争讼》，载于 *CJA*，第十六册，1999 年 7—8 月，第 16 页及续后数页；同上，"有关 5 月 15 日第 134/98 号法令，及在公共行政合同的司法争讼制度中被加入的修改"，载于 *CJA*，第十一册，1998 年 9—10 月，第 3 页及续后数页；Alexandra Leitão，《公共行政当局的合同的司法争讼的对第三人的保护》科英布拉，1998 年；及 Bernardo Ayala，《在公共行政合同的形成程序中私人的司法保护：有关 5 月 15 日法令第 134/98 号的评论》，载于 *CJA*，第十四册，1999 年 3—4 月，第 3 页及续后数页。法国方面，见 Laurent Richer，*Droit des Contrats Administratifs*，第 140 页及续后数页及第 260 页及续后数页。

2 款、第 31/86 号法律第 1 条第 4 款及《行政程序法典》第 188 条）。[402]

但是，同样确定的是，在我们现行体制中，原则上禁止将一个行政行为的合法性争议问题交予仲裁审判权作出裁决。这个方案并非今天才有。因此，Marcello Caetano 指出，经过探讨“有关将行政法问题交予仲裁庭裁决的可行性”，“解决此提问的关键是以下两个规定：《最高行政法院纲要法》第 13 条，规定对争讼之管辖权具有公共秩序性质（经《行政法典》第 818 条补充，《不得透过当事人之意思而修改或变更》）；《民事诉讼法典》第 1510 条，规定当法律关系处于当事人之意思范围时，有关仲裁协议方被视为有效”。[403] 其接着指出“根据上述两个规定，得出的结论是不能向仲裁庭提交有关撤销性争讼的问题，因为在定义上此问题属于行政上的司法争讼。然而，即使涉及行政法院管辖权的事宜，双方当事人亦可协议将涉及诉之目标的事宜提交仲裁员，只要这些事宜涉及的权利及义务是可以由任何一方（行政当局及私人）按各自的意思处分的”（括号里的内容是我们加入的——译者注）。[404] 回顾载于《*手册*》的以下内容：“随着经之前多个版本主张的这个指引，1969 年 2 月 19 日第 48 871 号法令（公共工程承揽）规定，就合同之解释、有效性或履行而提出之问题，‘双方当事人得协议将争议交予仲裁庭裁决’。”[405]

尽管 Marcello Caetano 所支持的上述规定尚未在我们的实证法中正式生效，但在现行法律框架中，他的这种教学方式基本上仍然是生效的。

事实上，在行政合同的*履行*（execução）方面，行政当局既可作出确定且具执行力的行政行为，这是*可被上诉的单独行为*（actos destacáveis susceptiveis de recurso）（《行政及税务法院通则》第 9 条第 3 款），亦可作出单纯表示意见的行为，甚至什么都不说，在这些情况下当事人可以采取的方法

402 关于这方面，最终见葡萄牙的 Sérvulo Correia，《行政合同内的自愿仲裁》，载于《纪念 João de Castro Mendes 教授之研究》，里斯本，1994 年，第 230 页及续后数页；及 Luis de Lima Pinheiro，《公共行政当局所签订的国际合同的法律适用问题》，如上所述，第 42 页及续后数页。亦见 Marques Guedes，《行政仲裁庭》，载于 RFDL，第十四年，1960 年，第 141 页及续后数页；João Martins Claro，《行政法院诉讼法典草案中的仲裁》，载于《行政诉讼改革》，第一卷，2000 年，第 187 页及续后数页；及 M. Henrique Mesquita，《仲裁：仲裁庭的管辖权及仲裁员的民事责任》，载于 *AB VNO DE OMNES. 75 Anos da Coimbra Editora*，里斯本，1998 年，第 1381 页及续后数页。法国方面，见 Laubadère/Moderne/Delvolvé，“Traité des Contrats Administratifs”，第二卷，第 943 页及续后数页；以及 Laurent Richer，“Droit des Contrats Administratifs”，第 252—259 页。

403 见 Marcello Caetano，《*手册*》，第二卷，第 1285 页。

404 见 Marcello Caetano，《*手册*》，第二卷，第 1285—1286 页。

405 见 Marcello Caetano，《*手册*》，第二卷，第 1286 页。

就是*诉*（acção）（《行政及税务法院通则》第 51 条 1 款 g 项）。[406] /[407]在履行行政合同时出现的涉及审议行政行为合法性的争议问题，在葡萄牙现行的体制中，基于*行政法院之管辖权具公共秩序性质之原则*（《行政法院诉讼法》第 3 条）、*与公共行政当局行为合法性有关的所有问题均不可处分之原则*（宪法第 214 条第 3 款及《自愿仲裁法》第 1 条第 1 款），均不得透过仲裁庭确定解决。相反地，对于合同履行的过程中出现的争议问题，如这些争议问题并非以一个行政行为为基础，而是以一个单纯的法律行为的意思表示为基础，且通常透过诉而交予行政法院审理，则容许订定仲裁协议（参看《行政程序法典》第 188 条、《行政及税务法院通则》第 2 条第 2 款及《自愿仲裁法》第 1 条第 4 款）。此外，这也是葡萄牙学说对于此问题的看法。[408]

在不妨碍以上所述见解下，我们认为可以主张以下。例如，在仲裁诉讼中对涉及行政当局合同责任的主请求作出的裁判，取决于有关仲裁庭就行政行为的合法性之附随审理，则该仲裁庭得审理该问题。倘若该仲裁庭认定该行为是违法的，且行政当局责任所取决的其他法定前提又成立了，则判处行政当局向原诉人支付全部或部分其所请求的损害赔偿。在这种情况下，宣告有关行政行为违法的裁判并不撤销该行为，而只是在具体个案中不适用该行为而已，它不能在该诉讼以外构成裁判已确定的案件（因为具行政审判权的法院才可撤销行政行为）。实质上，上述方案的目的是使仲裁审判权不完全失去其主要功能（在排解行政法律关系所产生的争议方面取代国家法院），且不削弱或抹煞它的其中一个主要优势（快捷性）（如果规定仲裁庭必须中止有关裁判直至行政法院就有关行政行为的合法性作出确定为止，则显然削弱或抹杀了该快捷性）。[409]

只有在有关争议的问题中，行政当局没有透过确定及具执行力的行政行为行使当局权力时，方得依照仲裁条款（其依据载于《行政程序法典》第 188 条）之规定或规范，将有关争议问题的审理及审判诉诸仲裁庭。

第二卷完结

---

406 见 Freitas do Amaral，《行政法》，第四卷，第 283 页。

407 关于上诉与诉的识别，见 Freitas do Amaral，《行政法》，第四卷，第 77—81 页。

408 见 Sérvulo Correia，《行政合同内的自愿仲裁》，同上所述，第 234 页；Esteves de Oliveira/Pedro Gonçalves/Pacheco de Amorim，《行政程序法典》，第 188 条。

409 本教程的第三卷将深入分析此问题。

图书在版编目(CIP)数据

行政法教程. 第二卷 / (葡) 迪奥戈 · 弗雷塔斯 · 亚玛勒著 ; 黄显辉, 黄淑禧, 黄景禧译. -- 北京 : 社会科学文献出版社, 2020.1
(澳门特别行政区法律丛书. 葡萄牙法律经典译丛)
ISBN 978-7-5201-5992-0

Ⅰ. ①行… Ⅱ. ①迪… ②黄… ③黄… ④黄… Ⅲ. ①行政法-葡萄牙-教材 Ⅳ. ①D955.221

中国版本图书馆 CIP 数据核字 (2020) 第 012841 号

澳门特别行政区法律丛书 · 葡萄牙法律经典译丛
行政法教程 第二卷

著　　者 / [葡] 迪奥戈 · 弗雷塔斯 · 亚玛勒 (Diogo Freitas do Amaral)
译　　者 / 黄显辉　黄淑禧　黄景禧

出 版 人 / 谢寿光
组稿编辑 / 祝得彬
责任编辑 / 张　萍
文稿编辑 / 刘　静

出　　版 / 社会科学文献出版社 · 当代世界出版分社 (010) 59367004
地址: 北京市北三环中路甲 29 号院华龙大厦　邮编: 100029
网址: www.ssap.com.cn
发　　行 / 市场营销中心 (010) 59367081　59367083
印　　装 / 三河市龙林印务有限公司

规　　格 / 开 本: 787mm × 1092mm　1/16
印 张: 26　字 数: 435 千字
版　　次 / 2020 年 1 月第 1 版　2020 年 1 月第 1 次印刷
书　　号 / ISBN 978-7-5201-5992-0
定　　价 / 188.00 元

本书如有印装质量问题, 请与读者服务中心 (010-59367028) 联系